SPRING
SECURITY 3/e

SPRING
SECURITY 3/e

스프링 시큐리티를 이용한
애플리케이션 보안

믹 넛슨 · 로버트 윈치 · 피터 뮬라리엔 지음 김지연 옮김

Packt> i!i
에이콘

| 지은이 소개 |

믹 넛슨 Mick Knutson

IT 산업 분야에서 25년 이상의 경력을 갖고 있다. 열정적이고 경험이 풍부한 엔터프라이즈 기술 컨설턴트이자 자바 설계자 및 소프트웨어 개발자로, 자신만의 특별하고 전문적인 경험을 바탕으로 학생들이 효과적이고, 실용적이며, 편리한 방법으로 소프트웨어 개발에 대해 학습할 수 있도록 노력하고 있다.

개인 및 대규모 기업체에 고급 소프트웨어 컨설팅과 교육을 제공하면서 실무 지식을 얻었다. VMware, Spring Source, FuseSource, Global Knowledge 및 Knowledge United를 포함해 유명 클라이언트 및 파트너와 협력했으며, OOA/OOD/OOP, 자바, 자바 EE, 스프링 시큐리티, 오라클, 기업 통합Enterprise Integration, 메시지지향 미들웨어Message-Oriented Middleware, MOM 등의 전문 기술을 보유하고 있다.

IT 업계의 베테랑으로서 가능한 한 많은 사람을 돕기로 결심하고, 누구나 소프트웨어 개발자가 될 수 있다는 것을 보여주기로 마음먹었다. 이를 위해 전 세계적으로 연구 세미나, 오찬 세미나, 서적 출판 계약 및 백서 계약을 진행하고 있다. 또한 스프링 시큐리티, 자바 EE 6, HTTP 및 VisualVM에 관한 여러 기술 서적을 저술하거나 기사를 게재했고, DZone에서 블로거로 활동 중이며, MVBMost Valuable Blogger 그룹의 일원이다.

20년 넘게 소프트웨어 개발에 몰두한 경험을 바탕으로 복잡한 기술 개념을 다양한 사용자가 이해하기 쉬운 언어로 변환하는 것을 즐긴다. 따라서 숙련된 소프트웨어 전문가에게든 경험이 없는 초보자에게든 복잡한 IT 개념을 간소화해 설명해줄 수 있다.

노련한 전문가의 경험을 바탕으로 소프트웨어 개발에 대해 알고 싶어 하는 모든 사람을 돕는 것을 목표로 삼고 있다. 이를 위해 교육 과정을 최대한 풍부하고, 매끄러우며, 간편하게 만들어 학습자가 최단 시간 안에 소프트웨어를 마스터할 수 있도록 설계했다.

학습자가 돈과 시간을 최대한 효율적으로 활용해 소프트웨어 개발을 올바르게 배울 수 있도록 하기 위해 노력 중이다.

다음 책을 참고해도 좋다.

- 『Distributed Configuration with Spring Cloud Config』
- 『Java EE 6 Cookbook for Securing, Tuning, and Extending Enterprise Applications』(Packt, 2012)
- 『HTTP Reference Card(DZone)』
- 『VisualVM Reference Card(DZone)』

동영상은 유튜브^{YouTube}에서 BASELogic을 구독해 시청할 수 있으며, 다음과 같은 소셜 미디어를 통해 소통할 수도 있다.

- 링크드인^{LinkedIn}(mickknutson)
- 트위터(mickknutson)
- 깃허브(mickknutson)
- 비트버킷^{Bitbucket}(mickknutson)
- Udemy video series(MickKnutson)
- 페이스북(BASELogic)
- 구글 플러스^{Google+}(BASElogic)

이 책을 집필하는 데 도움을 준 모든 사람에게 감사의 인사를 전한다.

로버트 윈치[Robert Winch]

현재 VMware의 선임 소프트웨어 엔지니어며, 스프링 시큐리티 프레임워크의 프로젝트 팀장이다. 이전에는 미국의 가장 큰 전자 의료 시스템 제공 업체인 서너[Cerner]에서 소프트웨어 설계자로 근무하면서 의료 애플리케이션 보안을 담당했다. 경력 전반에 걸쳐 다양한 보안 표준(LDAP, SAML, CAS, OAuth 등)을 스프링 시큐리티에 적용시키며 실무 경험을 쌓았다. 서너에서 일하기 전에는 로욜라 대학[Loyola University Chicago]의 단백질학 연구소와 아르곤 국립 연구소[Argonne National Labortory]의 Globus Toolkit을 위한 프리랜서 웹 계약자로 일했다.

피터 뮬라리엔[Peter Mularien]

경험이 풍부한 소프트웨어 설계자이자 엔지니어며, 『스프링 시큐리티 3』(위키북스, 2010)의 의 저자기도 하다. 현재 대형 금융 회사에 근무하고 있으며, 자바, 스프링, 오라클 및 기타 여러 엔터프라이즈 기술에 12년 이상의 컨설팅 및 제품 경험을 보유하고 있다. 또한 이 책의 기술 감수자기도 하다.

6

| 기술 감수자 소개 |

테자스위니 만다르 조그^{Tejaswini Mandar Jog}

열정적인 자바 강사이며, 자바, J2EE, 스프링 및 관련 기술을 전문으로 하는 IT 교육 분야에서 9년 이상의 경력을 갖고 있다. 유명 기업과 함께 다양한 교육 및 기술 향상 프로그램에 참여했으며, 현재는 자바와 스프링, 하이버네이트^{Hibernate}를 이용한 프로젝트를 개발 중이다.

팩트출판사에서 출간한 『Learning Modular Java Programming』(2017)과 『Learning Spring 5.0』(2016), 『Reactive Programming With Java 9』(2017)의 저자다.

나에게 가장 큰 지원을 해준 만다르^{Mandar}와 오야스^{Ojas}에게 감사한다.

제이 리^{Jay Lee}

피보탈^{Pivotal}에서 수석 플랫폼 설계자로 일하고 있다. 스프링, 스프링 부트^{Spring Boot}, 스프링 클라우드^{Spring Cloud} 및 클라우드 파운더리^{Cloud Foundry}를 사용해 대기업이 클라우드 네이티브 저니^{Cloud Native Journey}를 편리하게 사용할 수 있도록 돕는 것이 주업무다. 피보탈에 합류하기 전에는 오라클에서 10년 동안 근무했으며, 대기업의 대규모 자바 분산 시스템과 미들웨어를 주로 담당했다. 현재 스프링 부트와 스프링 클라우드를 활용해 마이크로서비스에 관한 책을 집필하고 있다.

| 옮긴이 소개 |

김지연(kimjiye772@gmail.com)

보안 컨설팅 전문 회사에서 모의 해킹 컨설턴트로 재직하고 있으며, 웹 및 모바일 애플리케이션 등의 다양한 영역에서 취약점 점검 업무를 수행하고 있다. 아직 국내에 잘 알려지지 않은 보안 지식을 다양한 독자에게 공유하고 이해시키고자 개인 블로그 및 해외 서적 번역을 통해 노력 중이다. 앞으로도 계속 보안 기술을 탐구하고 알리기 위해 노력할 것이다.

| 옮긴이의 말 |

스프링 시큐리티는 스프링 기반의 보안 프레임워크다. 다소 생소한 프레임워크지만 스프링에 대한 최소한의 지식을 갖고 있거나 자바를 다룰 수 있는 개발자라면 스프링 시큐리티에 대한 지식이 없어도 이 책을 충분히 따라갈 수 있다. 샘플로 제공되는 코드는 다이어그램을 활용해 자세하게 설명하고 있으므로 다이어그램에 충분한 시간을 투자하면 쉽게 이해할 수 있을 것이다. 또한 이 책은 애플리케이션 개발자로서 한 번쯤은 접해봤을 인증, 권한 부여, 접근 제한 등의 기본 보안 개념에 대해 설명하며, 이를 애플리케이션에 적용하는 방법을 차근차근 설명하고 있다. 단 한 권의 책에 스프링 시큐리티에 대한 모든 내용을 다룰 수는 없지만 애플리케이션을 구현하는 데 있어 사용되는 기본적인 개념들을 짚고 넘어가므로 이 책에 수록된 다양한 예제와 코드를 꼼꼼히 살펴보면 이론뿐 아니라 현업에서도 스프링 시큐리티와 관련된 대다수의 보안 문제를 해결할 수 있을 것이라 생각한다.

| 차례 |

| 들어가며 |

스프링 시큐리티 4.2의 세계에 온 것을 환영한다! 스프링 시큐리티 4.2에 한정된 내용만을 다루는 유일한 책을 선택한 것을 축하하며, 이 책을 시작하기 전에 책의 구성과 이 책을 최대한 활용할 수 있는 방법에 대해 설명한다.

이 책을 읽고 난 후에는 주요 보안 개념을 숙지하고, 스프링 시큐리티와 관련해 해결해야 할 대다수의 문제를 해결할 수 있게 될 것이다. 또한 책을 통해 배운 스프링 시큐리티 아키텍처에 대한 심층적인 이해를 바탕으로 책에서 다루지 못한 갑작스러운 사건에 대비할 수 있을 것이다.

이 책은 다음의 네 가지 주요 절로 나뉜다.

- 첫 번째 절(1장, '취약한 애플리케이션의 구조' / 2장, '스프링 시큐리티 시작하기')에서는 스프링 시큐리티에 대해 소개하고, 스프링 시큐리티를 신속하게 시작할 수 있도록 한다.
- 두 번째 절(3장, '사용자 정의 인증' / 4장, 'JDBC 기반 인증' / 5장, '스프링 데이터를 이용한 인증' / 6장, 'LDAP 디렉터리 서비스' / 7장, 'Remember-Me 서비스' / 8장, 'TLS를 사용한 클라이언트 인증서 인증' / 9장, 'OAuth 2 적용하기')에서는 다양한 인증 기술을 다루기 위한 상세 지침을 제공한다.
- 세 번째 절(10장, 'CAS를 활용한 SSO' / 11장, '미세 접근 제어' / 12장, '접근 제어 목록')에서는 스프링 시큐리티의 인증 지원 방식을 설명한다.
- 마지막 절(13장, '사용자 정의 권한 부여' / 14장, '세션 관리' / 15장, '스프링 시큐리티의 추가 기능' / 16장, '스프링 시큐리티 4.2 마이그레이션' / 17장, 'OAuth 2 및 JSON 웹 토큰을 이용한 마이크로서비스 보안')에서는 구체적인 작업을 수행하는 데 도움이 되는 전문화된 주제 및 가이드를 제공한다.

보안은 매우 복합적인 개념이며, 이 책에 수록된 많은 주제도 이와 같다. 하지만 앞의 3장 이외의 장들은 독립적으로 구성돼 있다. 이는 순서대로 읽지 않아도 각 장을 이해할 수 있다는 것을 의미한다. 이 책의 목표는 독자가 전체를 완독했을 때 스프링 시큐리티에 대해 명확하게 이해할 수 있도록 가이드를 제공하는 것이다.

이 책은 간단한 스프링 웹 MVC 기반의 애플리케이션을 사용해 실무에서의 문제를 해결하는 방법을 설명한다. 샘플로 제공된 애플리케이션은 매우 단순하고 간단하며, 설명에 필요하지 않은 다른 기능은 거의 포함하고 있지 않다. 이는 스프링 시큐리티의 개념에 집중하고 복잡한 애플리케이션 개발에 신경 쓰지 않도록 하기 위함이다. 먼저 샘플 애플리케이션 코드를 검토한 후에 각 장을 살펴보면 더 쉽게 이해할 수 있을 것이며, 샘플 애플리케이션 시작에 대한 팁은 부록, '참고 자료'의 'JBCP 달력 샘플 코드 시작' 절을 참고하자.

▌ 책의 구성

1장, '취약한 애플리케이션의 구조'에서는 달력 애플리케이션에 대한 가상 보안 감사를 다루며, 스프링 시큐리티를 적용해 해결할 수 있는 일반적인 보안 문제에 대해 설명한다. 또한 몇 가지 기본 보안 용어에 대해 설명하고, 샘플 애플리케이션을 실행하기 위한 전제 조건에 대해 알아본다.

2장, '스프링 시큐리티 시작하기'에서는 "Hello World"를 이용해 스프링 시큐리티를 설치하는 방법에 대해 설명한다. 또한 스프링 시큐리티에서 사용하는 가장 일반적인 사용자 정의 설정에 대해서도 알아본다.

3장, '사용자 정의 인증'에서는 실무에서의 문제를 해결하기 위한 인증 인프라의 핵심 부분을 사용자 정의를 통해 구현함으로써 스프링 시큐리티의 인증 구조를 설명한다. 이를 통해, 스프링 시큐리티의 인증 방식을 이해하고 기존의 인증 메커니즘과 새로운 인증 메커니즘을 연동하는 방법을 배운다.

4장, 'JDBC 기반 인증'에서는 스프링 시큐리티에 빌트인된 JDBC를 활용해 데이터베이스 기반의 인증을 다룬다. 또한 스프링 시큐리티의 새로운 암호화 모듈을 사용해 패스워드를 보호하는 방법에 대해 설명한다.

5장, '스프링 데이터를 이용한 인증'에서는 스프링 시큐리티의 스프링 데이터 JPA 및 스프링 데이터, MongoDB를 연동해 데이터베이스에 대한 인증을 다룬다.

6장, 'LDAP 디렉터리 서비스'에서는 LDAP 디렉터리 서버와 애플리케이션을 연동하는 방법에 대해 설명한다.

7장, 'Remember-Me 서비스'에서는 스프링 시큐리티에서 사용하는 Remember-Me 기능과 이를 구성하는 방법을 설명하며, 사용 시에 염두에 둬야 할 추가 고려 사항에 대해서도 알아본다.

8장, 'TLS를 사용한 클라이언트 인증서 인증'에서는 인증서 관리가 추가 보안을 제공할 수 있는 샘플 애플리케이션과 같은 특정 비즈니스 시나리오에 대한 대안으로서 X.509 인증서 기반 인증을 설명한다.

9장, 'OAuth 2 적용하기'에서는 OAuth 2 기반의 사용자 로그인 및 사용자 속성에 대해 다루며, 스프링 OAuth 2와 스프링 소셜Spring Social 연동 방법을 포함해 OAuth 2 프로토콜의 논리적 흐름에 대한 전반적인 내용을 설명한다.

10장, 'CAS를 활용한 SSO'에서는 샘플 애플리케이션에 CASCentral Authentication Service를 이용해 싱글 사인 온Single-Sign-On, SSO 및 싱글 로그아웃Single Logout 기능을 구현하는 방법에 대해 알아본다. 또한 상태를 저장하지 않는 서비스stateless services에서 CAS 프록시 티켓을 사용하는 방법에 대해서도 배운다.

11장, '미세 접근 제어'에서는 스프링 시큐리티의 메서드 보안 기능을 사용한 페이지 내 권한 검사(일부 페이지 렌더링) 및 비즈니스 계층 보안에 대해 다룬다.

12장, '접근 제어 목록'에서는 까다로운 비즈니스 관련 보안 문제에 유연하게 적용할 수 있는 스프링 시큐리티의 ACL 모듈을 사용해 비즈니스 객체 수준 보안의 개념과 기본 구현 방법을 다룬다.

13장, '사용자 정의 권한 부여'에서는 스프링 시큐리티 권한 부여 인프라의 주요 부분에 대한 사용자 정의 구현체를 작성해 스프링 시큐리티에서 권한 부여가 이뤄지는 방식을 설명한다.

14장, '세션 관리'에서는 스프링 시큐리티가 사용자 세션을 관리하고 보호하는 방법에 대해 설명한다. 일단, 세션 변조 공격^{Session Fixation Attack}에 대해 설명하며, 스프링 시큐리티를 이용해 방어하는 방법에 대해 배운다. 또한 로그인한 사용자를 관리하는 방법과 단일 사용자가 보유한 동일 세션 수를 제한하는 방법에 대해 설명한다. 마지막으로, 스프링 시큐리티에서 HTTP 세션과 사용자를 연결하는 방법, 사용자를 지정하는 방법에 대해 다룬다.

15장, '스프링 시큐리티의 추가 기능'에서는 스프링 시큐리티의 추가 기능과 크로스 사이트 스크립팅^{XSS}, 크로스 사이트 요청 변조^{CSRF}, 동기화 토큰 및 클릭 재킹^{Clickjacking}과 같은 일반적인 보안 취약점과 이를 방지하는 방법에 대해 설명한다.

16장, '스프링 시큐리티 4.2 마이그레이션'에서는 설정 변경 사항, 클래스 및 패키지 마이그레이션^{migration}, 새로운 주요 기능 등을 포함한 스프링 시큐리티 3에서의 마이그레이션 방향을 제공한다. 또한 스프링 시큐리티 4.2에서 볼 수 있는 새로운 기능을 강조하고 책에서 설명하는 기능에 대해 도움 자료를 제공한다.

17장, 'OAuth 2 및 JSON 웹 토큰을 이용한 마이크로서비스 보안'에서는 마이크로서비스 기반 구조를 배우고, OAuth 2와 JWT가 스프링 기반의 애플리케이션에서 역할을 수행하는 방법을 다룬다.

부록, '참고 자료'에서는 스프링 시큐리티와 직접적인 관련은 없지만, 이 책에서 다루는 다양한 주제와 관련된 참고 자료를 포함하고 있다. 부록에서 가장 중요한 부분은 이 책의 샘플 코드를 실행하는 방법을 설명하는 부분이다.

▌ 준비물

이 책에 포함된 샘플 애플리케이션을 실행하려면 다음 목록에 명시된 소프트웨어가 필요
하다. 그 외에 추가로 필요한 소프트웨어는 각 장에서 설명한다.

- Java Development Kit 1.8 - 오라클 홈페이지(http://www.oracle.com/technet
  work/java/javase/downloads/index.html)에서 다운로드
- IntelliJ IDEA 2017+ - https://www.jetbrains.com/idea/에서 다운로드
- Spring Tool Suite 3.9.2 RELEASE - https://spring.io/tools/sts에서 다운로드

▌ 대상 독자

자바 웹 및 RESTful 웹 서비스의 개발자이고, 자바 8, 자바 웹 및 RESTful 웹 서비스 애플
리케이션, XML 및 스프링 프레임워크의 생성에 대한 지식이 있는 사람이면 누구에게나
도움이 될 것이며, 스프링 시큐리티에 대한 어떠한 경험도 필요하지 않다.

▌ 편집 규약

이 책에서는 다양한 문자 스타일을 사용해 정보의 종류를 구별한다. 다음은 사용되는 각
각의 스타일과 그 의미다.

본문의 코드, 데이터베이스 테이블명, 폴더명, 파일 확장자, 경로명, 더미 URL, 사용자 입
력 및 트위터 핸들은 다음과 같이 표기한다.

"다음 단계에서는 `web.xml` 파일의 내용을 수정할 것이다."

수정될 코드 블록은 다음과 같다.

```
//build.gradle:
    dependencies {
       compile "org.springframework.security:spring-securityconfig:
${springSecurityVersion}"
       compile "org.springframework.security:spring-securitycore:
${springSecurityVersion}"
       compile "org.springframework.security:spring-securityweb:
${springSecurityVersion}"
    ...
    }
```

코드 블록에서 특별히 주의가 필요한 부분은 다음과 같이 굵은 글씨체와 음영으로 표기한다.

```
[default]
exten => s,1,Dial(Zap/1|30)
exten => s,2,Voicemail(u100)
exten => s,102,Voicemail(b100)
exten => i,1,Voicemail(s0)
```

커맨드라인 입출력은 다음과 같이 표기한다.

```
$ ./gradlew idea
```

새로운 용어나 **중요한 단어**는 굵은 글씨체로 표기한다.

화면 메뉴나 대화 상자처럼 화면상에 나타나는 단어들은 다음과 같이 표기한다.

"마이크로소프트 윈도우에서는 다음 스크린샷에 보이는 것처럼 파일을 마우스 오른쪽 버튼으로 클릭하면 **속성 > 보안** 탭에서 파일의 ACL을 확인할 수 있다."

주의 사항이나 중요한 내용은 이와 같이 표시한다.

유용한 팁이나 요령은 이와 같이 표현한다.

독자 의견

독자들의 피드백은 언제나 환영이다. 이 책의 좋았던 점과 나빴던 점에 관한 솔직한 생각을 알려주길 바란다. 독자들의 피드백은 우리가 독자들이 가장 얻고자 하는 책을 개발하는 데 있어 매우 소중하다.

일반적인 의견은 이 책을 메일 제목으로 해서 feedback@packtpub.com으로 보내면 된다. 특정 분야의 책을 쓰거나 기여하는 데 관심이 있다면 www.packtpub.com/authors에 있는 저자 가이드를 참고하기 바란다.

고객 지원

팩트출판사에서 출간한 책의 주인이자 고객이 된 것에 감사드리며, 이 책을 활용할 수 있도록 최대한 지원하고자 한다.

예제 코드 다운로드

한국어판의 예제 코드는 에이콘출판사의 도서 정보 페이지인 http://www.acornpub.co.kr/book/spring-security-3e에서 다운로드할 수 있다.

원서의 예제 코드를 보려면 http://www.packtpub.com/support를 방문해 이메일을 등록하면 파일을 직접 다운로드할 수 있으며, 원서의 Errata도 확인할 수 있다. 또한 깃허브 https://github.com/PacktPublishing/Spring-Security-Third-Edition에서도 원서 예제 코드를 다운로드할 수 있다.

▌ 오탈자

책 내용의 정확성에 만전을 기하지만 실수는 늘 생기는 법이다. 책을 읽다가 문장이나 코드에서 실수가 발견되면 즉시 알려주길 바란다. 이런 협조를 통해 다른 독자들이 겪을 혼란을 줄일 수 있고, 이 책의 다음 버전을 개선하는 데 큰 도움이 될 것이다.

오탈자를 발견하면 http://www.packtpub.com/submit-errata에 접속해 책을 선택하고 Errata Submission Form 링크를 클릭해 오탈자에 관한 상세 사항을 입력하면 된다. 오류 내용이 확인되면 팩트출판사 웹 사이트에 올려지거나 책의 정오표 절에 있는 정오표 목록에 추가된다. 이전에 제출된 정오표를 확인하려면 https://www.packtpub.com/books/content/support 페이지의 검색 필드에 책명을 입력하면 된다.

한국어판은 에이콘출판사의 도서 정보 페이지 http://www.acornpub.co.kr/book/Spring-Security-3e에서 찾아볼 수 있다.

▌ 저작권 침해

인터넷상의 저작권 침해는 모든 매체에 걸쳐 계속 진행되고 있는 문제다. 팩트출판사는 저작권과 라이선스 보호를 매우 심각하게 인식하고 있다. 인터넷에서 팩트출판사 발간물의 불법 복제를 발견하면 이에 관한 조치를 취할 수 있도록 해당 웹 사이트의 주소와 이름을 즉시 알려주기 바란다. 의심되는 불법 복제본의 링크와 함께 copyright@packtpub.

com으로 연락하면 된다.

가치 있는 콘텐츠를 제공하려는 저자와 팩트출판사를 보호하기 위한 독자의 도움에 깊이 감사드린다.

▌ 문의 사항

이 책에 관한 질문은 questions@packtpub.com으로 문의하기 바라며, 팩트출판사는 문제 해결을 위해 최선을 다할 것이다. 한국어판에 관한 질문은 이 책의 옮긴이나 에이콘출판사 편집 팀(editor@acornpub.co.kr)으로 문의해주길 바란다.

01

취약한 애플리케이션의 구조

보안은 21세기 웹 기반 애플리케이션의 가장 중요한 아키텍처 구성 요소 중 하나다. 악의적인 목적을 가진 사람뿐 아니라 악성 코드와 사이버 범죄 등이 항상 존재하고, 소프트웨어 취약점이 지속적으로 발견되는 이 시대에 보안에 대한 현명하고 포괄적인 통찰력은 개발자로서 장차 맡게 될 프로젝트를 위해 지녀야 할 필수 요소다.

이 책은 보안이라는 복잡한 주제를 다루는 데 유용하도록 스프링 4.2$^{Spring\ 4.2}$ 기반의 웹 애플리케이션을 구축하고, 핵심 개념을 이해하며, 애플리케이션을 위한 보안 전략을 제시한다. 이를 위해, 완성된 웹 애플리케이션 형태로 각 장에 해당하는 샘플 코드를 제공한다.

이 책의 대상 독자는 스프링 시큐리티를 이미 사용하고 있거나 스프링 시큐리티에 대한 기본 지식을 더 향상시키길 원하는 모든 사람이다.

1장에서는 다음과 같은 내용을 다룬다.

- 가상의 보안 감사 결과
- 웹 기반 애플리케이션에서 흔히 발생하는 보안상의 문제점
- 주요 소프트웨어의 보안 관련 용어 및 개념

이미 기본적인 보안 관련 용어에 익숙한 독자라면 스프링 시큐리티 프레임워크에 대해 설명하는 2장, '스프링 시큐리티 시작하기'로 넘어가도 좋다.

▌ 보안 감사

이제부터 당신을 Jim Bob Circle Pants Online Calendar(JBCPCalendar.com) 사의 소프트웨어 개발자라고 가정하자. 상사로부터 다음과 같은 이메일을 받은 건 이른 아침 모닝 커피를 반쯤 마셨을 때다.

From:	상사 <theboss@jbcpcalendar.com>
To:	스타 개발자 <stardev@jbcpcalendar.com>
제목:	보안 감사

스타,
오늘 외주 보안 업체에서 우리 달력 애플리케이션을 감사할 거래.
물론, 사이트를 설계할 때 보안에 신경 쓴 것은 알지만, 혹시 지적받을 부분이 있다면
미리 조치 부탁해.

상사

뭐라고? 애플리케이션을 개발할 때 보안에 대해 신경을 쓰지 않았다고? 사실, 지금 이 순간 당신은 보안 감사가 무엇인지조차 짐작이 가지 않는 상황일 것이다. 보안 감사자로부터 배울 게 많아 보이는군!

1장의 마지막 부분에서는 보안 감사 결과와 함께 보안 감사가 무엇인지 간략하게 알아본다. 먼저, 보안 감사의 대상인 달력 애플리케이션에 대해 알아보자.

샘플 애플리케이션 소개

이 책은 가상의 시나리오를 기반으로 진행될 예정이지만 샘플 애플리케이션의 기본 구성과 변경 내용은 실제 스프링 기반의 애플리케이션에서 착안한 것이다. 해당 달력 애플리케이션은 다음과 같이 사용자가 이벤트를 생성한다고 볼 수 있다.

새로운 이벤트의 상세 내용을 입력한 후 저장(create)하면 다음과 같은 그림이 나타난다.

해당 애플리케이션은 ORM^{Object-Relational Mapping} 및 복잡한 UI 기술을 결합하지 않고 보안적 측면에 중점을 둬 단순하게 설계했다. 샘플 애플리케이션 코드의 기본 기능과 관련된 설명은 부록, '참고 자료'의 '보충 자료' 절을 참고하자.

책에 수록된 코드는 스프링과 스프링 시큐리티 4.2로 개발했지만 스프링 시큐리티의 다른 버전에 쉽게 적용할 수 있다. 예제를 스프링 시큐리티 4 문법으로 변환하기 위해서는 스프링 시큐리티 3과 4.2의 변경 사항에 대해 상세하게 다루고 있는 16장, '스프링 시큐리티 4.2 마이그레이션'을 참고하자.

수록된 애플리케이션은 이 책에서 다루고자 하는 개념 및 구조를 쉽게 설명할 수 있도록 개발된 것이므로 실제 달력 애플리케이션을 개발하기 위한 기준으로 사용하는 것은 권장하지 않는다.

JBCP 달력 애플리케이션의 구조

JBCP 달력 애플리케이션은 다음 도표와 같이 표준 3 계층으로 이뤄져 있으며, 웹, 서비스 및 데이터 액세스 계층으로 나눠진다.

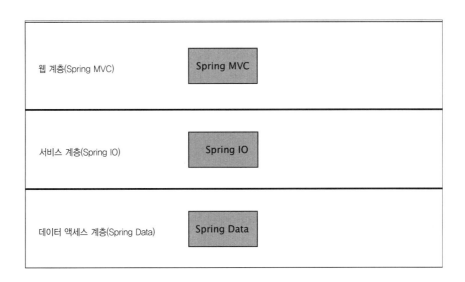

웹 계층(Spring MVC)	Spring MVC
서비스 계층(Spring IO)	Spring IO
데이터 액세스 계층(Spring Data)	Spring Data

만약 모델–뷰–컨트롤러Model-View-Controller 구조에 대한 추가 설명이 필요하다면 부록, '참고 자료'의 '보충 자료' 절을 참고하자.

첫째, 웹 계층은 MVC 코드를 포함하고 기본 기능 구현을 담당한다. 샘플 애플리케이션에서는 스프링 MVC 프레임워크를 이용할 것이지만 Spring Web FlowSWF, 아파치 스트럿츠Apache Struts 또는 아파치 위켓Apache Wicket과 같이 스프링과 호환성이 좋은 웹 스택을 이용할 수도 있다.

웹 계층은 스프링 시큐리티를 활용하는 일반적인 웹 애플리케이션에서 코드를 구성하고 보강하는 곳이다. 예를 들어 EventsController 클래스는 클라이언트 측의 HTTP 요청을 받아 데이터베이스 이벤트로 변환하는 데 사용한다. 만약 스프링 MVC와 웹 애플리케이션에 대한 경험이 풍부하지 않다면 기본 코드를 먼저 복습 및 이해하고 다음 과정으로 넘어가길 권장한다. 다시 한번 말하지만 샘플 달력 애플리케이션은 각 장에 맞는 설명을 하기 위한 기능만을 최대한 간단하게 만들었다.

 샘플 애플리케이션 설치에 대한 자세한 설명은 부록, '참고 자료'를 참고하자.

둘째, 서비스 계층은 애플리케이션의 비즈니스 로직을 담당한다. 샘플 애플리케이션의 서비스 계층에서는 `DefaultCalendarService`를 사용해 서비스 메서드 보안에 대해 설명한다. 서비스 계층은 스프링 시큐리티 API와 JBCP 달력 API를 단일 메서드 호출을 통해 동작하도록 한다. 서비스 계층에 대한 자세한 설명은 3장, '사용자 정의 인증'을 참고하자.

서비스 계층은 일반적인 웹 애플리케이션에서 비즈니스 규칙 검증, 비즈니스 객체의 구성 및 분할을 담당하며, 감사가 이뤄지는 부분이기도 하다.

셋째, 데이터 액세스 계층은 데이터베이스 테이블을 조작하는 기능을 담당한다. 이 계층은 일반적인 스프링 애플리케이션에서 하이버네이트, JPA와 같은 ORM[1]을 사용하는 곳이며, 객체지향 API를 사용해 서비스 계층과 연결한다. 샘플 애플리케이션에서는 인메모리 in-memory[2] H2 데이터베이스와의 지속성 유지를 위해 JDBC의 기본적인 기능을 활용할 것이다. 예를 들어 JdbcEventDao는 이벤트 객체를 데이터베이스에 저장하는 데 사용한다.

일반적인 웹 애플리케이션에서는 좀 더 포괄적인 데이터 액세스 솔루션을 사용한다. 하지만 ORM 또는 다른 일반적인 데이터 액세스 솔루션은 혼란을 야기할 수도 있으므로 최대한 단순한 방법으로 설명했다.

▌ 애플리케이션 테크놀로지

샘플 애플리케이션은 대부분의 스프링 개발자가 쉽게 사용할 수 있는 기본 툴과 기술에 중점을 둬 가능한 한 쉽게 만들었다. 자세한 설명은 부록, '참고 자료'의 'JBCP 달력 샘플 코드 시작' 절을 참고하자.

---

1 데이터베이스와 객체지향 프로그래밍 언어 간의 호환되지 않는 데이터를 변환하는 프로그래밍 기법으로, 객체지향 언어의 가상 객체 데이터베이스를 구축하는 방법이다. – 옮긴이
2 데이터를 디스크가 아닌 램(RAM)에 저장하는 기술이다. – 옮긴이

샘플 코드를 사용하는 가장 쉬운 방법은 그레이들^{Gradle}을 사용하는 것이다. 대부분의 IDE가 그레이들과의 호환성을 갖고 있기 때문에 개발자는 그레이들을 지원하는 IDE를 이용해 샘플 코드를 불러올 것을 추천한다. 많은 개발자가 그레이들을 사용하므로 이러한 방법을 선택했으며, 어떤 개발 환경을 사용하든 이 책의 예시를 실행시켜볼 수 있는 각자의 방법을 찾길 바란다.

대부분의 IDE가 스프링과 스프링 시큐리티 4.2의 Javadoc 및 코드를 자동으로 다운로드할 수 있는 그레이들 툴링^{Gradle Tooling}을 제공한다. 하지만 그레이들 툴링이 불가능한 경우가 있을 수도 있으므로 스프링 4.2와 스프링 시큐리티 4.2의 정식 배포판을 모두 다운로드하는 것을 추천한다. 그레이들 툴링에서 제공하는 Javadoc 및 코드는 매우 유용하므로 학습을 하는 도중에 궁금증이 생기거나 더 많은 정보가 필요하다면 추가 자원으로 활용해도 좋다. 부록, '참고 자료'에는 샘플 코드 실행 방법, Javadoc 및 코드 획득 방법, 그레이들 외에 다른 방법으로 프로젝트를 빌드하는 방법 등 그레이들에 관한 추가 정보가 수록돼 있다.

보안 감사 결과 리뷰

자, 상사에게 왔던 이메일로 돌아가 보안 감사가 어떻게 진행되고 있는지 살펴보자. 흠, 결과가 별로인 듯한데?

From:	상사 〈theboss@jbcpcalendar.com〉
To:	스타 개발자 〈stardev@jbcpcalendar.com〉
제목:	보안 감사

스타,
보안 감사 결과를 살펴보고 해결 방안을 좀 생각해줘.

상사

애플리케이션 감사 결과

보안 감사 결과, 해당 애플리케이션은 다음과 같은 부분에서 보완이 필요하다.

- URL 접근 제어 및 인증 부족으로 인한 부적절한 권한 상승
- 부적절하거나 존재하지 않는 권한 사용
- 데이터베이스 내 인증 정보 보안 로직 부재
- 개인 식별 정보 등과 같은 민감 정보에 대한 쉬운 접근 및 암호화 부재
- SSL 암호화 부재로 인한 전송 계층 보호 미흡
- 높은 위험도

이러한 모든 문제를 해결할 때까지 해당 애플리케이션을 오프라인으로 전환하는 것을 추천한다.

이런! 우리 회사에 좋지 않은 결과인 듯하다. 가능한 한 빨리 문제를 해결하는 것이 좋겠다.

회사는 종종 보안 업체를 고용해 당사의 소프트웨어가 얼마나 보안적으로 탄탄한지 확인하려고 한다. 이때 보안 전문 업체는 **화이트 햇 해킹**white hat hacking[3]과 코드 분석, 개발자 또는 설계자와의 비공식적 대화를 적절하게 결합해 해당 소프트웨어를 감사한다.

여기서 화이트 햇 해킹 또는 **윤리적 해킹**ethical hacking은 고용주가 고용한 전문가가 악의 없이 고용주의 시스템을 더 안전하게 보호하는 방법을 알려주기 위해 행하는 것이다.

보안 감사의 목표는 일반적으로 경영진이나 담당자에게 고객 데이터 및 시스템 기능의 무결성과 안전을 보장하기 위한 기본적인 보안 개발 관행이 적절하게 준수됐는지 확인시켜 주는 것이다. 또한 감사자는 감사 대상의 소프트웨어가 속해 있는 산업에 따라 산업별 표준이나 규정 준수 메트릭을 사용해 감사를 진행할 수도 있다.

---

3 일반적으로 모의 해킹이나 취약점 분석 등과 같은 용어로 더 알려져 있다. – 옮긴이

PCI DSS(Payment Card Industry Data Security Standard: 지불 카드 업계 정보 보안 표준)는 개발자의 커리어에서 한 번쯤은 다루게 될 대표적인 보안 표준 중 하나 며, 프로세스 및 소프트웨어 제어를 통해 신용카드 정보와 같은 민감한 정보의 안전을 보장하 기 위한 것이다. 이와 같이 민감 정보 및 **개인 식별 정보**를 보호하기 위한 표준은 다른 업계 및 국가에도 존재한다. 만약 보호 표준 준수에 실패해 보안 침해 사고가 일어날 경우, 담당자 또는 회사가 심각한 피해를 입을 수도 있으므로 항상 주의해야 한다.

보안 감사를 받는다는 것은 깜짝 놀랄 만한 경험일 것이다. 하지만 보안 감사 후에 필요한 부분을 개선하면 자아 및 소프트웨어의 발전을 이룰 수 있으며, 보안 실무 및 정책을 적용 해 안전한 소프트웨어로 거듭날 수도 있다.

자, 이제 보안 감사자가 찾아낸 결과를 하나씩 자세히 살펴보자.

▌ 인증

애플리케이션 보안을 구현하고 이해하는 데 필요한 핵심 개념 두 가지 중 첫 번째는 **인증** Authentication이다(다른 하나는 권한 부여Authorization다). 여기서 인증은 자원을 요청하는 사용자 를 식별하는 것이다. 사람들은 다음과 같이 온라인 및 오프라인으로 '인증'이라는 개념을 실생활에서 익숙하게 접한다.

- **자격 증명 기반 인증**Credential-based authentication: 일반적으로 이메일 계정에 로그인하 려면 사용자명과 패스워드를 입력해야 한다. 이메일 공급자는 데이터베이스에서 해당 사용자명을 검색한 후, 입력받은 패스워드가 데이터베이스에 저장된 사용 자의 패스워드와 일치하는지 확인한다. 이때 인증 정보credentials는 사용자가 해당 시스템에 접근할 수 있는 사용자인지 확인하는 데 사용된다. 일단, JBCP 달력 애 플리케이션에서는 중요한 부분을 보호하기 위해 이러한 유형의 인증을 사용할 것 이다. 또한 이메일 시스템을 통해 데이터베이스뿐 아니라 AD와 같이 회사 디렉

터리 서버에서 인증 정보를 확인할 수도 있다. 이 책에서는 여러 종류의 자격 증명 기반 인증을 살펴본다.

- **이중 인증**Two-factor authentication: 은행의 현금 자동 입출금기에서 현금을 인출하거나 다른 거래를 진행하려면 계좌 카드 또는 통장을 넣고, 패스워드까지 입력해야 한다. 이러한 인증 방식은 사용자명과 패스워드를 입력하는 이전의 방식과 비슷하지만 사용자명이 카드의 마그네틱에 인코딩됐다는 점이 다르다. 은행은 물리적인 카드와 사용자가 입력한 패스워드를 기반으로 계좌에 접근할 수 있는지 여부를 결정한다. 이렇게 계좌 카드와 같은 물리적인 기기와 패스워드를 이용한 인증은 가장 일반적인 이중 인증의 한 예다. 엄격한 보안 의식이 필요한 전문적인 환경에서는 신용 정보 또는 개인 식별 정보 처리 시스템에 접근 시 이러한 종류의 장치를 주로 사용한다. 예를 들어 **RSA SecurID**[4]와 같은 하드웨어 장치는 시간 기반 토큰과 서버 기반 인증 소프트웨어를 결합해 강력한 이중 인증을 제공한다.
- **하드웨어 인증**Hardware authentication: 차에 시동을 걸기 위해서는 키를 점화 장치에 꽂고 돌려야 한다. 위의 두 인증 방식과 다르게 느껴지겠지만, 키의 돌출부와 점화 스위치의 텀블러가 정확히 맞물리면 하드웨어 인증이 성립된다.

소프트웨어와 하드웨어 보안에 적용할 수 있는 인증 형태는 수십 가지가 있으며, 각각 장단점이 존재한다. 따라서 이 책의 전반부에 걸쳐 스프링 시큐리티에 적용할 수 있는 몇몇 인증 형태에 대해 살펴본다. 현재 샘플 애플리케이션에는 인증이 아무것도 적용돼 있지 않기 때문에 감사 결과에 의도하지 않은 권한 상승이 가능하다고 나와 있다.

일반적으로 소프트웨어 시스템은 다음 그림과 같이 인증되지 않은 영역Unauthenticated Realm 과 인증된 영역Authenticated Realm으로 나뉜다.

---

4 은행 거래 시 사용하는 OTP 보안 카드와 패스워드를 생각하면 된다. – 옮긴이

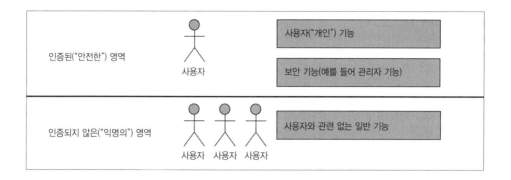

인증되지 않은 영역에 있는 기능은 사용자의 ID 또는 권한과는 독립적이다. 그 예로 웹 애플리케이션의 시작 페이지를 생각하면 된다.

인증되지 않은 영역에서는 다음과 같은 기능을 수행하지 않는다.

- 사용자가 시스템에 로그인하거나 자신을 식별할 것을 요구
- 이름, 주소, 신용카드 및 주문 정보와 같은 중요 정보 표시
- 시스템 또는 데이터의 전반을 조작하는 기능 제공

시스템의 인증되지 않은 영역은 일회성 방문자를 포함해 모든 사용자가 사용할 수 있다. 하지만 인증된 사용자에게는 'Welcome! {이름}!"과 같은 문구가 나타나도록 추가 기능을 구현할 수도 있다. 인증된 사용자에게 콘텐츠를 선택적으로 표시하는 기능은 스프링 시큐리티 태그 라이브러리를 통해 완벽하게 지원되며, 이는 11장, '미세 접근 제어'에서 다룬다.

2장, '스프링 시큐리티 시작하기'에서는 인증에 대한 문제점을 해결하기 위해 스프링 시큐리티의 자동 구성 기능을 사용해 폼 기반 인증form-based authentication을 구현할 것이다. 그리고 기업 또는 다른 외부 인증 저장소와의 시스템 통합을 중심으로 다양한 인증 구현 방법을 살펴본다.

▍ 권한 부여

부적절하거나 존재하지 않는 권한 사용

애플리케이션 보안을 구현하고 이해하는 데 필요한 핵심 개념 두 가지 중 두 번째는 권한 부여다. 권한 부여는 인증 과정에서 검증된 정보를 사용해 특정 자원에 대한 접근 가능 여부를 판별한다. 샘플 애플리케이션은 적절한 권한 부여를 위해 애플리케이션의 기능적인 부분과 데이터 부분을 분리해 사용자에게 맞는 권한, 기능, 데이터를 제공할 수 있도록 설계했다. 여기서 주의해야 할 것은 아직 샘플 애플리케이션은 사용자 권한을 기반으로 기능 사용을 제한하지 않았다는 점이다. 전자 상거래 웹 사이트로 예를 들어보면, 모든 사용자가 다른 사용자의 주문 내역이나 고객 정보를 열람, 취소, 수정할 수 있는 상태라는 의미다.

다음에 열거한 권한 부여의 두 가지 측면은 일반적으로 보안 시스템에 대한 접근 가능 여부를 판단할 때 사용한다.

- 첫째, 인증된 주체에게 하나 또는 그 이상의 권한(역할roles)을 부여하는 것이다. 예를 들어 웹 사이트의 일반적인 사용자에게는 방문자 권한을 부여하지만 사이트의 관리자에게는 관리자 권한을 부여한다.
- 둘째, 시스템의 보안 자원secured resource에 접근할 때 권한 체크 기능을 구현하는 것이다. 일반적으로 권한 체크 기능은 개발을 할 때 코드를 통해 명시적으로 선언하거나 매개변수를 통해 구현한다. 예를 들어 다른 사용자의 이벤트를 볼 수 있는 화면에는 관리자 권한이 있는 사용자만 접근할 수 있다.

 보안 자원은 사용자의 권한에 따라 조건적으로 사용되는 시스템의 모든 요소다.

웹 기반 애플리케이션에서의 보안 자원은 웹 사이트 전체, 개별 웹 페이지 전체 또는 일부일 수 있다. 반면, 기능적 측면에서의 보안 자원은 클래스 또는 각 비즈니스 객체에 대한 메서드 호출일 수 있다.

이제, 권한 체크 과정을 거쳐 사용자 계정을 조회해 주체가 실제로 관리자인지 여부를 확인한다고 가정해보자. 권한 체크 과정에서 보안 자원에 접근하려는 주체가 실제 관리자라고 판단되면 접근을 허용한다. 반면, 주체가 충분한 권한을 갖고 있지 않다고 판단되는 경우에는 접근 요청을 거부한다.

샘플 애플리케이션의 **All Events** 페이지를 통해 보안 자원의 접근 권한에 대해 더 자세히 알아보자. 일반 사용자는 **All Events** 페이지에서 다른 사용자의 이벤트를 열람할 수 없고, 관리자 권한이 있는 사용자만이 열람할 수 있어야 한다. 따라서 사용자의 이벤트를 보여주기 전에 **All Events** 페이지에 접근하는 주체의 권한을 확인해야 한다.

웹 사이트 관리자가 보안 자원에 접근하려고 할 때 접근 가능 여부를 판단하는 로직은 실제 사용자 권한^{User Authorities}과 필요 권한^{Required Authorities}에 대한 두 집합으로 간단하게 표현할 수 있다. 관리자의 권한 부여 과정을 벤-다이어그램^{Venn-diagram}으로 나타내면 다음과 같다.

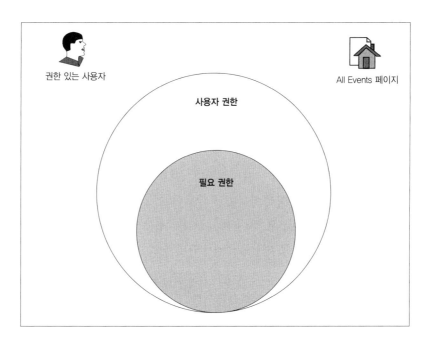

위의 벤-다이어그램을 보면 **All Events** 페이지에 대한 사용자 권한과 페이지에 접근하기 위한 필요 권한의 교집합이 존재한다. 즉, 사용자는 페이지에 접근하기 위한 필요 권한을 갖고 있다는 것을 의미하므로 해당 페이지에 접근할 수 있다.

반면, 권한 없는 사용자(방문자)의 벤-다이어그램은 다음과 같다.

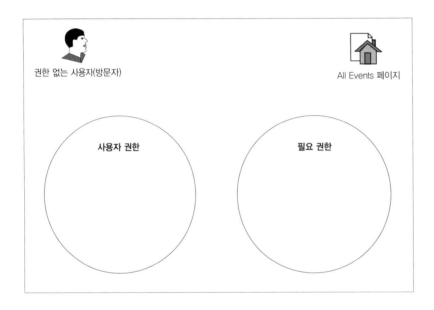

위 그림을 보면, 두 권한에 대한 집합에서 교집합이 존재하지 않는다. 즉, 방문자 권한을 가진 사용자는 **All Events** 페이지에 접근 권한이 없다는 것을 의미하므로 접근이 불가능하다. 이렇게 간단한 벤-다이어그램을 통해 자원에 대한 일반적인 권한 부여의 기본 원칙을 입증할 수 있다.

실제 애플리케이션에서는 코드를 통해 보안 자원에 대한 권한 부여 여부를 결정한다. 기본 권한 부여 구조에 대한 설명은 2장, '스프링 시큐리티 시작하기'에서 다루고, 12장, '접근 제어 목록'과 13장, '사용자 정의 권한 부여'에서는 접근 권한에 대한 고급 기술을 다룬다.

데이터베이스 내 인증 정보 보안

데이터베이스 내 저장된 인증 정보가 안전하지 않으며, 쉽게 접근할 수도 있다.

감사자가 샘플 애플리케이션의 코드와 설정 파일을 검토한 결과, 사용자 패스워드는 설정 파일에 평문으로 저장돼 있었다. 이는 악의적인 사용자가 서버에만 접근할 수 있다면 애플리케이션의 서비스를 제멋대로 사용할 수 있다는 것을 의미한다.

또한 애플리케이션에서 사용자의 개인 정보와 신용 정보가 사용되기 때문에 악의적인 사용자가 데이터에 접근할 수 있게 되면 회사가 신용 도용의 피해를 입을 수도 있다. 하지만 애플리케이션에서 사용하는 인증 정보에 대한 보안만큼 중요한 것은 보안 장애 지점을 보완함으로써 전체 시스템을 손상시키지 않도록 하는 것이다.

4장, 'JDBC 기반 인증'에서는 JDBC를 연결해 인증 정보를 저장하기 위한 스프링 시큐리티의 데이터 액세스 계층 구성을 살펴보고, 데이터베이스에 저장된 패스워드의 보안을 강화하기 위한 빌트인 기술built-in techniques도 살펴본다.

민감 정보

개인 식별 정보와 같은 민감 정보에 쉽게 접근할 수 있고, 암호화돼 있지 않다.

감사 결과 샘플 애플리케이션의 시스템 어디에도 중요하고 민감한 데이터가 암호화되거나 마스킹 처리돼 있지 않다고 보고받았다. 다행스럽게도, 스프링 시큐리티의 어노테이션 기반 AOPAspect Oriented Programming에 이러한 민감 정보를 안전하게 보호할 수 있는 몇 가지 간단한 설계 패턴과 툴이 있다.

전송 계층 보호

SSL 암호화가 적용되지 않아 전송 계층Transport-level의 데이터가 안전하지 않다.

개인 정보를 포함하고 있는 실제 애플리케이션에 SSL을 적용하지 않았을 리 없지만, JBCP 달력 애플리케이션은 SSL을 적용하지 않았다. SSL을 적용하는 이유는 클라이언트 측의 웹 브라우저와 웹 애플리케이션 서버 간의 통신 데이터를 여러 종류의 변조 및 스누핑으로부터 안전하게 보호하기 위함이다.

부록, '참고 자료'의 톰캣 HTTPS 설정 절에서 다루고 있는 애플리케이션 보안 구조의 일부인 전송 계층 보안에 대한 기본 옵션을 참고하자.

스프링 시큐리티 4.2로 보안 문제 해결하기

스프링 시큐리티 4.2는 다양한 보안 문제를 직접 선언하거나 설정할 수 있는 풍부한 자원을 제공한다. 앞으로 여러 장에 걸쳐 샘플 애플리케이션에 대해 보안 감사자가 제기한 모든 보안 문제들을 해결하고, 코드와 설정을 변경해 JBCP 달력을 안전한 애플리케이션으로 만들어보자.

스프링 시큐리티 4.2를 활용하면 애플리케이션 보안 향상을 위해 다음과 같이 변경할 수 있다.

- 시스템 사용자를 사용자 클래스로 구분
- 사용자 역할에 따른 권한 부여
- 사용자 클래스에 맞는 사용자 역할 지정
- 애플리케이션 자원 전체에 전역적인 인증 규칙 적용
- 애플리케이션 아키텍처의 모든 레벨에 권한 부여 규칙 적용
- 사용자 세션을 조작하거나 도용하려는 기본 공격 방지

스프링 시큐리티를 사용하는 이유

스프링 시큐리티는 스프링 프레임워크가 처음 도입됐을 때처럼 자바 외 타사 라이브러리의 부족함을 채우기 위해 존재한다. 또한 스프링 시큐리티는 몇 가지 방법의 인증 및 권한 부여 기능만을 구현하는 JAAS^{Java Authentication and Authorization Service} 또는 자바 EE 시큐리티^{Java EE Security}와 달리, 애플리케이션 보안에 필요한 모든 기능을 간결하고 합리적인 방식으로 제공한다.

이와 더불어, 스프링 시큐리티는 다양한 기업용 인증 시스템과 호환되기 때문에 개발자가 상황에 맞게 적용할 수 있다.

결론적으로 스프링 시큐리티가 널리 사용되는 이유는 이만한 프레임워크가 존재하지 않기 때문이다!

▌ 요약

1장에서는 취약한 웹 애플리케이션의 대표적인 위험 요소와 샘플 애플리케이션의 기본 구조에 대해 설명했으며, 애플리케이션 보안 전략에 대해서도 살펴봤다.

2장, '스프링 시큐리티 시작하기'에서는 스프링 시큐리티를 설치하는 방법과 스프링 시큐리티가 어떻게 동작하는지에 대해 설명한다.

02

스프링 시큐리티 시작하기

2장에서는 최소한의 스프링 시큐리티 설정을 통해 1장, '취약한 애플리케이션의 구조'에서 발견한 URL 보호 미흡으로 인한 부적절한 권한 상승과 일반적인 인증 절차에 대해 설명한다. 그런 다음, 기본 설정을 기반으로 사용자에게 좀 더 친숙하고 편리한 경험을 제공할 수 있는 환경을 구성한다. 또한 스프링 시큐리티를 실행하고, 앞으로 수행할 다른 보안 관련 작업의 기반을 제공한다.

2장에서는 다음과 같은 내용을 다룬다.

- 스프링 시큐리티의 자동 구성 옵션을 사용한 JBCP 달력 애플리케이션의 기본 보안 구현 방법
- 로그인 및 로그아웃 페이지 사용자 정의customizing 방법

- 스프링 시큐리티의 표현식 기반 접근 제한expression-based access control 기능을 이용한 URL에 따른 접근 제한 방법
- 스프링 시큐리티의 JSP 라이브러리를 사용해 로그인한 사용자의 정보를 선택적으로 표시하는 기능 구현 방법
- 사용자의 역할에 따른 로그인 후 기본 경로 설정 방법

스프링 시큐리티 기본 설정

스프링 시큐리티는 설정이 아주 복잡해질 수도 있다. 하지만 스프링 시큐리티의 개발자는 아주 간단한 기초 설정만으로도 프레임워크 기능의 상당 부분을 활용할 수 있도록 설계했다. 이러한 기초 설정을 기반으로 추가 설정을 적용하면 애플리케이션의 보안과 관련된 세부 설정 및 제어를 할 수 있다.

먼저, 보안이 적용되지 않은 1장, '취약한 애플리케이션의 구조'의 애플리케이션부터 시작해서 간단한 사용자명과 패스워드 인증 보안을 적용해볼 것이다. 여기서 사용하는 인증 방식은 단순히 웹 애플리케이션에 스프링 시큐리티를 적용하는 과정을 보여주는 것에 불과하다. 하지만 추후에 이러한 접근 방식으로 인해 생긴 오류들은 설정 파일을 추가로 수정하면서 차차 해결할 것이다.

샘플 애플리케이션 가져오기

부록, '참고 자료'의 'JBCP 달력 샘플 코드 시작' 절에서 설명한 대로 2장의 시작 코드인 chapter02.00-calendar 프로젝트를 IDE로 가져오자.

각 장의 마일스톤 번호를 체크포인트로 해 코드를 수정해나갈 것이므로 마일스톤 번호를 이용하면 올바르게 진행하고 있는지 쉽게 비교하거나 확인할 수 있다. 각 장의 시작 부분에서는 해당 장의 첫 번째 수정 코드를 가져오자. 예를 들어 2장에서는 `chapter02.00-`

calendar로 시작하고, 첫 번째 마일스톤은 chapter02.01-calendar이다. 3장, '사용자 정의 인증'에서는 chapter03.00-calendar로 시작하고, 첫 번째 마일스톤은 chapter03.01-calendar이다. 자세한 설명은 부록, '참고 자료'의 'JBCP 달력 샘플 코드 시작' 절에 수록돼 있다.

의존성 업데이트

첫 번째로 할 일은 프로젝트에 필요한 스프링 시큐리티 JAR 파일을 포함하도록 의존성을 업데이트하는 것이다. 이전에 가져온 샘플 애플리케이션의 build.gradle 파일을 업데이트해 다음 절에서 사용할 스프링 시큐리티 JAR 파일에 포함시키자.

 이 책의 전반에 걸쳐 그레이들을 사용해 필요한 의존성을 제공하는 방법을 설명한다. build.gradle 파일은 프로젝트의 루트에 위치해 있으며, 의존성을 포함한 프로젝트를 빌드하는 데 필요한 모든 것을 내포하고 있다. 또한 그레이들은 각 의존성에 대한 전이적 의존성(transitive dependency)도 함께 다운로드한다. 따라서 다른 메커니즘을 사용해 의존성을 관리하는 경우, 전이적 의존성도 추가로 포함시켜야 한다는 것에 주의해야 한다. 의존성을 수동으로 관리하는 경우에는 스프링 시큐리티의 참고 문서에 포함된 전이적 의존성 리스트를 참고하자. 스프링 시큐리티 참고 문서의 URL은 부록, '참고 자료'의 '보충 자료' 절에서 찾아볼 수 있다.

다음 chapter02.00-calendar의 build.gradle 파일을 살펴보자.

```
build.gradle:
dependencies {
compile "org.springframework.security:spring-securityconfig:${springSecurityVersion}"
compile "org.springframework.security:spring-securitycore:${springSecurityVersion}"
compile "org.springframework.security:spring-securityweb:${springSecurityVersion}"
...
}
```

스프링 4.3과 스프링 시큐리티 4.2 사용

샘플 애플리케이션에서는 스프링 4.2를 사용하고 있으므로 추가 작업이 필요 없다.

다음은 그레이들의 의존성 관리 기능을 활용하기 위해 build.gradle 파일에 추가할 코드의 일부분이며, 이를 통해 전체 애플리케이션에서 올바른 스프링 버전을 사용할 수 있다. 또한 스프링 IO BOM^bill of materials 의존성을 활용해 BOM이 가져온 모든 의존성 버전이 올바르게 작동하는지 확인한다.

```
build.gradle:
// 스프링 IO는 사용하고 있는 스프링 프레임워크 버전을 가져온다.
dependencyManagement {
    imports {
        mavenBom 'io.spring.platform:platform-bom:${springIoVersion}'
    }
}
dependencies {
    ...
}
```

 STS를 사용하는 경우에는 build.gradle 파일을 업데이트할 때마다 프로젝트를 마우스 오른쪽 버튼으로 클릭한 후, Gradle > Refresh Gradle Project… > OK를 선택해 모든 의존성을 업데이트하자.

그레이들의 전이적 의존성 및 BOM을 처리하는 방법에 대한 자세한 내용은 그레이들 문서^Gradle Documentation를 참고하길 바라며, 이에 대한 URL은 부록, '참고 자료'의 '보충 자료' 절에서 찾아볼 수 있다.

스프링 시큐리티 XML 설정 파일 구현

다음 설정 단계는 표준 웹 요청을 처리하는 데 필요한 모든 스프링 시큐리티의 설정을 포함하는 자바 설정 파일을 생성하는 것이다.

/src/main/java/com/packtpub/springsecurity/configuration/ 디렉터리에서 SecurityConfig.java 자바 파일을 찾은 후, 다음 내용과 일치하는지 확인한다. SecurityConfig.java 파일은 애플리케이션의 모든 페이지에 대한 사용자 로그인 요구 사항을 포함하고, 로그인 페이지를 제공하며, 사용자를 인증하고, 로그인한 사용자의 USER 역할에 맞게 모든 URL이 연결되도록 한다.

```java
//src/main/java/com/packtpub/springsecurity/configuration/SecurityConfig.java

@Configuration
@EnableWebSecurity
public class SecurityConfig extends WebSecurityConfigurerAdapter {
    @Override
    public void configure(final AuthenticationManagerBuilder auth) throws
    Exception {
        auth.inMemoryAuthentication().withUser("user1@example.com")
            .password("user1").roles("USER");
    }
    @Override
    protected void configure(final HttpSecurity http) throws Exception {
        http.authorizeRequests()
            .antMatchers("/**").access("hasRole('USER')")
            // <http auto-config="true">와 동일
            .and().formLogin()
            .and().httpBasic()
            .and().logout()
            // CSRF는 디폴트로 활성화된다(추후에 다룰 예정임).
            .and().csrf().disable();
    }
}
```

STS를 이용하고 있다면 클래스 위에 마우스 커서를 올려놓고 F3을 눌러 해당 클래스의 내용을 확인할 수 있다.

위 코드는 웹 애플리케이션을 보호하는 데 필요한 최소한의 스프링 시큐리티 설정이다. 이러한 설정 스타일은 자바 코드를 기반으로 구현하며, **자바 기반 설정**^Java Config이라고 한다.

잠시 시간을 내서 위의 설정을 분석해보고 무슨 일이 일어나고 있는지 개괄적으로 살펴보자. `configure(HttpSecurity)` 메서드에서 `HttpSecurity` 객체는 현재 로그인한 사용자가 적절한 역할과 연결돼 있는지 확인하는 서블릿 필터를 생성한다. 이 경우, 필터는 사용자가 `ROLE_USER`와 연결돼 있는지 확인한다. 여기서 `ROLE_USER`와 같은 역할의 이름은 임의로 정한다는 것을 이해하고 넘어가자. 추후에 `ROLE_ADMIN`의 역할을 가진 사용자를 생성하고 `ROLE_USER` 역할을 가진 현재 사용자가 접근할 수 없는 URL에 접근할 수 있도록 설정할 것이다.

`configure(AuthenticationManagerBuilder)` 메서드에서 `AuthenticationManagerBuilder` 객체는 스프링 시큐리티가 사용자를 인증하는 방법이다. 이 경우, 인메모리 데이터 저장소를 사용해 사용자명과 패스워드를 비교한다.

사실 위의 예와 설명은 약간 인위적인 면이 있다. 실제 운영 환경에서는 인메모리 인증 방식을 적용하기 어렵지만, 이러한 인증 방식은 쉽게 일을 시작하고 운영할 수 있도록 하므로 계속 사용할 것이다. 하지만 이 책의 전반에 걸쳐 스프링 시큐리티에 대한 이해를 높임과 동시에 운영 및 보안의 질 향상을 위한 업데이트를 계속 진행할 예정이다.

 자바 기반 설정 방식에 대한 지원이 스프링 3.1의 스프링 프레임워크에 추가됐다. 스프링 시큐리티 3.2 릴리즈 이후부터 XML을 사용하지 않고도 스프링 시큐리티를 쉽게 구성할 수 있는 스프링 시큐리티 자바 기반 설정 방식을 지원한다. 6장, 'LDAP 디렉터리 서비스'의 내용이나 스프링 시큐리티 문서에 익숙하다면 XML 기반 설정 방식과 비슷하다고 느낄 것이다.

web.xml 파일 업데이트

다음은 web.xml 파일의 업데이트 과정을 설명한다. 애플리케이션은 이미 스프링 MVC를 사용 중이기 때문에 일부 사항들은 이미 적용됐다. 하지만 스프링 기반이 아닌 애플리케이션에서 스프링 시큐리티를 사용하는 경우를 위해 기본적인 스프링 요구 사항을 이해할 수 있도록 모든 업데이트 과정을 검토한다.

ContextLoaderListener 클래스

web.xml 파일을 업데이트하는 첫 번째 단계는 최근 흔히 사용되는 서블릿 3.0+ 초기화 방식으로, web.xml 파일을 삭제하고 javax.servlet.ServletContainerInitializer로 교체하는 것이다. o.s.w.WebApplicationInitializer는 스프링 MVC가 기본으로 제공하는 인터페이스다. 스프링 MVC가 선호하는 방식은 o.s.w.servlet.support.AbstractAnnotation ConfigDispatcherServletInitializer를 상속하는 것이며, WebApplicationInitializer 클래스를 추상화한 것이 o.s.w.context.AbstractContextLoaderInitializer이다. 또한 WebApplicationInitializer 클래스는 루트 ApplicationContext를 생성하기 위해 createRootApplicationContext() 메서드를 사용하고, 다음 코드에서 알 수 있듯이 루트 ApplicationContext와 ServletContext 인스턴스에 등록된 ContextLoaderListener를 지정한다.

```
//src/main/java/com/packtpub/springsecurity/web/configuration/WebAppInitializer

public class WebAppInitializer extends AbstractAnnotationConfigDispatcherServlet-
Initializer {
    @Override
    protected Class<?>[] getRootConfigClasses() {
        return new Class[] { JavaConfig.class, SecurityConfig.class,
          DataSourceConfig.class };
    }
...
}
```

이렇게 업데이트된 구성은 클래스 패스^{classpath}에서 SecurityConfig.class를 감지한 후 자동으로 로드 및 동작한다.

ContextLoaderListener 대 DispatcherServlet

앞서 설명한 ConctextLoaderListner와 달리, o.s.web.servlet.DispatcherServlet 인터페이스는 getServletConfigClasses() 메서드를 사용해 자체적으로 로드할 설정 클래스를 지정한다.

```
//src/main/java/com/packtpub/springsecurity/web/configuration/WebAppInitializer

public class WebAppInitializer extends
AbstractAnnotationConfigDispatcherServletInitializer {
    ...
    @Override
    protected Class<?>[] getServletConfigClasses() {
        return new Class[] { WebMvcConfig.class };
    }
    ...
    @Override
    public void onStartup(final ServletContext servletContext) throws
    ServletException {
        // DispatcherServlet 등록
        super.onStartup(servletContext);
    }
}
```

DispatcherServlet 클래스는 루트 ApplicationContext 인터페이스의 자식인 o.s.context.ApplicationContext를 생성한다. 일반적으로, 스프링 MVC 관련 컴포넌트는 DispatcherServlet의 ApplicationContext 인터페이스에서 초기화되고 나머지는 ContextLoaderListener에 의해 로드된다. 여기서 DispatcherServlet에 의해 생성된 것처럼 자식 ApplicationContext의 빈즈^{beans}는 ContextLoaderListener에 의해 생성된 것과 같은

루트 ApplicationContext를 참조할 수 있다는 것을 아는 것이 중요하다. 하지만 이와 반대로 부모 ApplicationContext 인터페이스는 자식 ApplicationContext의 빈즈를 참조할 수 없다.

다음 다이어그램은 자식 빈즈는 루트 빈즈를 참조할 수 있지만 루트 빈즈는 자식 빈즈를 참조할 수 없음을 보여준다.

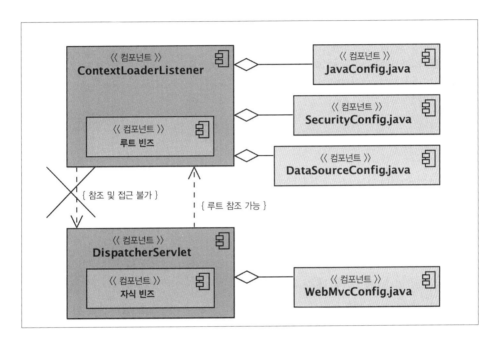

일반적인 스프링 시큐리티 사용 사례처럼 샘플 애플리케이션에서도 스프링 시큐리티가 MVC 선언 빈즈를 참조할 필요가 없다. 그러므로 ContextLoaderListener가 스프링 시큐리티의 모든 설정을 초기화하도록 설정한다.

springSecurityFilterChain 필터

다음 단계는 AbstractSecurityWebApplicationInitializer를 생성 및 적용해 모든 요청을 인터셉트하도록 springSecurityFilterChain을 구현하는 것이다. 여기서 다른 로

직이 호출되기 전에 이전의 요청을 보호하는 springSecurityFilterChain를 먼저 선언하는 것이 중요하다. springSecurityFilterChain이 먼저 로드되도록 하려면 다음과 같이 @Order(1)을 사용하면 된다.

```
//src/main/java/com/packt/springsecurity/web/configuration/
SecurityWebApp Initializer

@Order(1)
public class SecurityWebAppInitializer extends
AbstractSecurityWebApplicationInitializer {
    public SecurityWebAppInitializer() {
        super();
    }
}
```

SecurityWebAppInitializer 클래스는 애플리케이션의 모든 URL에 대해 springSecurityFilterChain 필터를 자동으로 등록하고, SecurityConfig를 로드하는 ContextLoaderListener를 추가한다.

DelegatingFilterProxy 클래스

o.s.web.filter.DelegatingFilterProxy 클래스는 스프링 웹에서 제공하는 서블릿 필터로서 javax.servlet.Filter를 실행시키는 루트 ApplicationContext의 스프링 빈즈에 모든 작업을 위임한다. 빈즈는 기본값으로 <filter-name> 값을 사용해 이름[name]으로 조회하기 때문에 <filter-name>의 값으로 springSecurityFilterChain를 사용해야 한다. o.s.web.filter.DelegatingFilterProxy가 web.xml 파일로서 동작하는 방법에 대한 의사 코드[pseudocode]는 다음과 같다.

```
public class DelegatingFilterProxy implements Filter {
  void doFilter(request, response, filterChain) {
      Filter  delegate  =
```

```
        applicationContext.getBean("springSecurityFilterChain")
        delegate.doFilter(request,response,filterChain);
    }
  }
```

FilterChainProxy 클래스

스프링 시큐리티로 작업할 때, `o.s.web.filter.DelegatingFilterProxy`는 초기 secu
rity.xml 파일에서 생성된 것처럼 스프링 시큐리티의 `o.s.s.web.FilterChainProxy` 인터
페이스에 위임할 것이다. 또한 스프링 시큐리티에서 `FilterChainProxy`를 사용하면 서비
스 요청에 대해 원하는 수의 서블릿 필터를 조건부로 적용할 수 있다.

이제 책의 나머지 부분에서는 스프링 시큐리티 필터와 그 역할에 대해 자세히 살펴보고,
애플리케이션이 제대로 보호되고 있는지 확인할 것이다. `FilterChainProxy`의 동작 방식
에 대한 의사 코드는 다음과 같다.

```
public class FilterChainProxy implements Filter {
    void doFilter(request, response, filterChain) {
    // 해당 요청에 대한 모든 필터 조회
      List<Filter> delegates =   lookupDelegates(request,response)
      // 위임자가 중단하기 전까지 각 필터를 호출
      for delegate in delegates {
        if continue processing
        delegate.doFilter(request,response,filterChain)
      }
      // 모든 필터가 괜찮으면 나머지 애플리케이션 실행
      if continue processing
        filterChain.doFilter(request,response)    }
    }
```

DelegatingFilterProxy와 FilterChainProxy가 스프링 시큐리티의 시작점이기 때문에 웹 애플리케이션의 동작 방법을 파악하려면 디버깅 포인트를 추가할 것을 추천한다.

안전한 애플리케이션 실행

애플리케이션을 재시작한 후, http://localhost:8080을 통해 페이지에 접근하면 다음과 같은 화면이 나타난다.

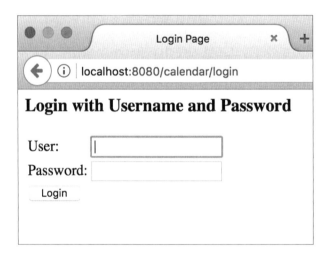

수고했다! 지금까지 스프링 시큐리티를 사용해 애플리케이션에 기본적인 보안 계층을 구현했다. 이제, user1@example.com을 **사용자명**으로, user1을 **패스워드**로 로그인할 수 있다. 로그인에 성공하면 아주 기본적인 JBCP 달력 시작 페이지가 나타난다.

 이제, 코드가 chapter02.01-calendar와 비슷해야 한다.

자주 발생하는 문제점

많은 개발자가 스프링 시큐리티를 애플리케이션에 처음 적용할 때 어려움을 겪는다. 다음은 자주 발생하는 문제점과 이에 대한 제안 사항이다.

- 스프링 시큐리티를 적용하기 전에 애플리케이션을 빌드하고 배포할 수 있도록 준비하자.
- 필요하다면 서블릿 컨테이너에 대한 소개 샘플과 설명서를 참고하자.
- 서블릿 컨테이너를 실행하는 가장 쉬운 방법은 이클립스와 같은 IDE를 사용하는 것이다. 이러한 경우 배포가 원활할 뿐 아니라 콘솔을 통해 바로 오류를 확인할 수도 있다. 또한 보다 정확한 오류 진단을 위해 예외가 발생하는 주요 위치에 디버깅 포인트(또는 브레이크 포인트)를 설정해 디버깅할 수도 있다.
- 스프링과 스프링 시큐리티의 버전이 책과 일치하게 하고, 애플리케이션에 불필요한 스프링 JAR 파일이 남아 있지 않도록 주의한다. 앞에서 언급했듯이 그레이들을 사용하는 경우, 의존성 관리 절에서 스프링 의존성을 선언하는 것이 좋다.

▌ 약간의 기능 추가

이쯤에서 잠시 멈추고 지금까지 개발한 내용을 생각해보자. 실제 배포 및 운영 전에 추가 작업이 필요하고, 스프링 시큐리티에 대한 좀 더 자세한 지식이 필요하다는 것을 알아챘을 것이다. 그렇다면, 애플리케이션을 대중에게 공개하기에 앞서 해결해야 할 문제점을 살펴보자.

스프링 시큐리티의 기본 페이지를 설정하는 과정은 눈깜짝할 사이에 일어났고, 이로 인해 로그인 페이지의 사용자명과 패스워드를 이용한 인증뿐 아니라 달력 애플리케이션의 URL에 대한 자동 인터셉트 기능을 구현할 수 있었다. 하지만 이러한 자동 설정만으로 사용자에게 애플리케이션을 배포하기에는 아직 다음과 같은 문제점이 존재한다.

- 로그인 페이지가 많은 도움이 되는 건 사실이지만, 너무 평범해서 JBCP 달력 애플리케이션의 본래 모습과는 너무 다르다. 이 문제를 해결하려면 애플리케이션의 본래의 모습과 느낌을 살린 로그인 폼을 추가해야 한다.

- 로그인한 사용자가 로그아웃할 수 있는 방법이 없다. 또한 고객이 익명으로 방문할 수 있는 시작 페이지를 포함해 애플리케이션의 모든 페이지에 접근할 수 없다. 이 문제를 해결하려면 인증되지 않은 사용자나, 인증된 사용자, 관리자와 같은 사용자의 역할을 먼저 정의해야 한다.

- 인증된 사용자에게 'Welcome! user1@example.com'와 같이 제대로 인증돼 로그인에 성공했음을 알리는 문장을 표시하지 않는다.

- 사용자명, 패스워드 및 역할 정보를 SecurityConfig 설정 파일에 하드코딩했다. 앞에서 추가한 configure(AuthenticationManagerBuilder) 메서드를 다시 살펴보자.

```
auth.inMemoryAuthentication().withUser("user1@example.com")
.password("user1").roles("USER");
```

- 사용자명과 패스워드가 파일에 그대로 적혀 있는 것을 볼 수 있다. 당연히 해당 파일에 시스템을 사용하는 모든 사용자에 대한 정보를 명시하는 것은 말도 안 되는 소리다! 이 문제를 해결하려면 다른 종류의 인증 방식으로 설정을 업데이트해야 한다.

다른 종류의 인증 방식에 대해서는 책 전반부에 걸쳐 계속 살펴볼 것이므로 일단 넘어가자.

사용자 정의 로그인 페이지

지금까지 스프링 시큐리티가 얼마나 쉽게 동작하는지 확인했다. 그럼 이제 로그인 페이지를 사용자 정의하는 방법에 대해 알아보자. 다음 코드는 로그인 페이지를 사용자 정의하는 가장 일반적인 방법을 보여주고 있지만, 지원하는 모든 애트리뷰트^{attribute}에 대해 알고 넘어가길 권장한다. 이에 대한 자세한 내용은 부록, '참고 자료'의 '보충 자료' 절에서 스프링 시큐리티 참조 문서 URL에서 찾아볼 수 있다.

다음의 과정을 통해 로그인 페이지를 사용자 정의해보자.

1. 먼저, `SecurityConfig.java` 파일을 다음과 같이 업데이트한다.

```
//src/main/java/com/packtpub/springsecurity/configuration/
SecurityConfig.java

    http.authorizeRequests()
        ...
        .formLogin()
            .loginPage("/login/form")
            .loginProcessingUrl("/login")
            .failureUrl("/login/form?error")
            .usernameParameter("username")
            .passwordParameter("password")
        ....
```

위 코드에서 사용한 메서드에 대해 자세히 살펴보자.

- `loginPage()` 메서드는 보호된 페이지에 임의의 사용자나 인증되지 않은 사용자가 접근하는 경우, 스프링 시큐리티가 리다이렉션할 위치를 지정한다. 이때 특정 로그인 페이지를 지정하지 않으면 스프링 시큐리티는 `/spring_security_login`으로 사용자를 리다이렉트한다. 그러면 `DefaultLoginPageGeneratingFilter`가 `/spring_security_login`을 처리하도록 기본으로 설정돼 있으므로 `o.s.s.web.filter.FilterChainProxy`는 `o.s.s.web.authentication.ui.DefaultLoginPag` eGeneratingFilter를 선택해 위임자 중 하나로 기본 로그인 페이지를 렌더링한다. 하지만 여기서는 URL을 재정의했기 때문에 사용자 정의 로그인 페이지(`/login/form`)를 렌더링해야 한다.

- loginProcessingUrl() 메서드의 기본값은 /j_spring_security_check이며, HTTP POST로 로그인 시도 시 매개변수(사용자명과 패스워드를 포함해야 함)가 전달되는 URL을 지정한다. 이 요청을 처리할 때 스프링 시큐리티는 사용자 인증을 시도한다.

- failureUrl() 메서드는 loginProcessingUrl()을 통해 제출한 사용자명과 패스워드가 잘못된 경우, 리다이렉션할 페이지를 지정한다.

- usernameParameter()와 passwordParameter() 메서드의 기본값은 각각 j_username와 j_password며, loginProcessingUrl() 메서드를 처리할 때 사용자를 인증하는 데 사용할 HTTP 매개변수를 지정한다.

> ⓘ 당연한 이야기지만 로그인 페이지만 추가하려면 loginPage() 메서드만 지정하면 된다. 그러면 나머지 로그인 폼 관련 애트리뷰트는 기본값을 사용해 동작한다. 하지만 스프링 시큐리티를 사용하고 있다는 사실을 노출하지 않기 위해 대중에게 공개된 설정값은 재정의하는 것을 추천한다. 사용하고 있는 프레임워크를 노출하는 것은 공격자가 잠재적인 결함을 쉽게 판별할 수 있도록 하기 때문이다.

2. 다음 단계는 로그인 페이지를 만드는 것이다. 로그인 폼을 제출할 때 스프링 시큐리티에 설정한 대로 HTTP 요청이 생성되면 로그인 페이지에 렌더링하고자 하는 모든 기술을 사용할 수 있다. HTTP 요청이 설정한 것과 부합하면 스프링 시큐리티는 해당 요청을 인증한다. 다음과 같이 login.html 파일을 만들어보자.

```
//src/main/webapp/WEB-INF/tempates/login.html

<div class="container">
<!--/*/ <th:block th:include="fragments/header :: header">
```

```
        </th:block> /*/-->
        <form th:action="@{/login}" method="POST" cssClass="form-horizontal">
            <div th:if="${param.error != null}" class="alert alert-danger">
                <strong>Failed to login.</strong>
                <span th:if="${session[SPRING_SECURITY_LAST_EXCEPTION]
                != null}">
                <span  th:text="${session [SPRING_SECURITY_LAST_
                EXCEPTION].message}">
                    Invalid credentials</span>
                </span>
            </div>
            <div th:if="${param.logout != null}"
            class="alert alert-success">You have been logged out.
            </div>
            <label for="username">Username</label>
            <input type="text" id="username" name="username"
            autofocus="autofocus"/>
            <label for="password">Password</label>
            <input type="password" id="password" name="password"/>
            <div class="form-actions">
                <input id="submit" class="btn" name="submit"
                type="submit" value="Login"/>
            </div>
    </form>
</div>
```

 책의 내용을 직접 타이핑하기 어려운 경우, 다음 마일스톤인 chapter02.02-calendar를 참고하면 쉽게 해결할 수 있다.

위의 login.html 파일에서 사용한 항목들을 자세히 살펴보자.

- 앞서 1단계에서 loginProcessingUrl( ) 메서드에 지정한 값과 일치하도록 form의 action을 /login으로 설정한다. 스프링 시큐리티는 보안상의 이유로, POST 메서드를 사용할 때만 인증을 시도한다.

- failureUrl( ) 메서드에 지정한 값 /login/form?error에 HTTP 매개변수 오류가 존재하기 때문에 param.error를 사용해 로그인 과정에서 문제가 있는지 확인한다.

- session 애트리뷰트인 SPRING_SECURITY_LAST_EXCEPTION이 o.s.s.core.AuthenticationException의 마지막 예외를 포함하고 있으며, 이는 로그인이 실패한 원인을 표시해준다. 오류 메시지의 내용은 원하는 것으로 변경할 수 있다.

- Username과 password로 입력받는 값에 대한 이름은 SecurityConfig.java 설정 시 usernameParameter( )와 passwordParameter( ) 메서드에 지정한 값과 동일하게 설정한다.

3. 마지막으로, 다음과 같이 WebMvcConfig에 addViewControllers 메서드를 추가해 스프링 MVC가 새로운 URL을 인식하도록 한다.

```
//src/main/java/com/packtpub/springsecurity/web/configuration/
WebMvcConfig.java

import org.springframework.web.servlet.config.annotation.
ViewControllerRegistry;
  ...
  public class WebMvcConfig extends WebMvcConfigurationSupport {
    public void addViewControllers(ViewControllerRegistry
    registry){
      registry.addViewController("/login/form")
          .setViewName("login");
    }
    ...
  }
```

로그아웃 설정

HttpSecurity 설정은 사용자 로그아웃을 자동으로 지원하므로 /j_spring_security_ logout을 가리키는 링크만 만들면 된다. 하지만 다음 단계를 통해 로그아웃 시 사용되는 URL을 사용자 정의해보자.

1. 먼저, 다음과 같이 스프링 시큐리티 설정 파일을 업데이트한다.

```
//src/main/java/com/packtpub/springsecurity/configuration/
SecurityConfig.java

http.authorizeRequests()
    ...
    .logout()
    .logoutUrl("/logout")
    .logoutSuccessUrl("/login?logout")
    ...
```

2. header.html을 업데이트해 모든 페이지에서 사용자가 로그아웃 시 클릭할 수 있는 링크를 만든다.

```
//src/main/webapp/WEB-INF/templates/fragments/header.html

<div id="navbar" ...>
...
    <ul class="nav navbar-nav pull-right">
      <li><a id="navLogoutLink" th:href="@{/logout}"> Logout</a></li>
    </ul>
      ...
</div>
```

3. 마지막으로, logout 매개변수가 존재할 때 로그아웃이 성공했다는 메시지를 표시하도록 login.html 파일을 업데이트한다.

```
//src/main/webapp/WEB-INF/templates/login.html

<div th:if="${param.logout != null}" class="alert
alert-success"> You have been logged out.</div>
  <label for="username">Username</label>
  ...
```

 이제, 코드가 chapter02.02-calendar와 비슷해야 한다.

페이지 리다이렉션 오류

애플리케이션을 재시작한 후, 파이어폭스^{Firefox}로 http://localhost:8080 페이지에 접근하면 다음과 같은 오류 페이지가 나타난다.

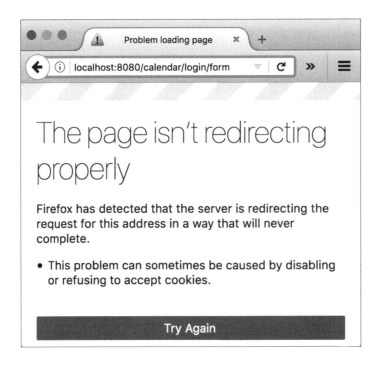

무엇이 문제일까? 스프링 시큐리티가 더 이상 로그인 페이지를 렌더링하지 못하기 때문에 문제를 해결하려면 USER 역할을 가진 사용자뿐 아니라 모든 사용자가 로그인 페이지에 접근할 수 있도록 허용해야 한다. 따라서 로그인 페이지에 적절한 접근 권한을 부여하지 않으면 다음과 같은 상황이 벌어진다.

1. 웹 브라우저에서 Welcome 페이지를 요청한다.
2. 스프링 시큐리티는 Welcome 페이지를 불러오는데, USER 역할이 필요한 것을 확인하고 인가되지 않은 사용자를 로그인 페이지로 리다이렉트한다.
3. 웹 브라우저는 로그인 페이지를 요청한다.
4. 스프링 시큐리티는 로그인 페이지를 불러오는데, USER 역할이 필요한 것을 확인하고 여전히 인가되지 않은 사용자를 로그인 페이지로 리다이렉트한다.
5. 웹 브라우저는 다시 로그인 페이지를 요청한다.
6. 스프링 시큐리티는 로그인 페이지를 불러오는데, USER 역할을 확인하는 과정을 다음 다이어그램과 같이 반복한다.

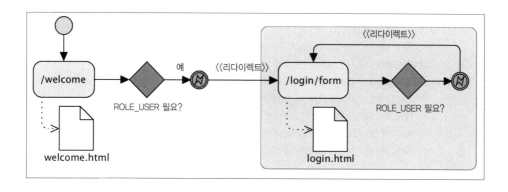

위 과정은 계속 반복될 수도 있다. 하지만 다행스럽게도 파이어폭스는 많은 리다이렉션이 발생하는 경우 이를 감지하고 더 이상 리다이렉션을 수행하지 않으며, 최종적으로 오류 메시지를 표시한다. 다음 절에서는 권한 및 역할에 따라 접근할 수 있는 URL을 다르게 설정해 위와 같은 오류를 수정하는 방법에 대해 알아본다.

기본 역할 기반 인증

지금까지 설정한 애플리케이션에서 URL에 따라 접근 제어를 할 수 있도록 스프링 시큐리티 설정을 확장시켜보자. 이 절에서는 자원에 접근하는 방법을 좀 더 세부적으로 제어할 수 있는 설정 방법을 다루며, 스프링 시큐리티는 이러한 설정을 통해 다음과 같은 작업을 수행한다.

- /resources/로 시작하는 요청을 완전히 무시한다. 이미지, CSS, 자바스크립트는 스프링 시큐리티를 사용하지 않아도 되므로 유용하다.
- 인증되지 않은 사용자가 Welcome, Login, Logout 페이지에 접근할 수 있도록 한다.
- 관리자만이 All Events 페이지에 접근할 수 있도록 한다.
- All Events 페이지에 접근할 수 있는 관리자를 추가한다.

다음 코드를 추가해보자.

```
//src/main/java/com/packtpub/springsecurity/configuration/SecurityConfig.java

    http.authorizeRequests()
        .antMatchers("/resources/**").permitAll()
        .antMatchers("/").hasAnyRole("ANONYMOUS", "USER")
        .antMatchers("/login/*").hasAnyRole("ANONYMOUS", "USER")
        .antMatchers("/logout/*").hasAnyRole("ANONYMOUS", "USER")
        .antMatchers("/admin/*").hasRole("ADMIN")
        .antMatchers("/events/").hasRole("ADMIN")
        .antMatchers("/**").hasRole("USER")
        ...

@Override
public void configure(final AuthenticationManagerBuilder auth)
  throws Exception{
    auth.inMemoryAuthentication()
        .withUser("user1@example.com").password("user1").roles("USER")
        .and().withUser("admin1@example.com").password("admin1").
```

```
        roles("USER", "ADMIN");
}
```

 스프링 시큐리티는 직접 컨텍스트 루트를 관리하기 때문에 설정 파일에 /calendar를 컨텍스트 루트로 설정할 필요가 없다. 그렇기 때문에 다른 컨텍스트 루트로 애플리케이션을 배포하려고 해도 설정 파일을 업데이트할 필요가 없다.

스프링 시큐리티 4.2에서는 애플리케이션의 여러 부분에 보안을 적용하는 방법을 좀 더 효과적으로 제어하기 위해 빌더 패턴을 사용해 여러 RequestMatcher 항목을 지정할 수 있다. 첫 번째 antMatchers() 메서드는 /resources/로 시작하는 URL을 무시하고, 두 번째 antMatchers() 메서드는 다른 모든 요청을 처리하도록 지정한다. 단, 다음과 같이 여러 antMatchers() 메서드를 사용하는 데 유의해야 할 몇 가지 중요한 사항이 있다.

- 경로 애트리뷰트를 따로 지정하지 않으면 모든 요청을 의미하는 /** 경로를 사용하는 것과 동일하다.
- 각 antMatchers() 메서드를 순서대로 고려하며, 위에서부터 1개의 일치하는 코드만 적용하므로 설정 파일에 나타나는 순서가 중요하다. 즉, 마지막 antMatchers() 메서드에서만 모든 요청을 의미하는 /**를 사용할 수 있다는 의미기도 하다. 이러한 규칙을 따르지 않으면 스프링 시큐리티는 오류를 발생시킬 것이다. 예를 들어 다음 코드는 모든 요청이 첫 번째 antMatchers() 메서드에 일치할 것이므로 다음 antMatchers() 메서드로 넘어가지 않는다.

```
http.authorizeRequests()
     .antMatchers("/**").hasRole("USER")
     .antMatchers("/admin/**").hasRole("ADMIN")
```

- 기본 패턴은 지정된 패턴을 ant 패턴과 비교해 HttpServletRequest의 servlet Path 및 pathInfo 메서드와 일치하는지 여부를 결정하는 o.s.s.web.util. AntPathRequestMatcher에 의해 지원된다. 하지만 요청이 규칙과 일치하는지 여부를 결정할 때 쿼리 문자열은 포함하지 않는다. 내부적으로 스프링 시큐리티는 o.s.u.AntPathMatcher를 사용해 모든 작업을 수행한다. 다음과 같은 요약된 규칙을 살펴보자.

?는 단일 문자와 일치한다.

*는 /를 제외하는 0자 이상의 문자와 일치한다.

**는 경로의 0개 이상의 디렉터리와 일치한다.

"/events/**" 패턴은 "/events", "/events/", "/events/1", "/events/1/ form?test=1"와 일치하지만 "/events123"는 일치하지 않는다.

"/events*" 패턴은 "/events", "/events123"와 일치하지만 "/events/" 또는 "/ events/1"와는 일치하지 않는다.

"/events*/**" 패턴은 "/events", "/events/", "/events/1","/events123", "/ events123/456", "/events/1/form?test=1"와 일치한다.

- antMatchers() 메서드의 path 애트리뷰트는 요청에 대한 필터링을 더욱 상세하게 정의하고 접근 제어를 적용한다. 업데이트된 설정은 URL 패턴에 따라 다양한 접근 유형을 허용한다. ANONYMOUS 역할은 로그인하지 않은 사용자에게 할당된 기본 권한이며, SecurityConfig.java에 정의하지 않았기 때문에 특히 중요하다. SecurityConfig.java 파일에 대한 다음 업데이트 내용은 인증되지 않은 사용자와 USER 역할 권한이 있는 사용자가 Login 페이지에 접근할 수 있도록 허용하는 것이다. 이 책의 후반부에서 접근 제어 옵션에 대한 내용을 자세히 다룰 것이므로 일단 넘어가자.

```
.antMatchers("/login/*").hasAnyRole("ANONYMOUS", "USER")
```

앞에서도 언급한 바 있지만, antMatchers() 메서드를 정의할 때에는 다음을 염두에 둬야 한다.

○ 각 http 메서드가 위에서부터 아래로 실행되는 것처럼, antMatchers() 메서드도 위에서부터 실행된다. 즉, 가장 구체적인 패턴을 먼저 지정하는 것이 중요하다는 뜻이다. 다음 예제는 구체적인 패턴을 먼저 지정하지 않은 경우를 보여준다. 이런 경우, 시작 시에 스프링 시큐리티로부터 오류가 발생한다.

```
http.authorizeRequests()
    …
    // 모든 요청에 부합하므로 다음으로 넘어가지 않음
    .antMatchers("/**").hasRole("USER")
    // 밑의 설정은 절대 부합할 수 없음
    .antMatchers("/login/form").hasAnyRole("ANONYMOUS", "USER")
```

• anyRequest()가 http.authorizeRequests() 태그와 일치하는 모든 요청에 부합하기 때문에 http.authorizeRequests()가 anyRequest()로 표시되면 자식 antMatchers() 메서드가 정의될 수 없다는 점에 유의하자. 따라서 anyRequest()로 antMatchers() 자식 메서드를 정의하면 antMatchers() 선언과 모순된다. 다음 예를 살펴보자.

```
http.authorizeRequests().anyRequest().permitAll()
    // 다음의 matcher는 절대 실행되지 않으며, 오류도 발생하지 않음
    .antMatchers("/admin/*").hasRole("ADMIN")
```

• antMatchers() 요소의 path 애트리뷰트는 독립적이며, http 메서드의 anyRequest() 애트리뷰트를 인식하지 못한다.

자, 애플리케이션을 재시작한 후, http://localhost:8080을 통해 페이지에 접속해보고 지금까지 업데이트한 부분이 제대로 동작하는지 확인해보자.

1. 인증이 필요한 링크를 선택한 후 새로 만든 로그인 페이지 확인

2. 잘못된 사용자명과 패스워드를 입력하고 오류 메시지 확인

3. 관리자(admin1@example.com/admin1)로 로그인해 모든 이벤트 확인

4. 로그아웃 후 로그아웃 성공 메시지 확인

5. 일반 사용자(user1@example.com/user1)로 로그인해 모든 이벤트 확인 시도 시 Access Denied 페이지 확인

 이제, 코드가 chapter02.03-calendar와 비슷해야 한다.

표현식 기반 인증

모든 사람에게 접근 권한을 부여하는 것이 생각만큼 간편하지 않다는 것을 확인했다. 하지만 다행스럽게도, 스프링 시큐리티는 **스프링 표현 언어**^{Spring Expression Language, SpEL}를 이용해 사용자에게 권한이 있는지 여부를 판단할 수 있다. 다음 코드를 통해 스프링 시큐리티에서 SpEL을 사용하도록 설정할 수 있다.

```
//src/main/java/com/packtpub/springsecurity/configuration/
SecurityConfig.java

http.authorizeRequests()
    .antMatchers("/").access("hasAnyRole('ANONYMOUS', 'USER')")
    .antMatchers("/login/*").access("hasAnyRole('ANONYMOUS', 'USER')")
    .antMatchers("/logout/*").access("hasAnyRole('ANONYMOUS', 'USER')")
    .antMatchers("/admin/*").access("hasRole('ADMIN')")
    .antMatchers("/events/").access("hasRole('ADMIN')")
    .antMatchers("/**").access("hasRole('USER')")
```

/events/에 대한 보안 제약 조건이 취약하다는 것을 눈치챘을 것이다. 예를 들어 /events URL은 ADMIN 권한을 가진 사용자 외에도 접근할 수 있다. 이는 여러 계층의 보안을 제공할 필요가 있음을 보여주며, 이런 종류의 취약점에 대해서는 11장, "미세 접근 제어"에서 자세히 다룬다.

access 애트리뷰트를 hasAnyRole('ANONYMOUS', 'USER')에서 permitAll()로 변경하는 것은 별 것 아니지만 이러한 변경은 스프링 시큐리티 표현식의 매우 일부분에 불과하다. 따라서 앞으로 접근 제어와 스프링 표현식에 대해 책의 후반부에서 좀 더 자세히 다룬다.

다음으로 넘어가기 전에 지금까지 수행한 업데이트가 제대로 애플리케이션에서 동작하는지 확인해보자.

 이제, 코드가 chapter02.04-calendar와 비슷해야 한다.

조건부로 인증 정보 표시

지금의 샘플 애플리케이션에는 로그인 여부에 대한 상태를 표시하지 않는다. 또한 로그아웃 링크가 항상 표시돼 있기 때문에 항상 로그인한 것처럼 보인다. 이 절에서는 인증된 사용자의 사용자명을 표시하고, Thymeleaf의 스프링 시큐리티 태그 라이브러리를 사용해 페이지의 일부를 조건부로 표시하는 방법을 설명한다. 다음 단계대로 수행해보자.

1. thymeleaf-extras-springsecurity4 JAR 파일을 포함하도록 의존성을 업데이트한다. 그레이들을 사용하기 때문에 다음과 같이 build.gradle 파일에 새로운 의존성 선언을 추가하면 된다.

```
//build.gradle

    dependency{
        ...
        compile 'org.thymeleaf.extras:thymeleaf-extras-springsecurity4'
    }
```

2. SpringSecurityDialect를 Thymeleaf 엔진에 추가한다.

```
//src/main/java/com/packtpub/springsecurity/web/configuration/
ThymeleafConfig.java

    @Bean
    public SpringTemplateEngine templateEngine(
      final ServletContextTemplateResolver resolver)
     {

         SpringTemplateEngine engine = new SpringTemplateEngine();
         engine.setTemplateResolver(resolver);
         engine.setAdditionalDialects(new HashSet<IDialect>() {{
             add(new LayoutDialect());
             add(new SpringSecurityDialect());
         }});
         return engine;
    }
```

3. header.html 파일을 다음과 같이 업데이트해 스프링 시큐리티 태그 라이브러리
   를 활용한다.

```
//src/main/webapp/WEB-INF/templates/fragments/header.html

    <html xmlns:th="http://www.thymeleaf.org"
      xmlns:sec="http://www.thymeleaf.org/thymeleaf-extras-springsecurity4">
        ...
<div id="navbar" class="collapse navbar-collapse">
        ...
    <ul class="nav navbar-nav pull-right"
```

```
sec:authorize="isAuthenticated()">
    <li>
        <p class="navbar-text">Welcome <div class="navbar-text"
        th:text="${#authentication.name}">User</div></p>
    </li>
    <li>
        <a id="navLogoutLink" class="btn btn-default"
        role="button" th:href="@{/logout}">Logout</a>
    </li>
    <li> | </li>
</ul>
<ul class="nav navbar-nav pull-right"
sec:authorize=" ! isAuthenticated()">
    <li><a id="navLoginLink" class="btn btn-default"
    role="button"
    th:href="@{/login/form}">Login</a></li>
    <li> | </li>
</ul>
...
```

sec:authorize 애트리뷰트는 isAuthenticated() 값으로 사용자의 인증 여부를 결정하며, 사용자가 인증되면 HTML 노드를 표시하고 사용자가 인증되지 않으면 노드를 숨긴다. access 애트리뷰트는 antMatcher().access() 요소로서 친숙하게 느껴질 것이며, 두 구성 요소 모두 동일한 spEL을 지원한다. 또한 spEL 표현식을 사용하지 않는 Thymeleaf의 태그 라이브러리 애트리뷰트도 존재하지만 spEL을 사용하는 방법이 더 강력하기 때문에 일반적으로 선호한다.

sec:authentication 애트리뷰트는 현재의 o.s.s.core.Authentication 객체를 조회한다. Property 애트리뷰트는 o.s.s.core.Authentication 객체의 주요 애트리뷰트를 찾으며, 이 경우에는 o.s.s.core.userdetails.UserDetails에 해당한다. 그런 다음, UserDetails의 사용자명 애트리뷰트를 가져와 페이지에 렌더링한다. 이에 대한 자세한 내용은 3장, '사용자 정의 인증'에서 다룰 것이므로 지금 이해가 가지 않더라도 걱정하지 않아도 된다.

자, 애플리케이션을 재시작한 후, 페이지에 접속해보고 지금까지 업데이트한 부분이 제대로 동작하는지 확인해보자. 페이지에 접속해보면 user1@example.com은 All Events 메뉴와 같이 접근이 불가능한 메뉴의 링크를 표시하고 있는 것을 확인할 수 있다. 이에 대한 업데이트는 11장, '미세 접근 제어'에서 태그에 대해 설명할 때 다룬다.

 이제, 코드가 chapter02.05-calendar와 비슷해야 한다.

로그인 후 행동 사용자 정의

이미 앞에서 로그인 과정을 사용자 정의하는 방법에 대해 논의했다. 하지만 로그인 후에 허용할 행동 또한 사용자 정의해야 할 경우도 존재한다. 이 절에서는 로그인 후에 스프링 시큐리티가 어떻게 동작하는지에 대해 설명하고, 이 동작을 사용자 정의하기 위한 간단한 메커니즘을 설명한다.

기본 설정에서 스프링 시큐리티는 성공적인 인증 후에 2개의 플로우가 존재한다. 첫 번째 플로우는 사용자가 인증이 필요하지 않은 자원에 접근할 경우에 발생한다. 일단 사용자는 로그인에 성공하면 formLogin( ) 메서드에 연결된 defaultSuccessUrl( ) 메서드로 보내진다. 사용자 인증을 하지 않은 경우, defaultSuccessUrl( )은 애플리케이션의 컨텍스트 루트가 된다.

사용자가 인증되기 전에 보호된 페이지를 요청하면 스프링 시큐리티는 o.s.s.web. savedrequest.RequestCache를 사용해 인증 전에 마지막으로 접근한 보호된 페이지를 기억한다. 그 후 인증에 성공하면 스프링 시큐리티는 인증 이전에 마지막으로 접근한 보호된 페이지로 사용자를 이동시킨다. 예를 들어 인증되지 않은 사용자가 My Events 페이지를 요청하면 Login 페이지로 이동되며, 인증에 성공하면 이전에 요청한 My Events 페이지로 다시 이동된다.

일반적으로 사용자의 역할에 따라 사용자를 다른 defaultSuccessUrl() 메서드로 보내도록 스프링 시큐리티를 사용자 정의한다. 다음 단계를 수행하면서 어떻게 설정하는지 살펴보자.

1. formLogin() 메서드에 연결된 defaultSuccessUrl() 메서드를 설정한다. 컨텍스트 루트 대신 /default를 사용하도록 업데이트한다.

//src/main/java/com/packtpub/springsecurity/web/configuration/
SecurityConfig.java

```
.formLogin()
  .loginPage("/login/form")
  .loginProcessingUrl("/login")
  .failureUrl("/login/form?error")
  .usernameParameter("username")
  .passwordParameter("password")
  .defaultSuccessUrl("/default")
  .permitAll()
```

2. /default를 처리하는 컨트롤러를 만든다. 다음 코드는 관리자를 All Events 페이지로 리다이렉트시키는 방법과 다른 사용자를 Welcome 페이지로 리다이렉트시키는 방법을 보여주는 샘플 DefaultController다. 다음 위치에 새로운 파일을 만들자.

//src/main/java/com/packtpub/springsecurity/web/controllers/
DefaultController.java

```
// imports 생략
@Controller
public class DefaultController {
@RequestMapping("/default")
  public String defaultAfterLogin(HttpServletRequest request) {
      if (request.isUserInRole("ADMIN")) {
          return "redirect:/events/";
```

```
        }
        return "redirect:/";
    }
}
```

 STS에서는 Shift + Ctrl + O를 사용해 자동으로 누락된 작업을 추가할 수 있다.

DefaultController와 그 작동 원리에 대해 짚고 넘어가야 할 몇 가지 사항이 있다. 첫째, 스프링 시큐리티는 HttpServletRequest의 매개변수를 통해 현재 로그인한 사용자를 인식한다. 이러한 경우, 스프링 시큐리티의 API에 의존하지 않고 사용자가 속한 역할을 확인할 수 있으며, 스프링 시큐리티의 API가 변경되거나 보안 구현 방식을 변경할 때 업데이트해야 할 코드가 줄어들기 때문에 편리하다. 둘째, DefaultController 컨트롤러를 스프링 MVC 컨트롤러와 함께 구현하는 경우, defaultSuccessUrl( ) 메서드는 모든 컨트롤러(예를 들어 스트럿츠struts, 표준 서블릿 등)로 조작할 수 있다.

3. 항상 defaultSuccessUrl( ) 메서드로 이동하도록 설정하려면 Boolean 형태인 두 번째 매개변수를 사용하면 된다. 샘플 애플리케이션에서는 이러한 설정을 적용하지 않을 것이지만, 다음과 같이 실행할 수 있다.

```
.defaultSuccessUrl("/default", true)
```

4. 이제 시험해볼 차례다. 애플리케이션을 재시작하고 My Events 페이지로 직접 접근한 후, 로그인하자. 그러면 My Events 페이지에 위치할 것이다.

5. 로그아웃하고, user1@example.com으로 로그인하자.

6. Welcome 페이지에 위치해야 한다. 다시 로그아웃하고 admin1@example.com으로 로그인하면 All Events 페이지에 위치해야 한다.

이제, 코드가 chapter02.06-calendar와 비슷해야 한다.

▌ 요약

2장에서는 아주 기본적인 스프링 시큐리티 설정을 적용하고, 사용자 로그인 및 로그아웃 환경을 사용자 정의하는 방법을 설명했으며, 웹 애플리케이션에 사용자명과 같은 기본 정보를 표시하는 방법을 살펴봤다.

이제, 3장, '사용자 정의 인증'에서는 스프링 시큐리티 인증의 작동 원리와 필요에 맞게 사용자 정의하는 방법에 대해 설명할 것이다.

03

사용자 정의 인증

2장, '스프링 시큐리티 시작하기'에서는 인메모리 데이터 저장소를 사용해 사용자를 인증하는 방법에 대해 설명했다. 3장에서는 스프링 시큐리티에서 지원하는 인증 관련 API를 활용해 실제 업무에서 발생할 수 있는 문제를 해결하는 방법을 설명한다. 또한 스프링 시큐리티가 사용자를 인증하는 데 사용하는 각각의 구성 요소를 살펴본다.

3장에서는 다음과 같은 내용을 다룬다.

- 스프링 시큐리티의 어노테이션annotation과 자바 기반 설정 활용
- 현재 로그인한 사용자의 세부 정보 획득 방법
- 새 계정을 생성한 후 로그인할 수 있는 기능 추가
- 스프링 시큐리티에서 사용자를 인증하는 가장 간단한 방법

- 스프링 시큐리티와 나머지 애플리케이션을 적절히 분리하는 사용자 정의 UserDetailsService 및 AuthenticationProvider 구현
- 사용자명 및 패스워드 외의 방법으로 인증하는 도메인 기반 인증 추가

▌ JBCP 달력의 구조

1장, '취약한 애플리케이션의 구조'와 2장, '스프링 시큐리티 시작하기'에서는 스프링 IO BOM을 사용해 의존성 관리를 지원했지만, 프로젝트의 나머지 코드는 핵심 스프링 프레임워크를 사용했으며, 수동 구성도 필요하다. 따라서 3장부터는 애플리케이션 구성 프로세스를 단순화하기 위해 스프링 부트를 사용한다. 앞으로 설정할 내용은 스프링 부트를 사용하는 애플리케이션과 사용하지 않는 애플리케이션에서 모두 동일하게 적용된다. 스프링 IO와 스프링 부트에 관한 더 자세한 내용은 부록, '참고 자료'를 참고하자.

이제부터 스프링 시큐리티와 사용자 및 API를 연동하는 방법에 대해 다룰 것이므로 JBCP 달력 애플리케이션의 도메인 모델에 대해 간단히 짚고 넘어가자.

CalendarUser 객체

JBCP 달력 애플리케이션은 다음과 같이 사용자에 대한 정보를 갖고 있는 CalendarUser 라는 도메인 객체를 사용한다.

```
//src/main/java/com/packtpub/springsecurity/domain/CalendarUser.java

public class CalendarUser implements Serializable {
    private Integer id;
    private String firstName;
    private String lastName;
    private String email;
    private String password;
```

```
    ... accessor method(=getter) 생략..
}
```

Event 객체

JBCP 달력 애플리케이션은 다음과 같이 각 이벤트에 대한 정보를 갖고 있는 Event 객체를 사용한다.

```
//src/main/java/com/packtpub/springsecurity/domain/Event.java

public class Event {
    private Integer id;
    private String summary;
    private String description;
    private Calendar when;
    private CalendarUser owner;
    private CalendarUser attendee;
... accessor methods(=getter) 생략..
}
```

CalendarService 인터페이스

JBCP 달력 애플리케이션은 도메인 객체에 접근하거나 저장하는 데 사용할 수 있는 CalendarService 인터페이스를 사용한다. CalendarService 코드는 다음과 같다.

```
//src/main/java/com/packtpub/springsecurity/service/CalendarService.java

    public interface CalendarService {
        CalendarUser getUser(int id);
        CalendarUser findUserByEmail(String email);
        List<CalendarUser> findUsersByEmail(String partialEmail);
```

```
        int createUser(CalendarUser user);
        Event getEvent(int eventId);
        int createEvent(Event event);
        List<Event> findForUser(int userId);
        List<Event> getEvents();
}
```

CalendarService에서 사용하는 메서드는 매우 간단하므로 이해했을 것이라 생각하고 설명하지 않는다. 각 메서드에 대한 상세한 내용이 알고 싶다면, 샘플 코드의 JavaDoc를 참고하자.

UserContext 인터페이스

대부분의 애플리케이션과 마찬가지로 JBCP 달력 애플리케이션도 현재 로그인한 사용자와 상호 작용해야 한다. 따라서 JBCP 달력 애플리케이션에는 다음과 같이 현재 로그인한 사용자를 관리하는 UserContext라는 간단한 인터페이스를 생성해 적용했다.

```
//src/main/java/com/packtpub/springsecurity/service/UserContext.java

public interface UserContext {
    CalendarUser getCurrentUser();
    void setCurrentUser(CalendarUser user);
}
```

위 코드는 애플리케이션이 현재 로그인한 사용자의 세부 정보를 얻기 위해 UserContext.getCurrentUser()를 호출할 수 있다는 것을 보여준다. 또한 UserContext.setCurrentUser(CalendarUser)를 호출해 로그인한 사용자를 지정할 수도 있다. 3장의 후반부에서는 스프링 시큐리티를 사용해 현재 사용자에게 접근하고, SecurityContextHolder를 사용해 사용자의 세부 정보를 얻는 UserContext 인터페이스를 구현하는 방법에 대해 살펴본다.

스프링 시큐리티는 사용자 인증을 위한 다양한 방법을 제공한다. 하지만 결론적으로 모두 o.s.s.core.context.SecurityContext를 o.s.s.core.Authentication로 채운다. 이때 Authentication 객체는 인증 시 수집한 모든 정보(사용자명, 패스워드, 역할 등)를 나타내고, SecurityContext 인터페이스는 o.s.s.core.context.SecurityContextHolder 인터페이스에 설정된다. 즉, 스프링 시큐리티와 개발자는 SecurityContextHolder를 사용해 현재 로그인한 사용자에 대한 정보를 얻을 수 있다. 다음은 현재 로그인한 사용자명을 획득하는 코드다.

```
String username = SecurityContextHolder.getContext()
    .getAuthentication()
    .getName();
```

 Authentication 객체 사용 시 사용자가 로그인하지 않은 경우, username 값이 null이 되기 때문에 항상 null 체크를 해야 한다.

SpringSecurityUserContext 인터페이스

지금 시점에서 UserContext의 구현체인 UserContextStub은 항상 동일한 사용자를 반환하는 스텁stub이다. 다시 말해, My Events 페이지에 누가 로그인했는지와는 상관 없이 항상 동일한 사용자를 표시한다는 뜻이다. 이제, My Events 페이지에 로그인한 사용자의 사용자명을 표시하고, 사용자명을 사용해 보여지는 이벤트를 결정하도록 애플리케이션을 업데이트해보자.

 Chapter03.00-calendar의 코드부터 시작하자.

다음 과정을 살펴보고 코드를 수정해보자.

1. UserContextStub의 @Component 애트리뷰트를 주석 처리해 더 이상 스캐닝 scanning 결과를 사용하지 않도록 한다.

 /com/packtpub/springsecurity/web/configuration/WebMvcConfig.java의 @Component 어노테이션은 @ComponentScan 어노테이션과 함께 사용돼, 각 빈에 대해 명시적 XML이나 자바 설정을 생성하는 대신, 스프링 빈을 자동으로 생성한다. 스프링 스캐닝의 클래스 패스에 대해 좀 더 알고 싶다면 스프링 참조 문서(http://static.springsource.org/spring/docs/current/spring- framework-reference/html/)를 참고하자.

다음 코드를 살펴보자.

```
//src/main/java/com/packtpub/springsecurity/service/UserContextStub.java

...
//@Component
public class UserContextStub implements UserContext {
...
```

2. SecurityContext를 사용해 현재 로그인한 사용자를 얻는다. 3장의 코드에는 필요한 의존성을 연결했지만, 실제 기능은 포함하지 않은 SpringSecurityUserContext를 포함하고 있다.

3. SpringSecurityUserContext.java 파일을 열어 @Component 어노테이션을 추가한다. 그런 다음, 다음 코드처럼 getCurrentUser 구현체를 수정한다.

```
//src/main/java/com/packtpub/springsecurity/service/
SpringSecurityUserContext.java

@Component
public class SpringSecurityUserContext implements UserContext {
```

```
    private final CalendarService calendarService;
    private final UserDetailsService userDetailsService;
@Autowired
public SpringSecurityUserContext(CalendarService calendarService,
UserDetailsService userDetailsService) {
    this.calendarService = calendarService;
    this.userDetailsService = userDetailsService;
}
public CalendarUser getCurrentUser() {
    SecurityContext context = SecurityContextHolder.getContext();
    Authentication authentication = context.getAuthentication();
    if (authentication == null) {
      return null;
    }
    String email = authentication.getName();
    return calendarService.findUserByEmail(email);
}
public void setCurrentUser(CalendarUser user) {
    throw new UnsupportedOperationException();
  }
}
```

위 코드는 스프링 시큐리티의 Authentication 객체에서 현재 사용자명을 가져온 후, 이를 사용해 CalendarUser 객체를 이메일 주소로 조회하도록 한다. 스프링 시큐리티의 사용자명이 이메일 주소기 때문에 이메일 주소를 사용해 CalendarUser 를 스프링 시큐리티의 사용자와 연결할 수 있다. 단, 계정을 연결하는 경우, 일반적으로 변경의 여지가 있는 정보(이메일 주소) 대신 생성된 키를 사용하는 것이 안전하다. 결론적으로 JBCP 달력 애플리케이션에는 도메인 객체만 반환하도록 해, CalendarUser 객체만 인식하고 스프링 시큐리티와는 결합되지 않는다.

또한 위 코드는 2장, '스프링 시큐리티 시작하기'에서 현재 사용자의 사용자명을 표시하기 위해 사용한 sec:authorize="isAuthenticated()" 태그 애트리뷰트와 매우 비슷하다. 사실상 스프링 시큐리티의 태그 라이브러리는 위 코드와 같은 방식으로 SecurityContextHolder를 사용한다. 또한 UserContext 인터페이스를 사용해 현재 사용자를 HttpServletRequest에 배치하고, 스프링 시큐리티에 대한 의존성을 제거할 수 있다.

4. 애플리케이션을 재시작한 후, http://localhost:8080/에 접속해, 사용자명을 admin1@example.com, 패스워드를 admin1로 로그인한다.

5. My Events 페이지에 접속하면 현재 사용자의 이벤트(소유자 또는 참석자)만 표시된다.

6. 새 이벤트를 만들어보고, 이벤트 소유자가 로그인한 사용자와 동일한지 확인한다.

7. 로그아웃 후, 사용자명에 user1@example.com, 패스워드에 user1을 입력해 위의 과정을 반복한다.

 이제, 코드가 chapter03.01-calendar와 비슷해야 한다.

SecurityContextHolder를 사용한 새로운 사용자 로그인

일반적으로 사용자가 새로운 계정을 생성하면 자동으로 애플리케이션에서 로그인할 수 있도록 설정돼야 한다. 따라서 이 절에서는 SecurityContextHolder를 사용해 사용자의 인증 여부를 판단하는 가장 간단한 방법을 설명한다.

스프링 시큐리티에서의 사용자 관리

1장, '취약한 애플리케이션의 구조'에서 사용한 애플리케이션은 새로운 CalendarUser 객체를 생성하는 메커니즘을 제공하므로 새로운 사용자를 등록한 후에 CalendarUser 객체를 생성하는 것은 매우 간단하다. 하지만 스프링 시큐리티는 CalendarUser에 대한 정보가 없으므로 스프링 시큐리티에도 새로운 사용자를 추가해야 한다. 복잡하고 귀찮은 작업이라고 생각하겠지만 걱정할 필요는 없다. 3장의 후반부에서 사용자를 이중 유지 관리하는 번거로움을 제거할 것이다.

스프링 시큐리티는 사용자를 관리하기 위한 o.s.s.provisioning.UserDetailsManager 인터페이스를 제공한다. 다음의 인메모리 스프링 보안 설정을 기억하는가?

```
auth.inMemoryAuthentication().
withUser("user").password("user").roles("USER");
```

여기서 .inMemoryAuthentication() 메서드는 새로운 스프링 시큐리티 사용자를 생성하는 데 사용할 수 있는 o.s.s.provisioning.InMemoryUserDetailsManager라는 User DetailsManager의 인메모리 구현체를 생성한다.

 현재 스프링 시큐리티에서 XML 설정을 자바 기반 설정으로 변환할 때, 스프링 시큐리티 DSL에 여러 개의 빈을 노출하도록 지원하지 않는다는 한계가 존재한다. 이러한 문제에 대한 자세한 내용은 https://jira.spring.io/browse/SPR-13779를 참고하자.

이제 다음을 통해 스프링 시큐리티에서 사용자를 관리하는 방법에 대해 살펴보자.

1. 자바 기반 설정을 사용해 UserDetailsManager를 노출하려면, WebSecurityCon figurerAdapter DSL의 외부에 MemoryUserDetailsManager를 생성해야 한다.

```
//src/main/java/com/packtpub/springsecurity/configuration/
SecurityConfig.java

@Bean
@Override
public UserDetailsManager userDetailsService() {
    InMemoryUserDetailsManager manager = new
    InMemoryUserDetailsManager();
    manager.createUser(
```

```
        User.withUsername("user1@example.com")
            .password("user1").roles("USER").build());
    manager.createUser(
        User.withUsername("admin1@example.com")
            .password("admin1").roles("USER", "ADMIN").build());
    return manager;
}
```

2. 스프링 설정에서 UserDetailsManager 인터페이스를 노출시킨 후, 스프링 시
    큐리티에 새로운 사용자를 추가하기 위해 CalendarService 구현체인 Default
    CalendarService를 업데이트한다. 다음과 같이 DefaultCalendarService.java 파
    일을 업데이트하자.

```
//src/main/java/com/packtpub/springsecurity/service/
DefaultCalendarService.java

public int createUser(CalendarUser user) {
    List<GrantedAuthority> authorities = AuthorityUtils.
    createAuthorityList("ROLE_USER");
    UserDetails userDetails = new User(user.getEmail(),
    user.getPassword(), authorities);
    // 스프링 시큐리티 사용자 생성
    userDetailsManager.createUser(userDetails);
    // CalendarUser 생성
    return userDao.createUser(user);
}
```

3. UserDetailsManager를 활용하기 위해 일단 CalendarUser를 스프링 시큐리티의
    UserDetails 객체로 변환한다.

4. 마지막으로 UserDetailsManager를 사용해 UserDetails 객체를 저장한다. 스
    프링 시큐리티는 사용자 정의 CalendarUser 객체를 저장하는 방법을 이해할 수
    없으므로 변환이 필요하며, CalendarUser를 스프링 시큐리티가 이해하는 객체
    에 매핑시켜야 한다. 이때, GrantedAuthority 객체가 SecurityConfig 파일의

authority 애트리뷰트에 해당한다. 현재 샘플 애플리케이션은 매우 단순하며, 역할에 대한 개념을 포함하지 않았기 때문에 이 내용을 하드 코딩한다.

새로운 사용자로 로그인

이제 새로운 사용자를 시스템에 추가했으므로 로그인 시 사용자의 인증 유무를 파악해야 한다. 다음과 같이 스프링 시큐리티의 SecurityContextHolder 객체에서 현재의 사용자를 설정하기 위해 SpringSecurityUserContext를 업데이트해보자.

```
//src/main/java/com/packtpub/springsecurity/service/
SpringSecurityUserContext.java

public void setCurrentUser(CalendarUser user) {
    UserDetails userDetails = userDetailsService.
    loadUserByUsername(user.getEmail());
    Authentication authentication = new
    UsernamePasswordAuthenticationToken(userDetails, user.getPassword(),
    userDetails.getAuthorities());
    SecurityContextHolder.getContext().
    setAuthentication(authentication);
}
```

일단, CalendarUser 객체를 스프링 시큐리티의 UserDetails 객체로 변환한다. 이 작업은 스프링 시큐리티가 사용자 정의 CalendarUser 객체를 저장하는 방법을 이해하지 못하는 것과 동일하게, CalendarUser 객체를 사용해 보안 결정을 내리는 방법을 이해하지 못하기 때문에 꼭 필요하다. 따라서 스프링 시큐리티의 o.s.s.core.userdetails. UserDetailsService 인터페이스를 사용해 UserDetailsManager와 함께 저장한 User Details 객체를 불러온다. UserDetailsService 인터페이스는 이전에 살펴봤던 스프링 시큐리티의 UserDetailsManager 객체가 제공하는 기능에 대해 사용자명별로 조회한 서브셋subset을 제공한다.

그런 다음, UsernamePasswordAuthenticationToken 객체를 생성하고 여기에 UserDetails (패스워드)와 GrantedAuthority를 저장한다. 마지막으로, SecurityContextHolder에 인증에 대한 설정을 한다. 웹 애플리케이션에서 스프링 시큐리티는 SecurityContextHolder의 SecurityContext 객체를 HTTP 세션에 자동으로 연결한다.

 2장, '스프링 시큐리티 시작하기'에서 설명한 것처럼 스프링 시큐리티가 요청을 무시하면 후속 요청에 대해 SecurityContext를 유지하지 못하기 때문에 SecurityContextHolder에 접근하거나 설정할 때, 스프링 시큐리티가 모든 URL을 무시(즉, permitAll() 메서드 사용)하도록 설정해서는 안 된다. 따라서 SecurityContextHolder를 사용하는 URL에 대해 적절하게 접근하는 것을 허용하기 위해서는 antMatchers() 메서드의 access 애트리뷰트를 antMatchers(…).permitAll()처럼 지정해야 한다.

UserDetailsService에서 사용자를 찾지 않고도 직접 새로운 o.s.s.core.userdetails. User 객체를 만들어 CalendarUser를 변환할 수 있는 방법이 있다. 사용자 인증 기능도 제공하는 다음 코드를 살펴보자.

```
List<GrantedAuthority> authorities =
AuthorityUtils.createAuthorityList("ROLE_USER");
UserDetails userDetails = new
User("username","password",authorities);
Authentication authentication = new
UsernamePasswordAuthenticationToken (
userDetails,userDetails.getPassword(),userDetails.getAuthorities())
;
SecurityContextHolder.getContext()
.setAuthentication(authentication);
```

위 방법의 장점은 데이터 저장소를 다시 방문하는 번거로움이 없다는 것이다. 이 경우, 데이터 저장소는 인메모리 저장소를 사용하고 있지만 보안을 위해 데이터베이스에 백업할 수도 있다. 하지만 단점은 코드 재사용률이 떨어진다는 것이다. 해당 메서드는 호출되는 빈도가 적기 때문에 코드를 재사용하는 것이 효율적이다. 일반적으로 각 상황을 개별적으로 평가해 어느 방법이 가장 합리적인지 판단하는 것이 좋다.

SignupController 업데이트

JBCP 달력 애플리케이션에는 새로운 `CalenderUser` 객체를 생성하기 위해 HTTP 요청을 처리하는 `SignupController` 객체가 있다. 마지막 단계는 `SignupController`를 업데이트해 사용자를 생성한 후, 로그인했음을 표시하는 것이다. 다음처럼 `SignupController`를 업데이트해보자.

```
//src/main/java/com/packtpub/springsecurity/web/controllers/
SignupController.java

@RequestMapping(value="/signup/new", method=RequestMethod.POST)
public String signup(@Valid SignupForm signupForm,
BindingResult result, RedirectAttributes redirectAttributes) {
... 기존 검증 과정 ...
user.setPassword(signupForm.getPassword());
int id = calendarService.createUser(user);
user.setId(id);
userContext.setCurrentUser(user);
redirectAttributes.addFlashAttribute("message", "Success");
return "redirect:/";
}
```

이제, 애플리케이션을 재시작한 후, `http://localhost:8080/`에 접속해 새로운 사용자를 생성하고 자동으로 로그인되는지 확인하자.

 이제, 코드가 chapter03.02-calendar와 비슷해야 한다.

▋ 사용자 정의 UserDetailsService 객체 생성

애플리케이션의 도메인 모델(CalendarUser)을 스프링 시큐리티의 도메인 모델(UserDetails)
과 연결하려면 사용자에 대한 정보를 이중으로 관리해야 한다. 이러한 이중 관리를 해결
하기 위해 사용자 정의 UserDetailsService 객체를 구현해 기존 CalendarUser 도메인
모델을 스프링 시큐리티의 UserDetails 인터페이스 구현체로 변환할 수 있다. 스프링 시
큐리티는 CalendarUser 객체를 UserDetails로 변환함으로써 사용자 정의 도메인 모델을
사용해 보안 결정을 내릴 수 있게 된다. 즉, 더 이상 사용자를 이중으로 관리할 필요가 없
게 됐다는 뜻이다.

CalendarUserDetailsService 클래스

지금까지의 스프링 시큐리티는 보안 결정을 내리는 코드와 도메인 객체와 연결시
키는 코드가 필요했다. 이제, 스프링 시큐리티가 CalendarUser 객체를 인식하게 할
CalendarUserDetailsService라는 새로운 클래스를 생성해 스프링 시큐리티가 도메인 모
델을 기반으로 의사 결정을 내릴 수 있게 할 것이다. 다음과 같이 CalendarUserDetails
Service.java라는 새로운 파일을 만들어보자.

```
//src/main/java/com/packtpub/springsecurity/core/userdetails/
CalendarUserDetailsService.java

// import와 package 선언 생략
@Component
public class CalendarUserDetailsService implements UserDetailsService {
  private final CalendarUserDao calendarUserDao;
  @Autowired
  public CalendarUserDetailsService(CalendarUserDao calendarUserDao) {
    this.calendarUserDao = calendarUserDao;
  }
  public UserDetails loadUserByUsername(String username) throws
  UsernameNotFoundException {
```

```
    CalendarUser user = calendarUserDao.findUserByEmail(username);
    if (user == null) {
      throw new UsernameNotFoundException("Invalid
      username/password.");
    }
    Collection<? extends GrantedAuthority> authorities =
    CalendarUserAuthorityUtils.createAuthorities(user);
    return new User(user.getEmail(), user.getPassword(),
    authorities);
  }
}
```

 STS에서 Shift + Ctrl + O를 사용하면 누락된 import 선언부를 쉽게 추가할 수 있다. 또는
다음 마일스톤(chapter03.03-calendar)에서 코드를 복사해도 좋다.

여기서는 `CalendarUserDao`를 사용해 `CalendarUser`를 얻으며 이메일 주소를 사용한
다. 이 부분에서 null을 반환할 경우, `UserDetailsService` 인터페이스가 중단되므로
`UsernameNotFoundException` 예외를 발생시켜 null을 반환하지 않도록 설정해야 한다.

그런 다음, 이전 절에서와 같이 사용자가 구현한 `CalendarUser`를 `UserDetails`로 변환
한다.

이제, 샘플 코드에서 제공한 `CalendarUserAuthorityUtils`라는 유틸리티 클래스를 사
용할 것이다. 이 클래스는 이메일 주소를 기반으로 사용자 및 관리자를 지원할 수 있도
록 `GrantedAuthority`를 생성한다. 이메일 주소가 `admin`으로 시작하면 사용자는 `ROLE_`
`ADMIN`, `ROLE_USER`로 인식된다. 그렇지 않은 경우에는 `ROLE_USER`로 인식한다. 물론 실제
애플리케이션에서는 이렇게 설정하지 않지만, 필요한 내용에 집중하기 위해 이 부분은 단
순하게 진행한다.

UserDetailsService 설정

이제 새로운 UserDetailsService 객체가 생성됐으므로 스프링 시큐리티 설정을 업데이트해 사용해보자. CalendarUserDetailsService 클래스는 클래스 패스 스캐닝과 @Component 어노테이션을 활용하기 때문에 스프링 설정에 자동으로 추가된다. 즉, 방금 생성한 CalendarUserDetailsService 클래스를 참조하도록 스프링 시큐리티를 업데이트만 하면 된다. 또한 스스로 UserDetailsService 구현체를 제공하고 있기 때문에 스프링 시큐리티의 인메모리 구현체인 UserDetailsService에서 configure()와 userDetailsService() 메서드를 제거해도 된다. 다음과 같이 SecurityConfig.java 파일을 업데이트하자.

```
//src/main/java/com/packtpub/springsecurity/configuration/SecurityConfig.java

@Override
public void configure(AuthenticationManagerBuilder auth) throws Exception {
  ...
}
@Bean
@Override
public UserDetailsManager userDetailsService() {
  ...
}
```

UserDetailsManager에 대한 참조 제거

DefaultCalendarService에 추가한 코드 중 UserDetailsManager를 사용해 스프링 시큐리티의 o.s.s.core.userdetails.User 인터페이스와 CalendarUser를 동기화하는 데 사용된 모든 코드를 제거해야 한다. DefaultCalendarService에서 사용한 UserDetailsManager에 대한 모든 참조를 제거해야 하는 이유는 다음과 같다.

첫째, 스프링 시큐리티가 `CalendarUserDetailsService`를 참조하기 때문에 해당 코드는 필요하지 않다. 둘째, `inMemoryAuthentication()` 메서드를 제거했기 때문에 스프링 설정에 정의된 `UserDetailsManager` 객체가 존재하지 않는다. 업데이트 후에는 다음 샘플 코드와 유사하게 나타난다.

```
//src/main/java/com/packtpub/springsecurity/service/
DefaultCalendarService.java

public class DefaultCalendarService implements CalendarService {
    private final EventDao eventDao;
    private final CalendarUserDao userDao;
    @Autowired
    public DefaultCalendarService(EventDao eventDao,CalendarUserDao userDao) {
        this.eventDao = eventDao;
        this.userDao = userDao;
    }
    ...
    public int createUser(CalendarUser user) {
        return userDao.createUser(user);
    }
}
```

애플리케이션을 재시작한 후, `SecurityConfig.java`에서 제거한 스프링 시큐리티의 인메모리 `UserDetailsManager` 객체를 더 이상 사용하지 않는지 확인하자.

 이제, 코드가 chapter03.03-calendar와 비슷해야 한다.

CalendarUserDetails 객체

스프링 시큐리티의 사용자와 CalendarUser 객체를 따로 관리해야 하는 번거로움을 성공적으로 제거했다. 하지만 두 가지 객체를 계속 변환해야 하므로 여전히 귀찮은 일이 남아 있다. 따라서 이를 해결하기 위해 UserDetails와 CalendarUser를 나타내는 CalendarUserDetails라는 객체를 생성한다. 다음과 같이 CalendarUserDetailsService를 업데이트해 CalendarUserDetails를 사용하도록 설정해보자.

```
//src/main/java/com/packtpub/springsecurity/core/userdetails/
CalendarUserDetailsService.java

public UserDetails loadUserByUsername(String username) throws
UsernameNotFoundException {
  ...
  return new CalendarUserDetails(user);
}
private final class CalendarUserDetails extends CalendarUser
implements UserDetails {
  CalendarUserDetails(CalendarUser user) {
    setId(user.getId());
    setEmail(user.getEmail());
    setFirstName(user.getFirstName());
    setLastName(user.getLastName());
    setPassword(user.getPassword());
  }
public Collection<? extends GrantedAuthority> getAuthorities() {
  return CalendarUserAuthorityUtils.createAuthorities(this);
}
public String getUsername() {
  return getEmail();
}
public boolean isAccountNonExpired() { return true; }
public boolean isAccountNonLocked() { return true; }
public boolean isCredentialsNonExpired() { return true; }
public boolean isEnabled() { return true; }
```

다음 절에서는 CalendarUser 객체가 제대로 주체를 인증할 수 있는지를 확인할 것이다. 그러나 스프링 시큐리티는 계속 CalendarUserDetails를 UserDetails 객체로 처리할 수 있다.

SpringSecurityUserContext 단순화

앞서 CalendarUser를 상속하고 UserDetails를 구현하는 UserDetails 객체를 반환하도록 CalendarUserDetailsService를 업데이트했다. 즉, 이제는 두 객체 간의 변환 없이 단순히 CalendarUser 객체를 참조할 수 있다. 다음과 같이 SpringSecurityUserContext를 업데이트하자.

```
//src/main/java/com/packtpub/springsecurity/service/
SpringSecurityUserContext.java

public class SpringSecurityUserContext implements UserContext {
    public CalendarUser getCurrentUser() {
      SecurityContext context =
      SecurityContextHolder.getContext();
      Authentication authentication = context.getAuthentication();
      if(authentication == null) {
          return null;
    }
    return (CalendarUser) authentication.getPrincipal();
    }
public void setCurrentUser(CalendarUser user) {
    Collection authorities =
    CalendarUserAuthorityUtils.createAuthorities(user);
    Authentication authentication = new
    UsernamePasswordAuthenticationToken(user,user.getPassword(),
      authorities);
    SecurityContextHolder.getContext()
      .setAuthentication(authentication);
}
```

업데이트 후에는 더 이상 CalendarUserDao나 스프링 시큐리티의 UserDetailsService 인터페이스를 사용할 필요가 없다. 이전 절에서 다룬 loadUserByUsername 메서드를 기억하는가? loadUserByUsername 메서드 호출의 결과값은 인증의 주체가 된다. 업데이트된 loadUserByUsername 메서드는 CalendarUser를 상속하는 객체를 반환하기 때문에 Authentication 객체의 보안 주체를 CalendarUser로 안전하게 캐스트^{cast}할 수 있다. 또한 setCurrentUser 메서드를 호출할 때 UsernamePasswordAuthenticationToken의 생성자에 CalendarUser 객체를 주체로 전달할 수 있기 때문에 getCurrentUser 메서드를 호출할 때 주체를 CalendarUser 객체로 캐스트할 수 있다.

사용자 정의 사용자 애트리뷰트 표시

이제 CalendarUser가 스프링 시큐리티의 인증을 담당하기 때문에 UI를 업데이트해, 이메일 주소가 아닌 사용자명을 표시할 수 있다. 다음과 같이 header.html 파일을 업데이트하자.

```
//src/main/resources/templates/fragments/header.html

<ul class="nav navbar-nav pull-right"
sec:authorize="isAuthenticated()">
    <li id="greeting">
        <p class="navbar-text">Welcome <div class="navbar-text"
        th:text="${#authentication.getPrincipal().getName()}">
        User</div></p>
</li>
```

내부적으로, "${#authentication.getPrincipal().getName()}" 태그 애트리뷰트는 다음 코드를 실행한다. 강조 표시된 값이 header.html 파일에 지정된 인증 태그의 property 애트리뷰트와 상관 관계가 있으므로 확인해보자.

```
SecurityContext context = SecurityContextHolder.getContext();
Authentication authentication = context.getAuthentication();
CalendarUser user = (CalendarUser) authentication.getPrincipal();
String firstAndLastName = user.getName();
```

이제, 애플리케이션을 재시작한 후, http://localhost:8080/에 접속해 업데이트된 내용을 확인해보자. 현재 사용자의 이메일 주소 대신 사용자의 성과 이름이 표시되는 것을 확인할 수 있을 것이다.

 이제, 코드가 chapter03.04-calendar와 비슷해야 한다.

▌사용자 정의 AuthenticationProvider 객체 생성

스프링 시큐리티는 AuthenticationProvider 객체에 권한을 위임해 사용자의 인증 여부를 결정한다. 즉, 사용자 정의 AuthenticationProvider를 구현해 스프링 시큐리티가 여러 가지 방법으로 인증하도록 설정할 수 있다. 편리한 점은 스프링 시큐리티가 대부분의 AuthenticationProvider 객체를 제공하므로 생성할 필요가 없다는 것이다. 사실 지금까지 UserDetailsService가 반환한 사용자명과 패스워드를 비교할 때 스프링 시큐리티의 o.s.s.authentication.dao.DaoAuthenticationProvider 객체를 사용했다.

CalendarUserAuthenticationProvider

이 절의 나머지 부분에서는 CalendarUserDetailsService를 대체할 CalendarUserAuthenticationProvider라는 사용자 정의 AuthenticationProvider 객체를 생성한다. 그리고 CalendarUserAuthenticationProvider를 사용해 여러 도메인에서 사용자를 인증할 때 지원하는 추가 매개변수에 대해 알아본다.

UserDetails 인터페이스에는 도메인 매개변수 개념이 없기 때문에 UserDetailsService 대신 AuthenticationProvider 객체를 사용해야 한다.

다음과 같이 CalendarUserAuthenticationProvider라는 새로운 클래스를 만들자.

```
//src/main/java/com/packtpub/springsecurity/authentication/
CalendarUserAuthenticationProvider.java

// ... import 생략 ...
@Component
public class CalendarUserAuthenticationProvider implements
AuthenticationProvider {
  private final CalendarService calendarService;
  @Autowired
  public CalendarUserAuthenticationProvider (CalendarService calendarService) {
    this.calendarService = calendarService;
}
public Authentication authenticate(Authentication
authentication) throws AuthenticationException {
    UsernamePasswordAuthenticationToken token =
    (UsernamePasswordAuthenticationToken) authentication;
    String email = token.getName();
    CalendarUser user = null;
    if(email != null) {
        user = calendarService.findUserByEmail(email);
    }
    if(user == null) {
        throw new UsernameNotFoundException("Invalid username/password");
    }
    String password = user.getPassword();
    if(!password.equals(token.getCredentials())) {
        throw new BadCredentialsException("Invalid username/password");
    }
    Collection<? extends GrantedAuthority> authorities =
```

```
    CalendarUserAuthorityUtils.createAuthorities(user);
    return new UsernamePasswordAuthenticationToken(user, password,
    authorities);
    }
    public boolean supports(Class<?> authentication) {
        return UsernamePasswordAuthenticationToken
        .class.equals(authentication);
    }
}
```

 이클립스에서 Shift + Ctrl + O를 사용하면 누락된 import 선언부를 쉽게 추가할 수 있다. 또는 다음 마일스톤(chapter03.05-calendar)에서 코드를 복사해도 좋다.

스프링 시큐리티에서 authenticate 메서드를 호출하기 전에, supports 메서드가 Authentication 클래스에 true(참)를 반환해야 한다. 이 경우, AuthenticationProvider는 사용자명과 패스워드를 인증할 수 있으며, 유효성을 체크할 수 없는 추가 필드가 있을 수 있으므로 UsernamePasswordAuthenticationToken의 하위 클래스는 허용하지 않는다.

authenticate 메서드는 인증 요청을 나타내는 인수argument로 Authentication 객체를 사용하며, 이때 실질적인 측면에서는 사용자로부터 입력받은 값을 검증해야 한다. 인증에 실패하면 메서드는 o.s.s.core.AuthenticationException 예외를 발생시키고, 인증에 성공하면 사용자를 위한 GrantedAuthority 객체가 포함된 Authentication 객체를 반환한다. 반환된 Authentication 객체는 SecurityContextHolder에 설정된다. 하지만 인증을 확인할 수 없는 경우에는 메서드가 null을 반환한다.

요청을 인증하려면 첫째, 사용자를 인증하는 데 필요한 Authentication 객체의 정보를 추출해야 한다. 샘플 애플리케이션에서는 사용자명을 추출하고 CalendarUserDetailsService처럼 이메일 주소로 CalendarUser를 조회한다. 이때 제공한 사용자명과 패스워드가 CalendarUser와 일치하면 GrantedAuthority를 포함하는 UsernamePasswordAuthentica tionToken 객체를 반환한다. 그렇지 않은 경우에는 AuthenticationException 예외를 발생시킨다.

이전에 로그인에 실패한 이유를 설명하기 위해 로그인 페이지에서 SPRING_SECURITY_LAST_EXCEPTION을 어떻게 활용하는지 설명한 것을 기억해보자. AuthenticationProvider에서 발생한 AuthenticationException 예외 관련 메시지는 로그인에 실패하면 로그인 페이지에 표시된다.

CalendarUserAuthenticationProvider 객체

다음 단계를 통해 CalendarUserAuthenticationProvider를 생성해보자.

1. 다음 코드와 같이 SecurityConfig.java 파일을 업데이트해 새로 만든 CalendarUserAuthenticationProvider 객체를 참조하도록 하고, CalendarUserDetailsService에 대한 참조를 제거한다.

```
//src/main/java/com/packtpub/springsecurity/configuration/
SecurityConfig.java

@Autowired CalendarUserAuthenticationProvider cuap;
@Override
public void configure(AuthenticationManagerBuilder auth)
throws Exception {
    auth.authenticationProvider(cuap);
}
```

2. 애플리케이션을 재시작하고 모든 기능이 정상적으로 동작하는지 확인하자. 사용자는 다른 점을 인지하기 어려울 것이다. 하지만 당신이 개발자라면 CalendarUserDetails를 더 이상 사용하지 않으면서도 로그인한 사용자의 성과 이름을 표시할 수 있으며, 인증을 위해 CalendarUser를 사용하고 있다는 점을 짚고 넘어가자.

이제, 코드가 chapter03.05-calendar와 비슷해야 한다.

다른 매개변수를 이용한 인증

`AuthenticationProvider`의 장점 중 하나는 원하는 매개변수를 사용해 인증할 수 있다는 점이다. 예를 들어 애플리케이션이 인증에 임의의 식별자를 사용하거나 멀티테넌트multitenant 애플리케이션에서 사용자명, 패스워드 및 도메인이 필요한 경우를 말한다. 다음 절에서는 여러 도메인을 지원하도록 `CalendarUserAuthenticationProvider`를 업데이트한다.

 도메인은 사용자의 범위를 지정하는 방법이다. 예를 들어 애플리케이션을 구축하고 이를 사용하는 클라이언트가 여러 명인 경우, 여러 클라이언트가 admin이라는 사용자명을 사용하길 원할 수 있다. 이 경우, 도메인을 사용자 객체에 추가함으로써 각 사용자를 구별하고 요구 사항을 만족시킬 수 있다.

DomainUsernamePasswordAuthenticationToken 클래스

사용자가 인증에 성공하면 스프링 시큐리티는 `Authentication` 객체를 사용자가 제공한 정보와 함께 `AuthenticationProvider`에 제출한다. 현재 `UsernamePasswordAuthentication` 객체는 사용자명과 패스워드 필드만 포함하고 있다. 다음 코드와 같이 `domain` 필드를 포함한 `DomainUsernamePasswordAuthenticationToken` 객체를 생성해보자.

```
//src/main/java/com/packtpub/springsecurity/authentication/
DomainUsernamePasswordAuthenticationToken.java

public final class DomainUsernamePasswordAuthenticationToken extends
UsernamePasswordAuthenticationToken {
  private final String domain;
  // 인증 시도 시 사용
  public DomainUsernamePasswordAuthenticationToken(String
  principal, String credentials, String domain) {
    super(principal, credentials);
    this.domain = domain;
  }
  // 인증 후 스프링 시큐리티로 돌아가기 위해 사용
  public DomainUsernamePasswordAuthenticationToken(CalendarUser
  principal, String credentials, String domain,
  Collection<? extends GrantedAuthority> authorities) {
    super(principal, credentials, authorities);
    this.domain = domain;
  }
  public String getDomain() {
    return domain;
  }
}
```

CalendarUserAuthenticationProvider 업데이트

다음 과정을 통해 CalendarUserAuthenticationProvider.java 파일을 업데이트해보자.

1. 다음과 같이 CalendarUserAuthenticationProvider를 업데이트해 도메인 필드
   를 활용해보자.

   ```
   //src/main/java/com/packtpub/springsecurity/authentication/
   CalendarUserAuthenticationProvider.java

   public Authentication authenticate(Authentication authentication)
   throws AuthenticationException {
   ```

```
DomainUsernamePasswordAuthenticationToken token =
    (DomainUsernamePasswordAuthenticationToken) authentication;
String userName = token.getName();
String domain = token.getDomain();
String email = userName + "@" + domain;
... 사용자 및 패스워드 확인 ...
return new DomainUsernamePasswordAuthenticationToken(user,
password, domain, authorities);
}
public boolean supports(Class<?> authentication) {
  return DomainUsernamePasswordAuthenticationToken
  .class.equals(authentication);
}
```

2. 먼저, supports 메서드를 업데이트해 스프링 시큐리티가 DomainUsernamePass
   wordAuthenticationToken을 authenticate 메서드로 전달할 수 있도록 한다.

3. 이전과 동일하게 도메인 정보를 사용해 이메일 주소를 생성하고 인증한다. 당연
   히 실생활에서는 이러한 방법을 사용하고 있지 않으며, 추가 매개변수를 사용해
   인증하는 방법을 설명하기 위해 고안한 방법이다.

4. 이제, CalendarUserAuthenticationProvider 인터페이스에서 새로운 도메인 필
   드를 사용할 수 있다. 하지만 사용자가 도메인을 지정할 수 있는 방법이 없으므
   로 login.html 파일을 업데이트해야 한다.

로그인 페이지에 도메인 추가

login.html 파일을 열고 다음과 같이 domain이라는 새로운 input을 추가하자.

```
//src/main/resources/templates/login.html

...
<label for="username">Username</label>
<input type="text" id="username" name="username"/>
<label for="password">Password</label>
```

```
<input type="password" id="password" name="password"/>
<label for="domain">Domain</label>
<input type="text" id="domain" name="domain"/>
...
```

이제, 사용자가 로그인을 시도하면 도메인도 함께 전송된다. 하지만 스프링 시큐리티는 해당 도메인을 사용해 DomainUsernamePasswordAuthenticationToken 객체를 생성하고, 이를 AuthenticationProvider에 전달하는 방법을 모른다. 따라서 이 문제를 해결하려면 DomainUsernamePasswordAuthenticationFilter를 만들어야 한다.

DomainUsernamePasswordAuthenticationFilter 클래스

스프링 시큐리티는 사용자 인증을 위한 컨트롤러 역할을 하는 다수의 서블릿 필터를 제공한다. 필터는 2장, '스프링 시큐리티 시작하기'에서 설명한 FilterChainProxy 객체의 위임자 중 하나로 호출된다. 지금까지는 formLogin() 메서드가 스프링 시큐리티에 o.s.s.web.authentication.UsernamePasswordAuthenticationFilter를 사용해 로그인 컨트롤러로 작동하도록 지시했다. 하지만 해당 필터를 통해 다음과 같은 역할을 수행할 수 있다.

- HTTP 요청에서 사용자명과 패스워드를 획득한다.
- HTTP 요청에서 얻은 정보로 UsernamePasswordAuthenticationToken 객체를 생성한다.
- 스프링 시큐리티가 UsernamePasswordAuthenticationToken을 검증하도록 요청한다.
- 토큰의 유효성이 검증되면, 새로운 사용자가 계정을 등록할 때와 마찬가지로 SecurityContextHolder에 반환된 인증 결과를 설정한다. 이때, 새로 생성한 DomainUsernamePasswordAuthenticationToken 객체를 활용하려면 UsernamePasswordAuthenticationFilter를 상속해야 한다.

- 다음과 같이 DomainUsernamePasswordAuthenticationFilter 객체를 생성한다.

```
//src/main/java/com/packtpub/springsecurity/web/authentication/
DomainUsernamePasswordAuthenticationFilter.java

public final class
DomainUsernamePasswordAuthenticationFilter extends
UsernamePasswordAuthenticationFilter {
  public Authentication attemptAuthentication
  (HttpServletRequest request,HttpServletResponse response) throws
  AuthenticationException {
    if (!request.getMethod().equals("POST")) {
      throw new AuthenticationServiceException
      ("Authentication method not supported: "
      + request.getMethod());
    }
    String username = obtainUsername(request);
    String password = obtainPassword(request);
    String domain = request.getParameter("domain");
    // 권한을 지정하지 않았으므로 authRequest.isAuthenticated() = false
    DomainUsernamePasswordAuthenticationToken authRequest
    = new DomainUsernamePasswordAuthenticationToken(username,
    password, domain);
    setDetails(request, authRequest);
    return this.getAuthenticationManager()
    .authenticate(authRequest);
  }
}
```

새로운 DomainUsernamePasswordAuthenticationFilter 객체는 다음 작업을 수행한다.

- HttpServletRequest 메서드로부터 사용자명, 패스워드, 도메인을 획득한다.

- HTTP 요청에서 얻은 정보로 DomainUsernamePasswordAuthenticationToken 객체를 생성한다.

- 스프링 시큐리티가 DomainUsernamePasswordAuthenticationToken의 유효성을 검사하도록 요청하며, 이 작업은 CalendarUserAuthenticationProvider에게 위임된다.
- 토큰의 유효성이 검증되면 새로운 계정을 생성한 후, 사용자를 인증할 때와 마찬가지로 토큰의 슈퍼 클래스는 CalendarUserAuthenticationProvider가 SecurityContextHolder에 반환한 인증 결과를 설정한다.

설정 업데이트

이제, 추가 매개변수에 필요한 모든 코드를 작성했으므로 스프링 시큐리티가 이를 인식하도록 설정해야 한다. 다음 코드와 같이 SecurityConfig.java를 업데이트해 추가 매개변수를 지원하도록 설정하자.

```
//src/main/java/com/packtpub/springsecurity/configuration/SecurityConfig.java

@Override
protected void configure(final HttpSecurity http) throws
Exception {
    http.authorizeRequests()
        ...
        .and().exceptionHandling()
            .accessDeniedPage("/errors/403")
            .authenticationEntryPoint(
                loginUrlAuthenticationEntryPoint())
            .and().formLogin()
                .loginPage("/login/form")
                .loginProcessingUrl("/login")
                .failureUrl("/login/form?error")
                .usernameParameter("username")
                .passwordParameter("password")
                .defaultSuccessUrl("/default", true)
                .permitAll()
            ...
```

```java
                // 사용자 정의 UsernamePasswordAuthenticationFilter 추가
            .addFilterAt(
                    domainUsernamePasswordAuthenticationFilter(),
                UsernamePasswordAuthenticationFilter.class);
}
@Bean
public DomainUsernamePasswordAuthenticationFilter
domainUsernamePasswordAuthenticationFilter()
        throws Exception {
    DomainUsernamePasswordAuthenticationFilter dupaf = new
DomainUsernamePasswordAuthenticationFilter(
                                super.authenticationManagerBean());
    dupaf.setFilterProcessesUrl("/login");
    dupaf.setUsernameParameter("username");
    dupaf.setPasswordParameter("password");
    dupaf.setAuthenticationSuccessHandler(
            new
SavedRequestAwareAuthenticationSuccessHandler(){{
                setDefaultTargetUrl("/default");
            }}
    );
    dupaf.setAuthenticationFailureHandler(
            new SimpleUrlAuthenticationFailureHandler(){{
                setDefaultFailureUrl("/login/form?error");
            }}
);
  dupaf.afterPropertiesSet();
    return  dupaf;
}
@Bean
public LoginUrlAuthenticationEntryPointloginUrlAuthenticationEntryPoint(){
    return new LoginUrlAuthenticationEntryPoint("/login/form");
}
```

다음은 업데이트한 설정에서 몇 가지 주요한 내용이다.

- defaultAuthenticationEntryPoint를 재정의해 보호된 리소스에 대한 요청이 발생하고 사용자가 인증되지 않은 경우 수행되는 작업을 결정하는 o.s.s.web. authentication.LoginUrlAuthenticationEntryPoint에 대한 참조를 추가했다. 샘플 애플리케이션에서는 로그인 페이지로 리다이렉트된다.

- formLogin() 메서드를 제거하고, .addFilterAt() 메서드를 사용해 사용자 정의 필터를 FilterChainProxy에 삽입했다. 위치는 FilterChain의 위임자가 고려되는 순서를 나타내며, 다른 필터와 겹칠 수는 없지만 필터의 현재 위치를 바꿀 수 있다. 또한 UsernamePasswordAuthenticationFilter를 사용자 정의 필터로 대체했다.

- configure(AuthenticationManagerBuilder) 메서드로 생성된 인증 관리자를 나타내는 사용자 정의 필터 설정을 추가했다.

다음 다이어그램을 살펴보자.

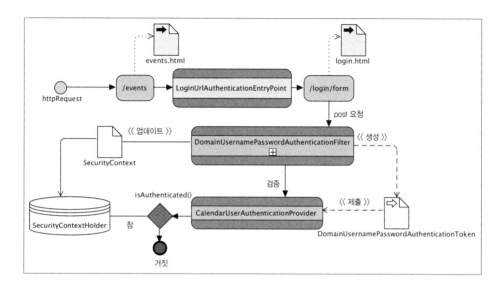

이제, 애플리케이션을 재시작하고 다음 과정을 통해 위 다이어그램에서 설명하고 있는 과정이 어떻게 진행되는지 살펴보자.

1. `http://localhost:8080/events`에 접속한다.
2. 스프링 시큐리티는 보안 URL을 인터셉트하고 이를 처리하기 위해 `LoginUrlAuthenticationEntryPoint` 객체를 사용한다.
3. `LoginUrlAuthenticationEntryPoint` 객체는 사용자를 로그인 페이지로 리다이렉트한다. 사용자명을 `admin1`, 도메인을 `example.com`, 패스워드를 `admin1`로 입력한다.
4. `DomainUsernamePasswordAuthenticationFilter` 객체는 로그인 요청의 프로세스를 차단한다. 그런 다음, HTTP 요청에서 사용자명, 도메인 및 패스워드를 가져와 `DomainUsernamePasswordAuthenticationToken` 객체를 생성한다.
5. `DomainUsernamePasswordAuthenticationFilter` 객체는 `DomainUsernamePasswordAuthenticationToken`을 `CalendarUserAuthenticationProvider`로 전송한다.

6. CalendarUserAuthenticationProvider 인터페이스는 DomainUsernamePassword
   AuthenticationToken의 유효성을 검증한 후, 인증된 DomainUsernamePassword
   AuthenticationToken 객체를 반환한다(즉, isAuthenticated()는 true를 반환한다).

7. DomainUserPasswordAuthenticationFilter 객체는 SecurityContext를 Domain
   UsernamePasswordAuthenticationToken으로 업데이트하고 SecurityContext
   Holder에 저장한다.

 이제, 코드가 chapter03.06-calendar와 비슷해야 한다.

인증 메서드 선택

앞에서 세 가지의 인증 메서드를 다뤘다. 과연 어떤 것이 가장 좋을까? 모든 솔루션과 마
찬가지로 각각의 메서드에도 장단점이 존재한다. 다음 목록을 참고해 어떤 상황에 어떤 인
증 메서드를 선택할지 생각해보자.

- SecurityContextHolder: 당연히 사용자를 인증하는 방법 중 SecurityContex
  tHolder와 직접 상호 작용하는 것이 가장 쉬운 방법이다. SecurityContextHolder
  는 새롭게 생성된 사용자를 인증하거나 비정상적인 방식으로 인증을 시도할 때
  잘 작동한다. 또한 SecurityContextHolder를 직접 사용함으로써 여러 스프링 시
  큐리티 계층과 상호 작용할 필요가 없다. 하지만 스프링 시큐리티가 자동으로 제
  공하는 몇 가지 고급 기능을 사용하지 못한다는 것이 단점이다. 예를 들어 로그인
  한 후, 이전에 요청한 페이지로 사용자를 리다이렉트하려면 컨트롤러에 수동으로
  이에 대한 내용을 설정해야 한다.

- UserDetailsService: 사용자 정의 UserDetailsService 객체를 생성하는 것은 스프링 시큐리티가 사용자 정의 도메인 모델에 기반한 보안 결정을 내릴 수 있게 해주는 쉬운 메커니즘이다. 또한 다른 스프링 시큐리티 기능에 연결하는 메커니즘도 제공한다. 예를 들어 스프링 시큐리티는 7장, 'Remember-Me 서비스'에서 설명된 빌트인 Remember-Me 기능을 시용하기 위해서는 UserDetailsService가 필요하다. 하지만 UserDetailsService 객체는 사용자명과 패스워드를 기반으로 인증을 하지 않는 경우에는 작동하지 않는다.
- AuthenticationProvider: 스프링 시큐리티에 대한 활용성이 가장 높은 방법 중 하나다. AuthenticationProvider는 개발자가 원하는 매개변수를 이용해 인증할 수 있도록 한다. 하지만 스프링 시큐리티의 Remember-Me와 같은 기능을 활용하려면 UserDetailsService가 필요하다.

▎요약

3장에서는 실생활 예제를 활용해 스프링 시큐리티에서 사용하는 기본 구성 요소를 소개했다. 또한 기본 구성 요소를 활용해 사용자 정의 도메인 객체에 대해 인증하는 방법도 소개했다. 간단히 말해, SecurityContextHolder 인터페이스가 현재 사용자를 결정하는 중심 역할을 한다는 것을 알게 됐을 것이며, 개발자가 직접 현재 사용자에게 접근할 수 있을 뿐 아니라 현재 로그인한 사용자를 설정할 수도 있다는 것을 살펴봤다.

또한 사용자 정의 UserDetailsService와 AuthenticationProvider 객체를 생성하는 방법과 사용자명 및 패스워드 외의 값을 인증에 사용하는 방법에 대해서도 살펴봤다.

4장, 'JDBC 기반 인증'에서는 JDBC 기반 인증을 위한 빌트인 기능에 대해 설명한다.

04

JDBC 기반 인증

3장, '사용자 정의 인증'에서는 스프링 시큐리티를 활용해 CalendarDao 인터페이스와 기존 도메인 모델로 사용자를 인증할 수 있는 방법에 대해 알아봤다. 4장에서는 스프링 시큐리티의 빌트인 JDBC 기능을 사용하는 방법에 대해 설명한다. 간단하게 하기 위해 4장의 코드는 2장, '스프링 시큐리티 시작하기'에서 작업한 스프링 시큐리티 설정을 기반으로 한다.

4장에서는 다음과 같은 내용을 다룬다.

- 스프링 시큐리티의 빌트인 JDBC 기반 인증 기능 사용 방법
- 스프링 시큐리티의 그룹 기반 인증을 이용한 보다 쉬운 사용자 관리 방법
- 스프링 시큐리티의 UserDetailsManager 인터페이스 사용법
- 기존의 CalendarUser 스키마를 이용한 사용자 인증을 위한 스프링 시큐리티 설정
- 패스워드를 보호하기 위한 스프링 시큐리티의 새로운 암호화 모듈 사용 방법

- 스프링 시큐리티의 기본 JDBC 인증 사용법

애플리케이션에 아직 보안 설정을 하지 않았거나 보안 인프라에서 데이터베이스를 사용 중인 경우, 스프링 시큐리티는 보안 문제점을 쉽게 해결할 수 있도록 사용자, 권한 및 그룹에 대한 기본 스키마를 통한 즉각적인 지원을 제공한다. 만약 그래도 사용자의 요구 사항이 충족되지 않는 경우에는 직접 쿼리 및 사용자 관리를 사용자 정의할 수 있다. 다음 절에서는 스프링 시큐리티에서 JDBC 인증을 설정하는 방법을 살펴본다.

필수 의존성

이미 4장에서 필요한 모든 필수 의존성을 정의했다. 하지만 스프링 시큐리티의 JDBC 기능을 사용 중인 경우, 다음의 의존성 항목을 `build.gradle` 파일에 추가하자. 사용할 JDBC 드라이버는 사용 중인 데이터베이스에 따라 달라진다는 점에 주의해야 한다. 데이터베이스에 필요한 드라이버에 대한 자세한 내용은 사용하는 데이터베이스의 벤더 설명서를 참고하자.

 모든 스프링과 스프링 시큐리티 버전이 일치해야 한다(이행 의존성 버전 포함). 애플리케이션을 작동시키는 데 문제가 있는 경우, 2장, '스프링 시큐리티 시작하기'에서 설명한 것처럼 'build.gradle의 의존성 관리' 절을 정의하면 된다. 앞서 언급했듯이, 샘플 코드에는 이미 필요한 의존성 설정을 했기 때문에 신경 쓸 필요 없다.

다음 코드는 스프링 시큐리티 및 JDBC 의존성을 포함해 4장에 필요한 필수 의존성을 정의한다.

```
//build.gradle

dependencies {
```

```
...
// 데이터베이스:
compile('org.springframework.boot:spring-boot-starter-jdbc') compile('com.
h2database:h2')
// 스프링 시큐리티:
compile('org.springframework.boot:spring-boot-starter-security')
testCompile('org.springframework.security:spring-security-test')
    ....
}
```

H2 데이터베이스 사용

처음으로 할 일은 스프링 시큐리티의 기본 스키마로 채워진 자바 기반 H2 관계형 데이터
베이스의 인스턴스를 설정하는 것이다. 수작업으로 데이터베이스를 설정하는 것보다 훨
씬 간단하게 EmbeddedDatabase 설정 기능을 사용해 메모리에서 H2가 실행되도록 설정
할 것이다. H2에 대한 추가 정보가 필요하다면 http://www.h2database.com/을 참고
하자.

설정이 간편하기 때문에 샘플 애플리케이션에서는 주로 H2를 사용한다. 하지만 스프링
시큐리티는 ANSI SQL를 지원하는 모든 데이터베이스와 호환되므로 환경 설정을 조정하
고 선호하는 데이터베이스를 사용하는 것을 추천한다.

제공된 JDBC 스크립트

4장에서 스키마와 데이터를 생성하는 데 사용하는 모든 SQL 파일은 /src/main/
resources/database/h2/ 폴더에 위치한다. security라는 접두어가 붙은 파일은 스프링
시큐리티의 기본 JDBC 구현을 지원하며, calendar라는 접두어가 붙은 파일은 JBCP 달력
애플리케이션에 대한 사용자 정의 SQL 파일이다. 직접 설정한 데이터베이스 인스턴스에

맞춰 따라가고 있는 경우에는 스키마 정의 구문을 사용하는 데이터베이스에 맞게 조정해야 한다. 추가 데이터베이스 스키마는 스프링 시큐리티 참조 문서에 설명돼 있으며, 이에 대한 링크는 부록, '참고 자료'에서 찾아볼 수 있다.

H2 임베디드 데이터베이스 설정

H2 임베디드 데이터베이스를 설정하려면 DataSource를 생성하고 스프링 시큐리티 테이블 구조를 생성하도록 SQL을 실행해야 한다. 또한 스프링 시큐리티의 기본 스키마 정의, 스프링 시큐리티 사용자 정의 및 사용자에 대한 권한 매핑을 포함하도록 시작 시 로드되는 SQL을 업데이트해야 한다. 다음 코드를 통해 DataSource 정의와 관련 업데이트를 살펴보자.

```
//src/main/java/com/packtpub/springsecurity/configuration/DataSourceConfig.java

@Bean
public DataSource dataSource() {
  return new EmbeddedDatabaseBuilder()
    .setName("dataSource")
    .setType(EmbeddedDatabaseType.H2)
    .addScript("/database/h2/calendar-schema.sql")
    .addScript("/database/h2/calendar-data.sql")
    .addScript("/database/h2/security-schema.sql")
    .addScript("/database/h2/security-users.sql")
    .addScript("/database/h2/security-user-authorities.sql")
    .build();
}
```

EmbeddedDatabaseBuilder() 메서드는 메모리에만 데이터베이스를 생성하므로 디스크에 어떤 내용도 저장하지 않으며 표준 툴을 사용해 쿼리할 수 없다. 하지만 애플리케이션에 임베디드된 H2 콘솔을 사용해 데이터베이스와 상호 작용을 할 수 있다. 이에 대한 설명은 애플리케이션의 Welcome 페이지를 참고하자.

JDBC UserDetailsManager 구현체 설정

SecurityConfig.java 파일을 수정해 2장, '스프링 시큐리티 시작하기'에서 구성한 스프링 시큐리티 인메모리 UserDetailsService 구현체 대신 JDBC UserDetailsManager 구현체를 사용한다고 선언한다. 다음과 같이 UserDetailsManager 선언을 간단히 변경해보자.

```
//src/main/java/com/packtpub/springsecurity/configuration/SecurityConfig.java

…
Bean
@Override
public UserDetailsManager userDetailsService() {
    JdbcUserDetailsManager manager = new JdbcUserDetailsManager();
    manager.setDataSource(dataSource);
    return manager;
}
…
```

위 코드를 통해 이전의 configure(AuthenticationManagerBuilder) 메서드와 관련된 모든 자식 요소를 userDetailsService() 메서드로 대체했다.

▌ 스프링 시큐리티의 기본 사용자 스키마

데이터베이스를 초기화하는 데 사용된 SQL 파일을 살펴보자. 기본 코드 이외에 추가된 첫 번째 스크립트는 사용자와 권한에 대한 기본 스프링 시큐리티 스키마 정의를 포함하고 있다. 다음 스크립트는 문제 해결을 쉽게 하기 위해 부록, '참고 자료'에 나와 있는 스프링 시큐리티 참조 문서에 명시된 제약 조건을 수정했다.

```
//src/main/resources/database/h2/security-schema.sql

create table users(
```

```
    username varchar(256) not null primary key,
    password varchar(256) not null,
    enabled boolean not null
);
create table authorities (
    username varchar(256) not null,
    authority varchar(256) not null,
    constraint fk_authorities_users
        foreign key(username) references users(username)
    );
create unique index ix_auth_username on authorities(username,authority);
```

사용자 정의

다음 스크립트는 애플리케이션에서 사용자를 정의한다. 다음 SQL문은 지금까지 계속 사용했던 것과 동일한 사용자를 생성한다. 또한 이 파일에는 disabled1이라고 표시된 로그인할 수 없는 사용자, disabled1@example.com이 추가됐다.

```
//src/main/resources/database/h2/security-users.sql

insert into users (username,password,enabled)
    values ('user1@example.com','user1',1);
insert into users (username,password,enabled)
    values ('admin1@example.com','admin1',1);
insert into users (username,password,enabled)
    values ('user2@example.com','admin1',1);
insert into users (username,password,enabled)
    values ('disabled1@example.com','disabled1',0);
```

사용자 권한 정의

지금까지의 쿼리에서는 사용자가 관리자인지 일반 사용자인지 알 수 있는 방법이 없었다. 하지만 다음 스크립트는 사용자와 해당 사용자의 권한을 직접 매핑한다. 만약 사용자에게 매핑된 권한이 없다면, 스프링 시큐리티는 해당 사용자의 로그인을 허용하지 않는다.

//src/main/resources/database/h2/security-user-authorities.sql

```
insert  into  authorities(username,authority)
    values ('user1@example.com','ROLE_USER');
insert into authorities(username,authority)
    values ('admin1@example.com','ROLE_ADMIN');
insert into authorities(username,authority)
    values ('admin1@example.com','ROLE_USER');
insert into authorities(username,authority)
    values ('user2@example.com','ROLE_USER');
insert into authorities(username,authority)
    values ('disabled1@example.com','ROLE_USER');
```

위의 SQL을 임베디드 데이터베이스 설정에 추가한 후, 애플리케이션을 재시작하고 로그인을 할 수 있는지 확인하자. disabled1@example.com을 사용자명, disabled1을 패스워드로 로그인해보자. 이때 스프링 시큐리티는 해당 사용자가 로그인하는 것을 허용하지 않으며 Reason: User is disabled와 같은 오류 메시지를 보여준다.

 이제, 코드가 chapter04.01-calendar와 비슷해야 한다.

UserDetailsManager 인터페이스

3장, '사용자 정의 인증'에서 이미 스프링 시큐리티의 InMemoryUserDetailsManager 클래스를 활용해 SpringSecurityUserContext의 구현체인 UserContext에서 현재 CalendarUser 애플리케이션을 조회했다. 이를 통해 My Events 페이지에서 이벤트를 조회할 때 어떤 CalendarUser를 사용해야 하는지 확인할 수 있었다. 또한 3장, '사용자 정의 인증'에서는 InMemoryUserDetailsManager를 활용하기 위해 DefaultCalendarService.java 파일을 업데이트해 CalendarUser를 생성할 때 새로운 스프링 시큐리티 사용자를 생성하는 방법을 설명했다. 4장에서는 3장, '사용자 정의 인증'에서 사용한 코드와 완전히 똑같은 코드를 사용한다. 하지만 유일한 차이점은 UserDetailsManager 구현체가 인메모리 저장소 대신 데이터베이스를 사용하는 스프링 시큐리티의 JdbcUserDetailsManager 클래스에 의해 지원된다는 점이다.

이제, UserDetailsManager가 기본적으로 제공하는 기능에 대해 알아보자.

스프링 시큐리티에서는 기본적으로 JDBC 데이터베이스에서 사용자와 관련해 자주 사용되는 일반 작업인 CRUD(create(생성), read(조회), update(수정), and delete(삭제)) 작업을 지원한다. 이러한 기본 기능은 간단한 시스템에 쉽게 적용할 수 있으며, 사용자 관련 사용자 정의 요구 사항을 구현하는 데에도 든든한 기초가 된다.

메서드	설명
void createUser(UserDetails user)	인자로 받은 UserDetails 정보를 사용해 GrantedAuthority 권한을 가진 새로운 사용자를 생성한다.
void updateUser(final UserDetails user)	인자로 받은 UserDetails 정보를 사용해 사용자를 업데이트한다. GrantedAuthority를 업데이트하고 사용자 캐시에서 사용자를 제거한다.
void deleteUser(String username)	인자로 받은 사용자명을 가진 사용자를 삭제하고 사용자 캐시에서 사용자를 제거한다.
boolean userExists(String username)	인자로 받은 사용자명과 일치하는(활성화된 또는 비활성화된) 사용자가 있는지 여부를 반환한다.
void changePassword(String oldPassword, String newPassword)	현재 로그인한 사용자의 패스워드를 변경한다. 이 작업에 성공하려면 사용자가 현재 패스워드를 정확히 제공해야 한다.

인터페이스를 상속해 사용자 정의 요구 사항을 설정하려면 UserDetailsManager가 애플리케이션에 필요한 모든 메서드를 제공해야 한다. 예를 들어 관리를 목적으로 한 뷰에 모든 사용자를 나열하고 싶은 경우, UserDetailsManager 메서드로 자체 인터페이스를 작성하고 현재 사용 중인 UserDetailsManager 구현체와 동일한 데이터 저장소를 가리키는 구현체를 사용하면 된다.

그룹 기반 접근 제어

JdbcUserDetailsManager 클래스는 GrantedAuthority를 그룹이라는 논리적인 집합으로 분류해 사용자와 GrantedAuthority 선언 사이에서 간접 지정indirection 기능을 지원한다. 즉, 이 기능을 이용하면 사용자는 하나 이상의 그룹에 속하게 되고, 해당 그룹에 멤버십membership이 GrantedAuthority 선언 집합을 참조하게 된다.

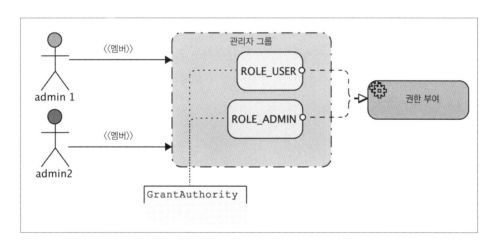

위의 다이어그램과 같이 간접 지정을 통해 간단하게 새로운 사용자를 기존 그룹으로 지정하고, 같은 그룹에 속한 여러 사용자에게 동일한 역할을 적용할 수 있다. 이러한 방식은 개별 사용자마다 GrantedAuthority를 직접 지정했던 지금까지의 방식과는 다르다.

기본으로 제공되는 일반 권한은 다음과 같은 경우에 유용하게 활용할 수 있다.

- 그룹 사이에 서로 중첩되는 역할이 존재하는 상태에서 사용자를 커뮤니티별로 분류해야 하는 경우
- 사용자군의 권한을 전체적으로 수정해야 하는 경우. 예를 들어 supplier 그룹에 속한 사용자가 애플리케이션의 특정 영역에 접근할 수 있거나 접근할 수 없게 하려는 경우
- 사용자 수가 많고 사용자 레벨에서 권한을 설정할 필요가 없는 경우

애플리케이션을 사용하는 사용자층이 아주 제한적인 경우가 아니라면 대부분 **그룹 기반 접근 제어**group-based access control, GBAC 방식을 사용한다. GBAC 방식은 다른 방식보다 약간 복잡하지만 사용자의 접근을 관리하는 유연성과 단순함 때문에 사용 가치가 충분하다. 이처럼 사용자 권한을 그룹으로 간접 관리하는 기법을 GBAC라고 한다.

GBAC는 보안이 적용된 거의 모든 운영체제나 상용 소프트웨어 패키지에 적용돼 있다. 마이크로소프트의 AD는 AD 사용자를 그룹으로 분류하고 권한을 각 그룹에 할당하는 방식을 사용한 대규모 GBAC 구현 제품으로 유명하다. 대규모 AD 기반 조직에서는 GBAC를 사용하면서부터 간편하게 권한 관리를 하고 있다.

사용하고 있는 소프트웨어에서는 사용자, 그룹, 권한 관리가 어떻게 이뤄지고 있는지, 장단점은 무엇인지 생각해보자.

이제, JBCP 달력 애플리케이션에 추상 레벨을 추가해 그룹 기반의 권한 부여 개념을 전체 사이트에 적용해보자.

그룹 기반 접근 제어 설정

애플리케이션에 두 그룹, 즉 'Users'라는 일반 사용자 그룹과 'Administrators'라는 관리자 그룹을 추가한다. 또한 데이터베이스를 설정할 때 사용하는 SQL 스크립트를 수정해 기존의 사용자 계정을 적절한 그룹에 배치할 예정이다.

그룹 사용을 위한 JdbcUserDetailsManager 설정

기본적으로 스프링 시큐리티는 GBAC를 사용하지 않는다. 따라서 스프링 시큐리티가 GBAC를 사용할 수 있도록 설정해야 한다. 다음과 같이 SecurityConfig.java 파일을 수정해 GROUP_AUTHORITIES_BY_USERNAME_QUERY를 사용하자.

```
//src/main/java/com/packtpub/springsecurity/configuration/SecurityConfig.java

private static String GROUP_AUTHORITIES_BY_USERNAME_QUERY = " "+
"select g.id, g.group_name, ga.authority " +
"from groups g, group_members gm, " +
"group_authorities ga where gm.username = ? " +
"and g.id = ga.group_id and g.id = gm.group_id";
@Override
public void configure(AuthenticationManagerBuilder auth) throws Exception {
  auth
    .jdbcAuthentication()
    .dataSource(dataSource)
    .groupAuthoritiesByUsername(
    GROUP_AUTHORITIES_BY_USERNAME_QUERY));
}
```

GBAC JDBC 스크립트 활용

시작할 때 로드되는 스크립트를 업데이트해야 한다. 사용자가 직접 매핑을 통해 권한을 얻지 못하도록 security-user-authorities.sql 매핑을 제거해야 한다. 그런 다음, 2개의 SQL 스크립트를 추가한다. 다음과 같이 DataSource 빈 설정을 업데이트해 GBAC에 필요한 SQL을 로드하자.

```
//src/main/java/com/packtpub/springsecurity/configuration/DataSourceConfig.java

@Bean
public DataSource dataSource() {
```

```
    return new EmbeddedDatabaseBuilder()
      .setName("dataSource")
      .setType(EmbeddedDatabaseType.H2)
      .addScript("/database/h2/calendar-schema.sql")
      .addScript("/database/h2/calendar-data.sql")
      .addScript("/database/h2/security-schema.sql")
      .addScript("/database/h2/security-users.sql")
      .addScript("/database/h2/security-groups-schema.sql")
      .addScript("/database/h2/security-groups-mappings.sql")
      .build();
}
```

그룹 기반 스키마

앞에서 추가한 SQL 파일은 그룹 기반 권한 부여를 지원하는 스키마에 대한 업데이트를 포함하고 있다. 다음 코드를 통해 파일 내용을 살펴보자.

```
//src/main/resources/database/h2/security-groups-schema.sql

create table groups (
id bigint generated by default as identity(start with 0) primary key,
group_name varchar(256) not null
);
create table group_authorities (
    group_id bigint not null, authority varchar(256) not null,
    constraint fk_group_authorities_group
    foreign key(group_id) references groups(id)
);
create table group_members (
    id bigint generated by default as identity(start with 0) primary key,
    username varchar(50) not null,
    group_id bigint not null,
    constraint fk_group_members_group
    foreign key(group_id) references groups(id) \
);
```

그룹 권한 매핑

이제 기존 사용자와 그룹, 그룹과 권한을 매핑할 것이다. 그룹 기반 매핑은 조직에 이미 논리적인 사용자 그룹이 있는 경우 편리할 수 있으며, 기존 사용자 그룹을 활용해 설정을 대폭 단순화할 수도 있다. 다음 security-groups-mappings.sql 파일은 그룹 정의, 그룹과 권한 매핑, 사용자와 그룹 매핑을 처리한다.

```
//src/main/resources/database/h2/security-groups-mappings.sql

-- 그룹 생성

insert into groups(group_name) values ('Users');
insert into groups(group_name) values ('Administrators');

-- 그룹과 역할 매핑

insert into group_authorities(group_id, authority)
select id,'ROLE_USER' from groups where group_name='Users';
insert into group_authorities(group_id, authority)
select id,'ROLE_USER' from groups where
group_name='Administrators';
insert into group_authorities(group_id, authority)
select id,'ROLE_ADMIN' from groups where
group_name='Administrators';

-- 사용자와 그룹 매핑

insert into group_members(group_id, username)
select id,'user1@example.com' from groups where
group_name='Users';
insert into group_members(group_id, username)
select id,'admin1@example.com' from groups where
group_name='Administrators';
...
```

애플리케이션을 재시작하면 겉보기에는 이전과 다름 없이 동작할 것이다. 하지만 사용자와 사용자 역할 간의 추상화 계층은 대규모 사용자 그룹 관리를 단순화한다는 점을 짚고 넘어가자.

 이제, 코드가 chapter04.02-calendar와 비슷해야 한다.

사용자 정의 스키마 지원

보통 스프링 시큐리티를 처음 사용하는 개발자가 가장 먼저 하는 일은 JDBC 사용자, 그룹, 역할 매핑을 기존 스키마에 맞게 설정하는 일이다. 물론 레거시[legacy] 데이터베이스는 스프링 시큐리티에서 선호하는 스키마와 일치하지는 않지만 JdbcDaoImpl를 설정하면 레거시 스키마에 대한 매핑을 할 수 있다.

이제 calendar_authorities 테이블과 함께 기존 CalendarUser 데이터베이스를 사용하도록 스프링 시큐리티의 JDBC 설정을 업데이트할 것이다.

일단, 해당 스키마를 사용하도록 JdbcUserDetailsManager 설정을 수정하고 JBCP 달력 애플리케이션에서 사용 중인 스프링 시큐리티의 예상 테이블 정의와 컬럼을 재정의하면 된다.

올바른 JDBC SQL 쿼리 판단

JdbcUserDetailsManager 클래스는 잘 정의된 매개변수와 반환 컬럼을 가진 3개의 SQL 쿼리를 갖고 있다. 이 쿼리에 적용할 SQL문은 원하는 기능에 따라 결정하면 된다. JdbcUserDetailsManager에서 사용하는 각 SQL 쿼리는 로그인 시 제공되는 사용자명을 단일 매개변수로 받는다.

쿼리명	설명	예상 SQL 컬럼
users-by-username-query	사용자명과 일치하는 하나 이상의 사용자를 반환한다. 여러 개의 데이터가 반환되는 경우, 첫 번째 사용자만이 사용된다.	Username (String) Password (String) Enabled (Boolean)
authorities-by-username-query	사용자에게 직접 부여된 하나 이상의 승인된 권한을 반환한다. 일반적으로 GBAC가 적용되지 않은 경우 사용한다.	Username (string) GrantedAuthority (string)
group-authorities-by-username-query	그룹 멤버십을 통해 사용자에게 승인된 권한과 그룹에 대한 상세 정보를 반환한다. GBAC가 적용된 경우 사용한다.	Group Primary Key (any) Group Name (any) GrantedAuthority (string)

경우에 따라 반환되는 컬럼을 기본 JdbcUserDetailsManager 구현체에서 사용하지 않을 수도 있지만 기본 컬럼은 항상 반환해야 한다.

로드된 SQL 스크립트 업데이트

스프링 시큐리티의 기본 스키마가 아닌 사용자 정의 스키마로 DataSource를 초기화해야 한다. 다음과 같이 DataSourceConfig.java 파일을 업데이트하자.

//src/main/java/com/packtpub/springsecurity/configuration/DataSourceConfig.java

```
@Bean
public DataSource dataSource() {
return new EmbeddedDatabaseBuilder()
    .setName("dataSource")
    .setType(EmbeddedDatabaseType.H2)
    .addScript("/database/h2/calendar-schema.sql")
    .addScript("/database/h2/calendar-data.sql")
    .addScript("/database/h2/calendar-authorities.sql")
    .build();
}
```

security로 시작하는 모든 스크립트를 제거하고 `calendar-authorities.sql`로 대체했다.

CalendarUser 권한 SQL

다음 코드에서 CalendarUser 권한 매핑을 볼 수 있다.

```
//src/main/resources/database/h2/calendar-authorities.sql

create table calendar_user_authorities (
    id bigint identity,
    calendar_user bigint not null,
    authority varchar(256) not null,
);
-- user1@example.com
insert into calendar_user_authorities(calendar_user, authority)
    select id,'ROLE_USER' from calendar_users where
    email='user1@example.com';
-- admin1@example.com
insert into calendar_user_authorities(calendar_user, authority)
    select id,'ROLE_ADMIN' from calendar_users where
    email='admin1@example.com';
insert into calendar_user_authorities(calendar_user, authority)
    select id,'ROLE_USER' from calendar_users where
    email='admin1@example.com';
-- user2@example.com
insert into calendar_user_authorities(calendar_user, authority)
    select id,'ROLE_USER' from calendar_users where
  email='user2@example.com';
```

 일반적으로 스프링 시큐리티에서는 username을 외래키로 사용하지만, 위의 SQL에서는 id 를 외래키로 사용하고 있다. id 를 외래키로 사용함으로써 사용자가 username을 변경할 수 있다는 장점을 갖는다.

사용자 정의 권한 삽입

새로운 CalendarUser 클래스를 추가할 때 사용자 정의 스키마를 사용하는 사용자에 대한 권한을 삽입하려면 DefaultCalendarService를 업데이트해야 한다. 이는 사용자 정의를 위해 스키마를 재사용하는 동안 기존 애플리케이션에 사용자 정의 권한을 정의하지 않았기 때문이다. DefaultCalendarService를 다음과 같이 업데이트하자.

```java
//src/main/java/com/packtpub/springsecurity/service/DefaultCalendarService.java

import org.springframework.jdbc.core.JdbcOperations;
...
public class DefaultCalendarService implements CalendarService {
  ...
  private final JdbcOperations jdbcOperations;
  @Autowired
  public DefaultCalendarService(EventDao eventDao,
  CalendarUserDao userDao, JdbcOperations jdbcOperations) {
    ...
    this.jdbcOperations = jdbcOperations;
  }
  ...
  public int createUser(CalendarUser user) {
    int userId = userDao.createUser(user);
    jdbcOperations.update(
      "insert into
      calendar_user_authorities(calendar_user,authority)
      values(?,?)", userId, "ROLE_USER");
      return userId;
    }
}
```

 사용자 삽입 시 사용되는 JdbcOperations 인터페이스에 대해 알아보자. 해당 인터페이스는 스프링이 제공하는 편리한 템플릿 중 하나로, 연결 및 트랜잭션 처리와 같은 상용구 코드를 관리하는 데 유용하다. 자세한 내용은 부록, '참고 자료'를 참고하자.

사용자 정의 SQL 쿼리 사용을 위한 JdbcUserDetailsManager 설정

비표준 스키마에 대한 사용자 정의 SQL 쿼리를 사용하려면 userDetailsService() 메서드를 업데이트해 새로운 쿼리를 포함시키기만 하면 된다. 이러한 방법은 기본 SQL 대신 수정된 SQL을 사용한다는 점을 제외하고는 GBAC를 활성화하는 방법과 매우 유사하다. 간단하게 하기 위해 더 이상 사용하지 않는 setGroupAuthoritiesByUsernameQuery() 메서드 호출은 제거한다.

```java
//src/main/java/com/packtpub/springsecurity/configuration/SecurityConfig.java

    private static String CUSTOM_USERS_BY_USERNAME_QUERY = ""+
                                "select email, password, true " +
                                "from calendar_users where email = ?";
    private static String CUSTOM_AUTHORITIES_BY_USERNAME_QUERY = ""+
            "select cua.id, cua.authority " +
            "from calendar_users cu, calendar_user_authorities "+
            "cua where cu.email = ? "+
            "and cu.id = cua.calendar_user";
    @Override
    public void configure(AuthenticationManagerBuilder auth) throws
Exception {
    auth
        .jdbcAuthentication()
        .dataSource(dataSource)
        .usersByUsernameQuery(USERS_BY_USERNAME_QUERY)
        .authoritiesByUsernameQuery(AUTHORITIES_BY_USERNAME_QUERY);
    }
```

스프링 시큐리티가 기존 비표준 스키마의 설정을 읽어오려면 위의 설정만을 추가하면 된다. 이제, 애플리케이션을 재시작하고 모든 기능이 제대로 동작하는지 확인해보자.

 이제, 코드가 chapter04.03-calendar와 비슷해야 한다.

기존 스키마를 활용해서 패스워드 변경, 사용자 계정명 수정 및 기타 사용자 관리 기능을 사용하려면 `JdbcUserDetailsManager`를 상속해야 한다.

`JdbcUserDetailsManager`를 사용해 사용자 관리 작업을 수행하는 경우, 설정을 통해 접근할 수 있는 20개 이상의 SQL 쿼리가 존재한다. 하지만 네임스페이스 설정을 통해 사용할 수 있는 것은 오직 3개뿐이다. `JdbcUserDetailsManager`에서 사용하는 쿼리의 기본값과 관련된 내용은 JavaDoc를 참고하거나 코드를 확인하자.

▌보안 패스워드 설정

1장, '취약한 애플리케이션의 구조'에서 평문으로 저장된 패스워드가 보안 감사에서 가장 우선적으로 처리할 보안 취약점이라는 사실을 배웠다. 사실 보안 시스템에서 패스워드 보안은 인증된 주체에 대한 신뢰와 권위를 인정해주는 가장 핵심적인 영역이다. 보안 시스템의 관리자 및 설계자는 안전한 방식으로 패스워드를 적용해 악의적인 사용자가 패스워드를 악용하지 못하도록 해야 한다.

다음은 데이터베이스에 패스워드를 저장할 때 적용해야 할 규칙이다.

- 패스워드는 평문으로 저장해서는 안 된다.
- 사용자가 입력한 패스워드는 데이터베이스에 저장된 패스워드와 반드시 비교하는 과정을 거쳐야 한다.
- 사용자가 패스워드를 잊어버린 경우에도 사용자의 패스워드를 직접 제공해서는 안 된다. 즉, 일회용 패스워드를 발급해 제공하는 등의 방법을 취해야 한다.

대부분의 애플리케이션에서는 위의 규칙을 지키기 위해 패스워드 **해싱**hashing이라는 단방향 인코딩을 한다. 암호화 해시를 사용하면 사용자를 제대로 인증하는 데 필요한 보안 및 고유성과 같은 속성을 제공할 수 있으며, 단방향 암호화기 때문에 해시 후에는 저장된 해시 값에서 패스워드를 알아낼 수 없다.

대부분의 보안이 적용된 애플리케이션 설계에서는 패스워드 변경 시 추가 자격 증명 없이 사용자의 패스워드를 제공하면 보안 위험을 초래할 수 있으므로 요청을 받더라도 사용자의 실제 패스워드를 검색하지 않는다. 그 대신 사용자의 주민등록번호, 생년월일, 과세 ID 등의 기타 개인 정보와 같은 추가 자격 증명을 제시하거나 이메일 기반 시스템을 사용해 패스워드를 재설정하게 한다.

 다른 종류의 민감 정보 저장

패스워드에 적용되는 대부분의 보안 지침은 주민등록번호와 신용카드 정보처럼 다른 종류의 민감 정보에도 똑같이 적용된다. 하지만 애플리케이션에 따라 이 정보 중 일부를 복호화할 필요가 있을 수도 있으므로 주의해야 한다.

민감 정보를 데이터베이스에 저장할 때는 여러 가지 방식을 사용한다. 예를 들어 고객의 16 자리 신용카드 번호를 저장할 때는 고도로 암호화된 방식을 사용해 저장하지만 마지막 4자리는 평문으로 저장하기도 한다. 전자 상거래 웹 사이트에서 저장한 신용카드 정보를 XXXX XXXX XXXX 1234와 같이 표시하는 걸 생각하면 이해하기 쉬울 것이다.

SQL을 사용해 H2 데이터베이스에 사용자를 추가하는 다소 비현실적인 지금의 접근 방식을 보면서 어떻게 패스워드를 암호화할 수 있는지 궁금할 것이다. H2 또는 기타 이와 유사한 데이터베이스에서는 암호화 기법을 데이터베이스에서 기본으로 제공하지 않는다.

일반적으로 시스템을 초기 사용자와 데이터로 채우는 부트스트랩 과정은 SQL 구문을 로드하고 자바 코드를 실행해 처리한다. 이 과정은 애플리케이션의 복잡도에 따라 매우 복잡해질 수도 있다.

JBCP 달력 애플리케이션의 경우, dataSource( ) 빈 선언과 해당 SQL의 코드에 있는 이름인 DataSource를 그대로 유지하고, 패스워드를 해시된 값으로 변경할 일부 SQL을 추가한다.

▌ PasswordEncoder 메서드

스프링 시큐리티에서 암호화는 `o.s.s.authentication.encoding.PasswordEncoder` 인터페이스 구현체가 캡슐화하고 정의한다. 다음과 같이 `AuthenticationManagerBuilder`의 `passwordEncoder()` 메서드를 통해 패스워드 인코더를 설정할 수 있다.

```
auth
    .jdbcAuthentication()
    .dataSource(dataSource)
    .usersByUsernameQuery(CUSTOM_USERS_BY_USERNAME_QUERY)
    .authoritiesByUsernameQuery(CUSTOM_AUTHORITIES_BY_USERNAME_QUERY)
    .passwordEncoder(passwordEncoder());
```

스프링 시큐리티에는 다양한 보안 요구 사항에 적용할 수 있는 여러 가지 passwordEncoder 구현체가 있다.

다음 표는 스프링 시큐리티가 기본으로 제공하는 구현체 클래스의 목록과 각 구현체의 장점이 정리돼 있다. 정리된 구현체 클래스는 모두 `o.s.s.authentication.encoding` 패키지에 포함돼 있다.

구현체 클래스	설명	해시 값
PlaintextPasswordEncoder	기본값으로 패스워드를 평문으로 인코딩한다.	<p>plaintext
Md4PasswordEncoderPasswordEncoder	MD4 해시 알고리즘을 사용하는 인코더다. MD4는 안전한 알고리즘이 아니므로 권장하지 않는 인코더다.	md4
Md5PasswordEncoderPassword	MD5 단방향 인코딩 알고리즘을 사용한다.	
ShaPasswordEncoderPasswordEncoder	SHA 단방향 인코딩 알고리즘을 사용한다. 인코딩 강도를 설정할 수 있는 기능을 제공한다.	sha sha-256

(이어짐)

LdapShaPasswordEncoder	LDAP 인증 저장소, 연동된 Ldap SHA, LdapSSHA 알고리즘 구현체다. 이 알고리즘에 대해서는 6장, 'LDAP 디렉터리 서비스'에서 자세히 다룬다.	{sha} {ssha}

스프링 시큐리티의 다른 부분과 마찬가지로 PasswordEncoder를 구현하는 빈 정의를 참조해 더 정교한 설정을 적용하거나 의존성 주입을 통해 PasswordEncoder가 다른 빈과 연결되게 할 수도 있다. JBCP 달력 애플리케이션에서도 새로운 사용자의 패스워드를 해시하기 위해 이러한 빈 참조 메서드가 필요하다.

이제, JBCP 달력 애플리케이션에 기본 패스워드 인코딩을 적용하는 방법을 하나씩 살펴보자.

패스워드 인코딩 설정

기본 패스워드 인코딩은 두 단계로 진행된다. 첫째는 SQL 스크립트를 실행하고 데이터베이스에 저장할 패스워드를 해싱하는 단계고, 둘째는 PasswordEncoder를 스프링 시큐리티에 적용하고 설정하는 단계다.

PasswordEncoder 메서드 설정

우선 다음과 같이 PasswordEncoder의 인스턴스를 일반 스프링 빈으로 선언한다.

```
//src/main/java/com/packtpub/springsecurity/configuration/SecurityConfig.java

@Bean
public ShaPasswordEncoder passwordEncoder(){
  return new ShaPasswordEncoder(256);
}
```

여기서는 SHA-256 PasswordEncoder 구현체를 사용하고 있다. SHA-256 인코딩 방식은 효과적인 단방향 암호화 알고리즘으로서 패스워드를 저장하는 데 주로 사용한다.

스프링 시큐리티에 PasswordEncoder 메서드 적용

로그인 과정에서 사용자가 입력한 패스워드에 인코딩을 적용하고 패스워드를 비교하도록 PasswordEncoder를 스프링 시큐리티에 적용하는 설정을 해야 한다. 이 작업을 위해서는 passwordEncoder 메서드를 추가하고 이전 단계에서 정의한 빈 ID를 참조하면 된다.

```
//src/main/java/com/packtpub/springsecurity/configuration/SecurityConfig.java

@Override
public void configure(AuthenticationManagerBuilder auth) throws Exception {
  auth
    .jdbcAuthentication()
    .dataSource(dataSource)
    .usersByUsernameQuery(CUSTOM_USERS_BY_USERNAME_QUERY)
    .authoritiesByUsernameQuery(
      CUSTOM_AUTHORITIES_BY_USERNAME_QUERY)
    .passwordEncoder(passwordEncoder());
  }
```

이제 애플리케이션을 재시작하고 로그인을 시도하면 이전에 사용한 로그인 계정으로 로그인이 불가능하다는 것을 확인할 수 있을 것이다. 그 이유는 데이터베이스에 저장된 패스워드(calendar-users.sql 스크립트로 로드됨)가 패스워드 인코더로 해시된 패스워드와 일치하지 않기 때문이다. 따라서 이제는 데이터베이스에 저장된 패스워드를 해시 값으로 업데이트할 것이다.

저장된 패스워드 해시

지금까지 수정한 애플리케이션의 경우, 다음 다이어그램처럼, 사용자가 패스워드를 입력하면 스프링 시큐리티는 입력받은 패스워드를 해시한 후, 데이터베이스에 평문 저장된 패스워드와 비교하기 때문에 두 값이 일치하지 않는다.

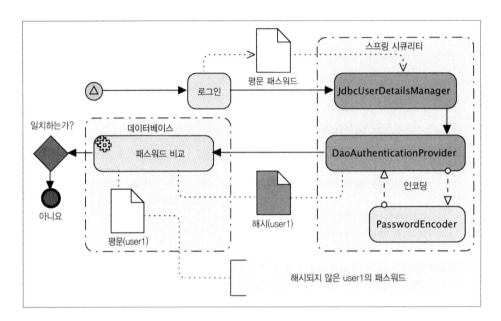

즉, 사용자가 애플리케이션에 로그인할 수 없다는 것을 의미한다. 이러한 문제를 해결하기 위해 애플리케이션 시작 시 로드된 SQL을 업데이트해 패스워드를 해시된 값으로 업데이트한다. 다음과 같이 DataSourceConfig.java 파일을 업데이트해보자.

//src/main/java/com/packtpub/springsecurity/configuration/DataSourceConfig.java

```
@Bean
public DataSource dataSource( ) {
  return new embeddedDatabaseBuilder( )
    .setName("dataSource")
    .setType(EmbeddedDatabaseType.H2)
```

```
    .addScript("/database/h2/calendar-schema.sql")
    .addScript("/database/h2/calendar-data.sql")
    .addScript("/database/h2/calendar-authorities.sql")
    .addScript("/database/h2/calendar-sha256.sql")
    .build();
}
```

calendar-sha256.sql 파일은 다음과 같이 기존 패스워드를 예상 해시 값으로 간단히 업데이트한다.

```
update calendar_users set password =
'0a041b9462caa4a31bac3567e0b6e6fd9100787db2ab433d96f6d178cabfce90'
where email = 'user1@example.com';
```

그렇다면 해시된 패스워드 값을 어떻게 알아낼까? o.s.s.authentication.encoding. Sha256PasswordEncoderMain이 제공한 PasswordEncoder 인터페이스를 사용해 기존 패스워드를 해싱하는 방법을 보여준다. 관련 코드는 다음과 같다.

```
ShaPasswordEncoder encoder = new ShaPasswordEncoder(256);
String encodedPassword = encoder.encodePassword(password, null);
```

새로운 사용자의 패스워드 해시

새로 만든 사용자의 패스워드가 해싱되지 않았기 때문에 새로운 사용자를 만들면 로그인이 불가능할 것이다. 따라서 새롭게 입력받은 패스워드를 해싱하기 위해 Default CalendarService를 업데이트해야 한다. 다음과 같이 업데이트해 새로 생성된 사용자의 패스워드가 해싱되도록 해보자.

```
//src/main/java/com/packtpub/springsecurity/service/DefaultCalendarService.java

Import org.springframework.security.authentication.encoding.PasswordEncoder;
// 다른 import 생략
public class DefaultCalendarService implements CalendarService {
  ...
  private final PasswordEncoder passwordEncoder;
  @Autowired
  public DefaultCalendarService(EventDao eventDao,
  CalendarUserDao userDao, JdbcOperations jdbcOperations,
  PasswordEncoder passwordEncoder) {
    ...
    this.passwordEncoder = passwordEncoder;
  }
  ...
  public int createUser(CalendarUser user) {
    String encodedPassword = passwordEncoder.
    encodePassword(user.getPassword(), null);
    user.setPassword(encodedPassword);
    ...
    return userId;
  }
}
```

추가 보완 사항

애플리케이션을 재시작하고 user1을 패스워드로 해 새로운 사용자를 생성해보자. 애플리케이션에서 로그아웃한 후, Welcome 페이지의 지침을 참고해 H2 콘솔을 열고 모든 사용자의 패스워드를 확인해보자. 새로 생성한 사용자와 기존 user1@example.com의 해시 값이 동일하다는 것을 발견했는가? 의도치 않게 동일한 패스워드를 사용하는 다른 사용자의 패스워드를 알아냈다는 사실이 조금 석연찮다. 그렇다면 이제 **솔팅**salting이라는 기술을 사용해 이러한 문제점을 해결해보자.

이제, 코드가 chapter04.04-calendar와 비슷해야 한다.

패스워드에 **솔트**salt를 적용하는 것은 어떨까? 보안 감사자가 데이터베이스에 저장된 인코딩된 패스워드를 보고 나면 여전히 웹 사이트 보안에 대해 우려되는 한 가지 문제점이 있다고 보고할 것이다. 먼저, 저장된 사용자명과 패스워드 값을 살펴보자.

사용자명	평문 패스워드	해시된 패스워드
admin1@example.com	admin1	25f43b1486ad95a1398e3eeb3d83bc4010015fcc 9bed b35b432e00298d5021f7
user1@example.com	user1	0a041b9462caa4a31bac3567e0b6e6fd9100787d b2ab 433d96f6d178cabfce90

얼핏보면 꽤 안전해 보인다. 암호화된 패스워드는 더 이상 평문 패스워드와 유사한 점이 존재하지 않는다. 그렇다면 보안 감사자가 우려한 부분은 무엇일까? 우연한 기회에 user1@example.com 사용자와 동일한 패스워드를 등록한 새로운 사용자가 있는 경우를 가정해 문제점을 살펴보자.

사용자명	평문 패스워드	해시된 패스워드
hacker@example.com	user1	0a041b9462caa4a31bac3567e0b6e6fd9100787d b2ab433d96f6d178cabfce90

이렇게 하고 보니 user1@example.com 사용자와 hacker@example.com 사용자의 암호화된 패스워드가 정확하게 일치하는 것을 확인할 수 있다! 따라서 해커가 어떤 경위를 통해 데이터베이스에 저장된 암호화된 패스워드를 입수한다면, 자신이 알고 있는 암호화된 패스워드와 알고 있지 못한 사용자 계정의 패스워드를 비교해 둘이 일치한다는 사실을 찾아낼 수 있다. 만일 해커가 이러한 분석을 자동으로 수행하는 툴을 사용한다면 모든 사용자 계정 정보를 손에 넣는 것은 시간 문제다.

1개의 패스워드를 추측하기는 어렵지만, 해커는 사용할 수 있는 모든 해시를 미리 계산하고 해시와 평문 패스워드를 매핑해 저장해 놓는다. 그런 다음, 원래의 패스워드를 알아내기 위해 일치하는 해시 값을 찾고, 이와 매핑된 평문 패스워드를 찾는다. 이러한 방법은 **레인보우 테이블**rainbow tables이라고 알려진 해킹 기법이다.

암호화된 패스워드에 또 다른 보안 계층을 추가하기 위해 자주 사용하는 효과적인 방식은 솔트를 적용하는 것이다. 솔트는 평문이며 평문 패스워드에 암호화가 적용되기 전에 추가되는 또 다른 평문 영역을 나타낸다. 이러한 패스워드 솔팅 방식에서는 암호화된 패스워드를 생성 및 비교하기 위해 평문 패스워드와 솔트를 함께 사용한다. 솔트를 적절하게 선택하면 2개의 패스워드가 동일한 해시 값을 갖는 일은 절대 발생하지 않으며, 앞서 감사자가 걱정한 보안 취약점은 물론 다양한 유형의 브루트 포싱Brute Forcing 공격 기법에 대한 취약점도 함께 사라진다.

패스워드 솔팅에 사용하는 텍스트는 다음의 세 가지 범주에서 선택하는 것이 좋다.

- 사용자 관련 데이터 일부에서 텍스트를 생성하는 알고리즘을 사용한다. 예를 들어 사용자가 생성된 시점의 타임스탬프를 사용하는 방식이 이에 해당한다.
- 랜덤 텍스트를 생성하고 일정한 형식으로 저장한다.
- 사용자의 패스워드 레코드와 함께 평문 또는 양방향 암호화해 저장한다.

패스워드 솔팅에 사용하는 텍스트는 평문 패스워드에 추가되는 텍스트기 때문에 단방향 암호화를 적용할 수 없다는 점을 기억하자. 다시 말해, 애플리케이션은 항상 사용자 인증을 위해 사용자의 레코드를 갖고 적절한 솔트 값을 찾거나 도출할 수 있어야 한다.

▌스프링 시큐리티에 솔트 적용

스프링 시큐리티 4.2는 spring-security-core 모듈을 포함하고 있으며 spring-security-crypto에서 별도로 사용할 수 있는 새로운 암호화 모듈을 제공한다. crypto 모듈은 자체 o.s.s.crypto.password.PasswordEncoder 인터페이스를 갖고 있으며, 이 인터페이스는 랜덤 솔트 값을 결합해 패스워드를 인코딩하기 때문에 널리 사용되는 방법이다. 이 책을 쓰는 시점에는 다음과 같이 세 가지의 o.s.s.crypto.password.PasswordEncoder[1] 구현체가 있다.

클래스	설명
o.s.s.crypto.bcrypt.BCryptPasswordEncoder	이 클래스는 bcrypt 해싱 함수를 사용한다. 기술이 향상되고, 시간이 지남에 따라 성능이 저하될 수도 있는 기능과 솔트를 사용한다. 하지만 이는 브루트 포싱 공격을 보호하는 데 도움이 된다.
o.s.s.crypto.password.NoOpPasswordEncoder	이 클래스는 인코딩을 하지 않으며, 패스워드를 평문으로 반환한다.
o.s.s.crypto.password.StandardPasswordEncoder	이 클래스는 랜덤 솔트를 사용하며 SHA-256 방식을 사용해 여러 번 인코딩한다.

 스프링 시큐리티 4.2는 스프링 시큐리티 3.0에 익숙한 사람들 때문에 여전히 o.s.s.auth entication.dao.SaltSource를 사용해 솔팅을 구현할 수 있도록 지원한다. 하지만 현재의 메커니즘상에서는 선호하지 않는 방식이므로 이 책에서는 설명하지 않는다.

---

1 책을 번역하는 시점에는 AbstractPasswordEncoder, Pbkdf2PasswordEncoder, SCryptPasswordEncoder 등의 구현체가 추가됐다. - 옮긴이

스프링 시큐리티 설정 업데이트

이제 스프링 시큐리티 설정을 업데이트해 솔트를 적용시켜보자. 다음과 같이 이전의 ShaPasswordEncoder 인코더를 삭제하고 새로운 StandardPasswordEncoder 인코더를 추가하자.

```
//src/main/java/com/packtpub/springsecurity/configuration/SecurityConfig.java

@Bean
public PasswordEncoder passwordEncoder(){
  return new StandardPasswordEncoder();
}
```

기존 패스워드 마이그레이션

다음 단계를 살펴보고 기존 패스워드를 마이그레이션하는 방법에 대해 알아보자.

1. 새로운 PasswordEncoder 클래스에서 생성된 값을 사용하도록 기존 패스워드를 업데이트한다. 만약 고유의 패스워드를 생성하고 싶다면 다음 코드를 사용하면 된다.

    ```
    StandardPasswordEncoder encoder = new StandardPasswordEncoder();
    String encodedPassword = encoder.encode("password");
    ```

2. 이전에 사용한 calendar-sha256.sql 파일을 삭제하고, 다음 내용을 포함한 saltedsha256.sql 파일을 추가한다.

    ```
    //src/main/java/com/packtpub/springsecurity/configuration/
    DataSourceConfig.java

    @Bean
    ```

```
    public DataSource dataSource() {
      return new EmbeddedDatabaseBuilder()
        .setName("dataSource")
        .setType(EmbeddedDatabaseType.H2)
        .addScript("/database/h2/calendar-schema.sql")
        .addScript("/database/h2/calendar-data.sql"
        .addScript("/database/h2/calendar-authorities.sql")
        .addScript("/database/h2/calendar-saltedsha256.sql")
        .build();
    }
```

DefaultCalendarUserService 업데이트

이전에 정의한 passwordEncoder() 메서드는 새로운 패스워드 인코더 인터페이스를 처리하기에 충분하다. 하지만 DefaultCalendarUserService는 새로운 인터페이스로 업데이트해야 한다. 다음과 같이 DefaultCalendarUserService 클래스를 업데이트하자.

```
//src/main/java/com/packtpub/springsecurity/service/DefaultCalendarService.Java

import org.springframework.security.crypto.password.PasswordEncoder;
import org.springframework.security.crypto.password.PasswordEncoder;
// 다른 imports 생략
public class DefaultCalendarService implements CalendarService {
  ...
  public int createUser(CalendarUser user) {
    String encodedPassword = passwordEncoder.encode(user.getPassword());
    user.setPassword(encodedPassword);
    ...
    return userId;
  }
}
```

솔트를 적용한 패스워드 사용

애플리케이션을 재시작하고 user1을 패스워드로 하는 다른 사용자를 생성해보자. 그런 다음, H2 콘솔을 사용해 새로운 사용자의 패스워드와 기존의 사용자의 패스워드가 서로 다른지 확인해보자.

 이제, 코드가 chapter04.05-calendar와 비슷해야 한다.

이제 스프링 시큐리티는 랜덤 솔트 값을 생성한 후, 평문 패스워드와 결합하고, 결합한 그 값을 해싱한다. 그런 다음, 추후에 암호문을 확인할 수 있도록 해시된 패스워드 시작 부분에 평문으로 된 랜덤 솔트 값을 추가한다. 새로 작성해 데이터베이스에 저장되는 패스워드는 다음 의사 코드로 나타낼 수 있다.

```
salt = randomsalt()
hash = hash(salt+originalPassword)
storedPassword = salt + hash
```

솔트 값과 해시 값이 모두 고정된 길이이므로 사용자를 인증하기 위해 저장된 패스워드에서 솔트 값과 해시 값을 따로 추출해낼 수 있다. 그런 다음, 추출된 솔트 값과 입력받은 패스워드를 해싱해 새로운 해시 값을 생성한다. 마지막으로 새로운 해시 값과 저장된 해시 값을 비교해 패스워드 일치 여부를 판단한다.

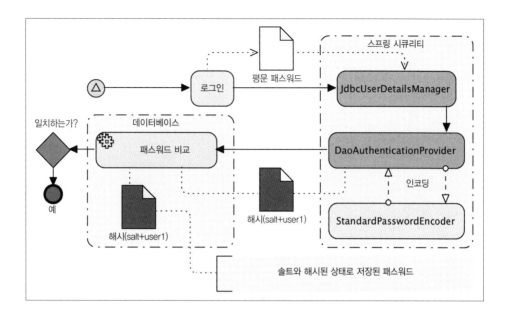

다음은 입력받은 패스워드의 유효성을 판단하기 위한 의사 코드다.

```
storedPassword = datasource.lookupPassword(username)
salt, expectedHash = extractSaltAndHash(storedPassword)
actualHash = hash(salt+inputedPassword)
authenticated = (expectedHash == actualHash)
```

▌요약

4장에서는 스프링 시큐리티에 빌트인된 JDBC 기능을 사용하는 방법을 소개했다. 특히, 스프링 시큐리티가 새로운 애플리케이션을 위한 기본 스키마를 제공한다는 점을 설명했으며, GBAC를 구현하는 방법과 사용자 관리를 보다 쉽게 할 수 있는 방법에 대해 살펴봤다. 또한 스프링 시큐리티의 JDBC 기능을 기존의 데이터베이스와 연동하는 방법과 패스워드 해싱 및 랜덤 솔트 값을 사용해 패스워드를 보호하는 방법을 배웠다.

5장, '스프링 데이터를 이용한 인증'에서는 **스프링 데이터**^{Spring Data} 프로젝트에 대해 설명하고, ORM^{object-relational mapping}을 사용해 RDBMS 및 문서 데이터베이스^{document database}에 연결하도록 스프링 시큐리티를 설정하는 방법에 대해 살펴본다.

05

스프링 데이터를 이용한 인증

4장, 'JDBC 기반 인증'에서는 스프링 시큐리티의 빌트인 JDBC 지원을 활용하는 방법에 대해 설명했다. 5장에서는 스프링 데이터 프로젝트와 JPA를 활용해 관계형 데이터베이스 인증을 수행하는 방법에 대해 살펴본다. 또한 MongoDB를 사용해 문서 데이터베이스 인증을 수행하는 방법도 알아본다. 5장의 샘플 코드는 4장, 'JDBC 기반 인증'의 스프링 시큐리티 설정을 기반으로 하며, SQL에 대한 필요성을 리팩토링refactor[1]하고 모든 데이터베이스 상호 작용에 ORM을 사용하도록 업데이트했다.

---

1 코드를 좀 더 쉽게 이해할 수 있고 적은 비용으로 수정할 수 있도록 겉으로 보이는 동작의 변화 없이 내부 구조를 변경하는 작업
  – 옮긴이

5장에서는 다음과 같은 내용을 다룬다.

- 스프링 데이터 프로젝트와 관련된 몇 가지 기본 개념
- 스프링 데이터 JPA를 사용한 관계형 데이터베이스 인증
- 스프링 데이터 MongoDB를 이용한 문서 데이터베이스 인증
- 스프링 데이터 통합 시 유연하게 스프링 시큐리티를 사용자 정의하는 방법
- 스프링 데이터 프로젝트 이해하기

스프링 데이터 프로젝트는 데이터 액세스를 위한 친숙하고 일관된 스프링 기반 프로그래밍 모델을 제공하는 동시에, 기본 데이터 공급 업체의 특수한 특성을 유지한다.

다음은 스프링 데이터 프로젝트의 몇 가지 강력한 기능이다.

- 강력한 저장소 및 사용자 정의 객체 매핑 추상화
- 저장소 메서드명을 통한 동적 쿼리 파생
- 기본 속성 제공을 통한 도메인 기반 클래스 구현
- 투명한 감사 지원(생성 및 최종 변경)
- 사용자 정의 저장소 코드에 대한 통합 기능
- 자바 기반 설정 및 사용자 정의 XML 네임스페이스를 통한 스프링 연동 방법
- 고급advanced 스프링 MVC 컨트롤러와의 연동
- 크로스 스토어cross-store 지속성을 위한 지원

스프링 데이터 프로젝트는 데이터 액세스 기술, 관계형 및 비관계형 데이터베이스, 맵 축소 프레임워크 및 클라우드 기반 데이터 서비스의 사용을 단순화한다. 스프링 데이터 프로젝트는 지정된 데이터베이스와 관련된 많은 하위 프로젝트를 포함하며, 이를 위해 많은 회사와 개발자가 협력했다. 또한 JDBC 지원 및 아파치 하둡Apache Hadoop을 비롯한 많은 커뮤니티 유지 모듈 및 기타 관련 모듈이 존재한다.

다음 표는 스프링 데이터 프로젝트를 구성하는 주요 모듈을 설명한다.

모듈	설명
Spring Data Commons	핵심 스프링 개념을 모든 스프링 데이터 프로젝트에 적용
Spring Data Gemfire	Gemfire에 대한 스프링 애플리케이션의 쉬운 접근 및 구성
Spring Data JPA	JPA 기반 저장소의 쉬운 구현 가능
Spring Data Key Value	키 값 저장소를 위한 스프링 데이터 모듈을 쉽게 구축할 수 있는 맵 기반 저장소 및 SPI
Spring Data LDAP	스프링 LDAP를 위한 스프링 데이터 저장소 지원 제공
Spring Data MongoDB	MongoDB를 위한 스프링 기반, 객체-문서 지원 및 저장소
Spring Data REST	스프링 데이터 저장소를 하이퍼미디어 중심의 RESTful 자원으로 반환
Spring Data Redis	Redis에 대한 스프링 애플리케이션의 쉬운 접근 및 구성
Spring Data for Apache Cassandra	Apache Cassandra를 위한 스프링 데이터 모듈
Spring Data for Apache Solr	Apache Solr를 위한 스프링 데이터 모듈

▌ 스프링 데이터 JPA

스프링 데이터 JPA 프로젝트는 약간의 노력으로 데이터 접근 계층의 ORM 구현을 할 수 있도록 해준다. 따라서 개발자가 사용자 정의 `finder` 메서드를 포함한 저장소 인터페이스만 작성하면 스프링은 ORM을 자동으로 구현한다.

다음은 스프링 데이터 JPA 프로젝트의 몇 가지 강력한 기능이다.

- 스프링 및 JPA 기반의 저장소 구축을 위한 지원
- Querydsl 조건자 지원을 통한 형식이 안전한 JPA 쿼리 지원
- 도메인 클래스에 대한 투명한 감사
- 페이징 지원, 동적 쿼리 실행 및 사용자 정의 데이터 액세스 코드 통합 기능
- 부트스트랩의 @Query 어노테이션이 달린 쿼리의 유효성 검사

- XML 기반 엔터티 매핑 지원
- @EnableJpaRepositories를 통한 자바 설정 기반 저장소 구성

의존성 업데이트

5장에 필요한 모든 의존성을 이미 샘플 코드에 포함시켰으므로 build.gradle 파일을 업데이트할 필요가 없다. 하지만 샘플 코드가 아닌 다른 애플리케이션을 사용한다면, build.gradle 파일에 spring-boot-starter-data-jpa 의존성을 추가해야 한다.

```
//build.gradle
dependencies {
    ...
// compile('org.springframework.boot:spring-boot-starter-jdbc') 제거
    compile('org.springframework.boot:spring-boot-starter-data-jpa')
    ...
}
```

위 코드에서 spring-boot-starter-jdbc 의존성을 제거했다. 새로 추가한 spring-boot-starter-data-jpa 의존성은 도메인 객체를 JPA로 임베디드 데이터베이스에 연결하는 데 필요한 모든 의존성을 포함하고 있다.

스프링 데이터 JPA 사용을 위한 JBCP 달력 업데이트

일단, 스프링 데이터에 익숙해지기 위해 스프링 데이터 JPA 스타터를 사용해 JBCP 달력의 SQL이 ORM을 사용하도록 변환한다.

SQL을 생성하고 유지 관리하는 작업은 지루할 수도 있다. 지금까지는 데이터베이스에 새로운 CalendarUser 테이블을 생성하려면 다음과 같이 상당한 양의 코드를 만들어야 했다.

```
//src/main/java/com/packtpub/springsecurity/dataaccess/JdbcCalendarUserDao.java

public int createUser(final CalendarUser userToAdd) {
  if (userToAdd == null) {
    throw new IllegalArgumentException("userToAdd cannot be null");
  }
  if (userToAdd.getId() != null) {
    throw new IllegalArgumentException("userToAdd.getId() must be
    null when creating a
    "+CalendarUser.class.getName());
  }
  KeyHoldener keyHolder = new GeratedKeyHolder();
  this.jdbcOperations.update(new PreparedStatementCreator() {
    public PreparedStatement createPreparedStatement
    (Connection connection)
    throws SQLException {
      PreparedStatement ps = connection.prepareStatement("insert into
      calendar_users (email, password, first_name, last_name)
      values (?, ?, ?, ?)", new String[] {
      "id" });
      ps.setString(1, userToAdd.getEmail());
      ps.setString(2, userToAdd.getPassword());
      ps.setString(3, userToAdd.getFirstName());
      ps.setString(4, userToAdd.getLastName());
      return ps;
    }
  }, keyHolder);
return keyHolder.getKey().intValue();
}
```

위와 같은 객체를 생성하려면 기술적으로 12줄의 코드가 필요하다.

하지만 스프링 데이터 JPA를 사용하면 동일한 구현을 다음의 짧은 코드로 줄일 수 있다.

```
//src/main/java/com/packtpub/springsecurity/dataaccess/JpaCalendarUserDao.java

    public int createUser(final CalendarUser userToAdd) {
      if (userToAdd == null) {
          throw new IllegalArgumentException("userToAdd cannot be null");
      }
      if (userToAdd.getId() != null) {
          throw new IllegalArgumentException("userToAdd.getId()
          must be null when creating a "+CalendarUser.class.getName());
      }
      Set<Role> roles = new HashSet<>();
      roles.add(roleRepository.findOne(0));
      userToAdd.setRoles(roles);
      CalendarUser result = repository.save(userToAdd);
      repository.flush();
      return result.getId();
    }
```

이제는 JPA를 사용해 동일한 객체를 생성하면 기술적으로 5줄의 코드만이 필요하다. 즉, 동일한 작업을 수행하기 위해 이전과 비교해 절반 이하의 양이면 충분하다는 뜻이다.

데이터베이스 설정 재구성

먼저, JBCP 달력 프로젝트를 변환할 것이다. 데이터베이스를 재구성해보자.

일단, 빌트인 H2 데이터베이스에 대한 스프링 부트의 기본 지원을 활용할 것이므로 DataSourceConfig.java 파일을 삭제하자. 또한 @Import 어노테이션 내에 JavaConfig.java에 대한 참조가 있으므로 JavaConfig.java 파일에 있는 DataSourceConfig.java에 대한 참조를 제거해야 한다.

데이터베이스 초기화

/src/main/resources/database 디렉터리를 포함해 해당 디렉터리 내의 모든 내용을 제거해도 된다. 해당 디렉터리 내에는 여러 .sql 파일이 위치하고 있는데, 다음 절차를 진행하면서 통합consolidate할 것이다.

이제, 다음과 같이 시드 데이터를 포함할 data.sql 파일을 만든다.

//src/main/resources/data.sql:

- user1의 패스워드에 대한 다음 SQL문을 살펴보자.

```
insert into calendar_users(id, username, email, password,
first_name,last_name)
values(0,'user1@example.com','user1@example.com',  '$2a$04$qr7RWyqOnWWC1n
wotUW1nOe1RD5.mKJVHK16WZy6v49pymu1WDHmi','User','1');
```

- admin1의 패스워드에 대한 다음 SQL문을 살펴보자.

```
insert into calendar_users(id, username, email, password, first_name,
last_name)
values (1,'admin1@example.com','admin1@example.com',
'$2a$04$0CF/Gsquxlel3fWq5Ic/ZOGDCaXbMfXYiXsviTNMQofWRXhvJH3IK',
'Admin','1');
```

- user2의 패스워드에 대한 다음 SQL문을 살펴보자.

```
insert into calendar_users(id,username,email,password,first_name,
last_name)
values  (2,'user2@example.com','user2@example.com',
'$2a$04$PiVhNPAxunf0Q4IMbVeNIuH4M4ecySWHihyrclxW..PLArjLbg8CC',
'User2','2');
```

- 사용자 역할에 대한 다음 SQL문을 살펴보자.

```
insert into role(id, name) values (0, 'ROLE_USER');
insert into role(id, name) values (1, 'ROLE_ADMIN');
```

- 여기서 user1은 한 가지 역할을 수행한다.

```
insert into user_role(user_id,role_id) values (0, 0);
```

- 여기서 admin1은 두 가지 역할을 수행한다.

```
insert into user_role(user_id,role_id) values (1, 0);
insert into user_role(user_id,role_id) values (1, 1);
```

- 이벤트에 대한 다음 SQL문을 살펴보자.

```
insert into events (id,when,summary,description,owner,attendee)
values (100,'2017-07-03 20:30:00','Birthday Party',
'This is going to be a great birthday',0,1);
insert into events (id,when,summary,description,owner,attendee)
values (101,'2017-12-23 13:00:00','Conference Call','Call with
the client',2,0);
insert into events (id,when,summary,description,owner,attendee)
values (102,'2017-09-14 11:30:00','Vacation',
'Paragliding in Greece',1,2);
```

이제, /src/main/resources/application.yml 파일에 다음과 같이 임베디드 데이터베이스 속성을 정의하도록 애플리케이션 속성을 업데이트하자.

```
# 임베디드 데이터베이스
datasource:
url: jdbc:h2:mem:dataSource;DB_CLOSE_DELAY=-1;DB_CLOSE_ON_EXIT=FALSE
driverClassName: org.h2.Driver
```

```
username: sa
password:
continue-on-error: true
jpa:
  database-platform: org.hibernate.dialect.H2Dialect
  show-sql: true
  hibernate:
    ddl-auto: create-drop
```

지금까지 이전의 데이터베이스 설정을 제거하고 새로운 설정을 추가했다. 현재 애플리케이션은 작동하지 않지만 지금까지의 코드를 다음 단계로 진행하기 전의 마일스톤으로 간주한다.

 이제, 코드가 chapter05.01-calendar와 비슷해야 한다.

▌ SQL에서 ORM으로 리팩토링

SQL에서 ORM 구현으로 리팩토링하는 것은 생각보다 간단하다. 대부분의 리팩토링 과정에는 SQL 형식의 초과 코드excess code를 제거하는 과정을 포함한다. 다음 절에서는 SQL 구현체를 JPA 구현체로 수정할 것이다.

일단 JPA가 도메인 객체를 데이터베이스에 매핑하도록 하려면, 도메인 객체에 대한 매핑을 수행해야 한다.

JPA를 사용한 도메인 객체 매핑

다음 단계에 따라 도메인 객체 매핑에 대해 알아보자.

1. 다음과 같이 모든 도메인 객체가 JPA를 사용할 수 있도록 Event.java 파일에 매 핑한다.

//src/main/java/com/packtpub/springsecurity/domain/Event.java

```java
import javax.persistence.*;
@Entity
@Table(name = "events")
public class Event implements Serializable{
    @Id
    @GeneratedValue(strategy = GenerationType.AUTO)
    private Integer id;
    @NotEmpty(message = "Summary is required")
    private String summary;
    @NotEmpty(message = "Description is required")
    private String description;
    @NotNull(message = "When is required")
    private Calendar when;
    @NotNull(message = "Owner is required")
    @ManyToOne(fetch = FetchType.LAZY)
    @JoinColumn(name="owner", referencedColumnName="id")
    private CalendarUser owner;
    @ManyToOne(fetch = FetchType.LAZY)
    @JoinColumn(name="attendee", referencedColumnName="id")
    private CalendarUser attendee;
```

2. 다음 내용을 포함하는 Role.java 파일을 생성한다.

//src/main/java/com/packtpub/springsecurity/domain/Role.java

```java
import javax.persistence.*;
@Entity
@Table(name = "role")
```

```
public class Role implements Serializable {
  @Id
  @GeneratedValue(strategy = GenerationType.AUTO)
  private Integer id;
  private String name;
  @ManyToMany(fetch = FetchType.EAGER, mappedBy = "roles")
  private Set<CalendarUser> users;
```

3. Role 객체는 CalendarUser 테이블에 권한을 매핑하는 데 사용한다. 이제, Role.
   java을 생성했으므로 CalendarUser.java 파일에 매핑하자.

```
//src/main/java/com/packtpub/springsecurity/domain/CalendarUser java

import javax.persistence.*;
import java.io.Serializable;
import java.util.Set;
@Entity
@Table(name = "calendar_users")
public class CalendarUser implements Serializable {
    @Id
    @GeneratedValue(strategy = GenerationType.AUTO)
    private Integer id;
    private String firstName;
    private String lastName;
    private String email;
    private String password;
    @ManyToMany(fetch = FetchType.EAGER)
    @JoinTable(name = "user_role",
            joinColumns = @JoinColumn(name = "user_id"),
            inverseJoinColumns = @JoinColumn(name = "role_id"))
    private Set<Role> roles;
```

지금까지 RDMS의 위치를 정의하는 @Entity와 @Table을 포함해 구조적, 참조 및 연결 매
핑 어노테이션 등의 적절한 JPA 어노테이션과 도메인 객체를 매핑했다.

현재 애플리케이션은 작동하지 않지만 지금까지의 코드를 다음 단계로 진행하기 전의 마일스톤으로 간주한다.

 이제, 코드가 chapter05.02-calendar와 비슷해야 한다.

스프링 데이터 저장소

이제, 다음 단계를 통해 스프링 데이터가 CRUD 작업과 임베디드 데이터베이스를 매핑하기 위해 필요한 인터페이스를 추가한다.

1. 새로운 com.packtpub.springsecurity.repository 패키지에 새로운 인터페이스를 추가하는 것부터 시작하자. 다음은 새롭게 추가한 CalendarUserRepository. java다.

   ```
   //com/packtpub/springsecurity/repository/CalendarUserRepository.java

   package com.packtpub.springsecurity.repository;
   import com.packtpub.springsecurity.domain.CalendarUser;
   import org.springframework.data.jpa.repository.JpaRepository;
   public interface CalendarUserRepository
   extends JpaRepository<CalendarUser, Integer> {
     CalendarUser findByEmail(String email);
   }
   ```

   위 코드는 CalendarUser 객체에서 find( ), save( ) 및 delete( )와 같은 표준 CRUD 작업을 수행할 수 있도록 한다.

2. 이제 동일한 저장소 패키지인 com.packtpub.springsecurity.repository에 새로운 인터페이스를 추가하고, 파일명을 EventRepository.java라고 한다.

```
//com/packtpub/springsecurity/repository/EventRepository.java

package com.packtpub.springsecurity.repository;
import com.packtpub.springsecurity.domain.Event;
import org.springframework.data.jpa.repository.JpaRepository;

public interface EventRepository extends JpaRepository<Event, Integer> {}
```

위 코드는 Event 객체에서 find( ), save( ) 및 delete( )와 같은 표준 CRUD 작업을 수행할 수 있도록 한다.

3. 마지막으로 동일한 저장소 패키지인 com.packtpub.springsecurity.repository에 새로운 인터페이스를 추가하고, 파일명을 RoleRepository.java라고 한다. 여기서 CrudRepository 인터페이스는 주어진 CalendarUser와 연관된 Role 객체를 관리하는 데 사용한다.

```
//com/packtpub/springsecurity/repository/RoleRepository.java

package com.packtpub.springsecurity.repository;
import com.packtpub.springsecurity.domain.Event;
import org.springframework.data.jpa.repository.JpaRepository;

public interface RoleRepository extends JpaRepository<Role, Integer> {}
```

위 코드는 Role 객체에서 find( ), save( ) 및 delete( )와 같은 표준 CRUD 작업을 수행할 수 있도록 한다.

데이터 액세스 객체

JDBC SQL 코드를 새로운 스프링 데이터 코드로 변환하기 위해 JdbcEventDao.java 파일을 JpaEventDao.java로 리팩토링해야 한다. 다음 과정을 살펴보자.

1. 다음과 코드와 같이 새로운 EventRepository 인터페이스를 추가하고 SQL 코드를 새로운 ORM 저장소로 교체한다.

```
//com/packtpub/springsecurity/dataaccess/JpaEventDao.java

package com.packtpub.springsecurity.dataaccess;
import com.packtpub.springsecurity.domain.CalendarUser;
import com.packtpub.springsecurity.domain.Event;
import com.packtpub.springsecurity.repository.EventRepository;
import org.springframework.beans.factory.annotation.Autowired;
import org.springframework.data.domain.Example;
import org.springframework.stereotype.Repository;
import org.springframework.transaction.annotation.Transactional;
...
@Repository
  public class JpaEventDao implements EventDao {
      private EventRepository repository;
      @Autowired
      public JpaEventDao(EventRepository repository) {
          if (repository == null) {
              throw new IllegalArgumentException("repository
              cannot be null");
          }
          this.repository = repository;
      }
      @Override
      @Transactional(readOnly = true)
      public Event getEvent(int eventId) {
          return repository.findOne(eventId);
      }
      @Override
      public int createEvent(final Event event) {
```

```
    ...
    final Calendar when = event.getWhen();
    if(when == null) {
        throw new IllegalArgumentException("event.getWhen()
        cannot be null");
    }
    Event newEvent = repository.save(event);
    ...
}
@Override
@Transactional(readOnly = true)
public List<Event> findForUser(final int userId) {
    Event example = new Event();
    CalendarUser cu = new CalendarUser();
    cu.setId(userId);
    example.setOwner(cu);
    return repository.findAll(Example.of(example));
}
@Override
@Transactional(readOnly = true)
public List<Event> getEvents() {
    return repository.findAll();
}
}
```

2. 이제 이전에 생성한 CrudRepository 인터페이스를 지원하기 위해 DAO 클래스
   를 리팩토링해야 한다. 일단, JdbcCalendarUserDao.java 파일을 리팩토링하는
   것부터 시작해보자. 먼저, 파일명을 JpaCalendarUserDao.java로 변경해 표준
   JDBC가 아닌 JPA를 사용한다는 것을 나타내자.

```
//com/packtpub/springsecurity/dataaccess/JpaCalendarUserDao.java

package com.packtpub.springsecurity.dataaccess;
... 간결성을 위해 생략 ...
@Repository
public class JpaCalendarUserDao implements CalendarUserDao {
```

```java
private CalendarUserRepository userRepository;
private RoleRepository roleRepository;
@Autowired
public JpaCalendarUserDao(CalendarUserRepository repository,
RoleRepository roleRepository) {
    if (repository == null) {
        throw new IllegalArgumentException("repository
        cannot be null");
    }
    if (roleRepository == null) {
        throw new IllegalArgumentException("roleRepository
        cannot be null");
    }
    this. userRepository = repository;
    this.roleRepository = roleRepository;
}
@Override
@Transactional(readOnly = true)
public CalendarUser getUser(final int id) {
    return userRepository.findOne(id);
}
@Override
@Transactional(readOnly = true)
public CalendarUser findUserByEmail(final String email) {
    if (email == null) {
        throw new IllegalArgumentException
        ("email cannot be null");
    }
    try {
        return userRepository.findByEmail(email);
    } catch (EmptyResultDataAccessException notFound) {
        return null;
    }
}
@Override
@Transactional(readOnly = true)
public List<CalendarUser> findUsersByEmail(final String email) {
    if (email == null) {
        throw new IllegalArgumentException("email
```

```
                cannot be null");
            }
            if ("".equals(email)) {
                throw new IllegalArgumentException("email
                cannot be empty string");
            }
            return userRepository.findAll();
        }
        @Override
        public int createUser(final CalendarUser userToAdd) {
            if (userToAdd == null) {
                throw new IllegalArgumentException("userToAdd
                cannot be null");
            }
            if (userToAdd.getId() != null) {
                throw new IllegalArgumentException("userToAdd.getId()
                must be null when creating a "+
                CalendarUser.class.getName());
            }
            Set<Role> roles = new HashSet<>();
            roles.add(roleRepository.findOne(0));
            userToAdd.setRoles(roles);
            CalendarUser result = userRepository.save(userToAdd);
            userRepository.flush();
            return result.getId();
        }
    }
}
```

이전 코드에서 알 수 있듯이, JPA를 활용하기 위해 업데이트하는 부분이 JDBC
에 필요한 코드보다 훨씬 적다. 즉, 비즈니스 로직에 집중할 수 있으며, 다른 세
부 사항에 대해서는 걱정할 필요가 없다는 것을 의미한다.

3. JdbcEventDao.java 파일을 리팩토링한다. 먼저, 파일명을 JpaEventDao.java로
   변경해 표준 JDBC가 아닌 JPA를 사용한다는 것을 나타내자.

```
//com/packtpub/springsecurity/dataaccess/JpaEventDao.java

package com.packtpub.springsecurity.dataaccess;
... 간결성을 위해 생략 ...
@Repository
public class JpaEventDao implements EventDao {
    private EventRepository repository;
    @Autowired
    public JpaEventDao(EventRepository repository) {
        if (repository == null) {
            throw new IllegalArgumentException("repository
            cannot be null");
        }
        this.repository = repository;
    }
    @Override
    @Transactional(readOnly = true)
    public Event getEvent(int eventId) {
        return repository.findOne(eventId);
    }
    @Override
    public int createEvent(final Event event) {
        if (event == null) {
            throw new IllegalArgumentException("event cannot be
null");
        }
        if (event.getId() != null) {
            throw new IllegalArgumentException
            ("event.getId() must be null when creating a new
Message");
        }
        final CalendarUser owner = event.getOwner();
        if (owner == null) {
            throw new IllegalArgumentException("event.getOwner()
            cannot be null");
        }
        final CalendarUser attendee = event.getAttendee();
        if (attendee == null) {
            throw  new
```

```
        IllegalArgumentException("attendee.getOwner()
                cannot be null");
        }
        final Calendar when = event.getWhen();
        if(when == null) {
            throw new IllegalArgumentException
            ("event.getWhen()cannot be null");
        }
        Event newEvent = repository.save(event);
        return newEvent.getId();
    }
    @Override
    @Transactional(readOnly = true)
    public List<Event> findForUser(final int userId) {
        Event example = new Event();
        CalendarUser cu = new CalendarUser();
        cu.setId(userId);
        example.setOwner(cu);
        return repository.findAll(Example.of(example));
    }
    @Override
    @Transactional(readOnly = true)
    public List<Event> getEvents() {
        return repository.findAll();
    }
}
```

앞의 코드에서 JPA 저장소를 활용하는 업데이트 부분은 굵은 글씨와 음영으로 표시했으며, 이제 Event 및 CalendarUser 객체는 기본 RDBMS에 매핑된다.

현재 애플리케이션은 작동하지 않지만 지금까지의 코드를 다음 단계로 진행하기 전의 마일스톤으로 간주한다.

 이제, 코드가 chapter05.03-calendar와 비슷해야 한다.

▎애플리케이션 서비스

이제 새로운 아티팩트를 사용하기 위한 스프링 시큐리티 설정만 남았다.

다음과 같이 DefaultCalendarService.java 파일을 편집해, 새로운 User 객체에 USER_ROLE을 추가하는 데 사용했던 나머지 코드만 제거하면 된다.

```java
//com/packtpub/springsecurity/service/DefaultCalendarService.java

package com.packtpub.springsecurity.service;
... 간결성을 위해 생략 ...
@Repository
public class DefaultCalendarService implements CalendarService {
  @Override
  public int createUser(CalendarUser user) {
      String encodedPassword =
      passwordEncoder.encode(user.getPassword());
      user.setPassword(encodedPassword);
      int userId = userDao.createUser(user);
      //jdbcOperations.update("insert into
      calendar_user_authorities(calendar_user,authority)
      values (?,?)", userId,
      //"ROLE_USER");
      return userId;
  }
}
```

▎UserDetailsService 객체

다음 과정을 통해 UserDetailsService 객체를 추가해보자.

180

1. 이제, 다음과 같이 UserDetailsService 객체의 새로운 구현체를 추가하자. 근본적으로 동일한 RDBMS이지만 새로운 JPA 구현체를 이용한 CalendarUserRepository 인터페이스를 사용해 다시 사용자를 인증하고 권한을 부여하도록 설정한다.

```java
//com/packtpub/springsecurity/service/UserDetailsServiceImpl.java

package com.packtpub.springsecurity.service;
... 간결성을 위해 생략 ...
@Service
public class UserDetailsServiceImpl
implements UserDetailsService {
  @Autowired
  private CalendarUserRepository userRepository;
  @Override
  @Transactional(readOnly = true)
  public UserDetails loadUserByUsername(final String username)
  throws UsernameNotFoundException {
    CalendarUser user = userRepository.findByEmail(username);
    Set<GrantedAuthority> grantedAuthorities = new HashSet<>();
    for (Role role : user.getRoles()){
      grantedAuthorities.add(new SimpleGrantedAuthority
      (role.getName()));
    }
    return new org.springframework.security.core.userdetails.User(
    user.getEmail(), user.getPassword(), grantedAuthorities);
  }
}
```

2. 다음과 같이 사용자 정의 UserDetailsService 객체를 사용하기 위한 스프링 시큐리티 설정을 추가한다.

```java
//com/packtpub/springsecurity/configuration/SecurityConfig.java

package com.packtpub.springsecurity.configuration;
```

```
... 간결성을 위해 생략 ...
@Configuration
@EnableWebSecurity
public class SecurityConfig extends WebSecurityConfigurerAdapter {
  @Autowired
  private UserDetailsService userDetailsService;
  @Override
  public void configure(AuthenticationManagerBuilder auth)
  throws Exception {
    auth
      .userDetailsService(userDetailsService)
      .passwordEncoder(passwordEncoder());
  }
  @Bean
  @Override
  public UserDetailsService userDetailsService() {
    return new UserDetailsServiceImpl();
  }
  ...
}
```

3. 애플리케이션을 재시작하고 로그인해보자. 이제 등록된 사용자는 로그인한 후 새로운 이벤트를 생성할 수 있다. 또한 새로운 사용자를 생성하고 즉시 로그인 할 수 있다.

 이제, 코드가 chapter05.04-calendar와 비슷해야 한다.

RDBMS를 문서 데이터베이스로 리팩토링

다행스럽게도 대부분의 어려운 작업은 스프링 데이터 구현을 시작하면서 완료했다. 따라서 리팩토링해야 하는 구현 관련 변경 사항만 몇 가지 더 적용하면 된다.

▌ MongoDB를 사용한 문서 데이터베이스 구축

이제 기본 데이터베이스로 MongoDB를 사용해 JPA를 ORM 공급자로 한 RDBMS 구현체를 문서 데이터베이스 구현체로 리팩토링하는 작업을 진행할 것이다. MongoDB (humongous)는 무료 오픈 소스 크로스 플랫폼 문서지향 데이터베이스 프로그램이다. 또한 NoSQL 데이터베이스 프로그램으로 분류된 MongoDB는 스키마와 JSON과 비슷한 문서를 사용한다. MongoDB는 MongoDB Inc.가 개발했으며, https://github.com/mongodb/mongo에서 다운로드할 수 있다.

의존성 업데이트

5장에 필요한 모든 의존성을 이미 샘플 코드에 포함시켰으므로 build.gradle 파일을 업데이트할 필요가 없다. 하지만 샘플 코드가 아닌 다른 애플리케이션에 스프링 데이터 JPA 지원을 사용한다면, build.gradle 파일에 spring-boot-starter-data-mongodb 의존성을 추가해야 한다.

```
//build.gradle
// JPA / ORM / Hibernate:
//compile('org.springframework.boot:spring-boot-starter-data-jpa')
// H2 RDBMS
//runtime('com.h2database:h2')
// MongoDB:
```

```
compile('org.springframework.boot:spring-boot-starter-data-mongodb') compile('de.
flapdoodle.embed:de.flapdoodle.embed.mongo')
```

위 코드에서 spring-boot-starter-data-jpa 의존성을 제거했다. spring-boot- starter-data-mongodb 의존성은 도메인 객체를 스프링과 MongoDB 어노테이션이 혼합된 임베디드 MongoDB 데이터베이스에 연결하는 데 필요한 모든 의존성을 포함하고 있다.

또한 Flapdoodle 임베디드 MongoDB 데이터베이스를 추가했지만 테스트 및 데모용으로만 사용한다. Flapdoodle 임베디드 MongoDB는 단위 테스트에서 MongoDB를 실행할 수 있는 플랫폼 중립적인 방법을 제공하며, https://github.com/flapdoodle-oss/de.flapdoodle.embed.mongo에서 다운로드할 수 있다.

MongoDB의 데이터베이스 설정 재구성

먼저, 현재 JBCP 달력 프로젝트를 변환할 것이다. 일단, Flapdoodle 임베디드 MongoDB 데이터베이스를 사용하기 위해 설정을 업데이트한다. 앞서 프로젝트의 의존성을 업데이트할 때 Flapdoodle 의존성을 추가해 MongoDB 풀 버전을 설치하는 대신 자동으로 임베디드 MongoDB 데이터베이스를 사용할 수 있도록 했다. 이제, JBCP 애플리케이션과 일관성을 유지하려면 데이터베이스명을 변경해야 하며, 스프링 데이터를 사용하면 다음과 같이 YAML 설정을 사용해 MongoDB 설정을 변경할 수 있다.

```
//src/main/resources/application.yml

spring
# MongoDB
data:
    mongodb:
        host: localhost
        database: dataSource
```

이 시점에서 가장 중요한 설정은 책 전반에서 사용한 dataSource로 데이터베이스명을 변경하는 것이다.

MongoDB 데이터베이스 초기화

JPA 구현체에서는 data.sql 파일을 사용해 데이터베이스의 데이터를 초기화했다. 하지만 MongoDB 구현체에서는 data.sql 파일을 제거하고 자바 설정 파일인 다음의 MongoDataInitializer.java 파일로 대체한다.

```
//src/main/java/com/packtpub/springsecurity/configuration/
MongoDataInitializer.java

...
@Configuration
public class MongoDataInitializer {
    @Autowired
    private RoleRepository roleRepository;
    @Autowired
    private CalendarUserRepository calendarUserRepository;
    @Autowired
    private EventRepository eventRepository;
    @PostConstruct
    public void setUp() {
        calendarUserRepository.deleteAll();
        roleRepository.deleteAll();
        eventRepository.deleteAll();
        seedRoles();
        seedCalendarUsers();
        seedEvents();
}
CalendarUser user1, admin, user2;
{
    user1 = new CalendarUser(0, "user1@example.com",
    "$2a$04$qr7RWyqOnWWC1nwotUW1nOe1RD5.mKJVHK16WZy6v49pymu1WDHmi",
    "User","1");
    admin = new   CalendarUser(1,"admin1@example.com",
    "$2a$04$0CF/Gsquxlel3fWq5Ic/ZOGDCaXbMfXYiXsviTNMQofWRXhvJH3IK",
    "Admin","1");
    user2 = new CalendarUser(2,"user2@example.com",
    "$2a$04$PiVhNPAxunf0Q4IMbVeNIuH4M4ecySWHihyrclxW..PLArjLbg8CC",
```

```
        "User2","2");
}
Role user_role, admin_role;
private void seedRoles(){
    user_role = new Role(0, "ROLE_USER");
    admin_role = new Role(1, "ROLE_ADMIN");
    user_role = roleRepository.save(user_role);
    admin_role = roleRepository.save(admin_role);
}
private void seedEvents(){
    // Event 1
    Event event1 = new Event(100, "Birthday Party", "This is
    going to be a great birthday", new
    GregorianCalendar(2017,6,3,6,36,00), user, admin);
    // Event 2
    Event event2 = new Event(101, "Conference Call",
    "Call with the client",new
    GregorianCalendar(2017,11,23,13,00,00),user2, user);
    // Event 3
    Event event3 = new Event(102, "Vacation",
    "Paragliding in Greece",new
GregorianCalendar(2017,8,14,11,30,00),
            admin,  user2);
            // Save Events
            eventRepository.save(event1);
            eventRepository.save(event2);
            eventRepository.save(event3);
        }
        private void seedCalendarUsers(){
            //  user1
            user1.addRole(user_role);
            //  admin2
            admin.addRole(user_role);
            admin.addRole(admin_role);
            //  user2
            user2.addRole(user_role);
            calendarUserRepository.save(user1);
            calendarUserRepository.save(admin);
            calendarUserRepository.save(user2);
```

```
        }
    }
```

위의 작업은 로딩 시간에 실행되며, H2 데이터베이스에서와 같은 데이터를 MongoDB
에 저장한다.

MongoDB와 도메인 객체 매핑

다음 과정을 통해 각 도메인 객체가 MongoDB 데이터베이스에 문서로 저장되도록
Event.java 파일을 매핑해보자.

1. 문서 데이터베이스의 경우 도메인 객체 매핑은 약간 다르지만 동일한 ORM 개념
   이 적용된다. 먼저 이벤트 JPA 구현체를 시작한 후 Entity를 문서 매핑으로 변
   환하는 방법을 살펴보자.

   //src/main/java/com/packtpub/springsecurity/domain/Event.java

   ```
   ...
   import javax.persistence.*;
   @Entity
   @Table(name = "events")
   public class Event implements Serializable{
       @Id
       @GeneratedValue(strategy = GenerationType.AUTO)
       private Integer id;
       private String summary;
       private String description;
       private Calendar when;
       @ManyToOne(fetch = FetchType.LAZY)
       @JoinColumn(name="owner", referencedColumnName="id")
       private CalendarUser owner;
       @ManyToOne(fetch = FetchType.LAZY)
       @JoinColumn(name="attendee", referencedColumnName="id")
   ```

```
    private CalendarUser attendee;
    …
```

2. 엔티티 기반 JPA 매핑에서는 필요한 매핑을 생성하기 위해 여섯 가지 어노테이션을 사용해야 했다. 하지만 문서 기반 MongoDB 매핑에서는 이전에 사용한 모든 매핑 어노테이션을 변경한다. 다음 코드는 Event.java 파일을 전체적으로 리팩토링한 것이다.

```
//src/main/java/com/packtpub/springsecurity/domain/Event.java

import org.springframework.data.annotation.Id;
import org.springframework.data.annotation.PersistenceConstructor;
import org.springframework.data.domain.Persistable;
import org.springframework.data.mongodb.core.mapping.DBRef;
import org.springframework.data.mongodb.core.mapping.Document;
...
@Document(collection="events")
public class Event implements Persistable<Integer>, Serializable{
    @Id
    private Integer id;
    private String summary;
    private String description;
    private Calendar when;
    @DBRef
    private CalendarUser owner;
    @DBRef
    private CalendarUser attendee;
    @PersistenceConstructor
    public Event(Integer id,
      String summary,
      String description,
      Calendar when,
      CalendarUser owner,
      CalendarUser attendee) {
      ...
    }
```

188

위 코드의 몇 가지 주목할 만한 변경 사항을 살펴보자.

1. 클래스가 @o.s.d.mongodb.core.mapping.Document 타입이라고 선언하고, 문서에 대한 컬렉션명을 제공한다.

2. 문서의 기본키 유형^{Integer}을 제공하도록 Event 클래스는 o.s.d.domain.Persistable 인터페이스를 구현한다.

3. 도메인 기본키를 정의하도록 도메인 ID에 대한 어노테이션을 @o.s.d.annotation.Id로 변경한다.

4. 이전에는 이벤트 소유자와 참석자인 CalendarUser 객체를 서로 다른 두 매핑 어노테이션에 매핑해야 했다. 하지만 이제는 두 유형을 @o.s.d.mongodb.core.mapping.DBRef 유형으로 정의하고 스프링 데이터가 기본 참조를 처리할 수 있게 한다.

5. 마지막으로 @o.s.d.annotation.PersistenceConstructor 어노테이션을 이용해 새로운 문서에 사용할 특정 생성자를 정의한다.

6. 이제 JPA에서 MongoDB로 리팩토링하는 데 필요한 변경 사항을 검토했으므로 다음과 같이 Role.java 파일부터 시작해서 다른 도메인 객체를 리팩토링해보자.

```
//src/main/java/com/packtpub/springsecurity/domain/Role.java

...
import org.springframework.data.annotation.Id;
import org.springframework.data.annotation.PersistenceConstructor;
import org.springframework.data.domain.Persistable;
import org.springframework.data.mongodb.core.mapping.Document;
@Document(collection="role")
public class Role implements Persistable<Integer>, Serializable {
    @Id
    private Integer id;
    private String name;
    public Role(){}
    @PersistenceConstructor
    public Role(Integer id, String name) {
```

```
    this.id = id;
    this.name = name;
  }
```

7. 리팩터링이 필요한 마지막 도메인 객체는 CalendarUser.java 파일이며, 이 애플리케이션에서 사용하는 가장 복잡한 도메인 객체다.

```
//src/main/java/com/packtpub/springsecurity/domain/CalendarUser.java

...
import org.springframework.data.annotation.Id;
import org.springframework.data.annotation.PersistenceConstructor;
import org.springframework.data.domain.Persistable;
import org.springframework.data.mongodb.core.mapping.DBRef;
import org.springframework.data.mongodb.core.mapping.Document;
@Document(collection="calendar_users")
public class CalendarUser implements Persistable<Integer>,
Serializable {
    @Id
    private Integer id;
    private String firstName;
    private String lastName;
    private String email;
    private String password;
    @DBRef(lazy = false)
    private Set<Role> roles = new HashSet<>(5);
    public CalendarUser() {}
    @PersistenceConstructor
    public CalendarUser(Integer id,String email, String password,
    String firstName,String lastName) {
        this.id = id;
        this.firstName = firstName;
        this.lastName = lastName;
        this.email = email;
        this.password = password;
      }
```

지금까지 살펴본 바와 같이 JPA에서 MongoDB로 도메인 객체를 리팩터링하는 방법은 매우 간단하며, JPA 설정보다 적게 어노테이션 설정을 사용한다.

MongoDB의 스프링 데이터 저장소

이제 JPA 구현체에서 MongoDB 구현체로 리팩터링하려면 약간의 수정만 더 거치면 된다. 다음과 같이 저장소가 상속하는 인터페이스를 변경해 CalendarUserRepository.java 파일을 리팩토링하자.

```
//com/packtpub/springsecurity/repository/CalendarUserRepository.java

...
import org.springframework.data.mongodb.repository.MongoRepository;
public interface CalendarUserRepository extends MongoRepository
<CalendarUser, Integer> {
    ...
```

위의 변경 사항을 EventRepository.java 파일과 RoleRepository.java 파일에 동일하게 적용하자.

 위의 변경 내용과 관련해 도움이 필요한 경우, chapter05.05-calendar 코드를 참고하자.

MongoDB의 데이터 액세스 객체

EventDao 인터페이스에서는 새로운 Event 객체를 생성해야 한다. 이때 JPA를 사용하면 객체 ID를 자동으로 생성할 수 있다. 또한 MongoDB에는 기본키 식별자를 할당하는 여러 가지 방법이 있지만 여기서는 다음과 같이 원자성 카운터[automic counter]를 사용할 예정이다.

```
//src/main/java/com/packtpub/springsecurity/dataaccess/MongoEventDao.java

...
import java.util.concurrent.atomic.AtomicInteger;
@Repository
public class MongoEventDao implements EventDao {
    // 간단한 기본키 생성기
    private AtomicInteger eventPK = new AtomicInteger(102);
    ...
    @Override
    public int createEvent(Event event) {
      ...
      // 다음 PK 인스턴스 가져오기
      event.setId(eventPK.incrementAndGet());
      Event newEvent = repository.save(event);
      return newEvent.getId();
      }
    ...
```

기술적으로 CalendarUserDao 객체를 변경하지 않았지만 책 전반의 일관성을 위해 구현체 파일명에 Mongo를 사용하도록 변경했다.

```
@Repository
public class MongoCalendarUserDao implements CalendarUserDao {
```

위의 코드에서는 **데이터 액세스 객체**Data Access Objects, DAO 변경이 필요하지 않다.

이제, 애플리케이션을 재시작하면 이전과 같이 동작할 것이다. user1과 admin1로 로그인해 두 사용자가 시스템에 새로운 이벤트를 추가할 수 있는지 테스트하고, 전체 애플리케이션에 매핑이 제대로 적용됐는지 확인해보자.

 이제, 코드가 chapter05.05-calendar와 비슷해야 한다.

▌요약

5장에서는 스프링 데이터 프로젝트의 강력함과 유연성을 살펴봤으며, 애플리케이션 개발과 관련된 여러 측면을 살펴봤다. 또한 스프링 데이터 프로젝트와 몇 가지 기능을 다루고, SQL을 사용했던 기존 JDBC 코드를 JPA를 사용한 ORM으로, 스프링 데이터를 사용했던 JPA 구현체를 스프링 데이터를 사용한 MongoDB 구현체로 변환하는 리팩토링 과정도 확인했다. 더 나아가 관계형 데이터베이스와 문서 데이터베이스에서 ORM 엔티티를 활용하도록 스프링 시큐리티를 설정하는 방법에 대해서도 설명했다.

6장, 'LDAP 디렉터리 서비스'에서는 스프링 시큐리티의 빌트인 LDAP 기반 인증 지원에 대해 살펴본다.

06

LDAP 디렉터리 서비스

6장에서는 **경량 디렉터리 액세스 프로토콜**Lightweight Directory Access Protocol, LDAP과 스프링 시큐리티 기반 애플리케이션에 LDAP를 연동해 인증, 권한 부여 및 사용자 정보 서비스를 제공하는 방법을 살펴본다.

6장에서는 다음과 같은 내용을 다룬다.

- LDAP 프로토콜 및 서버 구현에 관한 기본 개념
- 스프링 시큐리티에 빌트인된 LDAP 서버 설정
- LDAP 인증 및 권한 부여 사용
- LDAP 검색 및 사용자 매칭에 사용되는 내부 모델 이해
- 표준 LDAP 구조의 추가 사용자 세부 정보
- LDAP의 다양한 인증 방식 구별 및 각 방식의 장단점 파악

- 스프링 빈 정의를 사용한 스프링 시큐리티 LDAP 명시적 설정
- 외부 LDAP 디렉터리 연결
- 마이크로소프트 AD에 대한 빌트인 지원
- 사용자 정의 AD 배포 시 스프링 시큐리티를 보다 융통성 있게 사용자 정의하는 방법

LDAP 이해

LDAP는 30년 이상 된 논리적 디렉터리 모델에 뿌리를 두고 있으며, 개념적으로 조직도와 주소록을 합친 것과 비슷하다. 오늘날 LDAP는 기업의 사용자 정보를 중앙 집중화하고, 수천 명의 사용자를 논리적 그룹으로 나누며, 서로 다른 시스템 사이에서 통합된 사용자 정보를 공유하는 용도로 점점 더 많이 사용되고 있다.

보안의 측면에서 LDAP는 중앙 집중식으로 사용자명 및 패스워드 인증을 쉽게 하기 위한 용도로 자주 사용된다. 이때, 사용자의 자격 증명은 LDAP 디렉터리에 저장되며 사용자 대신 디렉터리에 인증 요청을 수행한다. LDAP를 사용하면 사용자 자격 증명(로그인, 패스워드, 기타 세부 정보)이 LDAP 디렉터리의 단일 위치에 저장되므로 관리자가 관리하기가 수월해진다. 또한 그룹 또는 팀 배치, 지리적 위치, 기업의 계층적 멤버십과 같은 조직 정보는 디렉터리의 사용자 위치를 기반으로 정의된다.

LDAP

만약 LDAP를 한 번도 사용해본 적이 없다면 LDAP가 무엇인지 매우 궁금할 것이다. 다음 스크린샷의 아파치 디렉터리 서버 2.0.0- M231.5의 예제 디렉터리 화면을 통해 샘플 LDAP 스키마를 설명한다.

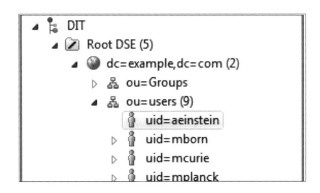

위의 스크린샷에서 선택된 uid=aeinstein@example.com라는 특정 사용자 엔트리부터 시작해보자. 트리의 특정 노드에서 시작해 상위로 이동하면 aeinstein의 조직의 구조를 추론할 수 있다. 사용자 aeinstein은 조직 구성 단위(ou=users)의 구성원이며, ou^{organizational unit}는 example.com 도메인의 일부다(스크린샷에 보이는 약어 dc^{domain component}는 도메인 구성 요소를 나타낸다). 더 상위에는 LDAP 트리 자체의 구성 요소인 DIT와 Root DSE가 있지만 스프링 시큐리티와 무관하므로 설명은 생략한다. 이렇게 LDAP 계층 구조를 사용하면 거대하고 복잡한 조직의 조직 및 부서 간 경계를 훨씬 더 쉽게 나타낼 수 있다.

노드 경로는 다음에 표기된 aeinstein의 노드 경로처럼 트리를 따라 개별 리프 노드^{leaf node}로 위에서 아래로 이동하며 지나는 모든 노드를 포함하는 문자열로 나타낸다.

---

uid=aeinstein,ou=users,dc=example,dc=com

위의 노드 경로는 고유하며 노드의 **고유명**^{distinguished name, DN}이라 한다. DN은 데이터베이스의 기본키와 비슷하며, 복잡한 트리 구조에서 노드를 유일하게 식별하고 위치할 수 있게 해준다. 앞으로 스프링 시큐리티와 LDAP 연동 과정에서 인증 및 검색 절차를 다룰 때 노드의 DN이 광범위하게 사용되는 것을 보게 될 것이다.

aeinstein과 동일한 조직 레벨에 존재하는 다른 사용자들도 있으며, 모든 사용자가 aeinstein과 동일한 조직 위치에 있는 것으로 간주한다. 위의 예제에서 나타낸 조직은 상대적으로 단순하고 수평적이지만, LDAP 구조는 여러 수준의 중첩 및 논리적인 조직 구조를 구성할 수 있으므로 매우 유연하다.

스프링 시큐리티의 LDAP 지원은 스프링 LDAP 모듈(http://www.springsource.org/ldap)의 지원을 받으며, 핵심 스프링 프레임워크와 스프링 시큐리티 프로젝트와는 별개의 프로젝트다. 또한 해당 모듈은 안정적이라는 평가를 받고 있으며, 표준 자바 LDAP 기능을 지원하는 유용한 래퍼를 제공하고 있다.

자주 사용하는 LDAP 애트리뷰트명

실제 트리의 개별 엔트리는 하나 이상의 객체 클래스에 의해 정의된다. 객체 클래스란 의미론적으로 관련 있는 애트리뷰트의 집합을 그룹화한 논리적인 조직 단위다. 예를 들어 트리의 엔트리를 person과 같은 특정 객체 클래스의 인스턴스로 선언하면 LDAP 디렉터리 설계자는 디렉터리 사용자에게 디렉터리의 각 요소가 나타내는 것을 명확하게 보여줄 수 있다.

LDAP는 사용할 수 있는 LDAP 객체 클래스와 다른 정보와 함께 적용할 수 있는 애트리뷰트를 다루는 다양한 표준 스키마 세트를 제공한다. LDAP를 활용해 여러 작업을 하려고 계획하고 있다면 다음 책을 참고할 것을 추천한다.

- Zytrax OpenLDAP(http://www.zytrax.com/books/ldap/ape/)의 부록
- Internet2 Consortium's Guide to Person—related Schemas(http://middleware.internet2.edu/eduperson/)

이전 절에서는 LDAP 트리의 각 엔트리가 고유한 DN을 갖고 있다는 사실을 배웠다. DN은 여러 애트리뷰트로 구성되며, 엔트리의 트리를 따라 나타낸 고유한 경로이자 식별자다. 또한 DN에서 사용되는 각 세그먼트가 LDAP의 애트리뷰트를 나타내므로 잘 정의된 LDAP 스키마 및 객체 클래스를 참조하면 주어진 DN에서 각 애트리뷰트의 의미를 판별할 수 있다.

다음 표는 몇 가지 자주 사용되는 애트리뷰트와 설명을 정리한 것이다. 표에 나열한 애트리뷰트는 일반적으로 LDAP 트리의 조직 구조를 정의하는 데 사용되며, 앞서 살펴본 일반적인 LDAP 구조처럼 위에서부터 다음 순서로 나열돼 있다.

애트리뷰트명	설명	예제
dc	도메인 컴포넌트: 일반적으로 LDAP 계층 구조에서 최상위 레벨을 나타낸다.	dc=jbcpcalendar,dc=com
c	국가: 일부 LDAP 계층 구조에서는 상위 레벨이 국가로 표기된다.	c=US
o	조직명: LDAP 자원을 구분하는 데 사용되는 부모 비즈니스 조직이다.	o=Oracle Corporation
ou	조직 단위: 일반적으로 조직 내에 존재하는 업무 부서 조직이다.	ou=Product Development
cn	일반명: 객체의 일반명 또는 고유하거나 사람이 읽을 수 있는 이름이다. 사람의 경우, 보통 사람의 이름이 되고, 이외의 LDAP 자원(컴퓨터 등)의 경우 호스트 네임이 된다.	cn=Super Visor cn=Jim Bob
uid	사용자 ID: 그 자체로 조직적인 성격을 띠고 있지는 않지만 uid 애트리뷰트는 스프링이 사용자 인증 및 검색 시 주로 사용하는 애트리뷰트다.	uid=svisor
userPassword	사용자 패스워드: 애트리뷰트와 연관된 person 객체의 패스워드를 저장한다. 보통 SHA나 유사한 알고리즘을 사용해 단방향 해시한다.	userPassword=plaintext userPassword={SHA}cryptval

하지만 위의 표에 나열된 애트리뷰트는 디렉터리 트리에서 주로 조직 트리에 속하므로 LDAP 서버와 스프링 시큐리티를 연동할 때 다양한 검색 표현식 및 매핑용으로 사용한다.

 표준 LDAP 애트리뷰트는 수백 가지가 있다. 위의 표에 나열된 애트리뷰트는 LDAP 서버와 연동할 때 사용되는 LDAP 애트리뷰트 중 극히 일부다.

의존성 업데이트

6장에 필요한 모든 의존성을 이미 샘플 코드에 포함시켰으므로 build.gradle 파일을 업데이트할 필요가 없다. 하지만 샘플 코드가 아닌 다른 애플리케이션에 LDAP 지원만을 추가하는 경우, 다음과 같이 build.gradle 파일에 spring-security-ldap 의존성을 추가해야 한다.

```
//build.gradle

dependencies  {
// LDAP:
compile('org.springframework.boot:spring-boot-starter-data-ldap')
compile("org.springframework.ldap:spring-ldap-core")
compile("org.springframework.security:spring-security-ldap")
compile("org.springframework:spring-tx")
compile("com.unboundid:unboundid-ldapsdk")

    ...
}
```

 그레이들과 관련된 아티펙트 문제로 인해 spring-tx을 추가해야 작동하지 않는 이전 버전을 패치하지 않는다.

앞서 언급한 바와 같이 스프링 시큐리티의 LDAP 지원은 스프링 LDAP를 기반으로 한다. 따라서 그레이들은 의존성을 자동으로 이행적 의존성으로 가져오므로 따로 명시할 필요가 없다.

샘플 달력 애플리케이션과 같이 아파치 DS를 사용해 LDAP 서버를 실행하는 경우, 다음과 같이 아파치 DS JAR 관련 의존성을 추가해야 한다. 샘플 애플리케이션에는 이미 모든 관련 의존성을 추가했으므로 따로 업데이트할 필요가 없다. 단, 외부 LDAP 서버에 연결하는 경우 아파치 DS JAR 관련 의존성은 필요하지 않으므로 주의하자.

```
//build.gradle
```

```
compile 'org.apache.directory.server:apacheds-core:2.0.0-M23'
compile 'org.apache.directory.server:apacheds-protocol-ldap:2.0.0-M23'
compile 'org.apache.directory.server:apacheds-protocol-shared:2.0.0-M23'
```

임베디드 LDAP 연동 설정

이제, JBCP 달력 애플리케이션이 LDAP 기반 인증을 지원하도록 설정해보자. 다행스럽
게도 달력 애플리케이션에서는 임베디드 LDAP 서버와 샘플 LDIF 파일을 사용하면 비교
적 간단하게 설정할 수 있다. LDIF 파일은 달력 애플리케이션에 맞게 미리 작성됐으며,
LDAP과 스프링 시큐리티 연동 설정과 관련된 일반적인 설정을 설명하는 것을 목적으로
한다. 또한 아파치 DS 2.0.0-M23과 스프링 시큐리티 단위 테스트에서 제공하는 파일 등
몇 가지 예제 LDIF 파일도 추가로 포함시켰으므로 연습해보는 것을 추천한다.

LDAP 서버 참조 설정

첫 번째 단계는 임베디드 LDAP 서버를 구성하는 것이다. 스프링 부트는 임베디드 LDAP
서버를 자동으로 구성하지만 설정을 살짝 변경해야 할 필요가 있다. application.yml 파
일을 다음과 같이 업데이트하자.

```
//src/main/resources/application.yml
```

```
spring:
## LDAP
 ldap:
 embedded:
  ldif: classpath:/ldif/calendar.ldif
  base-dn: dc=jbcpcalendar,dc=com
  port: 33389
```

chapter06.00-calendar의 코드부터 시작하자.

클래스 패스에서 `calendar.ldif` 파일을 로드한 후, 이 파일을 사용해서 LDAP 서버의 내용을 채울 것이다. `root` 애트리뷰트는 DN을 사용해 LDAP 디렉터리의 루트를 선언하며, 이 위치는 사용 중인 LDIF 파일의 논리 루트 DN과 일치해야 한다.

 임베디드 LDAP 서버의 경우 base-dn 애트리뷰트가 꼭 필요하다는 사실을 명심하자. 이때 base-dn 애트리뷰트를 지정하지 않았거나 잘못 지정한 경우, 아파치 DS 서버 초기화 시점에서 몇 가지 이상한 오류가 발생할 수 있다. 또한 서버가 구동되지 않을 수도 있으므로 ldif 자원은 단일 ldif만 로드해야 한다. 더 나아가, 스프링 시큐리티는 classpath*:calendar.ldif 와 같은 표현식을 인식하지 못하므로 단일 자원만을 표기해야 한다.

여기서 정의한 빈 ID는 나중에 스프링 시큐리티 설정 파일에서 LDAP 사용자 서비스와 다른 설정 요소를 선언할 때 다시 사용한다. 하지만 임베디드 LDAP 모드를 사용 시 `<ldap-server>` 선언에 포함된 나머지 애트리뷰트는 모두 선택 사항이다.

LDAP AuthenticationProviderNext 인터페이스 사용

그런 다음, LDAP 프로바이더provider의 사용자 자격 증명을 확인하는 또 다른 Authen ticationProvider 인터페이스를 구성한다. 간단하게 다음과 같이 `o.s.s.ldap.authenti cation.LdapAuthenticationProvider` 참조를 사용하도록 스프링 시큐리티 설정을 업데이트하자.

```
//src/main/java/com/packtpub/springsecurity/configuration/SecurityConfig.java

    @Override
    public void configure(AuthenticationManagerBuilder auth)
    throws Exception {
```

```
        auth
            .ldapAuthentication()
            .userSearchBase("")
            .userSearchFilter("(uid={0})")}
            .groupSearchBase("ou=Groups")
            .groupSearchFilter("(uniqueMember={0})")
            .contextSource(contextSource())
            .passwordCompare()
            .passwordAttribute("userPassword");
}
@Bean
public DefaultSpringSecurityContextSource contextSource() {
    return new DefaultSpringSecurityContextSource(
            Arrays.asList("ldap://localhost:33389/"),
            "dc=jbcpcalendar,dc=com");
}
```

위에 사용한 애트리뷰트에 대해서는 나중에 다시 논의할 것이므로 일단 넘어가자. 일단 애
플리케이션을 재시작하고 사용자명은 admin1@example.com, 패스워드는 admin1로 로그인
을 시도해보자. 그러면 로그인되는 것을 확인할 수 있을 것이다

 이제, 코드가 chapter06.01-calendar와 비슷해야 한다.

임베디드 LDAP 문제 해결

임베디드 LDAP를 사용하면 디버깅하기가 어렵다. 일반적으로 아파치 DS가 오류 메시지
를 친절하게 표현해주지 않는 데다가 스프링 시큐리티 임베디드 모드에서는 더욱 심하다.
예를 들어 웹 브라우저에서 애플리케이션에 접근할 때 404 오류가 발생하면 서버가 제대
로 실행되지 않았을 가능성이 높다. 하지만 서버 재실행을 통해 문제를 해결할 수 없다면
다음과 같은 내용을 다시 한번 체크해보자.

- 설정 파일에서 `DefaultSpringSecurityContextSource` 선언에 `baseDn` 애트리뷰트가 설정돼 있는지 확인하고, 설정된 값이 로드되는 LDIF 파일에 정의된 루트와 일치하는지 확인하자. 누락된 파티션 참조에 대한 오류가 발생하는 경우, 루트 애트리뷰트가 누락됐거나 LDFI 파일과 일치하지 않는 경우가 많다.

- 임베디드 LDAP 서버 시작 오류는 심각한 오류가 아니라는 점을 알아두자. LDIF 파일을 로딩할 때 발생하는 오류를 확인하려면 로그 설정이 적어도 error 레벨에서 활성화돼야 하며, 아파치 DS 서버의 로그를 포함해야 한다. LDIF 로드 오류 로그를 활성화하려면 `org.apache.directory.server.protocol.shared.store` 패키지의 LDIF 로더를 사용해야 한다.

- 애플리케이션 서버가 정상적으로 종료되지 않을 경우, 임시 디렉터리(윈도우 시스템에서는 `%TEMP%` 디렉터리, 리눅스 기반 시스템에서는 `/tmp` 디렉터리)에 있는 임시 파일을 지워주면 서버를 재시작할 수 있으므로 재시작 후 종료해보자. 다행스럽게도 이 경우에는 오류 메시지가 매우 명확하게 나타난다.

이처럼 임베디드 LDAP는 임베디드 H2 데이터베이스처럼 쉽고 자연스럽게 사용할 수는 없지만, 무료로 제공되는 다른 외부 LDAP 서버를 다운로드하고 설정하는 것보다는 훨씬 쉽게 사용할 수 있다.

하지만 여전히 디버깅하기 어려우므로 LDAP 서버와 관련된 문제 및 접근을 위한 툴로 독립형 버전과 이클립스 플러그인을 제공하는 아파치 DS 프로젝트를 사용하는 방법이 있다. http://directory.apache.org/studio/에서 무료로 다운로드할 수 있으며, 이 책의 샘플 애플리케이션을 사용하고 있다면 지금 아파치 DS 2.0.0-M23을 다운로드할 것을 권장한다.

▌ 스프링 LDAP 인증 방식 이해

앞에서 LDAP 디렉터리에 존재하는 사용자를 사용해 로그인할 수 있다는 것을 확인했다. 그렇다면 LDAP에 존재하는 사용자가 로그인 요청을 보내면 어떤 일이 일어날까? LDAP 인증 절차에는 다음의 세 가지 기본 단계가 있다.

1. 사용자가 제공한 자격 증명과 LDAP 디렉터리를 비교해 인증한다.
2. LDAP의 정보를 바탕으로 사용자가 갖고 있는 GrantedAuthority 객체를 결정한다.
3. 향후 애플리케이션에서 사용할 수 있도록 정보를 미리 LDAP 엔트리로부터 사용자 정의 UserDetails 객체로 로드한다.

사용자 자격 증명 인증

LDAP 디렉터리를 사용한 인증의 첫 번째 단계에서는 사용자 정의 인증 프로바이더가 AuthenticationManager와 연결된다. o.s.s.ldap.authentication.LdapAuthentication Provider 인터페이스는 다음 다이어그램과 같이 사용자가 제공한 자격 증명을 받아 LDAP 디렉터리와 비교 검증한다.

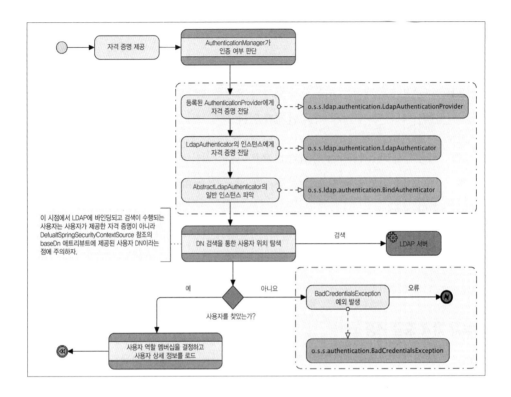

위의 다이어그램을 보면 사용자 정의한 대로 프로바이더가 인증 요청을 할 수 있도록 `o.s.s.ldap.authentication.LdapAuthenticator` 인터페이스가 대리인을 정의한다. 지금까지 암시적으로 설정한 구현체인 `o.s.s.ldap.authentication.BindAuthenticator`는 사용자의 자격 증명을 사용해 마치 자신이 사용자인 것처럼 LDAP 서버에 바인딩(로그인)을 시도한다. 이 경우, 임베디드 서버는 충분히 인증을 할 수 있지만 외부 서버는 더 엄격하게 제한해 LDAP 디렉터리에 바인딩할 수 없을 수도 있다. 다행스럽게도 외부 서버를 위한 다른 인증 방식이 존재하는데, 6장의 뒷부분에서 살펴볼 예정이므로 일단 넘어가자.

앞의 다이어그램에서 설명한 것처럼 `DefaultSpringSecurityContextSource` 참조의 `baseDn` 애트리뷰트에 지정된 자격 증명으로 만든 LDAP 컨텍스트에서 검색이 수행된다는 점을 짚고 넘어가자. 임베디드 서버에서는 이러한 정보가 필요하지 않지만 외부 서버 참조는 `baseDn`를 제공하지 않으면 익명 바인딩을 허용한다. 대개 실제 조직에서는 디렉터리에 있는 정보의 공개 수준을 제어하기 위해 LDAP 디렉터리를 검색하기 위한 자격 증명을 요구하므로 baseDn이 필요하다. 이때 baseDn 애트리뷰트는 디렉터리를 바인딩하고 검색을 수행하기 위해 접근할 수 있는 사용자의 전체 DN을 나타낸다.

아파치 DS를 통한 인증 과정

아파치 DS 1.5를 사용해 임베디드 LDAP 인스턴스에 연결하고, 인증 과정이 어떻게 작동하는지 확인해보자. 이 과정은 구조적으로 어떤 일이 일어나고 있는지 이해하고, 정확한 구성을 파악하는 데 큰 도움이 될 것이다. user1@example.com을 사용해 진행해보자.

일단 애플리케이션이 제대로 구동되고 있는지 확인한 후, 아파치 DS 1.5를 시작하고 Welcome 화면을 종료하자.

익명으로 LDAP에 바인딩

첫 번째 단계는 익명으로 LDAP에 바인딩하는 것이다. 여기서 DefaultSpringSecurityContextSource 객체에 baseDn 및 password 애트리뷰트를 지정하지 않았으므로 익명으로 바인딩이 수행된다. 이제, 아파치 DS에서 다음 과정을 통해 LDAP 인스턴스와 연결해보자.

1. File > New > LDAP Browser > LDAP Connection 클릭
2. Next 클릭
3. 다음의 정보를 입력한 후, Next 클릭
   - Connection name: calendar-anonymous
   - Hostname: localhost
   - Port: 33389
4. baseDn을 지정하지 않았으므로 Authentication Method로 No Authentication를 선택한다.
5. Finish 클릭

기본 스키마 정보가 없다는 경고 메시지는 무시해도 좋다.

사용자 검색

이제 LDAP를 연결했으므로 다음 단계를 통해 바인딩하려는 사용자 DN을 검색해보자.

1. DIT를 마우스 오른쪽 버튼으로 클릭한 후, New > New Search 선택

2. search base에 dc=jbcpcalendar,dc=com을 입력한다. 이때 입력한 값은 지정한 DefaultSpringSecurityContextSource 객체의 baseDn 애트리뷰트에 해당한다.

3. Filter에 uid=user1@example.com을 입력한다. 이때 입력한 값은 Authentication ManagerBuilder의 userSearchFilter 메서드에 지정한 값과 일치한다. 여기서 괄호를 포함했으며, 로그인하려는 사용자명을 {0}으로 대체했다는 사실에 주의하자.

4. Search 클릭

5. 검색에서 반환된 단일 결과의 DN을 클릭한다. 이제 LDAP 사용자가 표시된 것을 확인할 수 있으며, DN은 검색한 값과 일치한다. 여기서 반환된 DN은 다음 단계에서 사용할 것이므로 기억하고 넘어가자.

사용자로 LDAP에 바인딩

이제 사용자의 전체 DN을 찾았으므로 제출된 패스워드의 유효성을 확인하려면 해당 사용자를 LDAP에 바인딩해야 한다. 이 단계는 이전에 수행한 익명 바인딩과 동일하지만 인증하려는 사용자의 자격 증명을 지정한다는 점만 다르다.

아파치 DS에서 다음 과정을 통해 연결을 생성해보자.

1. File > New > LDAP Browser > LDAP Connection 선택

2. Next 클릭

3. 다음의 정보를 입력한 후, Next 클릭
   - Connection name: `calendar-user1`
   - Hostname: `localhost`
   - Port: 33389
4. Authentication Method를 Simple Authentication으로 변경
5. 검색 결과에서 DN을 `Bind DN`으로 입력한 후, 값이 `uid=admin1@example.com,ou=Users,dc=jbcpcalendar,dc=com`과 일치하는지 확인한다.
6. `Bind` 패스워드는 로그인 시 제출된 패스워드여야 한다. 이 경우에는 `admin1`을 사용해 인증에 성공하는 것이 목적이다. 여기서 잘못된 패스워드를 입력했다면 연결에 실패하고 스프링 시큐리티는 오류를 표시한다.
7. Finish 클릭

스프링 시큐리티는 제공된 사용자명과 패스워드로 성공적으로 바인딩할 수 있을 때(연결을 생성할 때와 유사) 사용자명과 패스워드가 이 사용자와 일치하는지 확인한다. 이제, 스프링 시큐리티는 사용자 역할 멤버십을 결정하는 작업을 진행한다.

사용자 역할 멤버십 결정

사용자가 성공적으로 LDAP 서버의 인증을 통과한 후에는 권한 부여 정보를 결정해야 한다. 권한 부여는 주체의 역할 목록에 의해 정의되며, LDAP 인증 사용자의 역할 멤버십은 다음 다이어그램과 같이 결정된다.

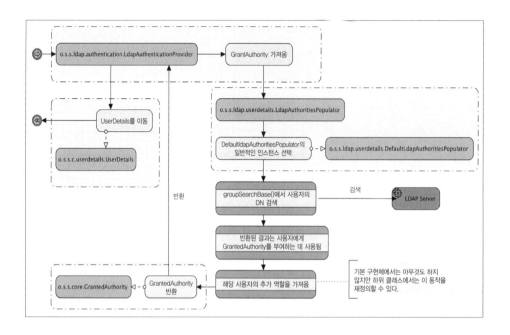

LDAP를 통해 사용자를 인증한 후 `LdapAuthenticationProvider`가 `LdapAuthoritiesPopulator`에게 작업을 위임하는 것을 볼 수 있다. `DefaultLdapAuthoritiesPopulator` 인터페이스는 인증된 사용자의 DN을 LDAP 계층 구조의 다른 엔트리 또는 그 하위에 있는 애트리뷰트에서 찾으려고 시도한다. 사용자 역할 부여를 위해 검색할 위치의 DN은 `groupSearchBase` 메서드에 정의하며, `groupSearchBase("ou=Groups")`로 설정한다. 사용자의 DN이 `groupSearchBase`의 DN 아래에 있는 LDAP 엔트리 내에 위치할 경우 DN이 발견된 엔트리의 애트리뷰트를 사용해 역할을 부여한다.

스프링 시큐리티의 역할이 LDAP 사용자와 어떻게 연관되는지는 혼동할 수 있으므로 JBCP 달력 애플리케이션의 LDAP 저장소를 살펴보고, 사용자와 역할의 관계가 어떻게 작동하는지 살펴보자. `DefaultLdapAuthoritiesPopulator` 인터페이스는 `AuthenticationManagerBuilder` 선언의 여러 메서드를 사용해 사용자의 역할 검색을 제어한다. 애트리뷰트는 대략 다음과 같은 순서로 사용된다.

1. `groupSearchBase`: LDAP 연동 시 사용자 DN에 대한 하나 이상의 일치하는 엔트리를 찾는 기본 DN을 정의한다. 기본값은 LDAP 루트에서부터 검색을 수행하므로 많은 연산이 필요하다.

2. `groupSearchFilter`: 사용자의 DN을 `groupSearchBase` 아래에 있는 엔트리의 애트리뷰트와 일치시키는 데 사용되는 LDAP 검색 필터를 정의한다. 이 검색 필터는 2개의 매개변수를 사용하며, 첫 번째 매개변수(`{0}`)은 사용자의 DN이고, 두 번째 매개변수(`{1}`)은 사용자의 사용자명이다. 기본값은 `uniqueMember={0}`이다.

3. `groupRoleAttribute`: 일치하는 엔트리의 애트리뷰트를 정의하고, 해당 애트리뷰트는 사용자의 `GrantedAuthority` 객체를 구성하는 데 사용된다. 기본값은 cn이다.

4. `rolePrefix`: 스프링 시큐리티의 `GrantedAuthority` 객체를 만들기 위해 `groupRoleAttribute`에서 찾은 값의 앞에 붙는 접두어다. 기본값은 `ROLE_`이다.

이 내용은 지금까지 살펴본 JDBC와 JPA 기반 `UserDetailsService` 구현체와는 많이 다르기 때문에 처음 접하는 개발자에게는 추상적이고 이해하기 어려울 수 있다. 이어서 JBCP 달력 애플리케이션의 LDAP 디렉터리에서 `user1@example.com` 사용자로 로그인하는 절차를 살펴보자.

▌ 아파치 DS를 통한 역할 결정

이제 아파치 DS를 사용해 사용자의 역할을 결정해보자. 이전에 만든 calendar-user1을 사용해, 다음 단계를 진행한다.

1. DIT를 마우스 오른쪽 버튼으로 클릭한 후, New > New Search 선택
2. search base에 `ou=Groups,dc=jbcpcalendar,dc=com`을 입력한다. 이때 입력한 값은 지정한 `DefaultSpringSecurityContextSource` 객체의 `baseDn` 애트리뷰트

와 AuthenticationManagerBuilder 객체에 대해 지정한 the groupSearchBase 애트리뷰트에 해당한다.

3. Filter에 uniqueMember=uid=user1@example.com,ou=Users,dc=jbcpcalendar, dc=com을 입력한다. 이때 입력한 값은 (uniqueMember={0})의 기본 groupSearch Filter 애트리뷰트에 해당한다. 여기서 이전에 찾은 사용자의 전체 DN을 {0} 값 으로 대체했다는 사실에 주의하자.

4. Search 클릭

5. 검색 결과에서 반환되는 그룹은 사용자 그룹뿐이다. 검색에서 반환된 단일 결과 의 DN을 클릭한다. 이제 아파치 DS에 표시된 사용자 그룹을 볼 수 있다. 그룹은 사용자 및 다른 사용자의 전체 DN이 있는 uniqueMember 애트리뷰트를 포함하고 있다는 사실을 알고 넘어가자.

이제 스프링 시큐리티는 그룹명을 대문자로 만들고 그룹명 앞에 ROLE_을 붙여 각 결과에 대한 GrantedAuthority 객체를 생성한다. 의사 코드는 다음과 같다.

```
foreach group in groups:

authority = ("ROLE_"+group).upperCase()
grantedAuthority = new GrantedAuthority(authority)
```

 스프링 LDAP는 매우 유연하다. 위에서 설명한 내용은 LDAP 디렉터리를 스프링 시큐리티 와 호환하는 방법 중 하나지만, 일반적으로 스프링 시큐리티와 연결돼야 하는 LDAP 디렉터 리가 이미 존재하기 때문에 사용하지 않는다. 대부분의 경우 LDAP 서버의 계층 구조를 처리 하도록 스프링 시큐리티를 재구성할 수 있다. 그러나 재구성하기에 앞서 쿼리할 때 스프링이 LDAP과 어떻게 작동하는지 효과적으로 계획하고 이해하는 것이 중요하다. 그러므로 사용자 검색 및 그룹 검색을 매핑하고 검색 범위를 가능한 한 정확하고 최소한으로 유지하도록 노력 하자.

그렇다면 admin1@example.com 사용자의 로그인 절차의 결과가 이전과 어떻게 다를까? 확실하지 않은 경우에는 아파치 DS를 사용해 임베디드 LDAP 서버를 검색해볼 것을 권장한다. 이전에 설명한 알고리즘을 따라 디렉터리를 직접 검색하면 스프링 시큐리티 LDAP 구성의 흐름을 더 쉽게 파악할 수 있다.

UserDetails의 추가 애트리뷰트 매핑

마지막으로 LDAP 검색을 통해 사용자에게 GrantedAuthority 객체 집합을 할당한 후에는 o.s.s.ldap.userdetails.LdapUserDetailsMapper가 o.s.s.ldap.userdetails.UserDetailsContextMapper를 참조해 UserDetails 객체에 대한 추가 상세 정보를 검색한다.

LDAP 디렉터리에 있는 사용자 엔트리에서 수집한 정보로 UserDetails 객체를 채우기 위해 AuthenticationManagerBuilder를 통해 LdapUserDetailsMapper를 사용하도록 설정했다.

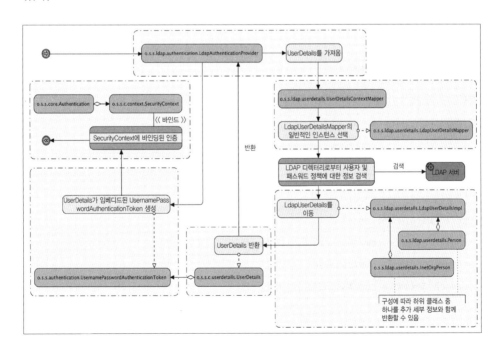

표준 LDAP의 person과 inetOrgPerson 객체에서 다양한 정보를 가져오도록 UserDe
tailsContextMapper를 설정하는 방법은 잠시 후에 살펴볼 것이다. 기본 LdapUserDetails
Mapper를 사용하면 username, password, GrantedAuthority만 저장된다.

LDAP 사용자 인증 및 상세 정보 검색과 관련해 더 복잡한 원리가 적용되지만, 전체적인
과정은 4장, 'JDBC 기반 인증'에서 설명한 사용자를 인증하고 GrantedAuthority를 채우
는 JDBC 인증과 다소 유사하다. JDBC 인증과 마찬가지로 LDAP 연동 시에도 고급 설정
을 적용할 수 있으므로 좀 더 깊이 살펴보자.

고급 LDAP 설정

LDAP 연동과 관련해 보안 WebSecurityConfigurerAdapter 스타일의 구성 내에 있는 스
프링 시큐리티 LDAP 모듈에 수많은 추가 설정 기능이 있다. 고급 설정에는 사용자 개인
정보 검색, 사용자 인증을 위한 추가 옵션, 표준 DaoAuthenticationProvider 클래스와
UserDetailsService 인터페이스를 연계한 LDAP 사용 등이 포함된다.

샘플 JBCP LDAP 사용자

JBCP 달력 애플리케이션의 LDIF 파일에 다양한 사용자를 추가했다. 다음 표는 고급 설정
예제를 진행하거나 스스로 학습을 진행할 때 도움이 될 것이다.

사용자명/패스워드	역할	패스워드 인코딩
admin1@example.com/admin1	ROLE_ADMIN, ROLE_USER	평문
user1@example.com/user1	ROLE_USER	평문
shauser@example.com/shauser	ROLE_USER	{sha}
sshauser@example.com/sshauser	ROLE_USER	{ssha}
hasphone@example.com/hasphone	ROLE_USER	평문(telephoneNumber 애트리뷰트)

패스워드 인코딩이 중요한 이유를 다음 절에서 살펴보자.

패스워드 비교 인증 대 바인딩 인증

일부 LDAP 서버는 특정 사용자가 서버에 직접 바인딩할 수 없도록 해 익명 바인딩(지금까지 사용자 검색에 사용했던 것)을 사용할 수 없도록 설정할 수 있다. 이러한 기능은 주로 대규모 조직에서 디렉터리에서 정보를 읽을 수 있는 사용자를 제한해야 하는 경우에 사용한다.

이러한 경우에는 표준 스프링 시큐리티 LDAP 인증 전략을 사용할 수 없으므로 o.s.s. ldap.authentication.PasswordComparisonAuthenticator(BindAuthenticator의 형제 클래스)에 의해 구현되는 대체 전략을 사용해야 한다.

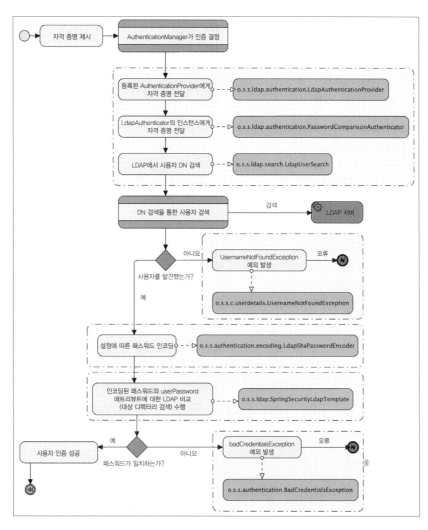

PasswordComparisonAuthenticator 인터페이스는 LDAP에 바인딩해 사용자가 제공한 사용자명과 일치하는 DN을 검색한다. 그런 다음, LDAP 엔트리에 저장된 userPassword 애트리뷰트를 사용자가 제공한 패스워드와 일치하는지 비교한다. 인코딩된 패스워드가 일치하면 사용자는 인증되고, 그렇지 않은 경우 BindAuthenticator와 동일하게 흐름이 진행된다.

기본 패스워드 비교 인증 설정

패스워드 비교 인증 설정은 AuthenticationManagerBuilder 선언에 메서드를 추가하는 것만큼 간단하다. 다음과 같이 SecurityConfig.java 파일을 업데이트하자.

```
//src/main/java/com/packtpub/springsecurity/configuration/SecurityConfig.java

    @Override
    public void configure(AuthenticationManagerBuilder auth)
        throws Exception {
        auth
          .ldapAuthentication()
          .userSearchBase("")
          .userSearchFilter("(uid={0})")
          .groupSearchBase("ou=Groups")
          .groupSearchFilter("(uniqueMember={0})")
          .contextSource(contextSource())
          .passwordCompare()
          .passwordEncoder(new LdapShaPasswordEncoder())
          .passwordAttribute("userPassword");
    }
```

passwordCompare 메서드를 선언해 사용하는 PasswordCompareConfigurer 클래스는 패스워드 인코딩에 PlaintextPasswordEncoder를 사용한다. SHA-1 패스워드 알고리즘을 사용하려면 패스워드 인코더를 설정해야 하며, SHA 지원을 위해 4장, 'JDBC 기반 인증'에서 살펴본 o.s.s.a.encoding.LdapShaPasswordEncoder를 사용해도 좋다.

calendar.ldif 파일에는 패스워드 필드가 userPassword로 설정돼 있다. PasswordCom pareConfigurer 클래스의 기본 패스워드 애트리뷰트는 password다. 따라서 password Attribute 메서드를 사용해 패스워드 애트리뷰트를 재정의해야 한다.

서버를 재시작한 후, 사용자명으로 shauser@example.com, 패스워드를 shauser로 로그 인해보자.

 이제, 코드가 chapter06.02-calendar와 비슷해야 한다.

LDAP 패스워드 인코딩과 저장

LDAP는 일반적으로 데이터베이스 기반 인증을 사용해 평문부터 5장, '스프링 데이터를 이용한 인증'에서 살펴본 것과 비슷한 단방향 해시 알고리즘까지 다양한 패스워드 인코딩 알고리즘을 지원한다. LDAP 패스워드의 가장 일반적인 형식은 SHA(SHA-1 단방향 해시)와 SSHA(솔트 값을 포함한 SHA-1 단방향 해시)다. 많은 LDAP 구현체에서 종종 지원되는 또 다른 패스워드 형식은 RFC 2307 "An Approach to Using LDAP as a Network Information Service(http://tools.ietf.org/html/rfc2307)"에 자세히 설명돼 있다. RFC 2307의 설계자는 디렉터리에 저장된 패스워드를 적절한 알고리즘(SHA 등)으로 인코딩하는 것은 물론 패스워 드를 인코딩하는 데 사용된 알고리즘을 접두어로 붙이도록 설계했다. 따라서 LDAP 서버 는 패스워드 인코딩에 다양한 알고리즘을 쉽게 지원할 수 있다. 예를 들어 SHA로 인코딩된 패스워드는 디렉터리에 다음과 같이 저장된다.

```
{SHA}5baa61e4c9b93f3f0682250b6cf8331b7ee68fd8
```

이와 같이 패스워드와 함께 저장된 {SHA} 표기를 통해 패스워드 저장 시 사용된 알고리즘 을 명확하게 판별할 수 있다.

SSHA 표기법은 강력한 SHA-1 해시 알고리즘과 패스워드 솔팅을 결합해 사전 공격을 막기 위한 방법이다. 5장, '스프링 데이터를 이용한 인증'에서 살펴본 패스워드 솔팅과 마찬가지로 해시를 계산하기 전에 패스워드에 솔트를 추가한다. 해시된 패스워드가 디렉터리에 저장될 때 솔트 값을 해시된 패스워드에 추가한다. LDAP 디렉터리가 다른 방식을 사용해 사용자의 패스워드를 비교해야 한다는 것을 알 수 있도록 패스워드 앞에 접두어 {SSHA}를 붙인다. 대부분의 최신 LDAP는 SSHA를 기본 패스워드 저장 알고리즘으로 사용한다.

패스워드 비교 인증의 단점

그렇다면 지금 상태에서 사용자명 sshauser@example.com, 패스워드 sshauser를 사용해 로그인하면 어떤 일이 일어날까?

잠시 테스트해본 후에 다시 책으로 돌아오자.

로그인이 거부됐을 것이다. 이유가 뭘까? 바인딩 인증을 사용할 때는 패스워드 인코딩과 저장은 중요하지 않다. 바인딩 인증에서 패스워드 인코딩과 저장이 중요하지 않은 이유는 LDAP 서버가 사용자의 패스워드 인증 및 검증을 모두 처리하기 때문이다.

반면, 패스워드 비교 인증의 경우, 스프링 시큐리티 LDAP는 디렉터리에서 기대하는 형식으로 패스워드를 인코딩한 후, 인증을 검증하기 위해 디렉터리와 매칭한다.

하지만 보안상의 이유로 패스워드 비교 인증은 실제로 디렉터리로부터 패스워드를 읽을 수 없다. 그 대신 PasswordComparisonAuthenticator는 사용자의 디렉터리 엔트리를 루트로 하는 LDAP 검색을 수행해 스프링 시큐리티에서 인코딩한 패스워드와 password 애트리뷰트를 비교한다.

따라서 sshauser@example.com으로 로그인을 시도하면 PasswordComparisonAuthenticator는 구성된 SHA 알고리즘을 사용해 패스워드를 인코딩하고, 간단한 매칭을 시도하는데, 사용자의 디렉터리 패스워드가 SSHA 형식으로 저장돼 있기 때문에 로그인에 실패한다.

지금까지 설정한 LdapShaPasswordEncoder는 이미 SHA 및 SSHA를 모두 지원하지만 아직까지 작동하지 않는다. 왜 작동하지 않는 것일까? SSHA는 패스워드와 더불어 LDAP 디렉터리에 저장된 솔트 값과 함께 솔트된 패스워드를 사용한다. 하지만 기본적으로 PasswordComparisonAuthenticator는 LDAP 서버에서 아무것도 읽을 수 없도록 코딩돼 있다(일반적으로 바인딩을 허용하지 않는 회사의 경우 보안 정책에 위배된다). 따라서 PasswordComparisonAuthenticator가 해시된 패스워드를 계산할 때 어떤 솔트 값을 사용해야 할지 판단할 방법이 없다.

결론적으로, PasswordComparisonAuthenticator는 디렉터리 자체의 보안이 중요한 특정 상황에서는 유용하지만 바인딩 인증만큼 다양하게 사용할 수 없다.

UserDetailsContextMapper 객체 설정

앞에서 언급했듯이, o.s.s.ldap.userdetails.UserDetailsContextMapper 인터페이스의 인스턴스는 LDAP 서버에 대한 사용자 엔트리를 메모리에 있는 UserDetails 객체에 매핑하는 데 사용한다. 기본 UserDetailsContextMapper 객체는 반환되는 UserDetails 객체에 채워지는 상세 정보 수준이 주어져야 JpaDaoImplobject와 유사하게 동작한다. 즉, 사용자명과 패스워드 외에는 그다지 많은 정보를 반환하지 않는다.

하지만 LDAP 디렉터리는 잠재적으로 개별 사용자에 대해 사용자명, 패스워드, 역할보다 훨씬 더 많은 정보를 포함하고 있다. 스프링 시큐리티에서는 person과 inetOrgPerson이라는 2개의 추가 메서드를 통해 표준 LDAP 객체 스키마로부터 더 많은 사용자 데이터를 가져올 수 있도록 지원한다.

UserDetailsContextMapper의 암시적 설정

기본값과 다르게 UserDetailsContextMapper 구현체를 설정하려면 LdapAuthenti cationProvider에서 반환하고자 하는 LdapUserDetails 클래스를 선언하기만 하면 된다. 그러면 시큐리티 네임스페이스 파서가 요청된 LdapUserDetails 인터페이스 유형을 기반으로 정확한 UserDetailsContextMapper 구현체를 인스턴스화한다.

매퍼의 inetOrgPerson 버전을 사용하기 위해 다음과 같이 SecurityConfig.java 파일을 업데이트해보자.

```
//src/main/java/com/packtpub/springsecurity/configuration/SecurityConfig.java

@Override
public void configure(AuthenticationManagerBuilder auth)
throws Exception {
  auth
    .ldapAuthentication()
    .userSearchBase("")
    .userSearchFilter("(uid={0})")
    .groupSearchBase("ou=Groups")
    .groupSearchFilter("(uniqueMember={0})")
    .userDetailsContextMapper(
      new InetOrgPersonContextMapper())
    .contextSource(contextSource())
    .passwordCompare()
    // {SHA}와 '7bSSHA} 지원
    .passwordEncoder(new LdapShaPasswordEncoder())
    .passwordAttribute("userPassword");
}
```

 passwordEncoder 메서드를 제거하면 SHA 패스워드를 사용하는 LDAP 사용자는 인증에 실패한다.

220

이제, 애플리케이션을 재시작하고, LDAP 사용자로 로그인하면 표면적으로 아무것도 변경된 것이 없다는 것을 알게 될 것이다. 하지만 기술적으로, 사용자의 디렉터리 엔트리에서 inetOrgPerson 스키마의 애트리뷰트를 사용할 수 있는 경우, 추가 상세 정보를 읽을 수 있도록 UserDetailsContextMapper가 변경됐다.

하지만 여전히 사용자명을 admin1@example.com, 패스워드를 admin1로 로그인해보면 인증에 실패한다.

사용자 추가 상세 정보 보기

이해를 돕기 위해, JBCP 달력 애플리케이션의 현재 계정의 상세 정보를 볼 수 있는 기능을 추가한다. 이 페이지에서는 person과 inetOrgPerson LDAP 스키마가 LDAP를 사용하는 애플리케이션에 상세 정보를 어떻게 제공하는지 보여준다.

6장에서는 AccountController라는 컨트롤러를 추가로 사용하고 있는데, 다음의 코드를 통해 살펴보자.

```
//src/main/java/com/packtpub/springsecurity/web/controllers/
AccountController.java

...
@RequestMapping("/accounts/my")
public String view(Model model) {
  Authentication authentication = SecurityContextHolder.
    getContext().getAuthentication();
    // 인증에 대한 null 체크 누락
  Object principal = authentication.getPrincipal();
  model.addAttribute("user", principal);
  model.addAttribute("isLdapUserDetails", principal instanceof
    LdapUserDetails);
  model.addAttribute("isLdapPerson", principal instanceof Person);
  model.addAttribute("isLdapInetOrgPerson", principal instanceof
    InetOrgPerson);
```

```
        return "accounts/show";
    }
...
```

위 코드는 LdapAuthenticationProvider를 통해 Authentication 객체에 저장된 User
Details 객체를 검색하고 LdapUserDetailsImplinterface 유형을 확인한다. 그런 다음,
다음의 JSP 코드에서 볼 수 있듯이 페이지 코드 자체에서는 사용자의 인증 정보에 바인딩
된 UserDetails 객체의 유형에 따른 다양한 상세 정보를 보여준다. 이미 샘플 코드에 JSP
도 포함해 놓았다.

//src/main/resources/templates/accounts/show.html

```html
<dl>
    <dt>Username</dt>
    <dd id="username" th:text="${user.username}">ChuckNorris</dd>
    <dt>DN</dt>
    <dd id="dn" th:text="${user.dn}"></dd>
    <span th:if="${isLdapPerson}">
        <dt>Description</dt>
        <dd id="description" th:text="${user.description}"></dd>
        <dt>Telephone</dt>
        <dd id="telephoneNumber" th:text="${user.telephoneNumber}"></dd>
        <dt>Full Name(s)</dt>
        <span th:each="cn : ${user.cn}">
        <dd th:text="${cn}"></dd>
        </span>
    </span>
    <span th:if="${isLdapInetOrgPerson}">
        <dt>Email</dt>
        <dd id="email" th:text="${user.mail}"></dd>
        <dt>Street</dt>
        <dd id="street" th:text="${user.street}"></dd>
    </span>
</dl>
```

실제로 수행해야 하는 유일한 작업은 다음 코드와 같이 header.html 파일에 링크를 추가하는 것이다.

```
//src/main/resources/templates/fragments/header.html

<li>
<p class="navbar-text">Welcome  
    <a id="navMyAccount" th:href="@{/accounts/my}">
        <div class="navbar-text" th:text="${#authentication.name}"> User</div>
    </a>
</p>
</li>
```

사용할 수 있는 데이터 요소의 차이점을 확인하기 위해 두 명의 사용자를 더 추가했다.

Username	Password	Type
shainet@example.com	shainet	inetOrgPerson
shaperson@example.com	shaperson	person

 이제, 코드가 chapter06.03-calendar와 비슷해야 한다.

서버를 재시작하고 오른쪽 위 모서리에 있는 사용자명을 클릭해 각 유형에 따른 사용자의 Account Details 페이지를 살펴보자. UserDetails 클래스가 inetOrgPerson로 설정돼 있는 경우, o.s.s.ldap.userdetails.InetOrgPerson이 반환되더라도 디렉터리 엔트리에 있는, 사용할 수 있는 애트리뷰트에 따라 필드가 채워지거나 채워지지 않는 것을 확인할 수 있다.

inetOrgPerson에는 지금까지 설명한 것 이외의 다양한 애트리뷰트가 있으며, RFC 2798, Definition of the inetOrgPerson LDAP Object(http://tools.ietf.org/html/rfc2798)에서 전체 목록을 확인할 수 있다.

한 가지 주목해야 할 사항은 Object 엔트리에 지정할 수 있지만 표준 스키마에 속하시 않는 추가 애트리뷰트를 지원할 장치가 없다는 점이다. 따라서 표준 UserDetailsContextMapper 인터페이스는 임의의 애트리뷰트 목록을 지원하지는 않지만 UserDetailsContextMapper 메서드를 사용해 자신의 UserDetailsContextMapper 인터페이스 참조로 사용자 정의할 수 있다.

다른 패스워드 애트리뷰트 사용

기업이 사용자 정의 스키마를 배포했거나 엄격한 패스워드 관리를 요구하지 않은 경우에 인증 목적으로 userPassword 대신 다른 LDAP 애트리뷰트를 사용해야 할 수도 있다. 이는 좋은 방법이 아니지만 현실적으로 이런 일이 발생하는 경우도 존재한다.

또한 PasswordComparisonAuthenticator 인터페이스는 표준 userPassword 애트리뷰트 대신 다른 LDAP 엔트리 애트리뷰트에 대해 사용자의 패스워드를 확인하는 기능을 제공한다. 이 기능은 설정하기 매우 쉬우며, 평문 telephoneNumber 애트리뷰트를 사용하는 예제를 살펴보자. 다음과 같이 SecurityConfig.java를 업데이트하자.

//src/main/java/com/packtpub/springsecurity/configuration/SecurityConfig.java

```
    @Override
    public void configure(AuthenticationManagerBuilder auth)
    throws Exception {
        auth
            .ldapAuthentication()
            .userSearchBase("")
            .userSearchFilter("(uid={0})")
            .groupSearchBase("ou=Groups")
            .groupSearchFilter("(uniqueMember={0})")
            .userDetailsContextMapper(new InetOrgPersonContextMapper())
            .contextSource(contextSource())
            .passwordCompare()
            .passwordAttribute("telephoneNumber");
}
```

서버를 재시작하고, 사용자명을 hasphone@example.com, 패스워드를 0123456789로 로그인을 시도해보자.

 이제, 코드가 chapter06.04—calendar와 비슷해야 한다.

물론 이러한 방식의 인증은 앞의 PasswordComparisonAuthenticator 기반 인증에서 설명했던 모든 위험 요소를 갖고 있다. 그러나 LDAP 구현체에서 이 방식을 사용할 기회가 있을 수 있으므로 잘 알아두는 것이 좋다.

LDAP를 UserDetailsService로 사용

한 가지 주목할 점은 LDAP이 UserDetailsService로 사용될 수도 있다는 것이다. 이 책의 뒷부분에서 설명하겠지만, Remember—Me 및 OpenID 인증 기능을 포함한 스프링 시큐리티 인프라의 다양한 다른 기능을 사용하려면 UserDetailsService가 필요하다.

사용자 정보를 가져오기 위해 LdapUserDetailsService를 사용하도록 AccountController 객체를 수정한다. 이 작업을 하기 전에, 다음의 코드와 같이 passwordCompare를 제거한다.

```
//src/main/java/com/packtpub/springsecurity/configuration/SecurityConfig.java

    @Override
    public void configure(AuthenticationManagerBuilder auth)
    throws Exception {
        auth
            .ldapAuthentication()
            .userSearchFilter("(uid={0})")
            .groupSearchBase("ou=Groups")
            .userDetailsContextMapper(new InetOrgPersonContextMapper())
            .contextSource(contextSource());
    }
```

LdapUserDetailsService 설정

LDAP를 UserDetailsService 메서드로 설정하는 방법은 LDAP AuthenticationProvider 설정과 매우 유사하다. JDBC UserDetailsService와 마찬가지로, LDAP UserDetails Service 인터페이스는 <http> 선언의 형제로 설정된다. SecurityConfig.java 파일을 다음과 같이 업데이트해보자.

//src/main/java/com/packtpub/springsecurity/configuration/SecurityConfig.java

```
@Bean
@Override
public UserDetailsService userDetailsService() {
    return super.userDetailsService();
}
```

기능적으로 o.s.s.ldap.userdetails.LdapUserDetailsService는 LDAP에 바인딩하기 위해 주체의 사용자명을 사용하지 않는다는 점을 제외하고는 LdapAuthentication Provider와 거의 동일한 방식으로 설정된다. 그 대신 DefaultSpringSecurityContextSource가 제공하는 자격 증명은 자체적으로 참조되며 사용자 조회를 수행하는 데 사용된다.

 LDAP 자체에 대한 사용자 인증을 목적으로 할 경우 LdapUserDetailsService를 참조하는 UserDetailsService를 사용해 AuthenticationManagerBuilder를 설정하는 실수를 저지르지 않도록 주의하자. 앞에서 설명한 것처럼 보안상의 이유로 LDAP에서 password 애트리뷰트를 검색할 수 없는 경우가 많아서 UserDetailsService를 인증에 사용하기에는 적합하지 않다. 또한 LdapUserDetailsService는 DefaultSpringSecurityContextSource 선언을 통해 제공되는 baseDn 애트리뷰트를 사용해 정보를 얻는다. 따라서 사용자를 LDAP에 바인딩하려고 시도하지 않으므로 예상한 대로 작동하지 않을 수 있다는 것을 명심하자.

LdapUserDetailsService를 사용하기 위한 AccountController 업데이트

이제 사용자를 조회하기 위해 LdapDetailsUserDetailsService 인터페이스를 사용해 AccountController 객체를 업데이트한다.

```
//src/main/java/com/packtpub/springsecurity/web/controllers/
AccountController.java

  @Controller
  public class AccountController {
    private final UserDetailsService userDetailsService;
    @Autowired
    public AccountController(UserDetailsService userDetailsService) {
      this.userDetailsService = userDetailsService;
    }
    @RequestMapping("/accounts/my")
    public String view(Model model) {
      Authentication authentication = SecurityContextHolder.
        getContext().getAuthentication();
        // null 체크 생략
      String principalName = authentication.getName();
      Object principal = userDetailsService.
        loadUserByUsername(principalName);
      ...
    }
}
```

위의 예제는 실제로는 사용하지 않는 터무니 없는 코드지만 LdapUserDetailsService의 사용 방법을 보여주기 위해 고안됐다. 애플리케이션을 재시작한 후, 사용자명을 admin1@ example.com, 패스워드를 admin1로 로그인해보고, 임의의 사용자 정보를 나타내도록 컨트롤러를 수정하는 방법을 생각해보자. 또한 관리자 접근을 제한하기 위해 보안 설정을 어떻게 수정해야 하는지도 추측해보자.

이제, 코드가 chapter06.05-calendar와 비슷해야 한다.

외부 LDAP 서버와 스프링 시큐리티 연동

임베디드 LDAP 서버와 기본 연동을 성공하고 나면 외부 LDAP 서버를 연동해보고 싶을 것이다. 다행스럽게도, 이 작업은 매우 간단하며, 임베디드 LDAP 서버를 설정하기 위해 사용한 DefaultSpringSecurityContextSource를 약간만 수정하면 된다.

스프링 시큐리티 설정을 업데이트해 다음과 같이 33389 포트로 외부 LDAP 서버에 연결 해보자.

```
//src/main/java/com/packtpub/springsecurity/configuration/SecurityConfig.java

    @Override
    public void configure(AuthenticationManagerBuilder auth)
    throws Exception {
        auth
            .ldapAuthentication()
            .userSearchFilter("(uid={0})")
            .groupSearchBase("ou=Groups")
            .userDetailsContextMapper(new InetOrgPersonContextMapper())
            //.contextSource(contextSource())
            .contextSource()
                    .managerDn("uid=admin,ou=system")
                    .managerPassword("secret")
                    .url("ldap://localhost:33389/dc=jbcpcalendar,dc=com");
    }
```

여기에서 LDAP URL 이외에 주목할 만한 차이점은 계정의 DN과 패스워드가 제공된다는 것이다. 계정(실제로는 선택 사항임)은 디렉터리에 바인딩하고 사용자 및 그룹 정보를 위해

228

관련된 모든 DN을 검색할 수 있도록 허용돼야 한다. 이러한 자격 증명을 적용한 바인딩 결과는 LDAP 보안 시스템에서 나머지 LDAP 작업을 수행할 때 사용된다.

많은 LDAP 서버가 SSL 방식으로 암호화된 LDAP(LDAPS)도 지원한다. 물론 보안상의 목적으로는 해당 방식을 더 선호하며, 스프링 LDAP 스택에서 지원하고, LDAP 서버 URL 시작 부분에 `ldaps://`를 사용하기만 하면 된다. 일반적으로 LDAPS는 TCP 포트 636에서 실행된다. LDAP에는 상업용 버전과 비상업용 버전이 있다. 연결, 사용자 바인딩 및 GrantedAuthoritys의 이동에 사용할 정확한 설정 매개변수는 전적으로 벤더와 디렉터리의 구조에 따라 달라진다. 다음 절에서는 마이크로소프트 AD에 대해 살펴본다.

LDAP 서버가 없는 환경에서 이를 시도하고 싶다면 SecurityConfig.java 파일에 다음 코드를 추가해보자. 다음 코드는 지금까지 사용하던 임베디드 LDAP 서버를 시작하게 한다.

//src/main/java/com/packtpub/springsecurity/configuration/SecurityConfig.java

```
@Override
public void configure(AuthenticationManagerBuilder auth)
throws Exception {
  auth
    .ldapAuthentication()
    .userSearchBase("")
    .userSearchFilter("(uid={0})")
    .groupSearchBase("ou=Groups")
    .groupSearchFilter("(uniqueMember={0})")
    .userDetailsContextMapper(new InetOrgPersonContextMapper())
    .contextSource()
      .managerDn("uid=admin,ou=system")
      .managerPassword("secret")
      .url("ldap://localhost:10389/dc=jbcpcalendar,dc=com")
      .root("dc=jbcpcalendar,dc=com")
      .ldif("classpath:/ldif/calendar.ldif")
    .and()
        .passwordCompare()
        .passwordEncoder(new LdapShaPasswordEncoder())
```

```
                .passwordAttribute("userPassword")
    ;
  }
```

또 다른 방법은 아파치 DS를 사용해 LDAP 서버를 시작하고 `calendar.ldif`를 가져와 외부 LDAP 서버에 연결하는 것이다. 애플리케이션을 재시작하고 사용자명을 shauser@ example.com, 패스워드를 shauser로 로그인을 시도해보자.

 이제, 코드가 chapter06.06-calendar와 비슷해야 한다.

명시적 LDAP 빈 설정

이 절에서는 외부 LDAP 서버 연결과 외부 서버를 이용한 인증에 필요한 `LdapAuthen ticationProvider` 인터페이스를 명시적으로 설정하기 위한 빈 설정에 대해 설명한다. 다른 명시적인 빈 기반 설정과 마찬가지로 시큐리티 네임스페이스 방식의 설정이 비즈니스 또는 기술적인 요구 사항을 충족시키지 못할 경우가 아니라면 사용하지 않는 것이 좋다. 하지만 부득이하게 꼭 사용해야 한다면 다음 내용을 살펴보자.

외부 LDAP 서버 참조 설정

설정을 구현하기 위해, 이전 절의 `DefaultSpringSecurityContextSource` 인터페이스 예제와 동일한 설정으로 포트 10389에서 실행되는 로컬 LDAP 서버가 있다고 가정하자. 필요한 빈 정의는 이미 `SecurityConfig.java` 파일에서 설정해 놓았으므로 다음 코드를 통해 LDAP 서버 참조를 살펴보자.

```
//src/main/java/com/packtpub/springsecurity/configuration/SecurityConfig.java

    @Bean
    public DefaultSpringSecurityContextSource contextSource() {
        return new DefaultSpringSecurityContextSource(
        Arrays.asList("ldap://localhost:10389/"),
        "dc=jbcpcalendar,dc=com"){{
            setUserDn("uid=admin,ou=system");
            setPassword("secret");
    }};
    }
```

다음 절에서는 좀 더 복잡한 LdapAuthenticationProvider를 구성해보자.

LdapAuthenticationProvider 인터페이스 설정

지금까지 설명한 스프링 시큐리티 LDAP 인증의 작동 방법을 잘 이해했다면, 여기서의 빈 설정은 약간 복잡하기는 하지만 완벽하게 이해할 수 있을 것이다. 다음 특성을 사용해 LdapAuthenticationProvider를 설정해보자.

- 사용자 자격 증명 바인딩 인증(패스워드 비교 인증 방식 아님)
- UserDetailsContextMapper에서의 InetOrgPerson 사용

다음 단계를 살펴보자.

1. 먼저 다음과 같이 이미 설정된 LdapAuthenticationProvider 인터페이스를 살펴보자.

   ```
   //src/main/java/com/packtpub/springsecurity/configuration/
   SecurityConfig.java

   @Bean
   public LdapAuthenticationProvider authenticationProvider
   ```

```
(BindAuthenticator ba,LdapAuthoritiesPopulator lap,
  \UserDetailsContextMapper cm){
      return new LdapAuthenticationProvider(ba, lap){{
          setUserDetailsContextMapper(cm);
      }};
}
```

2. 다음의 코드에서 제공된 빈은 BindAuthenticator이며, 지원하는 FilterBased
   LdapUserSearch 빈은 바인딩 전에 LDAP 디렉터리에서 사용자의 DN을 찾는 데
   사용된다.

```
//src/main/java/com/packtpub/springsecurity/configuration/
SecurityConfig.java

@Bean
public BindAuthenticator bindAuthenticator
(FilterBasedLdapUserSearch userSearch){
  return new BindAuthenticator(contextSource()){{
    setUserSearch(userSearch);
  }};
}
@Bean
public FilterBasedLdapUserSearch filterBasedLdapUserSearch(){
  return new FilterBasedLdapUserSearch("",
  //user-search-base "(uid={0})", //user-search-filter
  contextSource()); //ldapServer
}
```

마지막으로 LdapAuthoritiesPopulator 및 UserDetailsContextMapper는 6장의
앞부분에서 살펴본 것과 동일한 역할을 수행한다.

```
//src/main/java/com/packtpub/springsecurity/configuration/
SecurityConfig.java

@Bean
```

```
public LdapAuthoritiesPopulator authoritiesPopulator(){
  return new DefaultLdapAuthoritiesPopulator(contextSource(),
  "ou=Groups"){{
    setGroupSearchFilter("(uniqueMember={0})");
  }};
}
@Bean
public userDetailsContextMapper userDetailsContextMapper(){
  return new InetOrgPersonContextMapper();
}
```

3. 다음 단계에서는 명시적으로 설정된 LdapAuthenticationProvider 인터페이스
   를 사용하도록 스프링 시큐리티를 업데이트한다. 다음과 같이 SecurityConfig.
   java 파일을 업데이트해 새로운 설정을 사용하고 이전의 ldapAuthentication
   메서드를 제거해보자.

```
//src/main/java/com/packtpub/springsecurity/configuration/
SecurityConfig.java

@Autowired
private LdapAuthenticationProvider authenticationProvider;
@Override
public void configure(AuthenticationManagerBuilder auth)
throws Exception {
    auth.authenticationProvider(authenticationProvider);
}
```

이제 명시적인 스프링 빈 표기법으로 LDAP 인증 관련 설정을 마무리했다. LDAP
연동 시 이러한 기법을 사용하는 것은 시큐리티 네임스페이스가 특정 설정 애트
리뷰트를 노출시키지 못하거나 특정 비즈니스 시나리오에 맞는 기능을 제공하기
위해 사용자 정의 구현 클래스가 필요할 때와 같이 몇 가지 경우에만 유용하다.
이러한 시나리오는 6장의 뒷부분에서 LDAP를 통해 마이크로소프트 AD에 연결
하는 방법을 살펴볼 때 설명할 것이므로 일단 넘어가자.

4. 애플리케이션을 재시작하고 사용자명을 shauser@example.com, 패스워드를 shauser로 로그인해보자. 실행 중인 외부 LDAP 서버가 있거나 설정된 인메모리 DefaultSpringSecurityContextSource 객체를 유지했다면 정상적으로 동작해야 한다.

 이제, 코드가 chapter06.07-calendar와 비슷해야 한다.

UserDetailsService에 대한 역할 검색 위임

명시적인 빈 설정에서 사용할 수 있는 사용자 역할 생성과 관련해 살펴볼 기법은 User DetailsService의 사용자명을 사용해 사용자를 조회하고, 해당 소스에서 GrantedAuth ority를 가져오는 지원을 구현하는 것이다. 해당 설정은 업데이트된 UserDetailsServ iceLdapAuthoritiesPopulator 객체로 ldapAuthoritiesPopulator ID 빈을 대체하고 UserDetailsService에 대한 참조하는 것으로, 매우 간단하다. 다음과 같이 Security Config.java 파일의 ldapAuthoritiesPopulator 빈 정의를 삭제하고 업데이트해보자.

```
//src/main/java/com/packtpub/springsecurity/configuration/SecurityConfig.java

    //@Bean
    //public LdapAuthoritiesPopulator authoritiesPopulator(){
        //return new DefaultLdapAuthoritiesPopulator(contextSource(),
      //"ou=Groups"){{
            //setGroupSearchFilter("(uniqueMember={0})");
        //  }};
     //}
    @Bean
    public LdapAuthoritiesPopulator authoritiesPopulator(
    UserDetailsService userDetailsService){
```

```
return new UserDetailsServiceLdapAuthoritiesPopulator
(userDetailsService);
  }
```

또한 userDetailsService를 정의했는지 확인해야 한다. 간단하게 처리하기 위해 다음과 같이 인메모리 UserDetailsService 인터페이스를 추가하자.

//src/main/java/com/packtpub/springsecurity/configuration/SecurityConfig.java

```
  @Bean
  @Override
  public UserDetailsManager userDetailsService() {
    InMemoryUserDetailsManager manager = new
    InMemoryUserDetailsManager();
    manager.createUser(User.withUsername("user1@example.com")
      .password("user1").roles("USER").build());
    manager.createUser(
    User.withUsername("admin1@example.com")
      .password("admin1").roles("USER", "ADMIN").build());
    return manager;
}
```

이제 사용자명을 admin1@example.com, 패스워드를 admin1로 인증할 수 있다. 물론, 위에서 사용한 인메모리 UserDetailsService 인터페이스는 4장, 'JDBC 기반 인증'과 5장, '스프링 데이터를 이용한 인증'에서 다룬 JDBC와 JPA 기반 UserDetailsService 인터페이스로 대체할 수도 있다.

 이제, 코드가 chapter06.08-calendar와 비슷해야 한다.

여기서 짚고 넘어가야 할 관리상의 문제점은 `UserDetailsService`가 사용하는 LDAP 서버와 저장소 두 곳 모두에서 사용자명과 역할을 관리하고 있어야 한다는 점이다. 즉, 다수의 사용자가 사용하는 모델의 경우 사용하기 어렵다는 뜻이다.

일반적으로 보안 애플리케이션의 사용자가 유효한 법인 사용자지만 애플리케이션 자체가 권한 정보를 저장하기를 원하는 경우 LDAP 인증이 필요하다. 이 경우 잠재적으로 애플리케이션별 데이터가 LDAP 디렉터리에서 분리돼 위에서 설명한 문제점을 효과적으로 해결할 수 있다.

▌ LDAP를 통한 마이크로소프트 AD 연동

마이크로소프트 AD가 편리한 이유는 마이크로소프트 윈도우 기반 네트워크 아키텍처와의 편리한 연동뿐 아니라 LDAP 프로토콜을 사용해 AD의 콘텐트를 노출하도록 설정할 수 있다는 것이다. 하지만 전체적으로 마이크로소프트 윈도우를 사용하고 있는 회사라면 LDAP과의 연동으로 인해 AD 인스턴스와 출동할 가능성도 존재하므로 주의해야 한다.

또한 마이크로소프트 AD의 설정(및 스프링 시큐리티 LDAP 지원을 위한 디렉터리 관리자의 설정)에 따라 인증 및 바인딩 과정이 아닌 스프링 시큐리티 시스템 내 사용자의 `GrantedAuthority` 객체와 AD 정보의 매핑이 어려울 수도 있다.

다음은 JBCP 사에 대한 예제 AD LDAP 트리다.

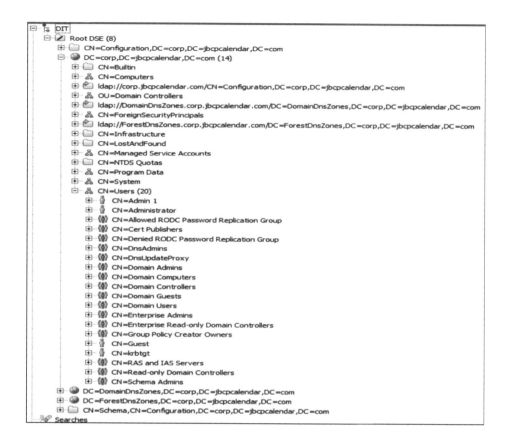

위의 스크린샷의 AD는 그룹 멤버십을 사용자의 LDAP 엔트리에 대한 애트리뷰트로 저장하기 때문에 예제 LDAP 구조에서 봤던 그룹인 ou=Groups를 확인할 수 없다.

이제 앞서 살펴본 명시적 빈 설정 기법을 활용해 사용자의 memberOf 애트리뷰트에서 GrantedAuthority를 가져오는 LdapAuthoritiesPopulator를 구현해보자. 6장의 샘플 코드에서 제공한 ActiveDirectoryLdapAuthoritiesPopulator.java 파일을 살펴보자.

```
//src/main/java/com/packtpub/springsecurity/ldap/userdetails/ad/
ActiveDirectoryLdapAuthoritiesPopulator.java

public final class ActiveDirectoryLdapAuthoritiesPopulator
implements LdapAuthoritiesPopulator {
  public Collection<? extends GrantedAuthority>
  getGrantedAuthorities(DirContextOperations userData, String
  username) {
    String[] groups = userData.getStringAttributes("memberOf");
    List<GrantedAuthority> authorities = new
    ArrayList<GrantedAuthority>();
    for (String group : groups) {
      LdapRdn authority = new DistinguishedName(group).removeLast();
      authorities.add(new SimpleGrantedAuthority
      (authority.getValue()));
    }
    return authorities;
  }
}
```

이제 AD 구조를 지원하도록 설정을 변경해야 한다. 이전 절에서 설명한 빈 구성을 사용한
다고 가정하고 다음과 같이 업데이트해보자.

```
//src/main/java/com/packtpub/springsecurity/configuration/SecurityConfig.java

    @Bean
    public DefaultSpringSecurityContextSource contextSource() {
        return new DefaultSpringSecurityContextSource(Arrays.asList
        ("ldap://corp.jbcpcalendar.com/"), "dc=corp,dc=jbcpcalendar,
         dc=com"){{
                setUserDn("CN=Administrator,CN=Users," +
                "DC=corp,DC=jbcpcalendar,DC=com");
                setPassword("admin123!");
        }};
    }

    @Bean
```

```
public LdapAuthenticationProvider authenticationProvider(
BindAuthenticator ba, LdapAuthoritiesPopulator lap){
    // UserDetailsContextMapper 삭제
    return new LdapAuthenticationProvider(ba, lap);
}
@Bean
public FilterBasedLdapUserSearch filterBasedLdapUserSearch(){
    return new FilterBasedLdapUserSearch("CN=Users", //user-search-base
    "(sAMAccountName={0})", //user-search-filter
    contextSource()); //ldapServer
}
@Bean
public LdapAuthoritiesPopulator authoritiesPopulator(){
    return new ActiveDirectoryLdapAuthoritiesPopulator();
}
```

이전 절에서 UserDetailsService를 정의했다면 SecurityConfig.java 파일에서 UserDetailsService 선언을 삭제해야 한다. 마지막으로 AccountController의 UserDetailsService에 대한 참조 또한 제거해야 한다.

sAMAccountName 애트리뷰트는 표준 LDAP 엔트리에서 uid 애트리뷰트와 동일한 역할을 담당하는 AD의 애트리뷰트다. 실제 AD LDAP 연동은 예제보다 복잡하지만 스프링 시큐리티 LDAP 연동의 내부 동작 원리를 개념적으로 이해하고 더 많은 설정을 적용하기 위한 좋은 출발점이며, 이를 살펴보고 난 후에는 복잡한 연동도 훨씬 쉽게 할 수 있을 것이라 생각한다.

 이 절에서 설명하고 있는 샘플을 실행하고 싶다면 위의 스크린샷에 표시된 스키마와 일치하는 AD 인스턴스를 실행해야 한다. 또는 사용하고 있는 AD 스키마와 일치하도록 설정을 조정해야 한다. 간단하게 AD를 사용해보려면 http://www. microsoft.com/download/en/details.aspx?id=14683의 Active Directory Lightweight Directory Services를 설치하면 된다.

이제, 코드가 chapter06.09-calendar와 비슷해야 한다.

스프링 시큐리티 4.2의 AD 지원

스프링 시큐리티는 스프링 시큐리티 3.1에서 AD 지원을 추가했다. 이전 절의 `ActiveDirectoryLdapAuthoritiesPopulator` 클래스는 새로 추가된 지원을 기반으로 한다. 이제, 스프링 시큐리티 4.2에 빌트인된 지원을 이용하기 위해 전체 `SecurityConfig.java` 파일을 다음과 같이 변경하자.

```
//src/main/java/com/packtpub/springsecurity/configuration/SecurityConfig.java

    @Bean
    public AuthenticationProvider authenticationProvider(){
        ActiveDirectoryLdapAuthenticationProvider ap = new
        ActiveDirectoryLdapAuthenticationProvider("corp.jbcpcalendar.com",
        "ldap://corp.jbcpcalendar.com/");
        ap.setConvertSubErrorCodesToExceptions(true);
        return ap;
    }
}
```

물론, 위에 설정한 내용을 사용하려면 `AuthenticationManager`에 연결해야 한다. 이에 대한 설정은 이미 마쳤지만 다음 코드를 통해 어떤 설정인지 살펴보고 넘어가자.

```
//src/main/java/com/packtpub/springsecurity/configuration/SecurityConfig.java

    @Autowired
    private AuthenticationProvider authenticationProvider;
    @Override
    public void configure(AuthenticationManagerBuilder auth)
    throws Exception {
```

```
        auth.authenticationProvider(authenticationProvider);
    }
```

다음을 통해 `ActiveDirectoryLdapAuthenticationProvider` 클래스에 대해 알아야 할 점을 살펴보자.

- 인증이 필요한 사용자는 AD에 바인딩할 수 있어야 한다.
- 사용자의 권한 설정을 위한 기본 방법은 사용자의 `memberOf` 애트리뷰트를 검색하는 것이다.
- 사용자는 `username@<domain>` 형식의 `userPrincipalName`이라는 애트리뷰트를 포함해야 한다. 여기서 `<domain>`은 바인딩이 이뤄진 후에 `memberOf` 조회의 컨텍스트가 발견되는 방식이기 때문에 `ActiveDirectoryLdapAuthenticationProvider`의 첫 번째 생성자 인수다.

실제 환경에서는 복잡한 LDAP 배치를 사용하기 때문에 빌트인된 지원은 사용자 정의 LDAP 스키마와 연동하는 방법에 대한 지침만으로 사용할 가능성이 높다.

▮ 요약

6장에서는 LDAP 서버가 사용자 프로필 정보는 물론 인증 및 권한 부여 정보를 제공할 수 있다는 것을 확인했다. 또한 LDAP 용어와 개념, 그리고 스프링 시큐리티에서 동작하도록 LDAP 디렉터리를 구성하는 방법에 대해 다뤘으며, 스프링 시큐리티 설정 파일에서 임베디드 및 외부 LDAP 서버를 구성하는 방법에 대해서도 살펴봤다.

LDAP 저장소에 대한 사용자 인증 및 권한 부여와 스프링 시큐리티 액터에 대한 후속 매핑에 대해 배웠다. 또한 LDAP의 인증 방식, 패스워드 저장소 및 보안 메커니즘의 차이점과 LDAP가 스프링 시큐리티에서 처리되는 방법에 대해 정리했으며, LDAP 디렉터리의 사용자 세부 애트리뷰트를 `UserDetails` 객체에 매핑해 LDAP과 스프링 지원 애플리케이션 간의 정보를 교환하는 방법도 살펴봤다. 마지막으로 LDAP를 위한 명시적 빈 설정에 대한 개념과 장단점에 대해서도 살펴봤으며, AD와의 연동 방법에 대해서도 정리했다.

7장, 'Remember-Me 서비스'에서는 웹 브라우저 종료 후에도 세션을 안전하게 유지할 수 있는 스프링 시큐리티의 Remember-Me 기능에 대해 다룬다.

07

Remember-Me 서비스

7장에서는 세션이 만료되고 웹 브라우저가 종료된 후에도 애플리케이션이 사용자를 기억할 수 있는 기능을 추가한다.

7장에서는 다음과 같은 내용을 다룬다.

- Remember-Me 개념
- **토큰 기반 Remember-Me 기능 사용법**
- Remember-Me의 안전성 파악 및 안전성을 높이는 다양한 방법
- 영구 토큰 기반 Remember-Me 기능 사용법 및 추가 고려 사항을 처리하는 방법
- 전체 Remember-Me 아키텍처 제시
- 사용자의 IP 주소로 제한된 사용자 정의 Remember-Me 구현 방법

▌ Remember-Me

Remember-Me 기능은 웹 사이트를 자주 방문하는 사용자에게 편리한 기능이다. 즉, 사용자가 웹 브라우저를 종료한 후에도 사용자의 웹 브라우저에 Remember-Me 쿠키를 저장함으로써 재방문 시 사용자를 기억하는 기능이다. 다시 말해, 스프링 시큐리티가 사용자가 갖고 있는 Remember-Me 쿠키를 인식하면 사용자는 자동으로 애플리케이션에 로그인되며, 사용자명이나 패스워드를 다시 입력할 필요가 없다.

쿠키란?
쿠키(cookie)는 클라이언트(즉, 웹 브라우저)가 상태를 유지하는 방법이다. 쿠키에 대한 자세한 내용은 위키피디아(https://ko.wikipedia.org/wiki/HTTP_%EC%BF%A0%ED%82%A4)와 같은 온라인 자료를 참고하자.

스프링 시큐리티는 Remember-Me 기능에 대해 다음의 두 가지 방법을 제공한다.

- 토큰 기반의 Remember-Me 기능이며, 암호화 시그니처에 의존한다.
- **영구 토큰**^{Persistent Token} **기반 Remember-Me** 기능이며, 데이터베이스(datastore)가 필요하다.

위의 두 가지 방법에 대해 앞으로 더 자세하게 다룰 예정이다. Remember-Me 기능을 사용하기 위해서는 명시적으로 설정해야 한다. 자, 먼저 토큰 기반의 Remember-Me 기능을 사용해보고 로그인 과정에 어떤 영향을 미치는지 살펴보자.

의존성

토큰 기반 Remember-Me 절은 2장, '스프링 시큐리티 시작하기'에서 설정한 기본 설정 이외의 추가 의존성이 필요하지 않다. 하지만 영구 토큰 기반 Remember-Me 기능을 사용하는 경우에는 pom.xml 파일에 다음과 같이 의존성을 추가해야 한다. 샘플 애플리케이

션을 사용하는 경우, 샘플 코드에 필요한 모든 의존성이 추가돼 있으므로 더 이상 업데이
트할 필요가 없다.

```
//build.gradle

dependencies {
// JPA / ORM / Hibernate:
  compile('org.springframework.boot:spring-boot-starter-data-jpa')
// H2 RDBMS
  runtime('com.h2database:h2')
    ...
}
```

토큰 기반 Remember-Me 기능

스프링 시큐리티는 Remember-Me 기능을 위한 두 가지 구현체를 제공한다. 일단 첫 번
째로 토큰 기반의 Remember-Me 서비스를 설정하는 방법부터 살펴보자.

토큰 기반 Remember-Me 기능 설정

다음 과정을 완료하면 간단하고 안전하게 장시간 사용자를 로그인 상태로 유지할 수 있다.

1. 다음 코드와 같이 SecurityConfig.java 설정 파일을 수정하고 rememberMe 메서
   드를 추가한다.

```
//src/main/java/com/packtpub/springsecurity/configuration/
SecurityConfig.java

@Override
protected void configure(HttpSecurity http) throws Exception {
    ...
    http.rememberMe().key("jbcpCalendar")
```

```
    ...
}
```

 chapter07.00-calendar의 코드부터 시작하자.

2. 현재 상태에서 애플리케이션을 실행하면 로그인 흐름에서 이전과 다른 것을 확인
   할 수 없을 것이다. 그렇다면 이제, 사용자가 Remember-Me 기능을 선택할 수
   있도록 로그인 폼에 필드를 추가해보자. 다음 코드와 같이 체크 박스를 추가하도
   록 login.html 파일을 수정하자.

//src/main/resources/templates/login.html

```html
<input type="password" id="password" name="password"/>
<label for="remember-me">Remember Me?</label>
<input type="checkbox" id="remember-me" name="remember_me"
value="true"/>
<div class="form-actions">
    <input id="submit" class="btn" name="submit" type="submit"
    value="Login"/>
</div>
```

 이제, 코드가 chapter07.01-calendar와 비슷해야 한다.

3. 다음으로 로그인할 때는 Remember-Me 기능을 선택하면 Remember-Me 쿠
   키가 사용자 웹 브라우저에 저장된다.
   이때 스프링 시큐리티는 HTTP 매개변수 remember_me를 검사해 사용자를 기억
   한다.

4. 이제, 웹 브라우저를 종료하고 JBCP 달력 웹 사이트의 인증된 페이지로 다시 접속을 시도하면 사용자는 로그인 과정을 거치지 않고도 해당 페이지에 접근할 수 있다.

   자, 지금 시도해보자. Remember-Me 옵션을 선택하고 Home 페이지를 북마크한 후, 웹 브라우저를 재시작하고 Home 페이지에 접근해보면, 로그인 정보를 입력하지 않고도 성공적으로 페이지에 접근할 수 있다는 것을 확인할 수 있다. 위에서 설명한 기능이 성공적으로 동작한다면 웹 브라우저 또는 웹 브라우저 플러그인이 세션을 복원하고 있다는 것을 의미한다.

JSESSIONID 쿠키를 제거하기 위한 한 가지 효과적인 해결책은 **Firebug**(https://addons.mozilla.org/en-US/firefox/addon/firebug/)와 같은 웹 브라우저 플러그인을 사용하는 것이다. 이러한 플러그인을 사용하면 사이트에서 쿠키를 제거하는 등의 기능을 개발하고 증명하는 시간과 번거로움을 줄일 수 있다.

Remember-Me 기능을 선택하고 로그인을 하면 다음 스크린샷에 표시된 대로 JSESSION
ID와 remember-me로 표기된 2개의 쿠키가 설정돼 있어야 한다.

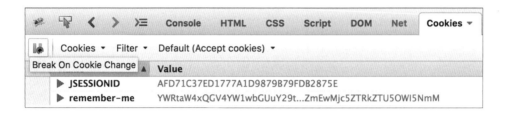

토큰 기반 Remember-Me 기능의 동작 원리

Remember-Me 기능은 다음과 같이 Base64 인코딩 문자열을 포함하는 쿠키를 사용자
의 웹 브라우저에 설정한다.

- 사용자명
- 만료 날짜 및 시간
- 만료 날짜 및 시간, username, password 및 rememberMe 메서드의 key 애트리뷰
  트에 대한 MD5 해시 값

이러한 정보는 하나의 쿠키를 형성해 향후 사용할 수 있도록 사용자 웹 브라우저에 저장
된다.

▌ MD5

MD5는 잘 알려진 암호화 해시 알고리즘 중 하나다. 암호화 해시 알고리즘은 임의의 길이
를 갖는 입력 데이터를 다이제스트digest라는 압축된 고유한 텍스트로 변환한다. 이후 출력
된 다이제스트를 검증된 다이제스트로 여기고 신뢰할 수 없는 다이제스트와 비교한 후, 신
뢰할 수 없는 다이제스트를 신뢰해야 하는지 여부를 결정하는 데 사용한다.

다음 다이어그램은 위에서 설명한 알고리즘의 동작 원리를 보여준다.

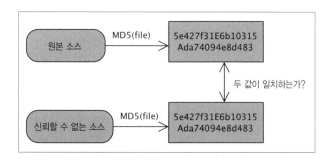

예를 들어 많은 오픈 소스 소프트웨어 사이트에서 소프트웨어 다운로드 속도를 높이기 위해 미러 사이트를 사용한다. 하지만 소프트웨어를 다운로드하는 사용자는 해당 소프트웨어가 정품이고 바이러스가 포함돼 있지 않은지 확인하고 싶어한다. 이를 위해 소프트웨어 배포자는 미러 사이트에 안전한 소프트웨어 파일과 함께 MD5 체크섬을 계산해 함께 제공한다. 사용자는 어디서나 파일을 다운로드할 수 있으며, 파일을 다운로드한 사용자는 미러 사이트로부터 제공받은 MD5 체크섬과 실제 소프트웨어 파일의 MD5 체크섬과 비교한다. 이 과정에서 두 값이 일치한다면 다운로드한 파일을 안전하게 설치해도 된다는 것을 의미하며, 일치하지 않는 경우에는 다운로드한 파일을 신뢰하지 않고 삭제해야 한다.

해시 값에서 원본의 데이터를 복구하는 것은 개념적으로 불가능하지만 MD5는 알고리즘 자체의 취약점과 레인보우 테이블 공격을 비롯한 여러 유형의 공격에 취약하다. 레인보우 테이블은 일반적으로 수백만 개의 입력값을 이용해 미리 계산된 해시 값을 포함하고 있다. 즉, 공격자는 레인보우 테이블에 표기된 것과 동일한 해시 값을 찾고 이와 매핑된 원본 데이터를 찾아 복구한다. 하지만 스프링 시큐리티는 만료 날짜, 사용자 패스워드 및 Remember-Me 키를 해시 값에 포함시킴으로써 이를 방지한다.

Remember-Me 시그니처

위에서 사용한 예를 통해 사용자가 올바른 파일을 다운로드했는지 확인할 수 있는 방법을 알아봤다. 하지만 이러한 과정이 어떻게 스프링 시큐리티의 Remember-Me 서비스에 적용되는 것일까? 사용자가 다운로드한 파일과 마찬가지로 쿠키는 신뢰할 수 없지만 애플리케이션에서 생성된 시그니처의 유효성을 확인할 수 있다면 신뢰할 수 있을 것이다. 즉, Remember-Me 쿠키로 요청이 들어오면 해당 요청의 내용이 추출되고 예상되는 시그니처가 쿠키에서 발견된 시그니처와 비교된다. 다음 다이어그램을 통해 예상 시그니처를 계산하는 단계를 살펴보자.

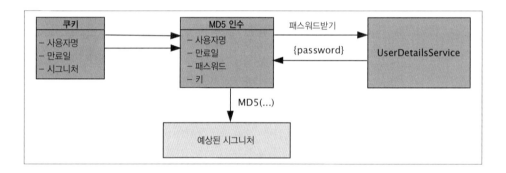

Remember-Me 쿠키는 **사용자명**username, **만료일**expiration 및 **시그니처**signature를 포함한다. 스프링 시큐리티는 쿠키에서 사용자명과 만료일을 추출한 후, 사용자명을 사용해 UserDetailsService에서 사용자 패스워드를 검색한다. 여기서 **키**key는 rememberMe 메서드를 사용해 제공했기 때문에 이미 알고 있다. 이제 MD5에 사용되는 모든 인수를 알고 있으므로 스프링 시큐리티는 사용자명, 만료일, 패스워드 및 키를 사용해 예상되는 시그니처를 계산할 수 있다. 그런 다음, 예상된 시그니처와 쿠키의 시그니처를 비교한다.

예상 시그니처와 쿠키 시그니처가 일치하면 사용자명과 만료일이 유효하다는 것을 신뢰할 수 있다. 따라서 개념적으로 Remember-Me 키(애플리케이션만이 알고 있는)와 사용자 패스워드(사용자만이 아는)를 모른 채 시그니처를 위조하는 것은 불가능하다. 즉, 시그니처가 일치하고 토큰이 만료되지 않은 경우 합법적인 사용자만이 로그인할 수 있다.

ℹ 사용자가 사용자명이나 패스워드를 변경하면 Remember-Me 토큰 집합이 더 이상 유효하지 않다. 사용자가 사용자 계정을 수정할 수 있도록 기능을 제공하는 경우 이에 대한 적절한 메시지를 제공해야 한다. 7장의 뒷부분에서는 패스워드가 아닌 사용자명에만 의존하는 다른 Remember-Me 구현체에 대해 살펴볼 예정이다.

일단, Rememeber Me 쿠키로 인증된 사용자와 사용자명 및 패스워드(또는 이와 동등한) 자격 증명을 제시해 인증된 사용자를 구분할 수 있다는 점을 알고 넘어가자. 추후에 Remember-Me 기능의 안전성을 다루는 절에서 이에 대한 검증을 할 것이다.

토큰 기반 Remember-Me 설정 디렉티브

일반적으로 Remember Me 기능의 기본 동작을 변경하기 위해 다음 두 가지 설정을 변경한다.

애트리뷰트명	설명
key	Remember-Me 쿠키의 시그니처 생성 시 사용되는 고유한 키를 정의한다.
tokenValiditySeconds	시간의 길이(초)를 정의하며, Remember-Me 쿠키는 인증에 유효한 것으로 간주된다. 또한 쿠키 만료 타임스탬프를 설정하는 데 사용된다.

앞서 쿠키의 인수가 어떻게 해시되는지 설명한 내용을 보면 key 애트리뷰트는 Remember-Me 기능의 안전성을 위해 매우 중요한 애트리뷰트다. 그러므로 키 값은 해당 애플리케이션에서만 사용하는 고유값이어야 하며, 쉽게 추측할 수 없을 정도로 긴 문자열을 사용해야 한다.

샘플 애플리케이션에서는 비교적 간단하게 키 값을 설정했지만, 실제 애플리케이션에서 Remember-Me 기능을 사용할 때는 키에 애플리케이션 고유 이름을 포함한 최소 36자 길이의 문자열을 사용할 것을 추천한다. 패스워드 생성 툴(구글에서 "online password generator"를 검색해보자)을 사용하면 Remember-Me의 키로 사용하기에 적합한 알파벳, 숫자, 특수문자를 임의로 조합한 키를 생성할 수 있다. 여러 환경(개발, 테스트, 운영 환경 등)에서 사용하는 애플리케이션이라면 Remember-Me 쿠키 값에 애플리케이션의 환경과 관련된 정보도 포함하는 게 좋다. 이를 통해 예를 들어 운영 환경에서 사용했던 Remember-Me 쿠키를 테스트 환경에서 재사용하는 것을 막을 수 있다.

운영 애플리케이션에서 사용하기에 적합한 키 값을 예로 들면 다음과 같다.

```
prodJbcpCalendar-rmkey-paLLwApsifs24THosE62scabWow78PEaCh99Jus
```

tokenValiditySeconds 메서드는 토큰의 무효화 시점을 초 단위로 설정하는 데 사용하며, 사용자 웹 브라우저에서 로그인 쿠키의 최대 유효 시간을 설정하는 용도로도 사용한다.

 Remember-Me 세션 쿠키 설정
tokenValiditySeconds를 -1로 설정하면 로그인 쿠키는 사용자가 웹 브라우저 종료 시 함께 사라지는 세션 쿠키로 설정된다. 이때 사용자가 웹 브라우저를 종료하지 않는다면 토큰은 별도로 설정하지 않아도 2주 동안 유효하다. 이 쿠키와 세션 ID를 저장하는 쿠키를 혼동해서는 안 된다. 이 두 쿠키는 이름은 동일하지만 엄연히 서로 다른 쿠키다!

지금까지 Remember-Me 기능의 극히 일부 애트리뷰트만을 살펴봤다. 앞으로 7장 전체에 걸쳐 다른 설정 애트리뷰트도 살펴볼 예정이다.

▌ Remember-Me의 안전성

사용자의 편의를 위해 제공하는 모든 기능은 안전한 사이트를 보안 위험에 노출시킬 위험성을 항상 안고 있다. Remember-Me 기능도 기본 형태로 사용하면 악의적인 사용자가 중간에서 사용자의 쿠키를 인터셉트해 재사용할 위험이 있다. 다음 다이어그램을 통해 이러한 보안 위협이 어떻게 일어나는지 살펴보자.

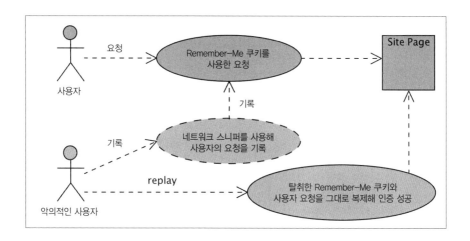

SSL(부록, '참고 자료'에서 다룸) 및 기타 네트워크 보안 기술을 함께 사용한다면 위에서 설명한 유형의 공격을 방어할 수 있지만, 저장된 사용자의 세션을 도용하거나 손상시키는 XSS^{Cross-site Scripting}와 같은 공격 기법도 존재한다는 것을 명심해야 한다. 따라서 Remember-Me 기능은 사용자에게 편리한 기능이기는 하지만 사용한 세션을 해커가 악용해 사용자의 금융 정보나 기타 개인 정보를 변경하거나 도용하는 위험이 도사리고 있으므로 항상 주의해야 한다.

 이 책에서는 악의적인 사용자의 행동에 대해 자세히 다루지는 않지만 보안 시스템을 구현할 때는 고객이나 임직원들의 정보를 해킹하려는 악의적인 사용자가 사용하는 기술 또한 이해할 필요가 있다. XSS도 이러한 기술 중 하나며, 이외에도 다양한 공격 기법이 존재한다. OWASP Top Ten article(http://www. owasp.org/index.php/Category:OWASP_Top_Ten_Project)을 참고해 자주 사용되는 기본적인 공격 방식에 대해 먼저 파악하고, 이러한 다양한 공격 방식을 설명하고 있는 웹 애플리케이션 보안 관련 서적을 참고할 것을 적극 권장한다.

사용자의 편의성과 보안 사이의 균형을 유지하기 위해 주로 사용하는 방식은 개인 정보 또는 민감한 정보가 존재하는 기능 영역을 별도로 분류하는 것이다. 그런 다음 fullyAuthenticated 표현식을 사용해 사용자의 역할을 확인하는 것뿐 아니라 전체 사용자명 및 패스워드를 사용한 권한 부여를 통해 해당 영역이 보호되는지 확인할 수 있다. 이러한 기능은 다음 절에서 더 자세히 살펴볼 예정이다.

Remember-Me를 위한 권한 부여 규칙

11장, '미세 접근 제어'에서 고급 인증 기법을 자세히 살펴볼 것이므로 일단 여기서는 인증된 세션의 기억 여부에 따라 접근 규칙을 차별화할 수 있다는 점을 인식하는 것이 중요하다.

예를 들어 H2 관리(H2 admin) 콘솔에 접근할 수 있는 사용자를 사용자명과 패스워드를 사용해 인증된 관리자로 제한하려 한다고 가정해보자. 이는 소비자를 대상으로 하는 상업 사이트에서 패스워드가 입력될 때까지 상위 권한에 대한 접근을 제한하는 것과 유사하다. 하지만 사이트마다 성격이 다르므로 이와 비슷한 규칙을 사이트에 맹목적으로 적용해서는 안 된다는 것을 명심하자. 여기서는 샘플 애플리케이션의 H2 데이터베이스 콘솔을 보호하는 데 집중할 것이다. 이제 다음과 같이 SecurityConfig.java 파일을 업데이트해 H2 데이터베이스에 접근을 시도한 사용자의 접근이 거부되도록 fullyAuthenticated 키워드를 사용해보자.

```java
//src/main/java/com/packtpub/springsecurity/configuration/SecurityConfig.java

    @Override
    protected void configure(HttpSecurity http) throws Exception {
        ...
        http.authorizeRequests()
            .antMatchers("/admin/*")
            .access("hasRole(ADMIN) and isFullyAuthenticated()")
        ...
        http.rememberMe().key("jbcpCalendar")
    }
```

기존 규칙은 변경하지 않는다. 하지만 계정 정보에 대한 요청에 대해 적절한 ROLE_ADMIN 의 GrantedAuthority를 갖도록 설정하고, 사용자명과 패스워드 또는 기타 적합한 자격 증명을 통해 인증을 거쳐 사용자가 인증 세션을 통과하도록 규칙을 추가했다. 여기서 SpEL 의 논리 연산자로 사용하는 AND, OR, NOT과 같은 연산자를 눈여겨보자. SpEL 설계자는 && 와 같은 연산자를 사용할 경우 XML 구문이 이상하게 보일 것을 우려해 이와 같은 연산자 표기법을 고안해냈다.

 이제, 코드가 chapter07.02-calendar와 비슷해야 한다.

Remember-Me 기능을 체크하고 사용자명을 admin1@example.com으로, 패스워드를 admin1로 로그인해보자. 그런 다음 H2 데이터베이스 콘솔에 접근하면 접근 권한이 부여된 것을 확인할 수 있다. 이제 JSESSIONID 쿠키를 삭제하거나 탭을 닫고 모든 웹 브라우저 인스턴스를 닫은 후, All Events 페이지에 대한 접근 권한이 여전히 있는지 확인하자. 이제 H2 콘솔로 이동해 접근이 거부된 것을 확인하자.

이러한 접근법은 사용자가 민감한 정보에 접근하기 위한 전체 자격 증명을 제시하도록 요구함으로써 Remember-Me 기능의 유용성과 추가 보안 수준을 향상시키는 데 기여한다. 이제 7장의 나머지 부분에서는 Remember-Me 기능을 보다 안전하게 만드는 방법에 대해 알아본다.

영구 토큰 기반 Remember-Me

스프링 시큐리티는 다양한 RememberMeServices 인터페이스 구현체를 활용해 Remember-Me 쿠키 검증 메서드를 변경할 수 있도록 지원한다. 이 절에서는 데이터베이스를 사용해 영구 Remember-Me 토큰을 사용하는 방법과 이를 사용해 애플리케이션 보안을 강화하는 방법에 대해 설명한다.

영구 토큰 기반 Remember-Me 기능

이 시점에서 데이터베이스를 사용하도록 Remember-Me 설정을 수정하는 것은 매우 간단하다. 스프링 시큐리티 파서는 rememberMe 메서드의 새로운 tokenRepository 메서드를 인식하고, RememberMeServices에 대한 구현체 클래스를 변경한다. 이제 이러한 작업을 수행하는 데 필요한 과정을 살펴보자.

Remember-Me 스키마 작성을 위한 SQL 추가

예상 스키마를 포함한 SQL 파일을 3장, '사용자 정의 인증'에서 사용한 위치와 동일하게 resources 폴더에 배치했다. 다음 코드를 통해 스키마 정의를 확인해보자.

```
//src/main/resources/schema.sql

...
create table persistent_logins (
    username varchar_ignorecase(100) not null,
    series varchar(64) primary key,
    token varchar(64) not null,
    last_used timestamp not null
);
...
```

Remember-Me 스키마를 사용한 데이터 소스 초기화

스프링 데이터는 앞에서 설명한 대로 schema.sql을 사용해 임베디드 데이터베이스를 자동으로 초기화한다. 하지만 JPA를 사용하면 스키마를 만들고 data.sql 파일을 사용해 데이터베이스를 시드하므로 다음 코드와 같이 ddl-auto를 none으로 설정해야 한다.

```
//src/main/resources/application.yml

spring:
```

```
jpa:
    database-platform: org.hibernate.dialect.H2Dialect
    hibernate:
      ddl-auto: none
```

▌영구 토큰 기반 Remember-Me 설정

마지막으로 다음 코드처럼 현재 사용 중인 데이터 소스를 가리키도록 rememberMe 선언에
관한 간단한 설정을 변경해야 한다.

//src/main/java/com/packtpub/springsecurity/configuration/SecurityConfig.java

```java
@Autowired
@SuppressWarnings("SpringJavaAutowiringInspection")
private DataSource dataSource;
@Autowired
private PersistentTokenRepository persistentTokenRepository;
@Override
protected void configure(HttpSecurity http) throws Exception {
    ...
    http.rememberMe()
        .key("jbcpCalendar")
        .tokenRepository(persistentTokenRepository)
    ...
}
@Bean
public PersistentTokenRepository persistentTokenRepository() {
    JdbcTokenRepositoryImpl db = new JdbcTokenRepositoryImpl();
    db.setDataSource(dataSource);
    return db;
}
```

영구 토큰 기반 Remember-Me 인증으로 전환하기 위해서 할 일은 위에서 설정한 것이 전부다. 이제 애플리케이션을 재시작하고 영구 토큰 기반 Remember-Me 기능이 제대로 동작하는지 확인해보자. 사용자는 기능적인 차이점을 느끼지 못하겠지만 개발자는 해당 기능을 지원하는 구현체가 변경됐음을 알 수 있다.

 이제, 코드가 chapter07.03-calendar와 비슷해야 한다.

영구 토큰 기반 Remember-Me 기능의 동작 원리

영구 토큰 기반 Remember-Me 서비스는 쿠키에 있는 시그니처를 검증하는 대신, 데이터베이스에 동일한 토큰이 존재하는지 확인한다. 각 영구 Remember-Me 쿠키는 다음의 요소를 포함한다.

- **시리즈 식별자**Series identifier: 사용자의 초기 로그인을 식별하며, 사용자가 세션에 자동으로 로그인될 때마다 값이 항상 동일하다.
- **토큰 값**: 사용자가 Remember-Me 기능을 사용해 인증될 때마다 변경되는 고유한 값이다.

다음 다이어그램을 살펴보자.

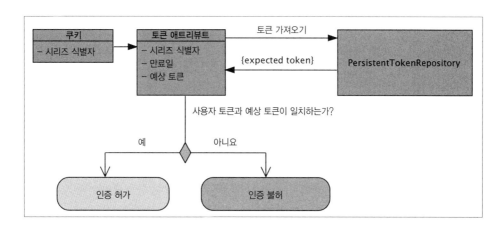

Remember-Me 쿠키가 전송되면 스프링 시큐리티는 o.s.s.web.authentication.remem
berme.PersistentTokenRepository 구현체를 사용하며, 전송된 시리즈 식별자를 이용해
예상 토큰 값과 만료일을 찾는다. 그런 다음 쿠키 내 토큰 값과 예상 토큰을 비교한다. 이
때 토큰이 만료되지 않았고 토큰 값과 예상 토큰이 일치하면 사용자는 인증된 것으로 간
주된다. 만약 다른 사용자를 사용할 경우, 새로운 시리즈 식별자, 토큰 값 및 만료일을 사
용한 새로운 Remember-Me 쿠키를 생성한다.

사용자가 전송한 시리즈 식별자와 일치하는 값이 데이터베이스에 존재하지만 토큰 값이
일치하지 않는 경우 누군가가 Remember-Me 쿠키를 도용하고 있다고 간주할 수 있다.
이런 경우, 스프링 시큐리티는 관련된 Remember-Me 토큰을 폐기하고 사용자에게 해당
세션의 탈취 가능성을 경고한다.

영구 토큰은 데이터베이스에 저장되며 다음 스크린샷과 같이 H2 콘솔을 이용해 확인할
수 있다.

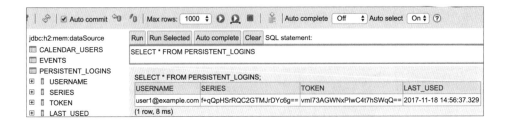

JPA 기반 PersistentTokenRepository

6장에서 설명한 것처럼 데이터베이스 매핑을 위해 스프링 데이터 프로젝트를 사용하면 간단하게 작업할 수 있다. 따라서 다음 과정을 통해 JdbcTokenRepositoryImpl를 사용하는 JDBC 기반 PersistentTokenRepository 인터페이스를 JPA 기반의 인터페이스로 리팩토링할 것이다.

1. 먼저, 다음 코드와 같이 로그인을 지속적으로 유지할 도메인 객체를 생성한다.

```
//src/main/java/com/packtpub/springsecurity/domain/PersistentLogin.java

import org.springframework.security.web.authentication.rememberme.
PersistentRememberMeToken;
import javax.persistence.*;
import java.io.Serializable;
import java.util.Date;
@Entity
@Table(name = "persistent_logins")
public class PersistentLogin implements Serializable {
    @Id
    private String series;
    private String username;
    private String token;
    private Date lastUsed;
    public PersistentLogin(){}
    public PersistentLogin(PersistentRememberMeToken token){
        this.series = token.getSeries();
```

```
        this.username = token.getUsername();
        this.token = token.getTokenValue();
         this.lastUsed = token.getDate();
    }
    ...
```

2. 다음 코드처럼 o.s.d.jpa.repository.JpaRepository 저장소 인스턴스를 생성
   한다.

//src/main/java/com/packtpub/springsecurity/repository/
RememberMeTokenRepository.java

```
import com.packtpub.springsecurity.domain.PersistentLogin;
import org.springframework.data.jpa.repository.JpaRepository;
import java.util.List;
public interface RememberMeTokenRepository extends
JpaRepository<PersistentLogin, String> {
    PersistentLogin findBySeries(String series);
    List<PersistentLogin> findByUsername(String username);
}
```

3. 이제, Jdbc 구현체를 대체할 사용자 정의 PersistentTokenRepository 인터페이
   스를 생성한다. 여기서는 4개의 메서드를 재정의했지만 모든 작업에 JPA를 사용
   하고 있으므로 친숙하게 느껴질 것이다.

//src/main/java/com/packtpub/springsecurity/web/authentication/
rememberme/JpaPersistentTokenRepository.java:

```
...
public class JpaPersistentTokenRepository implements
PersistentTokenRepository {
    private RememberMeTokenRepository rememberMeTokenRepository;
    public JpaPersistentTokenRepository
    (RememberMeTokenRepository rmtr) {
        this.rememberMeTokenRepository = rmtr;
```

```
        }
        @Override
        public void createNewToken(PersistentRememberMeToken token) {
            PersistentLogin newToken = new PersistentLogin(token);
            this.rememberMeTokenRepository.save(newToken);
        }
        @Override
        public void updateToken(String series, String tokenValue,
        Date lastUsed) {
            PersistentLogin token = this.rememberMeTokenRepository
            .findBySeries(series);
            if (token != null) {
                token.setToken(tokenValue);
                token.setLastUsed(lastUsed);
                this.rememberMeTokenRepository.save(token);
            }
        }
        @Override
        public PersistentRememberMeToken
        getTokenForSeries(String seriesId) {
          PersistentLogin token = this.rememberMeTokenRepository
            .findBySeries(seriesId);
          return new PersistentRememberMeToken(token.getUsername(),
          token.getSeries(), token.getToken(), token.getLastUsed());
        }
        @Override
        public void removeUserTokens(String username) {
          List<PersistentLogin> tokens = this.rememberMeTokenRepository
          .findByUsername(username);
          this.rememberMeTokenRepository.delete(tokens);
        }
```

4. 다음 코드에서는 SecurityConfig.java 파일을 약간 변경해 새로운 Persistent
   TokenTokenRepository 인터페이스를 설정했지만 나머지 부분은 이전 절의 설
   정과 동일하다.

```
//src/main/java/com/packtpub/springsecurity/configuration/
SecurityConfig.java

//@Autowired
//@SuppressWarnings("SpringJavaAutowiringInspection")
//private DataSource dataSource;
@Autowired
private PersistentTokenRepository persistentTokenRepository;
...
@Bean
public PersistentTokenRepository persistentTokenRepository(
    RememberMeTokenRepository rmtr) {
    return new JpaPersistentTokenRepository(rmtr);
}
```

5. JDBC를 JPA 영구 토큰 기반의 Remember-Me 인증으로 전환하는 데 필요한 모든 과정을 마쳤다. 이제 애플리케이션을 재시작하고 영구 토큰 기반 Remember-Me 기능이 제대로 동작하는지 확인해보자. 사용자는 기능적인 차이점을 느끼지 못하겠지만 개발자는 해당 기능을 지원하는 구현체가 변경됐음을 알 수 있다 .

 이제, 코드가 chapter07.04-calendar와 비슷해야 한다.

사용자 정의 Remember-Me 서비스

지금까지는 PersistentTokenRepository 구현체를 간단하게 활용하고, JDBC 지원 및 JPA 지원 구현체를 사용함으로써 쿠키의 지속성에 대한 제어를 제한했다. 하지만 더 많은 제어를 하려면 PersistentTokenRepository 인터페이스를 RememberMeServices[1]로

---

1 베리 제스판이 쓴 Improved Persistent Login Cookie Best Practice(http://jaspan.com/improved_persistent_login_cookie_best_practice)를 참고하자.

래핑하면 된다. 스프링 시큐리티는 이전에 설명한 것과 같이 약간 수정된 버전의 Per sistentTokenBasedRememberMeServices를 사용하며, 이를 이용해 사용자 정의 Persis tentTokenRepository 인터페이스를 래핑하고 Remember-Me 서비스를 구현한다.

다음 절에서는 기존 PersistentTokenRepository 인터페이스를 PersistentTokenBasedR ememberMeServices로 래핑하고 rememberMeServices 메서드를 사용해 Remember-Me 선언과 연결할 것이다.

```
//src/main/java/com/packtpub/springsecurity/configuration/SecurityConfig.java

    //@Autowired
    //private PersistentTokenRepository persistentTokenRepository;
    @Autowired
    private RememberMeServices rememberMeServices;
    @Override
    protected void configure(HttpSecurity http) throws Exception {
        ...
        http.rememberMe()
            .key("jbcpCalendar")
            .rememberMeServices(rememberMeServices)
        ...
    }
    @Bean
    public RememberMeServices rememberMeServices
    (PersistentTokenRepository ptr){
        PersistentTokenBasedRememberMeServices rememberMeServices = new
        PersistentTokenBasedRememberMeServices("jbcpCalendar",
        userDetailsService, ptr);
        rememberMeServices.setAlwaysRemember(true);
        return rememberMeServices;
    }
```

> ⓘ 이제, 코드가 chapter07.05-calendar와 비슷해야 한다.

그렇다면 데이터베이스 기반 영구 토큰이 더 안전한가?

TokenBasedRememberMeServices와 마찬가지로 영구 토큰은 쿠키 도용 및 다른 중간자 공격Man-in-the-middle, MITM에 취약하다. 하지만 부록, '참고 자료'에서 다루는 것처럼 SSL을 사용하면 중간자 공격을 방어할 수 있다. 서블릿 3.0 환경(즉, 톰캣 7 이상)을 사용하는 경우 스프링 시큐리티는 쿠키를 HttpOnly로 표시해 XSS 취약점을 이용한 쿠키 도용을 방지한다. HttpOnly 애트리뷰트에 대한 자세한 내용은 7장의 앞부분에서 언급한 쿠키에 대한 자료를 참고하자.

영구 토큰 기반 Remember-Me 기능의 가장 큰 장점은 쿠키가 도용됐는지 여부를 확인할 수 있다는 것이다. 다시 말해, 올바른 토큰과 잘못된 토큰이 비교되는 경우, 해당 시리즈 식별자를 사용하는 Remember-Me 인증값이 도용당했다고 판단하고 관련된 모든 세션을 종료한다. 또한 세션의 상태가 유지되므로 사용자의 패스워드를 변경할 필요 없이 특정 Remember-Me 기능을 종료할 수 있다.

만료된 Remember-Me 세션 정리

영구 토큰 기반 Remember-Me 기능의 단점은 만료된 세션을 정리할 수 있는 빌트인 지원이 없다는 것이다. 따라서 이를 위해서는 7장의 샘플 코드에 포함된 코드처럼 만료된 세션을 정리하는 백그라운드 프로세스를 구현해야 한다.

간결성을 위해 다음 코드에서는 유효성 검사나 오류 처리를 수행하지 않지만 샘플 코드에서는 해당 기능을 포함한 전체 코드를 확인할 수 있다.

```
//src/main/java/com/packtpub/springsecurity/web/authentication/rememberme/
JpaTokenRepositoryCleaner.java

public class JpaTokenRepositoryImplCleaner
implements Runnable {
  private final RememberMeTokenRepository repository;
  private final long tokenValidityInMs;
  public JpaTokenRepositoryImplCleaner(RememberMeTokenRepository
  repository, long tokenValidityInMs) {
    if (rememberMeTokenRepository == null) {
      throw new IllegalArgumentException("jdbcOperations cannot
      be null");
    }
    if (tokenValidityInMs < 1) {
      throw new IllegalArgumentException("tokenValidityInMs
      must be greater than 0. Got " + tokenValidityInMs);
    }
    this. repository = repository;
    this.tokenValidityInMs = tokenValidityInMs;
  }
public void run() {
    long expiredInMs = System.currentTimeMillis()
    - tokenValidityInMs; try {
      Iterable<PersistentLogin> expired =
      rememberMeTokenRepository
      .findByLastUsedAfter(new Date(expiredInMs));
      for(PersistentLogin pl: expired){
          rememberMeTokenRepository.delete(pl);
      }
    } catch(Throwable t) {...}
  }
}
```

7장의 샘플 코드에서는 10분마다 클리너를 실행하는 간단한 스프링 설정도 포함돼 있
다. 스프링 작업 추상화에 익숙하지 않아 더 자세히 공부하고 싶다면 스프링 참조 문서
(https://docs.spring.io/spring/docs/current/spring-framework-reference/html/scheduling.

html)를 참고하자. 또한 다음 코드에서 관련 설정을 찾을 수 있으며 명확한 설명을 위해 해당 스케줄러를 JavaConfig.java 파일에 포함시킨다.

```java
//src/main/java/com/packtpub/springsecurity/configuration/JavaConfig.java

@Configuration
@Import({SecurityConfig.class})
@EnableScheduling
public class JavaConfig {
    @Autowired
    private RememberMeTokenRepository rememberMeTokenRepository;
    @Scheduled(fixedRate = 10_000)
    public void tokenRepositoryCleaner(){
        Thread trct = new Thread(new JpaTokenRepositoryCleaner(
        rememberMeTokenRepository, 60_000L));
        trct.start();
    }
}
```

 위의 설정은 클러스터를 인식하지 못한다. 따라서 클러스터에 해당 설정을 배포하는 경우, 애플리케이션이 배포되는 모든 JVM에 대해 클리너가 한 번 실행된다.

이제 애플리케이션을 재시작하고 업데이트한 항목이 제대로 동작하는지 확인해보자. 지금까지의 설정은 10분마다 클리너가 실행되도록 한다. 따라서 더 자주 클리너 테스크가 동작하거나 최근에 사용된 Remember-Me 토큰을 정리하도록 하고 싶다면 @Scheduled 선언을 수정하면 된다. 그런 다음 몇 가지 Remember-Me 토큰을 생성하고 쿼리를 이용해 H2 데이터베이스 콘솔에서 삭제된 것을 확인하면 된다.

 이제, 코드가 chapter07.06-calendar와 비슷해야 한다.

Remember-Me 아키텍처

지금까지 `TokenBasedRememberMeServices`와 `PersistentTokenBasedRememberMeServic`
`es`의 기본 아키텍처를 살펴봤지만 전반적인 아키텍처에 대한 설명은 하지 않았다. 여기
서는 Remember-Me의 여러 구성 요소가 전반적으로 어떻게 연결되고 동작하는지 확
인해보자.

다음 다이어그램은 토큰 기반 Remember-Me 토큰의 유효성을 검사하는 프로세스와 관
련된 여러 구성 요소를 보여준다.

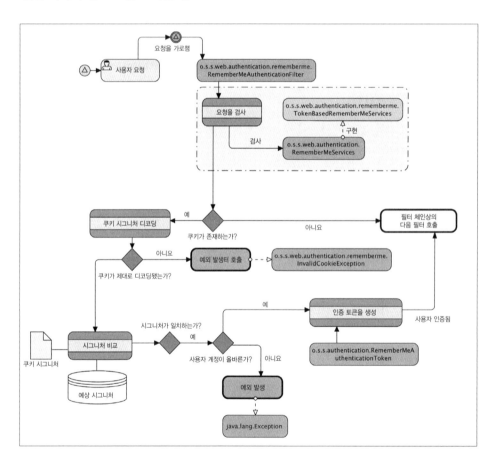

다른 스프링 시큐리티 필터와 마찬가지로 RememberMeAuthenticationFilter도 Filter ChainProxy에서 호출된다. 여기서 RememberMeAuthenticationFilter의 역할은 요청을 검사해, 필요한 경우 조치를 취하는 것이다. RememberMeAuthenticationFilter 인터페이스는 RememberMeServices 구현체를 사용해 사용자가 이미 로그인했는지 여부를 확인한다. 그리고 RememberMeServices 인터페이스는 Remember-Me 쿠키에 대한 HTTP 요청을 확인한 후, 앞서 논의한 토큰 기반 인증 및 영구 토큰 기반 인증을 사용해 유효성을 검사한다. 마지막으로 토큰이 검증되면 사용자는 로그인된다.

Remember-Me와 사용자 라이프 사이클

RememberMeServices 구현체는 인증된 사용자 세션의 라이프 사이클의 몇몇 지점에서 호출된다. Remember-Me 기능을 좀 더 명확히 이해하려면 어떤 시점에 어떤 정보를 받는지 알아두는 것이 좋다.

사용자 행동	발생하는 일	호출되는 RememberMeServices 메서드
로그인 성공	폼 매개변수가 전송되는 경우 구현체 클래스가 Remember-Me 쿠키를 설정한다.	loginSuccess
로그인 실패	쿠키가 존재하면 구현체 클래스가 쿠키를 무효화한다.	loginFailed
사용자 로그아웃	쿠키가 존재하면 구현체 클래스가 쿠키를 무효화한다.	logout

 logout 메서드는 RememberMeServices에 포함돼 있지 않다. 그 대신 각 Remember MeServices 구현체는 logout 메서드를 포함한 LogoutHandler를 상속한다. 따라서 각 RememberMeServices 구현체는 LogoutHandler 인터페이스를 상속함으로써 필요한 정리 작업을 수행할 수 있다.

사용자 정의 인증 핸들러를 유용하고 안전하게 사용하려면 인증 프로세서에서 Remember MeServices를 항상 일관되게 연계해야 하기 때문에 사용자 정의 인증 핸들러를 생성할 때 RememberMeServices 인터페이스가 어느 위치에서 어떻게 사용자 라이프 사이클과 연계 되는지 이해하는 것이 중요하다.

IP 주소를 통한 Remember-Me 기능 제한

이제 앞서 이해한 Remember-Me 아키텍처를 활용해보자. Remember-Me 기능을 더 안전하게 만드는 방법 중 하나는 사용자의 IP 주소를 토큰과 연계하는 것이다. 이를 위해서는 사용자 정의 PersistentTokenRepository 인터페이스만 구현하면 되며, 앞으로 사용자 정의 RememberMeServices를 어떻게 설정하는지 설명한다. 이 절 전체에서는 7장의 샘플 코드에 포함된 IpAwarePersistentTokenRepository에 대해 살펴본다. IpAwarePersistenTokenRepository 인터페이스는 시리즈 식별자가 현재 사용자의 IP 주소와 내부적으로 결합되도록 하며, 시리즈 식별자는 식별자만을 외부적으로 포함한다. 즉, 토큰을 조회하거나 저장할 때마다 현재 IP 주소를 사용해 토큰을 조회하거나 유지한다는 뜻이다. 다음 코드에서는 IpAwarePersistentTokenRepositor가 어떻게 동작하는지 확인할 수 있으며, 더 자세한 학습을 원한다면 7장의 샘플 코드를 참고할 것을 권장한다.

IP 주소를 조회하려면 다음 코드와 같이 스프링 시큐리티의 RequestContextHolder를 사용한다.

 RequestContextHolder를 사용하려면 RequestContextHolder를 사용하도록 web.xml 파일에 설정해야 한다. 샘플 코드에는 이미 해당 설정을 완료했다. 해당 설정 방법에 대한 자세한 내용은 IpAwarePersistentTokenRepository의 JavaDoc를 참고하자.

//src/main/java/com/packtpub/springsecurity/web/authentication/rememberme/
IpAwarePersistentTokenRepository.java

```
private String ipSeries(String series) {
    ServletRequestAttributes attributes = (ServletRequestAttributes)
    RequestContextHolder.getRequestAttributes();
    return series + attributes.getRequest().getRemoteAddr();
}
```

다음 메서드를 사용하면 다음과 같이 시리즈 식별자에 IP 주소를 강제로 포함하도록 할 수 있다.

```
public void createNewToken(PersistentRememberMeToken token) {
    String ipSeries = ipSeries(token.getSeries());
    PersistentRememberMeToken ipToken = tokenWithSeries(token, ipSeries);
     this.delegateRepository.createNewToken(ipToken);
}
```

위 코드에서는 IP 주소가 포함된 새로운 시리즈 식별자를 생성했으며, tokenWithSeries 메서드는 새로운 시리즈 식별자를 제외하고 모든 값이 동일한 새로운 토큰을 생성하는 보조자일 뿐이다. 그런 다음 PersistentTokenRepository의 본 구현체인 delegateRepsository에 IP 주소를 포함한 시리즈 식별자와 새로운 토큰을 제출한다.

토큰을 조회할 때마다 현재 사용자의 IP 주소가 시리즈 식별자에 추가돼야 한다. 따라서이 경우 악의적인 사용자가 다른 IP 주소를 가진 정상적인 사용자의 토큰을 사용할 수 있는 방법이 없다.

```
public PersistentRememberMeToken getTokenForSeries(String seriesId) {
    String ipSeries = ipSeries(seriesId);
    PersistentRememberMeToken ipToken = delegateRepository.
    getTokenForSeries(ipSeries);
    return tokenWithSeries(ipToken, seriesId);
}
```

나머지 코드는 이전과 상당히 비슷하다. 내부적으로는 IP 주소를 추가한 시리즈 식별자를 사용하고, 외부적으로는 원래의 시리즈 식별자만 표시한다. 이렇게 하면 Remember-Me 토큰을 생성한 사용자만 사용할 수 있는 제약이 형성된다.

7장의 샘플 코드에 포함된 IpAwarePersistentTokenRepository에 대한 스프링 설정을 검토해보자. 다음 코드에서는 먼저 새로운 JpaPersistentTokenRepository를 래핑하는 IpAwarePersistentTokenRepository 선언을 생성한다. 그런 다음 OrderedRequestContextFilter 인터페이스를 인트턴스화해 RequestContextFilter 클래스를 초기화한다.

```
//src/main/java/com/packtpub/springsecurity/web/configuration/WebMvcConfig.java

    @Bean
    public IpAwarePersistentTokenRepository
    tokenRepository(RememberMeTokenRepository rmtr) {
        return new IpAwarePersistentTokenRepository(
        new JpaPersistentTokenRepository(rmtr)
    );
}
@Bean
public OrderedRequestContextFilter requestContextFilter() {
    return new OrderedRequestContextFilter();
}
```

스프링 시큐리티에서 사용자 정의 RememberMeServices를 활용하려면 보안 설정을 업데이트해야 한다. 다음과 같이 SecurityConfig.java 파일을 업데이트해보자.

```
//src/main/java/com/packtpub/springsecurity/configuration/SecurityConfig.java

    @Override
    protected void configure(HttpSecurity http) throws Exception {
      ...
      // Remember-Me 설정
```

```
http.rememberMe()
        .key("jbcpCalendar")
        .rememberMeServices(rememberMeServices);
}
@Bean
public RememberMeServices rememberMeServices
(PersistentTokenRepository ptr){
    PersistentTokenBasedRememberMeServices rememberMeServices = new
    PersistentTokenBasedRememberMeServices("jbcpCalendar",
    userDetailsService, ptr);
    return rememberMeServices;
}
```

이제 애플리케이션을 재시작하고 로그인한 컴퓨터와 다른 컴퓨터에 Firebug와 같은 플러그인을 설치해 Remember-Me 쿠키 조작을 시도해보자. 로그인한 컴퓨터와 다른 컴퓨터에서 Remember-Me 쿠키를 사용하려고 시도하면 스프링 시큐리티는 Remember-Me 요청을 무시하고 관련된 쿠키를 삭제한다.

 이제, 코드가 chapter07.07-calendar와 비슷해야 한다.

여기서 주의해야 할 점은 다중 WAN 환경과 같은 공유 또는 부하 분산된 네트워크 인프라를 사용하는 경우 IP 기반 기억 장치 토큰이 제대로 작동하지 않을 수 있다는 것이다. 하지만 대부분의 경우 IP 주소를 rememberMe 메서드에 추가하면 사용자 기능에 유용한 추가 안전 계층이 형성되므로 해결할 수 있다.

사용자 정의 쿠키 및 HTTP 매개변수명

만약 Remember-Me 폼 필드 체크박스의 예상값이 rememberMe인지 쿠키 값이 rememberMe인지 헷갈린다면 두 값 중 하나를 변경하면 된다. 다음 단계를 통해 변경해보자.

1. 일단, 다음과 같이 rememberMe 메서드에 다른 메서드를 추가한다.

```
//src/main/java/com/packtpub/springsecurity/configuration/
SecurityConfig.java

http.rememberMe()
            .key("jbcpCalendar")
            .rememberMeParameter("jbcpCalendar-remember-me")
            .rememberMeCookieName("jbcpCalendar-remember-me");
```

2. 이제, 자체 RememberMeServices 구현체를 스프링 빈으로 선언했으므로 다음과 같이 체크박스 및 쿠키명을 변경하기 위한 애트리뷰트를 정의하면 된다.

```
//src/main/java/com/packtpub/springsecurity/configuration/
SecurityConfig.java

@Bean
public RememberMeServices rememberMeServices
(PersistentTokenRepository ptr){
    PersistentTokenBasedRememberMeServices rememberMeServices = new
    PersistentTokenBasedRememberMeServices("jbcpCalendar",
    userDetailsService, ptr);
    rememberMeServices.setParameter("obscure-remember-me");
    rememberMeServices.setCookieName("obscure-remember-me");
    return rememberMeServices;
}
```

3. 마지막으로 다음과 같이 login.html 페이지에 체크박스 폼 필드명을 설정하고 선언한 매개변수 값과 일치하도록 변경한다.

```
//src/main/resources/templates/login.html

<input type="checkbox" id="remember" name=" obscure-remember-me"
value="true"/>
```

위에서 변경한 설정이 어떻게 서로 연관돼 있는지 이해하기 위해 여러 번 시도해보는 것을 추천한다. 이제 애플리케이션을 재시작하고 제대로 동작하는지 확인해보자.

 이제, 코드가 chapter07.08-calendar와 비슷해야 한다.

요약

7장에서는 스프링 시큐리티에서 Remember-Me 기능을 사용하는 방법에 대해 설명했다. 가장 기본적인 설정부터 안전하게 만드는 방법까지 배웠다. 특히, 토큰 기반의 Remember-Me 서비스에 대한 개념과 이를 구성하는 방법에 대해 살펴봤다. 또한 영구 토큰 기반 Remember-Me 서비스가 추가 보안을 제공하는 원리, 작동 방식 및 이를 사용하기 위해 필요한 추가 고려 사항에 대해 알아봤다.

추가로 Remember-Me 토큰을 특정 IP 주소에서만 사용하도록 제한하는 사용자 정의 Remember-Me 구현체를 생성하는 방법에 대해서도 배웠으며, 그 외에 Remember-Me 기능을 보다 안전하게 만드는 여러 가지 다른 방법도 알아봤다.

8장, 'TLS를 사용한 클라이언트 인증서 인증'에서는 인증서 기반 인증에 대해 다룰 것이며, 신뢰할 수 있는 클라이언트 측 인증서를 사용해 인증을 수행하는 방법에 대해 설명한다.

08

TLS를 사용한
클라이언트 인증서 인증

일반적으로 1장, '취약한 애플리케이션의 구조'와 2장, '스프링 시큐리티 시작하기'에서 살펴본 것과 같이 사용자명과 패스워드를 사용한 인증이 가장 많이 사용되는 인증 방식이다. 하지만 사용자가 다양한 종류의 자격 증명을 제시할 수 있는 인증 방식도 존재하며 스프링 시큐리티는 이러한 방식도 충분히 수용할 수 있다. 8장에서는 폼 기반 인증을 넘어 신뢰할 수 있는 클라이언트 측 인증서를 사용한 인증 방식에 대해 살펴본다.

8장에서는 다음과 같은 내용을 다룬다.

- 사용자의 웹 브라우저와 호환되는 서버 간에 클라이언트 인증서 인증을 협상하는 방법
- 클라이언트 인증서로 사용자를 인증하기 위한 스프링 시큐리티 설정 방법
- 스프링 시큐리티의 클라이언트 인증서 인증 아키텍처

- 클라이언트 인증서 인증과 관련된 고급 설정 옵션
- 클라이언트 인증서 인증의 장단점 및 일반적인 문제 해결 과정 검토

▌ 클라이언트 인증서 인증의 동작 원리

클라이언트 인증서 인증에는 클라이언트(사용자의 웹 브라우저)와 서버 애플리케이션 사이의 신뢰할 수 있는 인증 관계를 협상하기 위한 서버의 정보 요청 및 웹 브라우저의 응답이 필요하다. 이러한 신뢰 관계는 **인증서**^{certificates}라는 신뢰하고 검증할 수 있는 자격 증명의 교환을 통해 형성된다.

지금까지 살펴본 것과는 달리, 클라이언트 인증서 인증에서는 서블릿 컨테이너 또는 애플리케이션 서버가 인증서를 요청하고, 해석하고, 검증하는 단계를 통해 웹 브라우저와 서버 간의 신뢰 관계를 형성하는 주된 역할을 담당한다.

클라이언트 인증서 인증은 **상호 인증**^{mutual authentication}이라고도 하며, **SSL**^{Secure Sockets Layer}(보안 소켓 계층) 프로토콜과 SSL 프로토콜의 후속 프로토콜인 **TLS**^{Transport Layer Security}(전송 계층 보안) 프로토콜의 일부다. 상호 인증이 SSL과 TLS 프로토콜의 일부이므로 클라이언트 인증서 인증을 사용하기 위해 안전한 SSL 또는 TLS를 사용한 HTTPS 연결이 필요하다. 스프링 시큐리티의 SSL/TLS 지원에 대한 자세한 내용은 부록, '참고 자료'를 참고하자. 클라이언트 인증서 인증을 구현하려면 톰캣(또는 지금까지 예제에서 사용한 애플리케이션 서버에서) SSL/TLS를 설정하는 작업이 필요하다. 부록, '참고 자료'에서와 동일하게 8장의 나머지 부분에서도 SSL/TLS를 SSL로 통칭한다.

다음 다이어그램은 상호 인증 시 SSL 연결을 협상하고 클라이언트 인증서의 신뢰성을 검증할 때 클라이언트 웹 브라우저와 웹 서버 사이의 상호 작용 과정을 보여준다.

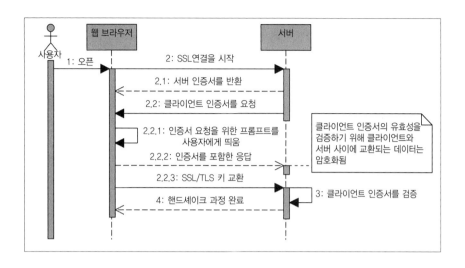

서버와 클라이언트 인증서의 교환을 통해 양측이 서로를 확인하게 되고 통신을 안전하게 진행할 수 있도록 신뢰 관계를 형성하는 것을 확인할 수 있다. 위의 다이어그램은 최대한 간단히 설명하기 위해 SSL 핸드셰이킹 과정의 세부 사항과 인증서 자체의 신뢰성 검증에 대한 부분은 생략했다. 하지만 다음과 같이 SSL/TLS 프로토콜과 인증서에 관한 좋은 참고 자료가 시중에 많이 나와 있으므로 참고할 것을 권장한다.

- RFC 5246, The Transport Layer Security (TLS) Protocol Version 1.2 (http://tools.ietf.org/html/rfc5246): 클라이언트 인증서에 대한 내용을 처음 학습하기에 좋은 내용이 들어 있다.
- SSL and TLS: Designing and Building Secure Systems, Eric Rescorla, Addison-Wesley (https://www. amazon.com/SSL-TLS-Designing-Building-Systems/dp/0201615983): SSL/TLS 프로토콜과 SSL/TLS 구현에 대한 상세한 내용을 다루는 저서다.

클라이언트 인증서 기반 인증의 다른 이름은 X.509 인증이다. X.509라는 용어는 원래 ITU-T 기관에서 디렉터리에 사용하기 위해 공표한 X.509 표준에서 유래한 이름으로, 해당 표준은 6장, 'LDAP 디렉터리 서비스'에서 설명한 LDAP의 기원이 되는 X.500 표준을 기반으로 한다. 나중에 X.509 표준은 인터넷 통신을 보호하는 데 사용되도록 채택됐다.

위의 내용을 설명하는 이유는 8장의 클라이언트 인증서 인증과 관련해 많은 스프링 시큐리티의 클래스가 X.509를 언급하고 있기 때문이다. 또한 X.509는 자체적으로 상호 인증 프로토콜을 인증하지는 않지만, 대신 인증서의 형식과 구조 및 신뢰된 인증 기관을 정의한다는 사실을 기억하고 넘어가자.

클라이언트 인증서 인증 인프라 설정

클라이언트 인증서 인증을 사용하려면 스프링 시큐리티와 연동하는 것은 비교적 쉽지만 다소 번거로운 설정 작업이 필요하다. 따라서 처음 개발해보는 개발자를 위해 필요한 설정 과정을 한 단계씩 차근차근 소개할 예정이다.

로컬에서 자체 서명된 서버 인증서, 자체 서명된 클라이언트 인증서와 아파치 톰캣을 사용한다고 가정한다. 대부분의 개발 환경에서 흔히 사용하는 환경이지만 환경에 따라서는 다른 유효한 서버 인증서에 접근하거나 **인증 기관**^{CA} 또는 다른 애플리케이션 서버에 접근할 수도 있다. 이러한 경우에는 앞으로 설명할 설치 지침을 참고해 이와 유사한 방식으로 환경을 구성하면 된다. 또한 톰캣 Standalone 환경에서 SSL을 사용하도록 톰캣 및 스프링 시큐리티를 설정하는 방법에 대해서는 부록, '참고 자료'의 SSL 설정 지침을 참고하자.

공개키 인프라의 목적 이해

8장에서는 학습 및 교육 목적으로 자체 개발 환경을 설정하는 데 중점을 둔다. 하지만 클라이언트 인증서 보안을 적용한 실제 환경과 스프링 시큐리티를 연동하는 대부분의 환경에서는 인증서 부여, 관리, 사용자 셀프 서비스 및 인증서 폐기 등을 위한 많은 인프라(보통 하드웨어와 소프트웨어의 조합)가 있을 수 있다. 이러한 환경에서는 공개키 인프라public key infrastructure, PKI를 정의하는데 여기서 공개키 인프라는 하드웨어, 소프트웨어, 보안 정책을 조합해 보안성이 뛰어난 인증 기반 네트워크 시스템을 구축한 것을 의미한다.

이러한 환경의 인증서 또는 하드웨어 기기는 웹 애플리케이션 인증에 사용될 뿐 아니라 S/MIME를 통한 안전한 부인 방지 이메일, 네트워크 인증 및 PKCS 11 기반의 하드웨어 기기를 통한 물리적 건물 접근에도 사용된다.

또한 공개키 인프라 환경을 관리하는 비용은 매우 크고 IT 기술과 전문적인 경영 관리가 모두 필요하지만 기술 전문가 사이에서는 가장 보안성이 좋은 운영 환경 중 하나로 평가 받는다.

클라이언트 인증서 키 쌍 생성

자체 서명된 클라이언트 인증서는 자체 서명된 서버 인증서와 생성 방식이 동일하며 두 방식 모두 keytool 명령어를 사용하면 된다. 클라이언트 인증서 키 쌍은 웹 브라우저에서 사용할 수 있는 키 저장소가 필요하며 클라이언트 공개키를 서버의 신뢰된 저장소에 로드해야 한다는 점이 서버 인증서와 다르다.

클라이언트 키 쌍은 다음과 같이 생성한다. 만약 지금 직접 키를 생성하지 않으려면 다음 절로 건너뛰고 8장의 /src/main/resources/keys 폴더에 있는 샘플 인증서를 사용하면 된다.

```
keytool -genkeypair -alias jbcpclient -keyalg RSA -validity 365 -keystore jbcp_
clientauth.p12 -storetype PKCS12
```

 keytool과 구성 옵션에 대한 추가 정보는 오라클 사이트(http://docs.oracle.com/javase/8/docs/technotes/tools/unix/keytool.html/keytool.html)에서 확인할 수 있다.

위에서 keytool과 함께 사용한 대부분의 옵션은 임의로 설정된 것이다. 하지만 인증서에 쓸 이름과 성(CN 또는 소유자 DN에 해당)을 묻는 문구가 나오면 스프링 시큐리티 JDBC 저장소에 설정한 사용자와 이름이 동일하도록 설정해야 한다. 예를 들어 스프링 시큐리티에 admin1@example.com을 사용자로 설정했으므로 다음과 같이 admin1@example.com으로 설정하면 된다.

이름과 성을 입력하십시오.
[Unknown]: admin1@example.com
... etc
CN=admin1@example.com, OU=JBCP Calendar, O=JBCP, L=Park City, ST=UT, C=US가 맞습니까?
[아니요]: 예

이 부분이 왜 중요한지는 인증서 인증 사용자가 정보에 접근할 수 있도록 스프링 시큐리티를 설정하면서 알게 될 것이다. 이제 톰캣에서 인증서 인증을 설정하기 위한 마지막 단계만 남았다.

톰캣 신뢰 저장소 설정

키 쌍의 정의에는 개인키와 공개키가 모두 포함돼 있다는 것을 기억하자. 또한 서버 통신을 검증하고 보호하는 SSL 인증서와 마찬가지로 클라이언트 인증서를 생성한 인증 기관에서 클라이언트 인증서의 유효성을 확인해야 한다.

앞서 keytool 명령어를 사용해 자체 서명된 클라이언트 인증서를 생성했기 때문에 자바 VM은 이를 신뢰할 수 있는 인증 기관에서 생성한 것으로 여기지 않는다.

다음 단계를 살펴보자.

1. 일단, 톰캣이 인증서를 신뢰할 수 있는 인증서로 인식하도록 해야 한다. 따라서 키 쌍에서 공개키를 내보내고 내보낸 공개키를 톰캣 신뢰 저장소에 추가하는 작업을 수행한다.
2. 이 단계를 지금 수행하지 않으려면 /src/main/resources/keys에 위치한 기존 신뢰 저장소를 사용하고 이 절의 뒷부분인 server.xml을 설정하는 곳으로 건너뛰면 된다.

3. 다음과 같이 jbcp_clientauth.cer라는 이름의 표준 인증서 파일로 공개키를 내
보낸다.

```
keytool -exportcert -alias jbcpclient -keystore jbcp_clientauth.p12
-storetype PKCS12 -storepass changeit -file jbcp_clientauth.cer
```

4. 다음으로 신뢰 저장소에 인증서를 불러온다. 여기서는 다음 명령어를 통해 신뢰
저장소를 생성하지만 일반적인 상황에서는 이미 다른 인증서가 들어 있는 신뢰
저장소가 있을 것이다.

```
keytool -importcert -alias jbcpclient -keystore tomcat.truststore -file
jbcp_clientauth.cer
```

위의 명령어는 tomcat.truststore라는 신뢰 저장소를 생성하고 패스워드
(changeit으로 설정함)를 묻는 프롬프트 창을 띄운다. 또한 인증서에 대한 몇 가
지 정보를 표시하고 최종적으로 다음과 같이 인증서를 신뢰하는지 확인하는 메
시지를 표시한다.

```
소유자: CN=admin1@example.com, OU=JBCP Calendar, O=JBCP, L=Park City,
ST=UT, C=US
발행자: CN=admin1@example.com, OU=JBCP Calendar, O=JBCP, L=Park City,
ST=UT, C=US
일련 번호: 464fc10c
시작 날짜: Fri Jun 23 11:10:19 MDT 2017 종료 날짜: Thu Feb 12 10:10:19 MST
2043

// 인증서 지문:

MD5: 8D:27:CE:F7:8B:C3:BD:BD:64:D6:F5:24:D8:A1:8B:50
SHA1: C1:51:4A:47:EC:9D:01:5A:28:BB:59:F5:FC:10:87:EA:68:24:E3:1F
SHA256: 2C:F6:2F:29:ED:09:48:FD:FE:A5:83:67:E0:A0:B9:DA:C5:3B:
FD:CF:4F:95:50:3A:2C:B8:2B:BD:81:48:BB:EF
```

```
주체 공용키 알고리즘: SHA256withRSA
버전: 3

// 확장:

#1: ObjectId: 2.5.29.14 Criticality=false SubjectKeyIdentifier [
KeyIdentifier [
0000: 29 F3 A7 A1 8F D2 87 4B    EA 74 AC 8A 4B BC 4B 5D
)......K.t..K.K]
0010: 7C 9B 44 4A          ..DJ
]
]
이 인증서를 신뢰합니까? [아니요]: 예
```

새로운 tomcat.truststore 파일을 사용 중인 톰캣 서버의 설정 파일에서 참고하도록 설정해야 하므로 저장된 위치를 기억하고 넘어가자.

 키 저장소와 신뢰 저장소의 차이점은 무엇인가?

자바 보안 소켓 확장(Java Secure Socket Extension, JSSE) 문서는 키 저장소를 개인키 및 해당 공개키의 저장소 메커니즘으로 정의한다. 키 쌍을 포함하는 키 저장소는 보안 메시지 등을 암호화 및 복호화하는 데 사용한다. 신뢰 저장소는 인증서 인증에서 신뢰 저장소가 사용되는 것처럼 신원 확인 시 신뢰할 수 있는 통신 상대의 공개키만을 저장하는 용도로 사용된다. 하지만 대부분의 일반 관리 환경에서는 키 저장소와 신뢰 저장소를 단일 파일로 결합해 관리한다(톰캣에서는 커넥터의 keystoreFile 및 truststoreFile 애트리뷰트를 사용해 처리할 수 있다). 파일의 형식은 완전히 동일할 수도 있으며, 실제로 각 파일은 자바 KeyStore (JKS), PKCS 12 등을 포함한 JSSE 지원 키 저장소 형식일 수도 있다.

5. 앞서 언급했듯이 부록, '참고 자료'에 설명된 대로 SSL 커넥터를 이미 구성했다고 가정한다. 만약 server.xml 파일에 keystoreFile 또는 keystorePass 애트리뷰트가 없으면 부록, '참고 자료'를 참고해 SSL을 설정해야 한다.

6. 마지막으로 톰캣이 신뢰 저장소를 인식하게 해서 클라이언트 인증서 인증을 활성화해야 한다. 다음과 같이 `server.xml` 파일의 SSL 커넥터에 세 가지 애트리뷰트를 추가해보자.

```
//sever.xml

<Connector port="8443" protocol="HTTP/1.1" SSLEnabled="true"
maxThreads="150" scheme="https" secure="true"
sslProtocol="TLS"
keystoreFile="<KEYSTORE_PATH>/tomcat.keystore"
keystorePass="changeit"
truststoreFile="<CERT_PATH>/tomcat.truststore"
truststorePass="changeit"
clientAuth="true"
/>
```

> ℹ️ server.xml 파일은 /TOMCAT_HOME/conf/server.xml에서 찾아볼 수 있다. 이클립스 또는 STS를 사용해 톰캣과 연동한 경우 Servers 프로젝트에서 server.xml 파일을 찾을 수 있을 것이다. 예를 들어 톰캣 8을 사용하는 경우 이클립스 작업 공간의 경로는 /Servers/Tomcat v8.0 Server의 /localhost-config/server.xml과 비슷하게 나타난다.

위의 설정은 SSL 연결이 맺어질 때 톰캣이 클라이언트 인증서를 요청하기 위해 필요한 설정이다. 물론 `<CERT_PATH>`와 `<KEYSTORE_PATH>`를 전체 경로로 바꾸는 것을 추천한다. 예를 들어 UNIX 기반 운영체제에서는 경로를 `/home/mickknutson/packt/chapter8/keys/tomcat.keystore`와 같이 나타낸다.

7. 톰캣 서버를 재시작해 오류 없이 서버가 실행되는지 확인하자.

> ℹ️ 톰캣이 선택적으로 클라이언트 인증서 인증을 사용하도록 설정하는 방법도 있다. 이에 대한 설정은 8장의 뒷부분에서 다룰 예정이다. 지금은 설정이 제대로 됐는지 여부를 쉽게 진단할 수 있도록 톰캣 서버와 연결된 클라이언트 인증서를 설정하는 내용만 살펴보자.

스프링 부트에서의 톰캣 설정

스프링 부트 내에 포함된 톰캣 인스턴스를 설정할 수도 있으므로 8장의 나머지 부분에서 사용해보자.

다음과 같이 스프링 부트에서 새로 생성된 인증서를 사용하도록 간단한 설정을 해보자.

```
server:
port: 8443
ssl:
    key-store: "classpath:keys/jbcp_clientauth.p12"
    key-store-password: changeit
    keyStoreType: PKCS12
    keyAlias: jbcpclient
    protocol: TLS
```

마지막 단계는 클라이언트 웹 브라우저에서 인증서를 불러오는 것이다.

웹 브라우저로 인증서 키 쌍 불러오기

사용 중인 웹 브라우저에 따라 인증서를 불러오는 과정이 조금씩 다르다. 여기서는 파이어폭스, 크롬 및 인터넷 익스플로러 설치에 대한 지침을 제공하지만 다른 웹 브라우저를 사용하는 경우 도움말 절이나 검색 엔진을 통해 도움을 받도록 하자.

파이어폭스를 사용하는 경우

다음 단계를 통해 파이어폭스Firefox에서 클라이언트 인증서 키 쌍을 포함하는 키 저장소를 불러온다.

1. 웹 브라우저 툴바에서 공구 모양 아이콘을 클릭한다.
2. **설정**을 클릭한다.
3. **개인 정보 및 보안** 탭을 클릭한다.

4. **인증서** 절의 **인증서 관리** 버튼을 클릭한다.

5. **가져오기** 버튼을 클릭한다.

6. jbcp_clientauth.p12 파일을 저장한 위치를 찾아 해당 인증서를 선택한 후, 인증서 파일을 생성할 때 사용한 패스워드(즉, changeit)를 입력한다.

7. **확인**을 클릭한다.

이제 인증서 파일을 불러오면 목록에서 인증서 파일을 확인할 수 있을 것이다.

크롬을 사용하는 경우

다음 단계를 통해 크롬에서 클라이언트 인증서 키 쌍을 포함하는 키 저장소를 불러온다.

1. 웹 브라우저 툴바에서 공구 모양 아이콘을 클릭한다.

2. **설정**을 클릭한다.

3. **고급**을 클릭한다.

4. **계정 정보 및 보안** 절의 **인증서 관리** 버튼을 클릭한다.

5. **개인** 탭의 **가져오기** 버튼을 클릭한다.

6. jbcp_clientauth.p12 파일을 저장한 위치로 이동해 해당 인증서를 선택한다.

7. 인증서 파일을 생성할 때 사용한 패스워드(즉, changeit)를 입력한다.

8. **확인**을 클릭한다.

인터넷 익스플로러를 사용하는 경우

인터넷 익스플로러는 윈도우 운영체제와 연동이 잘돼 있어 키 저장소를 불러오는 과정이 좀 더 쉽다. 다음 단계를 통해 살펴보자.

1. 윈도우 탐색기에서 jbcp_clientauth.p12 파일을 더블 클릭하면 인증서 가져오기 마법사가 열린다.

2. 인증서 패스워드를 물어보는 곳까지 Next를 클릭해 기본 설정으로 진행한다.

3. 인증서 파일을 생성할 때 사용한 패스워드(즉, `changeit`)를 입력한 후, Next를 클릭한다.

4. 기본 값인 **인증서 종류를 기준으로 인증서 저장소를 자동으로 선택** 옵션 선택 후 Next를 클릭한다.

5. **마침**을 클릭한다.

다음 단계에 따라 인증서가 올바르게 설치됐는지 확인해보자.

1. 인터넷 익스플로러에서 **툴** 메뉴(Alt + X)를 연다.

2. **인터넷 옵션**을 클릭한다.

3. **내용** 탭을 클릭한다.

4. **인증서** 버튼을 클릭한다.

5. **개인** 탭 아래 목록에 가져오기 한 인증서가 나타나는지 확인한다.

테스트 마무리

이제 클라이언트 인증서를 사용해 JBCP 달력 사이트에 연결할 수 있다. 이때 SSL을 사용하고 있기 때문에 HTTPS와 8443 포트를 사용해 `https://localhost:8443/`로 접속해야 한다. 모든 게 올바르게 설정됐다면 사이트에 접근할 때 인증서를 선택하는 화면이 나타날 것이며, 파이어폭스에서는 다음과 같이 인증서를 표시한다.

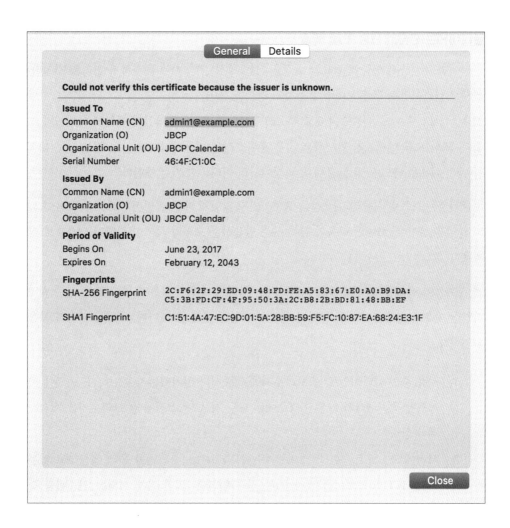

하지만 My Events 페이지와 같이 보호된 영역에 접근하려고 하면 로그인 페이지로 리다이렉트되는 것을 볼 수 있다. 이는 스프링 시큐리티에 아직 인증서의 정보를 설정하지 않았기 때문이다. 따라서 지금은 클라이언트와 서버의 모든 통신이 톰캣 서버 자체에서 중단된 상태라고 이해하면 된다.

 chapter08.00-calendar의 코드부터 시작하자.

클라이언트 인증서 인증 문제 해결

클라이언트 인증서 인증에 필요한 설정을 하는 과정은 한 번에 해결하기 어려울 것이다. 실제로 클라이언트 인증은 아주 훌륭하고 강력한 툴이기는 하지만 웹 브라우저 제조사나 웹 서버 제조사 어느 누구도 제대로 된 설명을 문서화해 놓지 않았기 때문에 다루기가 어렵다. 또한 오류 메시지가 발생하는 경우 혼란스러운 내용이거나 최악의 경우 잘못 해석할 만한 내용을 담고 있어 문제 해결 과정에서의 어려움 또한 존재한다.

지금까지는 스프링 시큐리티를 전혀 포함시키지 않았기 때문에 디버거가 아무 도움이 되지 않았을 것이다. 하지만 다음과 같이 자주 발생하는 오류와 체크할 사항이 있으므로 살펴보자.

웹 사이트에 접속할 때 인증서를 선택하라는 화면이 나오지 않는다. 이러한 문제는 워낙 다양한 이유로 발생하기 때문에 가장 해결하기 힘든 문제 중 하나며, 이때는 다음 항목을 확인하자.

1. 사용 중인 클라이언트 웹 브라우저에 인증서가 설치됐는지 확인하자. 이전에 사이트에 접근했다가 거부된 경우에는 모든 창을 닫고 전체 웹 브라우저를 재시작해야 한다.

2. 서버에 SSL 포트(일반적으로 개발 환경에서는 8443을 사용함)를 통해 접근하고 있는지와 HTTPS 프로토콜을 사용했는지 확인한다. 또한 자체 서명된 인증서를 강제적으로 설정하도록 한 경우에도 웹 브라우저가 서버 SSL 인증서를 신뢰하는지 확인해야 한다.

3. 톰캣 또는 사용하고 있는 서버에 제대로 `clientAuth` 디렉티브 설정을 추가했는지 확인한다.

4. 위의 사항을 확인했음에도 계속 문제가 발생하는 경우에는 Wireshark(http://www.wireshark.org/)나 Fiddler2(http://www.fiddler2.com/)와 같은 네트워크 분석기 또는 패킷 스니퍼를 사용해 트래픽과 SSL 키 교환 과정이 제대로 이뤄지는지 확인한다.

5. 자체 서명된 클라이언트 인증서를 사용하는 경우, 서버의 신뢰 저장소에 공개키를 제대로 불러왔는지 확인한다. 또한 CA에서 발급한 인증서를 사용하는 경우에는 JVM에서 CA를 신뢰하는지와 CA 인증서를 제대로 서버의 신뢰 저장소에서 불러왔는지 확인한다.

6. 특히 인터넷 익스플로러는 단순히 '페이지를 표시할 수 없음' 오류만 표시하고 클라이언트 인증서 오류에 관한 상세한 오류 메시지를 보여주지 않는다. 따라서 직면하고 있는 오류가 클라이언트 인증서와 관련돼 있는지 판단하려면 파이어폭스를 사용할 것을 추천한다.

스프링 시큐리티에서 클라이언트 인증서 인증 설정

지금까지 사용해온 인증 메커니즘과 달리 클라이언트 인증서 인증을 사용하면 사용자 요청이 서버에서 사전 인증된다. 서버(톰캣)가 이미 사용자가 유효하고 신뢰할 수 있는 인증서를 제공했다고 입증했으므로 스프링 시큐리티는 단순히 이 유효성 주장을 신뢰하기만 하면 된다.

하지만 아직 보안 로그인 절차에서 중요한 요소인 인증된 사용자에 대한 권한 부여 절차가 빠져 있다. 따라서 이제부터 스프링 시큐리티에 권한 부여와 관련된 설정을 할 것이다. 스프링 시큐리티에 사용자의 HTTP 세션으로부터 인증서 인증 정보를 인식하는 요소를 추가한 후, 스프링 시큐리티 UserDetailsService 호출에 대해 제시된 자격 증명의 유효성을 검사해야 한다. UserDetailsService를 호출하면 인증서에 선언된 사용자가 스프링 시큐리티에 존재하는지 여부가 결정되고, 그런 다음 일반적인 로그인 규칙에 따라 사용자에게 GrantedAuthority를 할당한다.

security 네임스페이스를 사용한 클라이언트 인증서 인증 설정

Security 네임스페이스 방식을 사용하는 경우 클라이언트 인증서 인증을 추가하려면 HttpSecurity 선언에 한 줄만 추가하면 된다. 다음과 같이 SecurityConfig.java 설정을 변경해보자.

//src/main/java/com/packtpub/springsecurity/configuration/SecurityConfig.java

```
http.x509().userDetailsService(userDetailsService);
```

 .x509() 메서드는 기본 userDetailsService() 설정을 참조한다. 여기서는 간단히 하기 위해 5장, '스프링 데이터를 이용한 인증'에서 다룬 UserDetailsServiceImpl 구현체를 사용한다. 하지만 4장 'JDBC 기반 인증'에서 다룬 LDAP 또는 JDBC 기반 구현체로 언제든지 변경할 수 있다.

애플리케이션을 재시작한 후에는 클라이언트 인증서를 요청하는 메시지가 다시 표시되지만 이전과 달리 인증이 필요한 페이지에 접근할 수 있다. 로그를 사용하도록 설정한 경우에는 admin1@example.com 사용자로 로그인했는지 로그를 통해 확인할 수 있다.

 이제, 코드가 chapter08.01-calendar와 비슷해야 한다.

스프링 시큐리티의 인증서 정보 사용 원리

앞서 설명한 것처럼 인증서 교환 과정에서 스프링 시큐리티의 역할은 제시된 인증서에서 정보를 가져와 사용자의 자격 증명을 사용자 서비스에 매핑하는 것이다. 앞에서 클라이언트 인증서를 설정할 때 LDAP DN과 유사한 DN을 인증서에 연결했던 것을 떠올려보자.

```
Owner: CN=admin@example.com, OU=JBCP Calendar, O=JBCP, L=Park City, ST=UT, C=US
```

스프링 시큐리티는 위의 DN에 있는 정보를 사용해 주체의 실제 사용자명을 판단하고 이 사용자명을 UserDetailsService에서 검색한다. 특히 정규식을 사용할 수 있으며, 이러한 정규식은 인증서와 연계된 DN의 일부 영역에 매칭하고, DN이 일부 영역을 주체명으로 사용하는 데 사용된다. .x509() 메서드의 기본 설정은 다음과 같다.

```
http.x509()
  .userDetailsService(userDetailsService)
  .subjectPrincipalRegex("CN=(.*?),");
```

위의 정규식이 admin1@example.com이라는 주체명과 일치하는 것을 확인할 수 있다. 정규식은 단일 그룹만 매칭돼야 하지만 사용자명 및 애플리케이션 DN 발급 조건을 충족하도록 설정할 수 있다. 예를 들어 인증서에 사용된 DN이 email 또는 userid 필드를 포함한다면 이러한 값을 인증된 주체명으로 사용하도록 정규식을 수정하면 된다.

스프링 시큐리티 인증서 인증의 동작 원리

다음 다이어그램을 통해 클라이언트 인증서에 대한 검토 및 해석에 사용되는 다양한 요소들을 살펴보고 인증서에 대한 해석이 어떻게 스프링 시큐리티의 인증 세션으로 변환되는지 확인해보자.

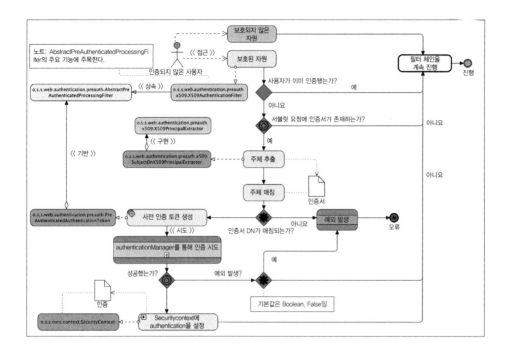

위의 다이어그램을 보면 클라이언트 인증서를 사용할 경우 `o.s.s.web.authentication.` `preauth.x509.X509AuthenticationFilter`가 인증되지 않은 사용자의 요청을 검증하는 역할을 담당하는 것을 확인할 수 있다. 만일 요청에 유효한 클라이언트 인증이 포함됐다면 앞서 설명한 대로 인증서 소유자의 DN과 일치하는 정규식을 사용해 `o.s.s.web.` `authentication.preauth.x509.SubjectDnX509PrincipalExtractor`를 사용하는 주체를 추출한다.

 위의 다이어그램에서는 인증되지 않은 사용자에 대한 인증서 검증만 다루고 있지만, 이미 인증된 사용자와 다른 인증서를 사용하는 사용자에 대해서도 인증서 검증 과정을 거친다. 이 경우 제공된 자격 증명을 사용하는 새로운 인증 요청이 이뤄진다. 이러한 과정을 거치는 이유는 사용자가 새로운 자격 증명을 제시하면 애플리케이션에서도 이를 인지하고, 사용자를 애플리케이션에 계속 접근할 수 있도록 해야 하기 때문이다.

다른 인증 메커니즘과 마찬가지로 인증서가 허가(또는 거부/무시)되면 Authentication 토큰이 만들어지고 인증을 위해 AuthenticationManager로 전달된다. 이제 o.s.s.web.authentication.preauth.PreAuthenticatedAuthenticationProvider가 인증 토큰을 처리하는 과정을 간단히 살펴보자.

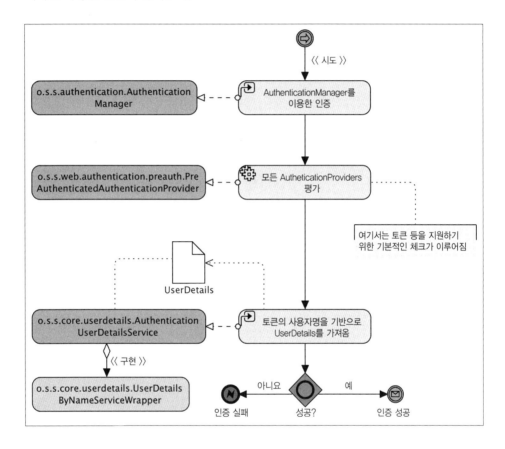

이 책에서는 자세히 다루지 않지만 스프링 시큐리티가 지원하는 다른 여러 사전 인증 메커니즘이 존재한다. 예를 들어 자바 EE 역할 매핑(J2eePreAuthenticatedProcessingFilter), WebSphere 통합(WebSpherePreAuthenticatedProcessingFilter) 및 사이트 마인더 스타일 인증(RequestHeaderAuthenticationFilter) 등이 있다. 앞에서 설명한 클라이언트 인증서 인증의 프로세스 흐름을 이해했다면 다른 종류의 인증 메커니즘을 훨씬 쉽게 이해할 수 있을 것이다.

AuthenticationEntryPoint를 사용한 인증되지 않은 요청 처리

X509AuthenticationFilter는 인증이 실패한 경우에도 계속 요청을 처리하므로 사용자가 인증되지 않은 상태에서 보호된 자원을 요청하는 상황을 해결해야 한다. 이를 사용자 정의하기 위해서 스프링 시큐리티의 사용자 정의 o.s.s.web.AuthenticationEntryPoint 구현체를 플러그인하면 된다. 또한 기본 폼을 사용한 로그인 상황에서는 인증되지 않은 상태에서 보호된 리소스에 접근하려고 할 때 LoginUrlAuthenticationEntryPoint를 사용해 사용자를 로그인 페이지로 리다이렉트한다.

반면, 일반적인 클라이언트 인증서 인증 환경에서는 대체 인증 방법이 지원되지 않는다 (스프링 시큐리티의 폼 로그인이 이뤄지기 전에 이미 톰캣에서 인증서를 요구한다는 사실을 기억하자). 따라서 인증서 인증 방식을 사용할 때는 폼 로그인 페이지로 사용자를 리다이렉션할 필요가 없다. 그 대신 o.s.s.web.authentication.Http403ForbiddenEntryPoint를 사용해서 HTTP 403 Forbidden 메시지를 반환하도록 엔트리 포인트를 수정한다. 다음과 같이 SecurityConfig.java 파일을 업데이트해보자.

```
//src/main/java/com/packtpub/springsecurity/configuration/SecurityConfig.java

@Autowired
private Http403ForbiddenEntryPoint forbiddenEntryPoint;
http.exceptionHandling()
    .authenticationEntryPoint(forbiddenEntryPoint)
    .accessDeniedPage("/errors/403");
...
@Bean
public Http403ForbiddenEntryPoint forbiddenEntryPoint(){
    return new Http403ForbiddenEntryPoint();
}
```

이제 유효한 인증서를 제공하지 못하는 사용자가 보호된 자원에 접근하려고 하면 로그인 페이지로 리다이렉트되지 않고 다음과 같은 오류 페이지가 표시된다.

 이제, 코드가 chapter08.02-calendar와 비슷해야 한다.

클라이언트 인증서 인증과 관련해 다른 설정 및 기타 애플리케이션 흐름상 수정할 사항은 다음과 같다.

- 폼 기반 인증 페이지를 모두 제거한다.
- 웹 브라우저가 항상 사용자의 인증서를 제시하고 있어 로그아웃할 필요가 없으므로 로그아웃 링크를 제거한다.
- 사용자명 수정이나 패스워드 변경 기능을 제거한다.
- 새로운 인증서 발급 기능과 연동하는 경우를 제외하고는 사용자 등록 기능을 제거한다.

듀얼 모드 인증 지원

일부 환경에서는 인증서 기반 인증과 폼 기반 인증을 모두 지원할 수도 있다. 두 인증 방식을 모두 지원하는 환경(듀얼 모드 인증)을 구성하고 싶다면 스프링 시큐리티로 비교적 쉽게 구현할 수 있다. 즉, 폼 기반 로그인 페이지로 리다이렉션하는 AuthenticationEntryPoint

인터페이스를 그대로 두고 클라이언트 인증서를 제공하지 않으면 표준 로그인 폼을 사용해 로그인하도록 설정하는 것이다.

위에서 설명한 방법으로 수정하고 싶다면 먼저 톰캣 SSL 설정을 수정해야 한다(사용하고 있는 애플리케이션 서버에 맞게 적절히 수정하면 된다). 여기서는 다음과 같이 clientAuth 디렉티브를 true 대신 want로 변경하면 된다.

```
<Connector port="8443" protocol="HTTP/1.1" SSLEnabled="true"
    maxThreads="150" scheme="https" secure="true"
    sslProtocol="TLS"
  keystoreFile="conf/tomcat.keystore"
    keystorePass="password"
    truststoreFile="conf/tomcat.truststore"
    truststorePass="password"
    clientAuth="want"
    />
```

또한 페이지 접근 시 웹 브라우저가 인증서를 제공할 수 없는 경우 표준 폼 기반 인증 작업이 진행되도록 앞서 구성한 authenticationEntryPoint( ) 메서드를 제거해야 한다.

듀얼 모드 인증(폼 기반 인증과 인증서 기반)은 편리하지만 다음과 같은 몇 가지 사항을 염두에 둬야 한다.

- 대부분의 웹 브라우저는 인증서 인증에 실패한 경우 사용자에게 인증서 재요청을 하지 않으므로 인증서로 다시 인증을 하고 싶은 경우 웹 브라우저를 재시작해야 한다.
- 인증서 인증에서는 패스워드가 필요하지 않다. 하지만 폼 기반 인증을 지원하기 위해 UserDetailsService를 계속 사용하는 경우, 사용자에 대한 PreAuthenticatedAuthenticationProvider 정보를 제공할 때도 UserDetailsService를 사용해야 한다. 따라서 이 경우 인증서를 사용해 로그인해야 하는 사용자가 폼 로그인 자격 증명을 사용해 인증될 수도 있기 때문에 보안상 위험 요소가 존재한다.

다음은 위에서 설명한 문제를 해결할 수 있는 몇 가지 해결책을 정리한 것이다.

- 인증서로 인증하는 사용자가 사용자 저장소에 강력하고 적절한 패스워드를 갖고 있는지 확인한다.
- 폼 기반 로그인을 할 수 있는 사용자를 명확하게 식별할 수 있도록 사용자 저장소를 사용자 정의한다. 즉, 사용자 계정 정보가 들어 있는 테이블에 추가 필드를 생성하거나 JpaDaoImpl 객체가 사용하는 SQL 쿼리를 수정한다.
- 인증서 인증을 통해 로그인하는 사용자를 위한 별도 사용자 정보 저장소를 설정해서 폼 기반 양식으로 로그인하는 사용자와 완전히 분리한다.
- 듀얼 모드 인증은 어떤 사용자에게 어떤 권한이 부여되는지 미리 염두에 둔다면 강력한 추가 기능으로 작용함은 물론 효과적이고 안전하게 배포할 수 있다.

▎스프링 빈을 사용한 클라이언트 인증서 설정

8장의 앞부분에서는 클라이언트 인증서 인증과 관련된 클래스의 흐름을 배웠다. 따라서 명시적 빈을 사용해 JBCP 달력을 구성하는 것은 간단하게 여겨질 것이라 생각한다. 명시적 설정을 사용하면 추가 설정 옵션을 사용할 수 있다. 이제, 명시적 설정을 사용하는 방법을 살펴보자.

//src/main/java/com/packtpub/springsecurity/configuration/SecurityConfig.java

```
@Bean
public X509AuthenticationFilter x509Filter(AuthenticationManager
authenticationManager){
    return  new  X509AuthenticationFilter(){{
        setAuthenticationManager(authenticationManager);
    }};
}
@Bean
```

```
    public PreAuthenticatedAuthenticationProvider
    preauthAuthenticationProvider(AuthenticationUserDetailsService
    authenticationUserDetailsService){
        return  new  PreAuthenticatedAuthenticationProvider(){{
            setPreAuthenticatedUserDetailsService(authenticationUserDetailsService);
        }};
    }
    @Bean
    public  UserDetailsByNameServiceWrapper
    authenticationUserDetailsService(UserDetailsService
    userDetailsService){
        return  new  UserDetailsByNameServiceWrapper(){{
            setUserDetailsService(userDetailsService);
        }};
    }
```

또한 x509() 메서드를 제거하고, x509Filter를 필터 체인에 추가해야 하며, Authentica
tionProvider 구현체를 AuthenticationManger에 추가해야 한다.

```
//src/main/java/com/packtpub/springsecurity/configuration/SecurityConfig.java

@Override
protected void configure(HttpSecurity http) throws Exception {
    http.x509()
        //.userDetailsService(userDetailsService)
        .x509AuthenticationFilter(x509Filter());
...
}
@Override
public void configure(AuthenticationManagerBuilder auth)
throws Exception {
    auth
        .authenticationProvider(preAuthAuthenticationProvider)
        .userDetailsService(userDetailsService)
        .passwordEncoder(passwordEncoder());
}
```

이제 애플리케이션을 사용해보자. 사용자의 관점에서는 크게 달라진 것이 없지만 개발자로서는 많은 추가 설정 옵션을 제공하도록 설정했다.

 이제, 코드가 chapter08.03-calendar와 비슷해야 한다.

빈 기반 설정의 추가 기능

스프링 빈 기반 설정을 사용하면 security 네임스페이스 방식을 통해 공개되지 않는 빈 속성을 노출해서 추가 기능을 사용할 수 있다.

X509AuthenticationFilter에서 사용할 수 있는 추가 속성은 다음과 같다.

속성	설명	디폴트 값
continueFilterChainOn UnsuccessfulAuthentication	False의 경우, 실패한 인증은 요청을 계속 허용하지 않고 예외를 발생시킨다. 일반적으로 유효한 인증서가 필요하고 보안 사이트에 접근해야 하는 경우에 설정된다. True의 경우, 인증 실패 시에도 필터 체인이 계속 진행된다.	true
checkForPrincipalChanges	True인 경우, 필터는 현재 인증된 사용자명이 클라이언트 인증서에 표시된 사용자명과 비교한다. 두 사용자명이 불일치하면 새로운 인증서에 대한 인증이 진행되고 HTTP 세션이 무효화된다. False인 경우, 사용자가 인증되면 다른 자격 증명을 제시하더라도 인증된 상태로 유지된다.	false
invalidateSessionOn PrincipalChange	True인 경우, 요청의 주체가 변경되면 사용자가 재인증되기 전에 HTTP 세션이 무효화된다. False인 경우, 세션이 유지되며 보안 위험성이 존재한다.	true

`PreAuthenticatedAuthenticationProvider` 구현체에는 다음 표에 나열된 몇 가지 유용한 속성이 있다.

속성	설명	디폴트 값
`preAuthenticatedUser DetailsService`	인증서에서 추출한 사용자명에서 전체 UserDetails 객체를 작성하는 데 사용된다.	없음
`throwExceptionWhen TokenRejected`	True인 경우 토큰이 올바르게 구축되지 않으면 (사용자명 또는 증명서를 포함하지 않는다) Bad CredentialsException 예외가 발생한다. 일반적으로 인증서가 독점적으로 사용되는 환경에서는 True로 설정된다.	없음

위에 나열한 속성 외에도 인증서 인증과 관련해 인터페이스를 구현하거나 관련 클래스를 상속하면 구현체를 사용자 정의할 수 있는 여러 가지 방법이 있다.

클라이언트 인증서 인증 구현 시 고려 사항

클라이언트 인증서 인증은 매우 안전하지만 모든 사용자나 환경에 적합한 것은 아니다.

다음은 클라이언트 인증서 인증의 장점이다.

- 인증서는 양측(클라이언트와 서버)에게 상호 신뢰 및 검증 가능성의 프레임워크를 마련해준다.
- 인증서 기반 인증이 제대로 구현된 경우 다른 형태의 인증보다 스푸핑이나 변조가 어렵다.
- 인증서를 잘 지원하는 웹 브라우저를 사용하고 설정이 제대로 된 경우 클라이언트 인증서 인증은 모든 인증서 기반 애플리케이션에 대해 투명한 로그인 방식을 제공함으로써 SSO 솔루션 기능을 대체할 수 있다.

다음은 클라이언트 인증서 인증의 단점이다.

- 일반적으로 인증서를 사용하려면 전체 사용자가 인증서를 소유해야 한다. 이 과정은 사용자를 교육해야 한다는 점과 관리가 어렵다는 두 가지 불편함이 있다. 따라서 인증서 기반 인증을 사용하는 대규모의 기관에서는 충분한 셀프 서비스 및 헬프 데스크 지원을 통해 인증서 관리, 인증서 만료 관리, 사용자 지원을 제공해야 한다.
- 일반적으로 웹 서버 구성의 복잡성과 애플리케이션 지원 부족 등으로 인해 듀얼 모드 인증 지원 및 인증되지 않은 사용자에 대한 인증 지원을 하지 않는다.
- 모바일 기기를 사용하는 사용자를 포함해 애플리케이션의 모든 사용자층이 인증서를 사용하지 못할 수도 있다.
- 인증서 기반 인증을 지원하는 데 필요한 인프라를 올바르게 구성하려면 고급 IT 지식이 필요하다.

위에서 설명한 것처럼 클라이언트 인증서 인증에는 장단점이 존재한다. 하지만 올바르게 구현할 경우 사용자가 애플리케이션에 편리하게 접근할 수 있고 높은 보안상의 이점이 있으며 부인 방지 기능을 제공한다는 큰 장점이 있다. 따라서 인증서 인증 방식이 개발 환경에 맞는지 적절하게 판단하고 사용할지 여부를 결정해야 한다.

▍ 요약

8장에서는 클라이언트 인증서 기반 인증을 위한 아키텍처, 흐름 및 스프링 시큐리티 지원에 대해 살펴봤다. 또한 클라이언트 인증서 (상호) 인증의 개념과 전반적인 흐름을 다뤘으며, 자체 서명된 SSL 및 클라이언트 인증서 환경에 맞게 아파치 톰캣을 구성하는 데 필요한 중요 과정을 배웠다.

또한 클라이언트가 제공한 인증서 기반 자격 증명을 사용하도록 스프링 시큐리티를 설정하는 방법에 대해서도 배웠다. 더 나아가 인증서 인증과 관련된 스프링 시큐리티 클래스의 아키텍처에 대해 알아봤으며, 스프링 빈 방식의 클라이언트 인증 환경을 설정했다. 마지막으로 인증서 기반 인증의 장단점을 파악했다.

일반적으로 인증서 기반 인증에 익숙하지 않은 개발자는 여러 복잡한 내용 때문에 많은 혼란을 겪는다. 8장에서 다룬 내용을 토대로 인증서 기반 인증이라는 복잡한 주제를 좀 더 쉽게 이해하고 구현할 수 있길 바란다.

9장, 'OAuth 2 적용하기'에서는 OAuth 2로 SSO를 수행하는 방법에 대해 설명한다.

09

OAuth 2 적용하기

OAuth 2는 신뢰성 있는 단일 프로바이더를 통해 사용자가 자신의 ID를 관리할 수 있도록 하는 매우 인기 있는 ID 관리 방식이다. OAuth 2 기능을 사용하면 사용자는 신뢰성 있는 프로바이더에게 패스워드 및 개인 정보를 저장하고, 필요한 경우 개인 정보를 선택적으로 공개한다. 이를 통해, OAuth 2를 적용한 웹 사이트는 OAuth 2 자격 증명을 제공한 사용자가 해당 사용자가 맞는지 신뢰할 수 있다.

9장에서는 다음과 같은 내용을 다룬다.

- 5분 안에 OAuth 2를 설정하는 방법
- OAuth 2를 빠르게 구성해 JBCP 달력 애플리케이션에 적용하는 방법
- OAuth 2의 개념적 아키텍처와 OAuth 2가 신뢰할 수 있는 사용자 접근을 제공하는 방법

- OAuth 2 기반의 사용자 등록 기능 구현
- 사용자 프로필 기능과 관련된 OAuth 2 애트리뷰트
- 기존의 OAuth 2 프로바이더에게 자동 인증을 트리거하는 방법
- OAuth 2 기반 로그인의 보안 기능 점검

▌ OAuth 2의 가능성

애플리케이션 개발자라면 OAuth 2라는 용어를 많이 들어봤을 것이다. OAuth 2는 전세계의 웹 서비스 및 소프트웨어 회사에서 널리 채택하고 있으며 회사가 정보를 교환하고 공유하는 데 필요한 필수 요소로 여겨지고 있다. 하지만 정확히 OAuth 2가 무엇일까? 간단히 말해, OAuth 2는 개별 주체가 안전하고 신뢰할 수 있는 방식으로 정보와 자원을 공유할 수 있게 해주는 프로토콜이다.

 OAuth 1.0은 무엇일까?

OAuth 2와 동일한 목적으로 제작된 OAuth 1.0은 2007년에 설계되고 사용을 승인받았다. 하지만 지나치게 복잡하고 부정확한 사양으로 인해 구현이 불확실하다는 비판을 받아 OAuth 1.0의 채택이 어려워졌다. 결국 OAuth 1.0의 후속 버전으로 OAuth 2를 설계하고 생성하게 됐다.

OAuth 2를 사용할 때는 OAuth 1.0과 역호환되지 않으므로 OAuth 2 애플리케이션은 OAuth 1.0 서비스 프로바이더와 통합할 수 없다는 것에 주의해야 한다.

OAuth 2와 같은 유형의 신뢰할 수 있는 제3자를 통한 로그인은 여러 가지 형태로 오랫동안 계속 존재했다. 예를 들어 **마이크로소프트 패스포트**^{Microsoft Passport}는 오랫동안 웹상에서 중앙 관리식 로그인 서비스 기능에 사용됐다. OAuth 2의 가장 큰 장점은 OAuth 2 프로바이더가 OAuth 2를 사용하려는 사이트와 호환되는 공개 OAuth 2 프로토콜만 구현하면 된다는 점이다.

다음 다이어그램은 로그인 과정에 OAuth 2를 연동하는 사이트와 페이스북 OAuth 2 프로바이더 간의 고수준 관계도이다.

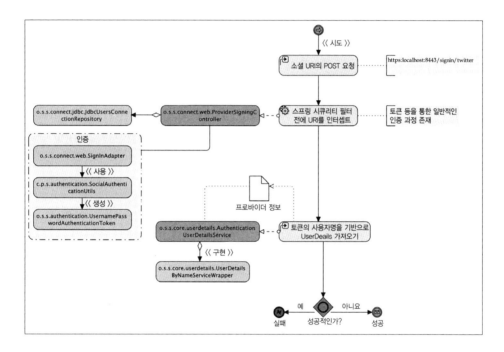

폼 POST를 제출하면 OAuth 프로바이더에게 요청을 보냄으로써 jbcpcalendar에게 OAuth 프로바이더의 계정의 특정 정보에 대한 권한을 줄 것인지를 묻는 인증 대화 상자를 사용자에게 표시한다. 이때 요청은 code라는 URI 매개변수를 포함한다. 사용자에게 권한이 부여되면 사용자는 다시 jbcpcalendar로 리다이렉트되고 code 매개변수는 uri 매개변수에 포함된다. 그런 다음, jbcpcalendar 인증을 위해 요청을 OAuth 프로바이더에게 다시 리다이렉트하고, OAuth 프로바이더는 jbcpcalendar에 접근 권한이 부여된 사용자의 OAuth 정보에 접근하는 데 사용할 수 있는 access_token으로 응답한다.

OAuth 2를 맹목적으로 신뢰하지 말자!

OAuth 2 사용자가 쉽게 착각할 수 있는 기본적인 가정이 있다. 예를 들어 제임스 고슬링이 아닌데 제임스 고슬링인양 OAuth 2 프로바이더에 가입할 수 있다는 것이다. 즉, 사용자가 그럴듯해 보이는 OAuth 2를 갖고 있거나 OAuth 2 프로바이더를 사용한다고 해서 추가 형태의 신원 확인을 거치지 않고 해당 사용자가 실제로 그 사람이라는 잘못된 가정을 하지 않도록 주의하자. 조금 다른 방식으로 설명하자면 어떤 사람이 당신의 집에 와서 문을 두드리며 자신이 제임스 고슬링이라고 한다면, 그 사람의 신분을 확인하지도 않고 그 사람을 바로 집으로 들어오도록 하겠는가?

그런 다음, OAuth 2를 사용하는 애플리케이션은 사용자를 OAuth 2 프로바이더에게 리다이렉트시키고 사용자는 OAuth 2 프로바이더에게 자격 증명을 제공한다. 프로바이더가 접근 결정을 내리면 프로바이더는 사용자를 원래 사이트로 리다이렉트시키고 JBCP 달력 애플리케이션은 사용자의 신원을 확인할 수 있게 된다.

OAuth 2는 직접 사용해봐야 이해하기가 쉽다. JBCP 달력 애플리케이션의 로그인 화면에 OAuth 2를 추가해보자!

OAuth 2 애플리케이션 가입

이 절의 예제를 제대로 실습하고 로그인 기능을 테스트해보려면 서비스 프로바이더를 사용해 애플리케이션을 생성해야 한다. 현재 스프링 소셜^{Spring Social}은 트위터, 페이스북, 구글, 링크드인, 깃허브^{GitHub}를 지원하고 있으며, 지원하는 프로바이더를 늘려가고 있다.

9장의 나머지 부분에서는 jbcpcalendar 애플리케이션에 트위터나 깃허브 계정을 사용할 것이므로 최소한 두 소셜 계정은 생성하기를 추천한다.

스프링 시큐리티에서 OAuth 인증 활성화

이어지는 절에서는 외부 인증 프로바이더와 관련한 공통된 주제를 살펴볼 예정이다. 스프링 시큐리티는 사용자가 편리하게 스프링 시스템 외부에서 개발된 프로바이더와 연동하도록 래퍼를 제공한다.

이러한 맥락에서 스프링 소셜 프로젝트(http://projects.spring.io/spring-social/)는 스프링 시큐리티 OAuth 2 기능과 관련된 근본적인 OAuth 2 프로바이더를 검색하고 요청 및 응답 협상을 제공한다.

추가 필수 의존성

다음 단계를 살펴보자.

1. OAuth를 사용하려면 프로바이더별 의존성과 관련된 전이적 의존성이 필요하다. 다음과 같이 그레이들에서 build.gradle 파일을 업데이트해보자.

```
//build.gradle

compile("org.springframework.boot:spring-boot-starter- social-facebook")
compile("org.springframework.boot:spring-boot-starter- social-linkedin")
compile("org.springframework.boot:spring-boot-starter- social-twitter")
```

2. 스프링 부트를 사용하면 위 코드에서처럼 페이스북, 트위터 및 링크드인 스타터 의존성을 포함한다. 다른 프로바이더를 추가하려면 다음 코드처럼 그레이들의 build.gradle 파일에 해당 프로바이더 의존성과 버전을 포함시키면 된다.

```
//build.gradle

compile("org.springframework.social:spring-social-google: latest.release
") compile("org.springframework.social:spring-social-github: latest.
```

```
release ") compile("org.springframework.social:spring-social-linkedin:
latest.release ")
```

 chapter09.00-calendar의 코드부터 시작하자.

3. OAuth 로그인 폼 작성 시, 다음과 같이 `login.html` 파일의 `username`과 `password`
   필드를 OAuth 필드로 변경한다.

```
//src/main/resources/templates/login.html

  <div class="form-actions">
      <input id="submit" class="btn" name="submit" type="submit"
      value="Login"/>
      </div>
  </form>
<br/>
  <h3>Social Login</h3>
<br/>
  <form th:action="@{/signin/twitter}" method="POST"
  class="form-horizontal">
  <input type="hidden" name="scope" value="public_profile" />
  <div class="form-actions">
  <input id="twitter-submit" class="btn" type="submit"
  value="Login using
  Twitter"/>
    </div>
  </form>
</div>
```

4. 로그인 폼과 마찬가지로 회원 가입 폼도 다음 코드와 같이 변경한다.

```
//src/main/resources/templates/signup/form.html
```

```
</fieldset>
</form>
<br/>
  <h3>Social Login</h3>
<br/>
  <form th:action="@{/signin/twitter}" method="POST"
  class="form-horizontal">
  <input type="hidden" name="scope" value="public_profile" />
<div class="form-actions">
  <input id="twitter-submit" class="btn" type="submit"
  value="Login using Twitter"/>
</div>
</form>
  </div>
```

위 코드를 보면 인증 중에 검색하려는 OAuth 2 세부 정보를 정의하기 위한 scope 필드를 추가했다.

 OAuth 2.0 API 범위(scope): 프로바이더는 범위(scope)를 통해 클라이언트 애플리케이션에 접근할 수 있는 API 데이터를 정의한다. 관련 API를 생성할 때 프로바이더는 각 API와 작업에 대해 하나의 범위를 정의한다. API가 생성되고 범위를 정의하면 클라이언트 애플리케이션은 인증 과정을 시작할 때 정의된 사용 권한을 요청하고, 이를 범위 요청 매개변수의 일부로 토큰에 포함시킨다.

각 프로바이더는 r_basicprofile 및 r_emailaddress와 같이 다른 API 범위를 가질 수 있지만 애플리케이션 설정으로도 제한할 수 있다. 따라서 애플리케이션은 전체 사용자 프로필이나 사용자 게시판에 글을 게시하는 것과 같은 프로바이더 작업이 아닌 이메일이나 연락처에 대한 기본적인 접근만 요청할 수 있다.

OAuth 2로 로그인할 때는 Remember-Me 옵션을 사용하지 않는다. 왜냐하면 프로바이더와 애플리케이션 사이에 전송되는 리다이렉션 패킷으로 인해 Remember-Me 체크란의 값이 손실돼 사용자가 인증되면 더 이상 Remember-Me 옵션을 표시할 수 없기 때문이다. Remember-Me 기능을 사용하지 못한다는 불편함도 있지만, 결론적으로 사용자가 로그인 시마다 OAuth 2 프로바이더와 신뢰 관계를 형성하도록 하므로 Remember-Me 기능을 사용하는 것보다 보안을 강화한다.

▌ 스프링 시큐리티에서의 OAuth 2 구성

스프링 소셜을 사용하면 프로바이더 폼 제출을 인터셉트하기 위해 OAuth 2 관련 프로바이더 엔드포인트를 사용할 수 있다.

로컬 UserConnectionRepository

UsersConnectionRepository 인터페이스는 서비스 프로바이더에 연결한 사용자를 저장하는 글로벌 저장소를 관리하기 위한 데이터 접근 인터페이스다. 다음 코드는 여러 사용자 레코드에 적용되는 데이터 접근 작업을 제공한다.

//src/main/java/com/packtpub/springsecurity/configuration/SocialConfig.java

```
    @Autowired
    private UsersConnectionRepository usersConnectionRepository;
    @Autowired
    private ProviderConnectionSignup providerConnectionSignup;
    @Bean
    public ProviderSignInController providerSignInController() {
        ((JdbcUsersConnectionRepository) usersConnectionRepository)
        .setConnectionSignUp(providerConnectionSignup);
    ...
}
```

프로바이더 정보에 대한 로컬 데이터베이스 엔트리 생성

스프링 시큐리티는 사용자를 로컬 데이터 저장소에 저장하고 싶지만 기존 User 테이블에 저장하지 않고 싶은 경우, 프로바이더 정보를 별도의 데이터베이스 테이블에 저장할 수 있도록 지원한다.

```
//src/main/java/com/packtpub/springsecurity/configuration/
SocialDatabasePopulator.java

@Component
public class SocialDatabasePopulator
implements InitializingBean {
  private final DataSource dataSource;
  @Autowired
  public SocialDatabasePopulator(final DataSource dataSource) {
    this.dataSource = dataSource;
  }
  @Override
  public void afterPropertiesSet() throws Exception {
    ClassPathResource resource = new ClassPathResource(
    "org/springframework/social/connect/jdbc/
    JdbcUsersConnectionRepository.sql");
    executeSql(resource);
  }
  private void executeSql(final Resource resource) {
    ResourceDatabasePopulator populator = new ResourceDatabasePopulator();
    populator.setContinueOnError(true);
    populator.addScript(resource);
    DatabasePopulatorUtils.execute(populator, dataSource);
  }
}
```

InitializingBean 인터페이스는 로드될 때 실행되며 클래스 패스의 spring-social-core-[VERSION].jar 파일에 위치한 JdbcUsersConnectionRepository.sql를 실행해 다음 스키마를 로컬 데이터베이스에 시드한다.

```
//spring-social-core-[VERSION].jar#org/springframework/social/connect/jdbc/
JdbcUsersConnectionRepository.sql

create table UserConnection(
    userId varchar(255) not null,
    providerId varchar(255) not null,
    providerUserId varchar(255),
    rank int not null,
    displayName varchar(255),
    profileUrl varchar(512),
    imageUrl varchar(512),
    accessToken varchar(512) not null,
    secret varchar(512),
    refreshToken varchar(512),
    expireTime bigint,
    primary key (userId, providerId, providerUserId));

create unique index UserConnectionRank on UserConnection(userId, providerId,rank);
```

이제 프로바이더 정보를 저장할 테이블이 준비됐으므로 런타임에 프로바이더 정보를 저장하도록 ConnectionRepository를 구성하자.

사용자 정의 UserConnectionRepository 인터페이스

다음과 같이 UserConnectionRepository 인터페이스를 생성하고, 로드 타임에 생성한 JdbcUsersConnectionRepository.sql 스키마를 기반으로 한 JdbcUsersConnection Repository 구현체를 살펴보자.


```
//src/main/java/com/packtpub/springsecurity/
configuration/DatabaseSocialConfigurer.java

public class DatabaseSocialConfigurer extends SocialConfigurerAdapter {
  private final DataSource dataSource;
  public DatabaseSocialConfigurer(DataSource dataSource) {
```

```
    this.dataSource = dataSource;
  }
  @Override
  public UsersConnectionRepository getUsersConnectionRepository(
    ConnectionFactoryLocator connectionFactoryLocator) {
      TextEncryptor textEncryptor = Encryptors.noOpText();
      return new JdbcUsersConnectionRepository(
      dataSource, connectionFactoryLocator, textEncryptor);
  }
  @Override
  public void addConnectionFactories(ConnectionFactoryConfigurer config,
  Environment env) {
      super.addConnectionFactories(config, env);
  }
}
```

이제 사용자가 등록된 프로바이더에 연결할 때마다 연결 정보가 로컬 데이터베이스에 저장된다.

ConnectionSignup의 흐름

프로바이더의 정보를 로컬 저장소에 저장하기 위해 ConnectionSignup 객체를 생성한다. ConnectionSignup 객체는 암묵적으로 로컬 사용자 계정을 생성할 수 있도록 하는 Connection에 매핑할 수 있는 userid가 없는 경우, 새로운 사용자를 등록하는 명령어다.

```
//src/main/java/com/packtpub/springsecurity/authentication/
ProviderConnectionSignup.java

@Service
public class ProviderConnectionSignup implements ConnectionSignUp {
    ...;
@Override
public String execute(Connection<?> connection) {
    ...
```

```
    }
}
```

▌ OAuth 2 프로바이더 연결

프로바이더 정보를 저장하려면 OAuth 2 연결을 통해 프로바이더로부터 사용할 수 있는 정보를 가져와야 한다. 그런 다음, 가져온 정보를 기반으로 `CalendarUser` 테이블을 생성한다. 이때 적어도 1개의 `GrantedAuthority` 역할을 만들어야 한다는 점에 주의하자. 여기서는 `CalendarUserAuthorityUtils.createAuthorities`를 사용해 `ROLE_USER` `GrantedAuthority`를 만들었다.

```
//src/main/java/com/packtpub/springsecurity/authentication/
ProviderConnectionSignup.java

@Service
public class ProviderConnectionSignup implements ConnectionSignUp {
  ...
  @Override
  public String execute(Connection<?> connection) {
    UserProfile profile = connection.fetchUserProfile();
    CalendarUser user = new CalendarUser();
    if(profile.getEmail() != null){
      user.setEmail(profile.getEmail());
    }
    else if(profile.getUsername() != null){
      user.setEmail(profile.getUsername());
    }
    else {
    user.setEmail(connection.getDisplayName());
    }
    user.setFirstName(profile.getFirstName());
    user.setLastName(profile.getLastName());
```

```
    user.setPassword(randomAlphabetic(32));
    CalendarUserAuthorityUtils.createAuthorities(user);
    ...
  }
}
```

OAuth 2 사용자 추가

이제 프로바이더 정보를 이용해 CalendarUser를 생성했으므로 CalendarUserDao를 사용
해서 해당 User 계정을 데이터베이스에 저장하자. 그런 다음 원래 JBCP 달력 애플리케이
션에서 사용했던 것처럼 이메일을 사용자 계정으로 반환하도록 설정한다.

```
//src/main/java/com/packtpub/springsecurity/authentication/
ProviderConnectionSignup.java

@Service
public class ProviderConnectionSignup
implements ConnectionSignUp {
    @Autowired
    private CalendarUserDaocalendarUserDao;
    @Override
    public String execute(Connection<?> connection) {...
      calendarUserDao.createUser(user);
      return user.getEmail();
    }
}
```

이제 데이터베이스에 프로바이더 정보를 기반으로 한 로컬 사용자 계정이 생성됐다.

 프로바이더 정보를 이미 UserConnection 테이블에 저장했으므로 여기서 생성된 사용자 계
정은 추가 데이터베이스 항목이다.

OAuth 2 컨트롤러 로그인 절차

이제 SocialConfig.java 설정을 완료하려면 ConnectionFactoryLocator, usersConnectionRepository 및 SignInAdapter로 초기화되는 ProviderSignInController를 구성해야 한다. ProviderSignInController 인터페이스는 프로바이더 사용자 로그인 절차를 처리하기 위한 스프링 MVC 컨트롤러다. /signin/{providerId}에 대한 HTTP POST 요청은 {providerId}를 사용해 사용자 로그인을 시작한다. 반면, /signin/{providerId}?oauth_token&oauth_verifier||code에 HTTP GET 요청을 보내면 {providerId} 인증 콜백이 수신되고 연결이 설정된다.

ServiceLocator 인터페이스는 ConnectionFactory 인스턴스를 생성하는 데 사용된다. 이 과정에서 스프링 부트의 AutoConfiguration에서 발견된 서비스 프로바이더를 기반으로 providerId 및 apiType를 이용한 조회를 지원한다.

```
//src/main/java/com/packtpub/springsecurity/configuration/SocialConfig.java

    @Autowired
    private ConnectionFactoryLocator connectionFactoryLocator;
    @Bean
    public ProviderSignInController providerSignInController() {
        ...
        return new ProviderSignInController(connectionFactoryLocator,
        usersConnectionRepository, authSignInAdapter());
    }
```

이를 통해 특정 프로바이더 URI에 대한 제출을 차단하고 OAuth 2 연결을 시작한다.

자동 사용자 인증

다음 단계를 살펴보자.

1. ProviderSignInController 컨트롤러는 특정 ID로 로컬 사용자 계정에 로그인해 프로바이더 로그인할 때 사용하는 인증 SignInAdapter로 초기화한다.

```
//src/main/java/com/packtpub/springsecurity/configuration/
SocialConfig.java

@Bean
public SignInAdapter authSignInAdapter() {
    return (userId, connection, request) -> {
        SocialAuthenticationUtils.authenticate(connection); return  null;
    };
}
```

2. 위 코드의 SingInAdapter 빈에 사용자 정의 인증 유틸리티 메서드를 사용해 UsernamePasswordAuthenticationToken 형식의 Authentication 객체를 만들고, OAuth 2 프로바이더가 반환한 정보를 기반으로 SecurityContext에 Authentication를 추가한다.

```
//src/main/java/com/packtpub/springsecurity/authentication/
SocialAuthenticationUtils.java

public class SocialAuthenticationUtils {
    public static void authenticate(Connection<?> connection) {
        UserProfile profile = connection.fetchUserProfile();
        CalendarUser user = new CalendarUser();
        if(profile.getEmail() != null){
            user.setEmail(profile.getEmail());
        }
        else if(profile.getUsername() != null){
            user.setEmail(profile.getUsername());
        }
```

```
      else {
        user.setEmail(connection.getDisplayName( ));
      }
      user.setFirstName(profile.getFirstName( ));
      user.setLastName(profile.getLastName( ));
      UsernamePasswordAuthenticationToken authentication = new
      UsernamePasswordAuthenticationToken(user, null,
      CalendarUserAuthorityUtils.createAuthorities(user));
      SecurityContextHolder.getContext( )
      .setAuthentication(authentication);
    }
  }
```

마지막으로 프로바이더에 연결하는 데 필요한 정보는 다음과 같이 프로바이더 애플리케이션을 생성할 때 제공받은 애플리케이션 ID와 비밀키다.

```
//src/main/resources/application.yml:

spring
## Social Configuration:
social:
  twitter:
    appId: cgceheRX6a8EAE74JUeiRi8jZ
    appSecret: XROJ2N0Inzy2y2poxzot9oSAaE6MIOs4QHSWzT8dyeZaaeawep
```

3. 이제 트위터와 JBCP 달력을 연결하는 데 필요한 설정을 완료했으므로 JBCP 달력 사이트에 접속해 트위터 계정으로 로그인해보자.

 이제, 코드가 chapter09.01-calendar와 비슷해야 한다.

4. 이 시점에서는 트위터의 OAuth 2 프로바이더를 사용해 로그인을 완료할 수 있어야 한다. 먼저, 다음 스크린샷과 같이 OAauth 2 프로바이더 로그인을 시작한다.

그러면 다음 스크린샷과 같이 사용자의 계정에 대한 권한을 jbcpcalendar 애플리케이션에게 허용하도록 요청하는 페이지로 리다이렉트된다.

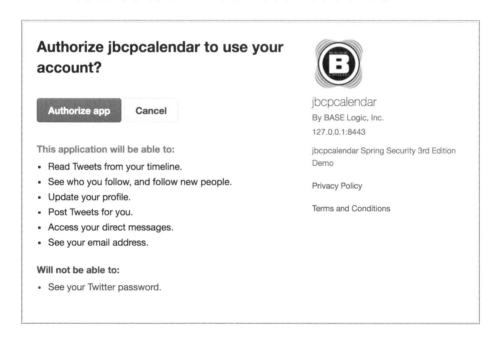

5. jbcpcalendar 애플리케이션에게 권한을 부여한 후, 사용자는 jbcpcalendar 애플리케이션으로 리다이렉트되고 자동으로 프로바이더에서 사용하는 이름으로 로그인된다.

6. 이 시점에서 사용자는 애플리케이션 사용자로 존재하며 단일 ROLE_USER의 GrantedAuthority로 인증되고 권한이 부여된다. 하지만 My Events 페이지로 이동하면 다음 스크린샷과 같이 해당 CalendarUser에 대한 이벤트가 없다는 메시지를 볼 수 있다.

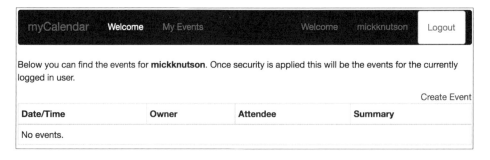

7. 해당 사용자로 이벤트를 생성해 CalendarUser 테이블에 올바르게 사용자 자격 증명이 생성됐는지 확인하자.

8. 프로바이더 정보가 올바르게 적용됐는지 확인하려면 H2 관리 콘솔을 열고 USERCONNECTION 테이블을 쿼리해 다음과 같이 표준 연결 정보가 저장됐는지 확인해보자.

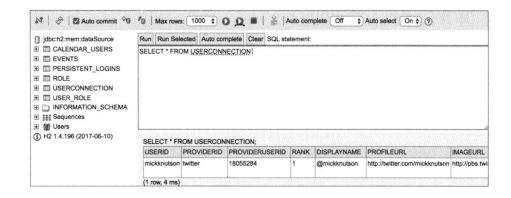

9. 다음과 같이 프로바이더 정보가 추가된 CALENDAR_USERS 테이블을 확인할 수
   있다.

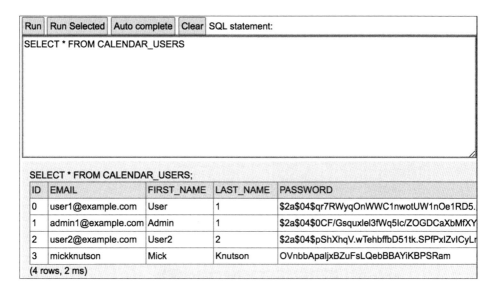

이제 사용자가 로컬 데이터베이스에 등록됐으며, 특정 프로바이더 정보에 대한 접근 권한
을 기반으로 등록된 프로바이더와 상호 작용할 수도 있다.

추가 OAuth 2 프로바이더

지금까지 스프링 소셜이 지원하는 세 가지 프로바이더 중 하나의 OAuth 2 프로바이더를 성공적으로 연동했다. 이제 사용자가 더 다양한 프로바이더를 사용해 로그인할 수 있도록 다른 프로바이더를 추가할 예정이다. 스프링 소셜은 현재 트위터, 페이스북 및 링크드인 프로바이더를 기본적으로 지원한다. 하지만 세 프로바이더 이외의 프로바이더를 사용하려면 추가 라이브러리가 필요하므로 9장의 뒷부분에서 설명할 것이다.

다음 과정을 살펴보자.

1. JBCP 달력 애플리케이션에 페이스북 또는 링크드인 프로바이더를 추가하려면 다음과 같이 추가 애플리케이션 속성을 설정해야 한다. 이때 자동으로 프로바이더 애플리케이션의 appId 및 appSecret 키가 설정한 애플리케이션 프로바이더에 등록된다.

```
//src/main/resources/application.yml

spring:
social:
  # 트위터
  twitter:
      appId: cgceheRX6a8EAE74JUeiRi8jZ
      appSecret: XR0J2N0Inzy2y2poxzot9oSAaE6MIOs4QHSWzT8dyeZaaeawep
    # 페이스북
  facebook:
      appId: 299089913898983
      appSecret: 01639f125103752ec408affc92515d0e
# 링크드인
    linkedin:
    appId: 866qpyhnq6f6o5
    appSecret: KsFKoOmcGCiLfGfO
```

2. login.html 파일과 form.html 회원 가입 페이지에 각 프로바이더에 대한 새로운 <form> 태그를 하나씩 추가한다.

```
//src/main/resources/templates/login.html

<h3>Social Login</h3>
<form th:action="@{/signin/twitter}" method="POST"
class="form-horizontal">
    <input type="hidden" name="scope" value="public_profile" />
    <div class="form-actions">
      <input id="twitter-submit" class="btn" type="submit"
      value="Login using Twitter"/>
    </div>
  </form>
<br />
  <form th:action="@{/signin/facebook}" method="POST"
  class="form-horizontal"
  <input type="hidden" name="scope" value="public_profile" />
  <div class="form-actions">
      <input id="facebook-submit" class="btn" type="submit"
      value="Login using Facebook"/>       </div>
  </form>
  <br/>
    <form th:action="@{/signin/linkedin}" method="POST"
    class="form-horizontal">
    <input type="hidden" name="scope" value="r_basicprofile,
    r_emailaddress" />
    <div class="form-actions">
      <input id="linkedin-submit" class="btn" type="submit"
      value="Login using Linkedin"/>
    </div>
  </form>
```

3. 이제 JBCP 달력과 프로바이더를 연동하는 데 필요한 정보를 모두 설정했으므로 JBCP 달력 애플리케이션을 재시작하고 OAuth 2 프로바이더를 이용해 로그인 해보자.

 이제, 코드가 chapter09.02-calendar와 비슷해야 한다.

로그인 페이지에 접속하면 다음 스크린샷과 같이 추가 프로바이더 옵션이 제공된다.

OAuth 2 사용자 등록 문제

여러 프로바이더를 지원할 때 가장 흔하게 발생하는 문제점은 다양한 프로바이더를 통해
생성된 사용자명이 기존에 사용하는 사용자와 동일한 경우다.

제공된 각 프로바이더를 사용해 JBCP 달력 애플리케이션에 로그인한 후, H2에 저장된
데이터를 확인하면 동일한 사용자 계정의 정보가 아니더라도 비슷한 정보를 가진 사용자
를 찾을 수 있다.

다음 USERCONNECTION 테이블에서 각 프로바이더의 USERID 컬럼의 데이터가 매우 유사하
다는 것을 확인할 수 있다.

| Run | Run Selected | Auto complete | Clear | SQL statement: |

SELECT * FROM USERCONNECTION

SELECT * FROM USERCONNECTION;

USERID	PROVIDERID	PROVIDERUSERID	RANK	DISPLAYNAME	PROFILEURL
mickknutson	twitter	18055284	1	@mickknutson	http://twitter.com/mickknutson
Mick Knutson	facebook	102091362939159271	1	Mick Knutson	https://www.facebook.com/app_scoped_user_id/102091362939
mickknutson@gmail.com	linkedin	V6jd7V9WJI	1	Mick Knutson	https://www.linkedin.com/in/mickknutson

위와 같은 CALENDARUSER 테이블에 두 가지 문제점이 존재한다. 첫째 JBCP 달력 애플리케이션은 사용자 ID로 EMAIL을 사용하지만 프로바이더의 경우 ID 값으로 이메일을 사용하지 않을 수도 있다. 둘째, 서로 다른 두 프로바이더의 사용자 아이디가 동일할 수 있다.

| Run | Run Selected | Auto complete | Clear | SQL statement: |

SELECT * FROM CALENDAR_USERS |

SELECT * FROM CALENDAR_USERS;

ID	EMAIL	FIRST_NAME	LAST_NAME	PASSWORD
0	user1@example.com	User	1	$2a$04$qr7RWyqOnWWC1nwotUW1nOe1RD5.mKJVHK16WZy6v49pymu1WDHmi
1	admin1@example.com	Admin	1	$2a$04$0CF/Gsquxlel3fWq5Ic/ZOGDCaXbMfXYiXsviTNMQofWRXhvJH3IK
2	user2@example.com	User2	2	$2a$04$pShXhqV.wTehbffbD51tk.SPfPxIZvICyLn9WvQ8YhIXcYqWtW2Mm
3	mickknutson	Mick	Knutson	wDKwNPcTfPJcxuOmQTIdAtveUibHKtIQ
4	Mick Knutson	Mick	Knutson	pUlufjsVBpJrdxFWiXsLUYjZPxItvSTY
5	mickknutson@gmail.com	Mick	Knutson	eYpAXBszkkQFQkqXKMxKgPUGsJOmRXOg

이 책에서는 해당 문제를 해결하기 위한 방법을 다루지는 않겠지만 앞으로 애플리케이션을 설계하는 데 참고할 것을 추천한다.

비표준 OAuth 2 프로바이더 등록

제공된 프로바이더 이외의 사용자 정의 프로바이더를 추가하려면 다음과 같이 해당 프로바이더를 로그인 과정에 포함시키기 위한 몇 가지 추가 단계를 수행해야 한다.

1. 다음과 같이 build.gradle 파일에 각 프로바이더에 대한 의존성을 추가한다.

```
//build.gradle
dependencies  {
    ...
    compile("org.springframework.social:spring-social-google:
    ${springSocialGoogleVersion}")
    compile("org.springframework.social:spring-social-github:
    ${springSocialGithubVersion}")
}
```

2. 그런 다음, 각 프로바이더의 appId 및 appSecret 키를 다음과 같은 추가 애플리케이션 속성을 사용해 JBCP 달력 애플리케이션에 등록한다.

```
//src/main/resources/application.yml

spring:
  social:
    # Google
      google:
        appId: 947438796602-uiob88a5kg1j9mcljfmk00quok7rphib.apps.
        googleusercontent.com
        appSecret: lpYZpF2IUgNXyXdZn-zY3gpR
    # Github
      github:
        appId: 71649b756d29b5a2fc84
        appSecret: 4335dcc0131ed62d757cc63e2fdc1be09c38abbf
```

3. 각각의 새로운 프로바이더는 ConnectionFactory 인터페이스를 추가해 등록해야 한다. 다음과 같이 사용자 정의 DatabaseSocialConfigurer.java 파일에 지원하

려는 새로운 프로바이더에 대한 ConnectionFactory 항목을 추가하자.

```java
//src/main/java/com/packtpub/springsecurity/configuration/
DatabaseSocialConfigurer.java

public class DatabaseSocialConfigurer extends SocialConfigurerAdapter {
  ...
  @Override
  public void addConnectionFactories(
  ConnectionFactoryConfigurer config, Environment env) {
    super.addConnectionFactories(config, env);
    // application.yml 항목과 깃허브 연동
    config.addConnectionFactory(
    new GitHubConnectionFactory(
    env.getProperty("spring.social.github.appId"),
    env.getProperty("spring.social.github.appSecret")));
    // application.yml 항목과 구글 연동
    config.addConnectionFactory(
    new GoogleConnectionFactory(
    env.getProperty("spring.social.google.appId"),
    env.getProperty("spring.social.google.appSecret")));
  }
}
```

4. login.html 파일과 form.html 회원 가입 페이지에 각 프로바이더에 대한 새로운
   <form> 태그를 하나씩 추가한다.

```html
//src/main/resources/templates/login.html

<h3>Social Login</h3>
...
<form th:action="@{/signin/google}" method="POST"
class="form-horizontal">
<input type="hidden" name="scope" value="profile" />
<div class="form-actions">
    <input id="google-submit" class="btn" type="submit"
    value="Login using
```

```
            Google"/>
        </div>
      </form>
    <br />

      <form th:action="@{/signin/github}" method="POST"
      class="form-horizontal">
      <input type="hidden" name="scope" value="public_profile" />
      <div class="form-actions">
        <input id="github-submit" class="btn" type="submit"
        value="Login using
        Github"/>
      </div>
    </form>&gt;
```

5. 이제 JBCP 달력과 추가 프로바이더를 연동하는 데 필요한 정보를 모두 설정했다. JBCP 달력 애플리케이션을 재시작하고 추가 OAuth 2 프로바이더를 통해 로그인해보자. 로그인 페이지에 접속하면 다음 스크린샷과 같이 추가 프로바이더 옵션이 제공될 것이다.

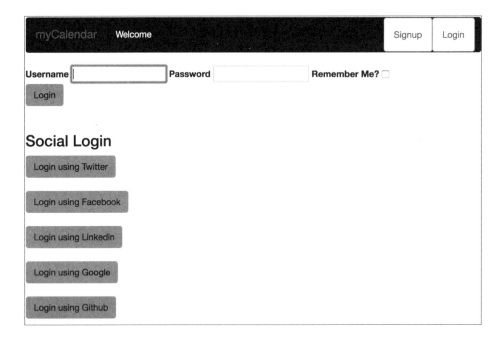

▌OAuth 2의 안전성

OAuth 2는 OAuth 2 프로바이더의 신뢰성과 프로바이더 응답의 검증 가능성에 의존한다. 따라서 애플리케이션이 사용자의 OAuth 2 기반 로그인에 대해 확신을 가지려면 보안이 매우 중요하다.

다행히 OAuth 2 설계자는 보안에 대한 중요성을 이미 인지하고 응답 변조, 재생 공격 및 기타 변조를 방지하기 위한 일련의 검증 단계를 구현해 놓았다.

- **응답 변조**는 공유 비밀키(초기 요청 이전에 OAuth 2 사용 가능 사이트에 의해 생성됨)와 단방향 해시 메시지 서명의 조합을 사용해 방지한다. 즉, 공유 비밀키 및 서명 알고리즘에 대한 접근 권한이 없는 경우 악의적인 사용자가 응답 필드를 변조하면 해당 응답을 무효한 응답으로 인식한다.
- **재생 공격**은 OAuth 2를 사용하는 사이트에서 넌스nonce 또는 일회성 임의키, 랜덤키를 재사용할 수 없도록 기록해 방지한다. 즉, 응답을 수신하는 사이트는 해당 넌스를 이전에 사용된 것으로 판단해 악의적인 사용자가 재전송한 응답 URL을 무효화시킨다.
- 사용자를 위험에 처하게 할 수 있는 가장 영향력이 큰 공격은 **중간자 공격**man-in-the-middle으로 악의적인 사용자가 사용자의 컴퓨터와 OAuth 2 프로바이더 사이의 통신을 인터셉트하는 공격이다. 이 경우 공격자는 사용자 웹 브라우저와 OAuth 2 프로바이더 사이의 모든 대화를 기록하고, 요청이 시작될 때 교환하는 비밀키를 기록할 수 있는 위치에 있다고 가정한다. 하지만 이러한 공격을 위해서는 공격자는 매우 높은 수준의 OAuth 2 서명 사양을 완벽하게 구현해야 한다. 즉, 일반적으로 시도하기 어려운 공격이라는 뜻이다.

▌ 요약

9장에서는 사용자 인증 및 자격 증명 관리를 위한 비교적 최신 기술인 OAuth 2에 대해 설명했다. OAuth 2는 웹에서 매우 광범위하게 적용되고 있으며 지난 1~2년 사이에 유용성과 수용력에서 큰 발전을 이뤘다. 따라서 JBCP 달력 애플리케이션을 포함한 오늘날의 공개 사이트는 어떤 형태로든 OAuth 2 지원 계획을 세우고 있을 것이다.

9장에서는 OAuth 2 인증 메커니즘과 고급 아키텍처 및 핵심 용어에 대해 알아봤다. 더나아가 OAuth 2 로그인과 이를 사용한 자동 사용자 등록에 대해서도 살펴봤다. 또한 OAuth 2 자동 로그인과 OAuth 2의 로그인 응답에 대한 보안에 대해서도 배웠다.

지금까지 스프링 시큐리티로 구현할 수 있는 가장 단순한 형태의 SSO 메커니즘 중 하나를 다뤘다. 이러한 OAuth 2 인증 방식의 단점 중 하나는 단일 로그아웃을 위한 표준 메커니즘을 지원하지 않는다는 점이다. 따라서 10장, 'CAS를 활용한 SSO'에서는 단일 로그아웃을 지원하는 또 다른 표준 SSO 프로토콜인 CAS를 살펴본다.

10

CAS를 활용한 SSO

10장에서는 CAS^{Central Authentication Service}(중앙 인증 서비스)를 스프링 시큐리티 기반 애플리케이션의 SSO^{Single Sign-On} 포털로 사용하는 법을 살펴본다.

10장에서는 다음과 같은 내용을 다룬다.

- CAS의 아키텍처 이해 및 CAS가 시스템 관리자와 모든 규모의 조직에 주는 장점
- 인증 요청 인터셉트를 처리하고 CAS로 리다이렉트하도록 스프링 시큐리티를 재설정하는 방법
- CAS SSO을 사용하도록 JBCP 달력 애플리케이션을 설정하는 방법
- 단일 로그아웃을 수행하는 원리와 설정하는 방법
- 서비스에 CAS 프록시 티켓 인증을 사용하는 방법과 설정하는 방법

- 권장되는 WAR 오버레이 접근 방식을 사용한 JA-SIG CAS 서버를 사용자 정의하는 방법
- CAS를 LDAP과 연동하고 LDAP에서 CAS를 통해 스프링 시큐리티로 데이터를 전달하는 방법

▮ CAS 소개

CAS는 오픈 소스 SSO 서버로서 중앙 집중식 접근 제어 및 조직 내 웹 기반 자원에 대한 인증 기능을 제공한다. 다양한 애플리케이션과 사용자 커뮤니티를 지원하는 CAS는 관리자에게 다음과 같은 이점을 제공한다.

- 자원(애플리케이션)에 대한 개인 또는 그룹 접근을 한곳에서 설정할 수 있다.
- 다양한 인증 저장소에 대한 폭넓은 지원을 통해 (사용자 관리를 중앙 집중화하기 위한) 단일 지점에서의 인증 및 넓게 분포된 장치 간 환경에 대한 제어 기능을 제공한다.
- CAS 클라이언트 라이브러리를 통해 웹 기반 및 비웹 기반 자바 애플리케이션에 대한 폭넓은 인증을 지원한다.
- CAS를 통한 단일 지점에서의 사용자 자격 증명 참조를 통해 CAS 클라이언트 애플리케이션에서는 사용자 자격 증명이나 자격 증명 검증 방법을 알 필요가 없어진다.

10장에서는 CAS 관리보다는 주로 인증과 관련된 부분과 CAS가 사이트 사용자에 대해 어떻게 인증 포인트 역할을 하는지 중점적으로 살펴볼 예정이다. CAS는 기업 또는 교육 기관에서 흔히 볼 수 있는 인트라넷 환경은 물론 소니 온라인 엔터테인먼트와 같이 대중을 대상으로 하는 유명 사이트에서도 볼 수 있다.

고수준 CAS 인증 흐름

고수준에서 CAS는 인증 결정을 위한 중앙 웹 애플리케이션인 CAS 서버와 CAS 서버를 사용해 인증을 받는 별개의 웹 애플리케이션인 하나 이상의 CAS 서비스로 구성된다. 다음의 CAS의 기본 인증 흐름을 살펴보자.

1. 사용자가 웹 사이트에 있는 보호된 자원에 접근을 시도한다.

2. 사용자는 웹 브라우저를 통해 CAS 서비스에서 CAS 서버로 리다이렉트돼 로그인을 요청한다.

3. CAS 서버는 사용자 인증을 담당한다. 사용자가 CAS 서버에 의해 인증되지 않은 경우 사용자에게 자격 증명을 요구한다. 다음 다이어그램은 사용자에게 로그인 페이지를 띄우는 과정이다.

4. 사용자는 자격 증명(사용자명과 패스워드)을 제시한다.

5. 사용자의 자격 증명이 유효한 경우 CAS 서버는 웹 브라우저를 통해 사용자를 서비스 티켓과 함께 보호된 자원으로 리다이렉트한다. 이때 사용되는 서비스 티켓은 사용자를 인증하기 위한 일회용 토큰이다.

6. CAS 서비스는 다시 CAS 서버를 호출해 해당 티켓의 유효성과 만료 기한 등을 검증한다. 이때 주의해야 할 점은 해당 과정이 웹 브라우저가 아닌 CAS 서버를 통해 이뤄지고 있다는 것이다.

7. CAS 서버는 신뢰 관계가 형성됐음을 알리는 단언assertion과 함께 응답한다. 티켓이 유효한 경우 신뢰 관계가 형성되고, 사용자는 정상적인 권한 부여 체크 단계를 거치게 된다.

위 과정을 시각적으로 표현하면 다음 다이어그램과 같다.

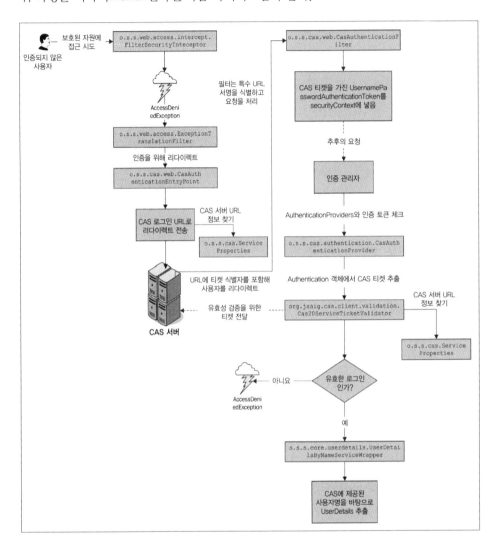

위의 다이어그램을 통해 사용자에 대한 신뢰 관계가 구축되기 전에 CAS 서버와 보호된 애플리케이션 사이의 고수준 상호 작용과 몇 가지 데이터 교환 핸드셰이크가 필요하다는 사실을 확인했다. 따라서 SSL 사용 및 네트워크 모니터링과 같은 다른 네트워크 보안 대비

책을 사용한다고 가정할 때 결과적으로 일반 기술로는 스푸핑하기가 매우 어려운 SSO 프로토콜을 사용하는 것이다.

이제 개략적으로 CAS 인증이 어떻게 동작하는지 알아봤으므로 스프링 시큐리티에 CAS 인증을 어떻게 적용하는지 살펴보자.

▌스프링 시큐리티와 CAS

스프링 시큐리티는 CAS와의 연동을 지원한다. 하지만 CAS 연동은 지금까지 살펴본 OAuth 2 및 LDAP 연동 시 security 네임스페이스 설정 방식에 의존했던 것과는 사뭇 다르다. 그 대신 CAS 연동은 대부분의 설정이 빈 연결과 security 네임스페이스 요소의 빈 정의를 참조하는 설정에 의존한다.

스프링 시큐리티에서의 CAS 인증의 두 가지 주요 부분은 다음과 같다.

- 인증되지 않은 사용자를 로그인 페이지로 리다이렉트하는 일을 처리하는 표준 AuthenticationEntryPoint 구현체를 사용자를 CAS 서버로 대신 리다이렉트하는 구현체로 교체
- 사용자 정의 서블릿 필터를 사용해 사용자가 CAS 서버에서 보호된 자원으로 다시 리다이렉트될 때 서비스 티켓 처리

CAS와 관련해서 꼭 이해해야 할 점은 일반적인 배포 상황에서 CAS는 애플리케이션의 모든 로그인 메커니즘을 대신한다는 것이다. 따라서 스프링 시큐리티에 CAS를 설정할 경우 애플리케이션의 인증 시스템으로 CAS만을 사용해야 한다. 이전 절에서 설명한 것처럼 CAS는 스프링 시큐리티가 데이터베이스나 LDAP에 인증을 위임하는 것과 비슷하게, 하나 이상의 인증 저장소에 대해 인증 요청을 프록시하도록 설계했기 때문에 대부분의 경우 이러한 상황은 문제가 되지 않는다. 앞의 다이어그램에서 애플리케이션이 사용자를 검증하기 위해 더 이상 인증 저장소를 사용하지 않고 서비스 티켓을 사용해 사용자를 결정하

는 것을 확인했다. 하지만 여전히 스프링 시큐리티가 사용자의 권한을 결정하기 위해 데이터 저장소가 필요하므로 10장의 뒷부분에서 이를 통한 제한 사항을 해결하는 방법에 대해 설명한다.

CAS와 스프링 시큐리티의 기본 연동을 마치고 홈페이지에서 로그인 링크를 제거하면 보호된 리소스에 접근하려고 할 때 CAS 로그인 화면으로 자동 리다이렉트하게 된다. 물론 애플리케이션에 따라서는 사용자가 사용자 정의된 콘텐츠를 볼 수 있도록 명시적으로 로그인을 허용하는 게 더 좋은 경우도 있다.

의존성

더 나아가기 전에 의존성이 업데이트됐는지 확인해봐야 한다. 다음 의존성을 추가하고 주석을 통해 언제 사용되는 의존성인지 확인해보자.

```
//build.gradle

dependencies {
// CAS:
compile('org.springframework.security:spring-security-cas')
...
}
```

CAS 설치와 설정

CAS는 좋은 품질의 소프트웨어이며, CAS 사용법에 대해 정확하고 쉽게 이해할 수 있도록 개발 팀이 직접 작성한 문서를 제공한다는 장점이 있다. 현재 10장의 예제를 따라가고 있는 중이라면 CAS 플랫폼에 있는 매뉴얼(https://apereo.github.io/cas/5.1.x/index.html)을 읽어볼 것을 권장한다.

가능한 한 간단하게 연동하도록 하기 위해, 10장의 달력 애플리케이션과 함께 CAS 서버 애플리케이션을 STS 또는 IntelliJ 모두에서 사용할 수 있도록 설정했다. 10장의 예제 코드를 사용하는 경우 CAS 서버는 https://localhost:9443/cas/로 배포했으며, 달력 애플리케이션은 https://localhost:8443/으로 배포했다. 추가로, CAS를 사용하려면 HTTPS 설정을 해야 하므로 부록, '참고 자료'를 참고하자.

 10장의 예제 코드는 책을 쓰는 시점에서 가장 최신 버전인 CAS 서버 5.1.2 버전을 사용했다. 5.x 버전의 CAS 서버에 일부 백엔드 클래스에 대한 변경 사항이 적용됐음에 주의하자. 따라서 5.x 이전의 버전을 사용하고 있다면 환경에 따라 설정이 달라질 수도 있다.

그럼 CAS 인증에 필요한 컴포넌트를 설정해보자.

 Chapter10.00-calendar와 Chapter10.00-cas-server의 코드부터 시작하자.

▌ CAS 기본 연동 설정

스프링 시큐리티 네임스페이스는 CAS 설정을 지원하지 않기 때문에 기본적인 설정을 위해 구현해야 하는 것이 있다. 기본 연동 과정을 이해하기 위해 앞에서 설명한 다이어그램을 참고하자.

다만, 이해하기 쉽도록 나눠서 설명을 진행할 것이므로 여기서 굳이 전체를 이해할 필요는 없다.

CAS ServiceProperties 객체 생성

스프링 시큐리티 설정은 CAS 서비스에 대한 일반적인 정보를 저장하기 위해 o.s.s.cas.
ServiceProperties 빈을 사용한다. ServiceProperties 객체는 다양한 CAS 구성 요소 간
의 데이터 교환을 조정하는 역할을 한다. 즉, 스프링 CAS 스택의 다양한 참여자가 공유
하는 CAS 구성 설정을 저장하는 데이터 객체로 사용된다. 다음 코드에 포함된 설정을 살
펴보자.

```
//src/main/java/com/packtpub/springsecurity/configuration/CasConfig.java

static{
  System.setProperty("cas.server", "https://localhost:9443/cas");
  System.setProperty("cas.server.login",
  "https://localhost:9443/cas/login");
  System.setProperty("cas.service",
  "https://localhost:8443");
  System.setProperty("cas.service.login",
  "https://localhost:8443/login");
}
@Value("#{systemProperties['cas.service.login']}")
private String calendarServiceLogin;
@Bean
public ServiceProperties serviceProperties(){
  return new ServiceProperties(){{
    setService(calendarServiceLogin);
  }};
}
```

위 코드에서는 시스템 속성을 사용해 ${cas.service}와 ${cas.server}라는 변수
를 사용하고 있다. 두 변수 모두 예제 애플리케이션에 사용할 수 있으며, 스프링은 Pro
pertySources 구성에 설정된 값으로 자동으로 대체한다. 이러한 방법은 보통 CAS 서버
를 구축할 때 사용하는 전략으로, 실제 배포 서버로 변환하는 과정에서 값을 변경할 수도
있다. 여기서 CAS 서버는 localhost:9443, 달력 애플리케이션은 localhost:8443을 기본

접근 경로로 한다. 기본 경로에 대한 설정 또한 시스템 인수를 사용해 대체하거나 자바 속
성 파일로 외부화할 수도 있다. 어떤 메커니즘을 사용하든 구성을 적절하게 외부화할 수
있으므로 어떤 설정 방법을 사용해도 무관하다.

CasAuthenticationEntryPoint 객체 추가

10장의 앞부분에서 간략하게 언급했듯이 스프링 시큐리티는 사용자로부터 자격 증명을
요청하기 위해 o.s.s.web.AuthenticationEntryPoint 인터페이스를 사용한다. 일반적으
로 o.s.s.web.AuthenticationEntryPoint 인터페이스는 사용자를 로그인 페이지로 리다
이렉트한다. 하지만 CAS를 사용하면 로그인을 요청하기 위해 CAS 서버로 리다이렉트해
야 한다. 이때 스프링 시큐리티는 CAS 서버가 서비스 티켓을 보내야 하는 위치를 나타내
는 service 매개변수를 포함해야 한다. 다행히 스프링 시큐리티는 이를 위해 o.s.s.cas.
web.CasAuthenticationEntryPoint 객체를 제공하며, 다음 코드와 같이 샘플 애플리케이
션에 적용할 수 있다.

```
//src/main/java/com/packtpub/springsecurity/configuration/CasConfig.java

    @Value("#{systemProperties['cas.server.login']}")
    private  String  casServerLogin;
    @Bean
    public CasAuthenticationEntryPoint casAuthenticationEntryPoint(){
      return new CasAuthenticationEntryPoint(){{
      setServiceProperties(serviceProperties());
      setLoginUrl(casServerLogin);
      }};
    }
```

CasAuthenticationEntryPoint 객체는 ServiceProperties 클래스를 사용해 사용자가 인
증됐을 때 서비스 티켓을 보낼 위치를 지정한다. CAS는 설정에 따라 사용자별, 애플리
케이션별 선택적 접근 권한 부여를 제공한다. 따라서 URL에 따라 세부 사항을 처리하는

서블릿 필터를 설정해보고, casAuthenticationEntryPoint ID로 빈을 활용하도록 스프링 시큐리티를 업데이트한다. 다음과 같이 SecurityConfig.java 파일을 업데이트하자.

```
//src/main/java/com/packtpub/springsecurity/configuration/SecurityConfig.java

@Autowired
private CasAuthenticationEntryPoint casAuthenticationEntryPoint;
@Override
protected void configure(HttpSecurity http) throws Exception {
    ...
// 예외 처리
  http.exceptionHandling()
    .authenticationEntryPoint(casAuthenticationEntryPoint)
    .accessDeniedPage("/errors/403");
...
```

다음으로, CasConfig.java 파일이 스프링에 로드됐는지 확인하고 다음과 같이 Security Config.java 파일을 업데이트하자.

```
//src/main/java/com/packtpub/springsecurity/configuration/SecurityConfig.java

@Configuration
@EnableWebSecurity(debug = true)
@EnableGlobalAuthentication
@Import(CasConfig.class)
public class SecurityConfig extends WebSecurityConfigurerAdapter {
```

마지막으로 CasAuthenticationEntryPoint가 UserDetailsService 객체를 대체하기 때문에 SecurityConfig.java 파일의 기존 UserDetailsService 객체를 UserDetailsService 구현체의 AuthenticationManager로 변경한다.

```
//src/main/java/com/packtpub/springsecurity/configuration/SecurityConfig.java

@Override
public void configure(AuthenticationManagerBuilder auth)
throws Exception {
super.configure(auth);
//auth.userDetailsService(userDetailsService)
  // .passwordEncoder(passwordEncoder());
}
```

이제 애플리케이션을 재시작하고 My Events 페이지에 접근하면 인증을 위해 CAS 서버로 리다이렉트된다. CAS 서버의 기본 설정에는 사용자명과 패스워드가 동일한 사용자의 인증을 허용하고 있으므로 사용자명을 admin1@example.com, 패스워드를 admin1@example.com 또는 사용자명을 user1@example.com, 패스워드를 user1@example.com으로 로그인할 수 있을 것이다.

하지만 아직까지는 달력 애플리케이션이 티켓의 유효성을 검증할 수 없기 때문에 로그인 후에도 CAS 서버로 리다이렉트되는 것을 경험하게 될 것이다. 즉, 애플리케이션이 티켓을 수신할 수 있도록 설정했지만 티켓의 유효성을 검증할 수 없어 CAS에서 티켓을 거부함으로써 AccessDeniedException 객체를 호출하기 때문이다.

CAS 티켓 검증 사용

CAS 기본 연동 설정 절의 다이어그램을 다시 살펴보면 스프링 시큐리티가 인증되지 않은 요청을 식별하고 FilterSecurityInterceptor 클래스를 통해 CAS로 사용자를 리다이렉트시키는 것을 확인할 수 있다. 앞에서는 CasAuthenticationEntryPoint 객체를 추가해 로그인 페이지로의 리다이렉션 기능을 재정의하고 애플리케이션에서 CAS 서버로 리다이렉트되게 했다. 이제는 사용자가 CAS에서 인증되면 애플리케이션에서도 인증되도록 설정해보자.

9장, 'OAuth 2 적용하기'의 OAuth 2는 인증을 위해 인증되지 않은 사용자를 OAuth 2 프로바이더로 리다이렉트시킨 후, 검증할 수 있는 자격 증명과 함께 애플리케이션으로 다시 리다이렉트되는 접근 방식을 사용했다. 하지만 CAS는 사용자가 애플리케이션으로 돌아온 후, 애플리케이션에서 CAS 서버로 콜백callback을 보내 제공된 자격 증명이 유효하고 정확한 것인지 검증한다. 이를 날짜 기반의 넌스와 미리 공유된 키 기반의 서명을 사용해 OAuth 2 프로바이더에서 제공한 자격 증명을 검증하는 OAuth 2 방식과 비교해보자.

CAS 방식의 장점은 CAS 서버에서 사용자 인증을 위해 전달되는 정보가 간단한 URL 매개변수뿐이기 때문에 훨씬 단순하다는 것이다. 또한 애플리케이션 자체는 사용 중이거나 유효한 티켓을 관리할 필요가 없고 전적으로 CAS에 의존해 정보를 검증하면 된다. OAuth 2를 사용할 때 본 것처럼 CAS로부터의 리다이렉트를 인지하고 이를 인증 요청으로 처리하는 일은 서블릿 필터가 담당한다. 먼저 다음과 같이 CasConfig.java 파일에 서블릿 필터 설정을 추가하자.

```
//src/main/java/com/packtpub/springsecurity/configuration/CasConfig.java

@Autowired
private AuthenticationManager authenticationManager;
@Bean
public CasAuthenticationFilter casAuthenticationFilter() {
    CasAuthenticationFilter casAuthenticationFilter =
        new CasAuthenticationFilter();
    casAuthenticationFilter.setAuthenticationManager(authenticationManager);
    casAuthenticationFilter.setFilterProcessesUrl("/login");
    return casAuthenticationFilter;
}
```

그런 다음 formLogin() 메서드를 SecurityConfig.java 파일의 사용자 정의 필터 선언으로 변경한다.

```
//src/main/java/com/packtpub/springsecurity/configuration/SecurityConfig.java

@Autowired
private CasAuthenticationFilter casFilter; @Override
protected void configure(HttpSecurity http) throws Exception {
    ...
/*http.formLogin()
    .loginPage("/login/form")
  .loginProcessingUrl("/login")
.failureUrl("/login/form?error")
.usernameParameter("username")
.passwordParameter("password")
.defaultSuccessUrl("/default", true
    .permitAll();*/
    http.addFilterAt(casFilter, CasAuthenticationFilter.class);
    // 예외 처리
    http.exceptionHandling()
        .authenticationEntryPoint(casAuthenticationEntryPoint)
        .accessDeniedPage("/errors/403");
    ...
```

마지막으로 CasAuthenticationFilter 객체에 필요한 AuthenticationManager 구현체에
대한 참조를 추가하자. 해당 참조는 아직 존재하지 않는 경우 AuthenticationManager 구
현체를 SecurityConfig.java의 빈 선언으로 추가한다.

```
//src/main/java/com/packtpub/springsecurity/configuration/SecurityConfig.java

@Bean
@Override
public AuthenticationManager authenticationManager()
throws Exception {
  return super.authenticationManager();
}
```

ServiceProperties 설정에 CAS 서비스명이 https://localhost:8443/login로 설정돼 있다. 다른 인증 필터와 마찬가지로 /j_spring_cas_security_check의 기본 URL을 변경해, 불필요하게 스프링 시큐리티를 사용하고 있다는 사실을 노출하지 않도록 하자.

CasAuthenticationFilter 객체는 Authentication 구현체(UsernamePasswordAuthenticationToken 객체)를 다음 및 마지막 요소에서 인식할 수 있는 특수 자격 증명으로 채운다.

CasAuthenticationProvider 객체를 이용한 진위성 증명

이 책을 통해 지금까지 스프링 시큐리티의 논리적인 흐름을 잘 따라온 독자라면 다음에 어떤 내용이 나와야 할지 이미 알고 있을 것이다. 적절한 AuthenticationProvider 객체로 Authentication 토큰을 검사해야 한다. CAS도 예외가 아니므로 AuthenticationManager 내에서 o.s.s.cas.authentication.CasAuthenticationProvider 객체를 설정해야 한다.

다음 단계를 살펴보자.

1. 먼저, 다음과 같이 CasConfig.java 파일에 스프링 빈을 선언한다.

```
//src/main/java/com/packtpub/springsecurity/configuration/CasConfig.java

@Bean
public CasAuthenticationProvider casAuthenticationProvider() {
    CasAuthenticationProvider casAuthenticationProvider = new
    CasAuthenticationProvider();
    casAuthenticationProvider.setTicketValidator(ticketValidator());
    casAuthenticationProvider.setServiceProperties
    (serviceProperties());
    casAuthenticationProvider.setKey("casJbcpCalendar");
    casAuthenticationProvider.setAuthenticationUserDetailsService(
        userDetailsByNameServiceWrapper);
        return casAuthenticationProvider;
}
```

2. 다음으로, SecurityConfig.java의 AuthenticationManager 선언이 있는 영역에 새로운 AuthenticationProvider 객체에 대한 참조를 설정한다.

```
//src/main/java/com/packtpub/springsecurity/configuration/
SecurityConfig.java

@Autowired
private CasAuthenticationProvider casAuthenticationProvider;
@Override
public void configure(final AuthenticationManagerBuilder auth)
throws Exception
{
  auth.authenticationProvider(casAuthenticationProvider);
}
```

3. 이전 예제에서 사용한 다른 AuthenticationProvider 참조가 있는 경우 CAS와 연동할 때는 잊지 말고 삭제하도록 하자. 이러한 모든 변경 사항은 앞의 코드에서 설정했으므로 이제는 CasAuthenticationProvider 클래스 내의 다른 애트리뷰트와 빈 참조를 처리해야 한다. ticketValidator 애트리뷰트는 org.jasig.cas.client.validation.TicketValidator 인터페이스 구현체를 참조한다. CAS 3.0을 사용하기 위해서는 다음과 같이 org.jasig.cas.client.validation.Cas30ServiceTicketValidator 인스턴스를 선언해야 한다.

```
//src/main/java/com/packtpub/springsecurity/configuration/CasConfig.java

@Bean
public Cas30ProxyTicketValidator ticketValidator(){
  return new Cas30ProxyTicketValidator(casServer);
}
```

이 클래스에 제공하는 생성자 인자는 CAS 서버에 접근하기 위한 URL을 참조해야 한다. 여기서 org.springframework.security 패키지를 CAS 클라이언트 JAR 파일에 속하는 org.jasig 패키지로 옮긴 것을 볼 수 있다. 10장의 후반부에서는 TicketValidator 인터페이스에 프록시 티켓과 SAML 인증과 같은 다른 CAS 관련 인증 방식을 지원하는 구현체 (CAS 클라이언트 JAR 파일 안에 위치함)도 살펴볼 예정이다.

다음으로 key 애트리뷰트를 살펴보자. key 애트리뷰트는 단순히 UsernamePasswordAuthenticationToken의 진위성 여부를 검증하는 데 사용되며, 임의로 정의할 수 있다.

8장, 'TLS를 사용한 클라이언트 인증서 인증'에서 살펴봤듯이, authenticationUserDetailsService 애트리뷰트는 Authentication 토큰의 사용자 정보를 완전히 채운 UserDetails 객체로 변환하는 데 사용하는 o.s.s.core.userdetails.AuthenticationUserDetailsService 객체를 나타낸다. 현재 구현체에서는 CAS 서버에서 반환된 사용자명을 조회하고 UserDetailsService 객체를 사용해 UserDetails를 조회하고 변환을 수행한다. 이러한 기술은 Authentication 토큰의 무결성이 손상되지 않았을 때만 사용된다. 또한 UserDetailsService 인터페이스의 CalendarUserDetailsService 구현체에 대한 참조로 해당 객체를 구성한다.

//src/main/java/com/packtpub/springsecurity/configuration/CasConfig.java

```
@Bean
public UserDetailsByNameServiceWrapper
authenticationUserDetailsService(
  final UserDetailsService userDetailsService){
  return new UserDetailsByNameServiceWrapper(){{
  setUserDetailsService(userDetailsService);
  }};
}
```

여기서 왜 UserDetailsService 인터페이스를 직접 참조하지 않았는지 궁금했을 것이다. 그 이유는 OAuth 2와 마찬가지로 나중에 CAS 서버의 세부 정보를 사용해 UserDetails

객체를 채우는 추가 설정 옵션이 있기 때문에 여기서는 UserDetailsService를 직접 참조하지 않는다.

 이제, 코드가 chapter10.01-calendar와 chapter10.01-cas-server와 비슷해야 한다.

이제 CAS 서버와 JBCP 달력 애플리케이션을 재시작한 후, https://localhost:8443/에 접속하고 **All Events**에 접근하면 CAS 서버로 리다이렉트된다. 그런 다음, 사용자명을 admin1@example.com, 패스워드를 admin1@example.com으로 로그인하면 이전과는 달리 JBCP 달력 애플리케이션으로 리다이렉트된다!

 이 부분에서 문제가 발생하는 경우 대부분 SSL 설정이 잘못된 것이다. 부록, '참고 자료'를 참고해 신뢰 저장소 파일을 tomcat.keystore로 설정했는지 다시 한번 확인해보자.

▌ 단일 로그아웃

애플리케이션에서 로그아웃 버튼을 클릭하면 로그아웃 확인 페이지가 나타난다. 하지만 **My Events** 페이지처럼 보호된 페이지에 접근하려고 하면 여전히 로그인된 상태에 머물러 있다. 여기서 문제점은 로그아웃이 로컬 서버에서만 이뤄졌다는 것이다. 따라서 JBCP 달력 애플리케이션에서 로그아웃한 페이지가 아닌 다른 보호 자원을 요청하면 CAS 서버에 로그인 요청이 전송된다. 그러면 사용자는 여전히 CAS 서버에 로그인돼 있기 때문에 CAS 서버는 즉시 서비스 티켓을 반환하고 사용자를 JBCP 달력 애플리케이션에 다시 로그인시킨다.

또한 JBCP 달력 애플리케이션은 다른 애플리케이션에 대한 정보가 없으므로 사용자가 동일한 CAS 서버를 사용해 다른 애플리케이션에 로그인한 경우에 JBCP 달력 애플리케이션에서 로그아웃하더라도 여전히 다른 애플리케이션에 인증돼 있음을 의미한다. 다행히, CAS와 스프링 시큐리티는 이러한 문제점에 대한 해결책을 갖고 있다. CAS 서버에 로그인을 요청한 것처럼 CAS 서버에 로그아웃을 요청하는 것이다.

단일 로그아웃은 다음 과정을 통해 진행된다.

1. 웹 애플리케이션에서 사용자가 로그아웃을 요청한다.
2. 웹 애플리케이션은 웹 브라우저를 통해 CAS 서버로 리다이렉트해 CAS에서 로그아웃하도록 요청한다.
3. CAS 서버는 사용자를 인식한 후, 인증된 각 CAS 서비스에 로그아웃 요청을 보낸다. 여기서의 로그아웃 요청은 웹 브라우저를 통해 수행하지 않는다.
4. CAS 서버는 사용자 로그인에 사용된 원래 서비스 티켓을 제공해 로그아웃해야 하는 사용자를 표시한다. 그러면 애플리케이션은 사용자가 제대로 로그아웃됐는지 확인한다.
5. CAS 서버는 사용자에게 로그아웃 성공 페이지를 보여준다.

단일 로그아웃 설정

단일 로그아웃 설정은 비교적 간단하다.

1. 첫 번째 단계는 `SecurityConfig.java` 파일에 `logout-success-url` 애트리뷰트를 CAS 서버의 로그아웃 URL로 지정하는 것이다. 즉, 애플리케이션 서버에서 로그아웃하면 사용자를 자동으로 CAS 서버의 로그아웃 페이지로 리다이렉트한다.

   ```
   //src/main/java/com/packtpub/springsecurity/configuration/
   SecurityConfig.java
   ```

```java
@Value("#{systemProperties['cas.server']}/logout")
private static String casServerLogout;
@Override
protected void configure(final HttpSecurity http)
throws Exception {
  ...
  http.logout()
    .logoutUrl("/logout")
    .logoutSuccessUrl(casServerLogout)
    .permitAll();
}
```

애플리케이션이 하나뿐이라면 로그아웃이 한 번 발생하는 것처럼 보이게만 하면 된다. CAS 서버 로그아웃 페이지로 리다이렉트하기 전에 달력 애플리케이션에서 로그아웃하기 때문이다. 다시 말해, CAS 서버가 달력 애플리케이션에 로그아웃 요청을 전송할 때, 사용자는 이미 달력 애플리케이션에서 로그아웃된 상태라는 뜻이다.

2. 여러 애플리케이션에서 동일 CAS 서버를 이용하는 경우, 다른 애플리케이션에서 로그아웃을 요청하면 CAS 서버는 달력 애플리케이션에 로그아웃 요청을 보낸다. 하지만 달력 애플리케이션이 다른 애플리케이션의 로그아웃 이벤트를 수신하지 않기 때문에 해당 이벤트는 처리하지 않는다. 이러한 문제점은 다음과 같이 SingleSignoutFilter 객체를 생성해 간단하게 해결할 수 있다.

```java
//src/main/java/com/packtpub/springsecurity/configuration/CasConfig.java

@Bean
public SingleSignOutFilter singleSignOutFilter() {
    return new SingleSignOutFilter();
}
```

3. 다음으로 스프링 시큐리티가 `<custom-filter>` 요소에 SecurityConfig.java 파일의 singleLogoutFilter 객체를 포함시켜 인식하도록 해야 한다. 다음과 같이 단일 로그아웃 필터를 일반 로그아웃 전에 둬 로그아웃 이벤트를 수신하는지 확인해보자.

```
//src/main/java/com/packtpub/springsecurity/configuration/
SecurityConfig.java

@Autowired
private SingleSignOutFilter singleSignOutFilter;
@Override
protected void configure(HttpSecurity http) throws Exception {
    ...
  http.addFilterAt(casFilter, CasAuthenticationFilter.class);
  http.addFilterBefore(singleSignOutFilter, LogoutFilter.class);
// 로그아웃
http.logout()
  .logoutUrl("/logout")
  .logoutSuccessUrl(casServerLogout)
  .permitAll();
}
```

4. 일반적인 상황에서는 web.xml 또는 ApplicationInitializer 파일을 약간 업데이트해야 한다. 하지만 달력 애플리케이션의 경우 이미 다음과 같이 CasConfig.java 파일을 업데이트해 놓았다.

```
//src/main/java/com/packtpub/springsecurity/configuration/CasConfig.java

@Bean
public ServletListenerRegistrationBean
<SingleSignOutHttpSessionListener>
singleSignOutHttpSessionListener() {
  ServletListenerRegistrationBean<SingleSignOutHttpSessionListener>
  listener = new
  ServletListenerRegistrationBean<>();
```

```
  listener.setEnabled(true);
  listener.setListener(new SingleSignOutHttpSessionListener());
  listener.setOrder(1);
  return listener;
}
@Bean
public FilterRegistrationBean
characterEncodingFilterRegistration() {
  FilterRegistrationBean registrationBean =
  new FilterRegistrationBean
  (characterEncodingFilter());
  registrationBean.setName("CharacterEncodingFilter");
  registrationBean.addUrlPatterns("/*");
  registrationBean.setOrder(1);
  return registrationBean;
}
private CharacterEncodingFilter characterEncodingFilter() {
    CharacterEncodingFilter filter = new CharacterEncodingFilter(
      filter.setEncoding("UTF-8");
      filter.setForceEncoding(true);
      return  filter;
}
```

위의 코드는 SingleSignoutHttpSessionListener 객체를 추가해 HttpSession
에 대한 서비스 티켓 매핑을 제거했는지 확인했다. 또한 SingleSignOutFilter를
사용할 때 문자 인코딩이 올바른지 확인하기 위해 JA-SIG 문서에서 권장하는 대
로 CharacterEncodingFilter를 추가했다.

5. 애플리케이션을 재시작하고 로그아웃해보면 이제는 정말로 로그아웃됐을 것이다.

6. 다시 로그인해 CAS 서버의 로그아웃 URL에 직접 접근해보자. JBCP 달력 애플
   리케이션 설정 상황에서는 https://localhost:9443/cas/logout에 접근하면
   된다.

7. 이제 인증 없는 JBCP 달력 애플리케이션에 접근이 불가능할 것이다. 이는 단
   일 로그아웃이 성공적으로 이뤄졌다는 것을 의미한다.

이제, 코드가 chapter10.02-calendar와 chapter10.02-cas-server와 비슷해야 한다.

클러스터 환경

이전 절에서는 HttpSession과 서비스 티켓을 매핑하고 매핑 정보를 인메모리 맵map으로 저장해 구현하기 때문에 로그아웃이 수행되는 방식에 대해 살펴보지 못했다. 즉, 클러스터 환경에서는 단일 로그아웃이 제대로 작동하지 않는다는 뜻이다.

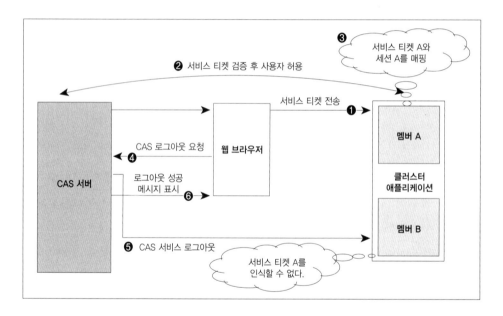

다음 상황을 살펴보자.

- 사용자가 **클러스터 멤버 A**에 로그인한다.
- **클러스터 멤버 A**는 서비스 티켓의 유효성을 검증한다.

- 그런 다음, 사용자의 세션과 서비스 티켓을 매핑해 메모리 내에 저장한다.
- 사용자가 **CAS 서버**에 로그아웃 요청을 한다.

위의 상황에서 **CAS 서버**는 CAS 서비스로 로그아웃 요청을 보내지만 **클러스터 멤버 B**는 로그아웃 요청을 받지 않는다. **클러스터 멤버 B**는 자신의 메모리에 **서비스 티켓 A**의 세션이 존재하는지 확인하지만 해당 티켓은 **클러스터 멤버 A**에만 존재하므로 찾을 수가 없다. 따라서 사용자가 성공적으로 로그아웃되지 않았다.

클러스터 환경에서의 로그아웃 기능이 필요한 개발자는 JA-SIG JIRA 큐 또는 포럼에서 이에 대한 해결책을 찾을 수 있다. CAS를 사용한 클러스터링에 대한 자세한 내용은 https://wiki.jasig.org/를 참고하자.

Stateless 서비스에 대한 프록시 티켓 인증

지금까지는 CAS를 사용해 인증을 중앙 집중화하는 방법에 대해 살펴봤다. 그렇다면 CAS를 사용해 웹 서비스를 호출하려면 어떻게 해야 하는 것일까? 이때 CAS는 **프록시 티켓**Proxy Ticket, PT이라는 개념을 사용한다. 다음 다이어그램을 통해 어떻게 동작하는지 살펴보자.

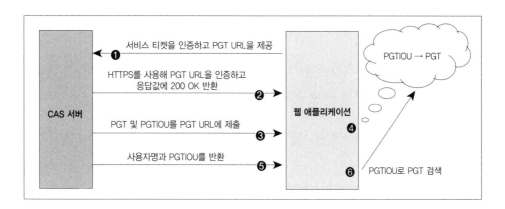

CAS 인증 과정은 이전과 동일하게 진행되며, 표준 CAS 인증 후에 다음 절차가 진행된다.

1. 서비스 티켓은 프록시 **티켓 콜백** URL(PGT URL)이라는 추가 매개변수가 포함된 경우 유효성이 검증된다.

2. **CAS 서버**는 HTTPS를 통해 PGT URL을 호출해 PGT URL의 유효성을 검증한다. 이 과정은 대부분의 CAS와 동일하게 해당 URL에 대한 SSL 핸드셰이크를 통해 이뤄진다.

3. **CAS 서버**는 HTTPS를 통해 PGT^{Proxy Granting Ticket} 및 PGTIOU^{Proxy Granting Ticket I Owe you}를 PGT URL에 제출한다.

4. PGT URL은 2개의 티켓을 받은 후, PGT와 PGTIOU의 연관성을 저장한다.

5. 최종적으로 **CAS 서버**는 사용자명과 PGTIOU를 포함한 1단계의 요청에 대한 응답을 반환한다.

6. 이제 CAS 서비스는 PGTIOU를 사용해 PGT를 조회할 수 있다.

프록시 티켓 인증 설정

앞서 프록시 인증이 어떻게 이뤄지는지 살펴봤으므로 다음 단계를 통해 PGT를 얻기 위한 설정을 추가해보자.

1. 첫 번째 단계는 ProxyGrantingTicketStorage 구현체에 대한 참조를 추가하는 것이다. CasConfig.java 파일에 다음 코드를 추가하자.

```
//src/main/java/com/packtpub/springsecurity/configuration/CasConfig.java

@Bean
public ProxyGrantingTicketStorage pgtStorage() {
  return new ProxyGrantingTicketStorageImpl();
  }
  @Scheduled(fixedRate = 300_000)
  public void proxyGrantingTicketStorageCleaner(){
```

```
        pgtStorage( ).cleanUp( );
}
```

2. ProxyGrantingTicketStorageImpl 구현체는 PGTIOU와 PGT를 인메모리 매핑한다. 단일 로그아웃과 마찬가지로 ProxyGrantingTicketStorageImpl 구현체를 사용하면 클러스터 환경에서 문제가 발생하므로 클러스터 환경에서 어떻게 설정해야 하는지 JA-SIG 문서(https://wiki.jasig.org/display/CASUM/Clustering+CAS)를 참고하자.

3. cleanUp( ) 메서드를 주기적으로 호출해 ProxyGrantingTicketStorage를 정리해야 한다. 이 과정은 스프링에서 매우 간단하게 설정할 수 있으며, 환경에 맞는 별도의 스레드 풀에서 Ticket을 지우도록 설정할 수도 있다. 자세한 내용은 http://static.springsource.org/spring/docs/current/spring-framework-reference/html/scheduling.html의 스프링 프레임워크 문서를 참고하자.

4. 이제 방금 생성한 ProxyGrantingTicketStorage를 사용하도록 설정해야 한다. ticketValidator 메서드를 업데이트해 저장소를 참조하고 PGT URL을 인식하도록 하면 된다. 다음과 같이 CasConfig.java를 업데이트해보자.

```
//src/main/java/com/packtpub/springsecurity/configuration/CasConfig.java

@Value("#{systemProperties['cas.calendar.service']}/pgtUrl")
private  String  calendarServiceProxyCallbackUrl;
@Bean
public  Cas30ProxyTicketValidator  ticketValidator(){
    Cas30ProxyTicketValidator  tv  =  new
    Cas30ProxyTicketValidator(casServer);
    tv.setProxyCallbackUrl(calendarServiceProxyCallbackUrl);
    tv.setProxyGrantingTicketStorage(pgtStorage());
    return tv;
}
```

5. 마지막으로 업데이트해야 할 사항은 `CasAuthenticationFilter` 객체에 PGT URL이 호출될 때, `ProxyGrantingTicketStorage` 구현체에서 PGTIOU를 PGT 에 매핑해 저장하도록 하는 것이다. 여기서 주의해야 할 점은 CAS 서버가 애플리케이션에 나열된 URL로 티켓을 전송하도록 하려면, `proxyReceptorUrl` 애트리뷰트가 `Cas20ProxyTicketValidator` 객체의 `proxyCallbackUrl` 애트리뷰트와 일치하는지 확인해야 한다는 점이다. 다음과 같이 security-cas.xml을 수정해보자.

//src/main/java/com/packtpub/springsecurity/configuration/CasConfig.java

```java
@Bean
public CasAuthenticationFilter casFilter() {
    CasAuthenticationFilter caf = new CasAuthenticationFilter();
    caf.setAuthenticationManager(authenticationManager); caf.
    setFilterProcessesUrl("/login"); caf.setProxyGrantingTicketStorage
    (pgtStorage());
    caf.setProxyReceptorUrl("/pgtUrl");
    return caf;
}
```

이제 PGT를 생성했으므로 PGT로 무엇을 해야 할까? 다음 절에서는 PGT를 이용해 프록시 티켓을 생성하는 방법에 대해 알아보자.

 proxyCallBackUrl 애트리뷰트는 proxyReceptorUrl 애트리뷰트 경로의 절대 경로와 일치한다. 애플리케이션을 https://${cas.service}/로 배포했으므로 proxyReceptor URL의 전체 경로는 https://${cas.service }/pgtUrl이다.

▌ 프록시 티켓 사용

이제 PGT를 사용해 프록시 티켓을 생성한 후, 서비스에 인증 시 프록시 티켓을 사용할 수 있다. 이를 위한 코드는 이미 EchoController 클래스에 정의돼 있으며, 다음 코드를 통해 살펴보자. 자세한 내용은 샘플 코드를 참고할 것을 권장한다.

```
//src/main/java/com/packtpub/springsecurity/web/controllers/EchoController.java

@ResponseBody
@RequestMapping("/echo")
public String echo() throws UnsupportedEncodingException {
    final CasAuthenticationToken token = (CasAuthenticationToken)
    SecurityContextHolder.getContext().getAuthentication();
    final String proxyTicket = token.getAssertion().getPrincipal()
    .getProxyTicketFor(targetUrl);
    return restClient.getForObject(targetUrl+"?ticket={pt}",
    String.class, proxyTicket);
  }
```

위의 컨트롤러는 현재 로그인한 사용자의 모든 이벤트를 얻기 위해, RESTful 호출을 인증하는 데 사용하는 프록시 티켓을 얻도록 고안된 예제다. 그런 다음 페이지에 JSON 응답을 표시한다. 이때 주의해야 할 점은 EchoController 객체가 동일한 애플리케이션에 있는 MessagesController 객체에 실제로 RESTful 호출을 한다는 것이다. 즉, 달력 애플리케이션이 자체적으로 RESTful 호출을 수행한다.

https://localhost:8443/echo에 접속해 실제 어떻게 진행되는지 확인해보자. 해당 페이지는 CSS를 제외한 CAS 로그인 페이지와 매우 비슷하게 생겼는데, 이는 컨트롤러가 My Events 페이지를 표시하려고 시도하지만 애플리케이션은 프록시 티켓을 인증하는 방법을 아직 모르기 때문이다. 다시 말해, 사용자는 CAS 로그인 페이지로 리다이렉트된다. 이제 프록시 티켓을 어떻게 인증하는지 알아보자.

이제, 코드가 chapter10.03-calendar와 chapter10.03-cas-server와 비슷해야 한다.

프록시 티켓 인증

프록시 티켓 인증에 대해 다음 단계를 통해 살펴보자.

1. 먼저, filterProcessesUrl 애트리뷰트에 제출된 티켓뿐 아니라 모든 티켓을 인증하도록 ServiceProperties 객체에 알려야 한다. CasConfig.java를 다음과 같이 업데이트하자.

```
//src/main/java/com/packtpub/springsecurity/configuration/CasConfig.java

@Bean
public ServiceProperties serviceProperties(){
  return new ServiceProperties(){{
      setService(calendarServiceLogin);
      setAuthenticateAllArtifacts(true);
  }};
}
```

2. 그런 다음, CasAuthenticationFilter 객체를 업데이트해 특정 URL뿐 아니라 모든 티켓에 대해 인증하도록 업데이트해야 한다. 또한 임의의 URL에서 프록시 티켓의 유효성을 검사할 때 CAS 서비스 URL을 동적으로 제공할 수 있는 AuthenticationDetailsSource 인터페이스를 사용해야 한다. CAS 서비스가 티켓의 유효성을 검증하는 경우, 프록시 티켓을 생성하는 데 사용된 CAS 서비스 URL도 함께 제공해야 하기 때문에 AuthenticationDetailsSource 인터페이스를 사용하는 것은 매우 중요하다. 마지막으로 프록시 티켓은 모든 URL에서 발

360

생할 수 있으므로 URL을 동적으로 검색할 수 있어야 하므로 HTTP 요청의 현재 URL을 제공하는 ServiceAuthenticationDetailsSource 객체를 활용한다.

//src/main/java/com/packtpub/springsecurity/configuration/CasConfig.java

```java
@Bean
public CasAuthenticationFilter casFilter() {
    CasAuthenticationFilter caf = new CasAuthenticationFilter();
    caf.setAuthenticationManager(authenticationManager);
    caf.setFilterProcessesUrl("/login");
    caf.setProxyGrantingTicketStorage(pgtStorage());
    caf.setProxyReceptorUrl("/pgtUrl");
    caf.setServiceProperties(serviceProperties());
    caf.setAuthenticationDetailsSource(new
    ServiceAuthenticationDetailsSource(serviceProperties()));
  return caf;
}
```

3. Cas30ServiceTicketValidator 객체가 아니라 Cas30ProxyTicketValidator 객체를 사용하는지 확인하고, 어떤 프록시 티켓을 허용할지 설정해야 한다. 여기서는 CAS 서비스의 모든 프록시 티켓을 허용하도록 설정할 것이다. 실제 환경에서는 신뢰할 수 있는 CAS 서비스의 프록시 티켓만 허용하도록 설정할 것을 추천한다.

//src/main/java/com/packtpub/springsecurity/configuration/CasConfig.java

```java
@Bean
public Cas30ProxyTicketValidator  ticketValidator(){
    Cas30ProxyTicketValidator  tv  =  new
    Cas30ProxyTicketValidator(casServer);
    tv.setProxyCallbackUrl(calendarServiceProxyCallbackUrl);
    tv.setProxyGrantingTicketStorage(pgtStorage());
    tv.setAcceptAnyProxy(true);
```

```
    return tv;
}
```

4. 마지막으로 CasAuthenticationProvider 객체에 대한 캐시를 제공해 서비스 호출 시마다 CAS 서비스를 사용할 필요가 없도록 설정한다.

```
//src/main/java/com/packtpub/springsecurity/configuration/CasConfig.java

@Bean
public CasAuthenticationProvider casAuthenticationProvider() {
  CasAuthenticationProvider cap = new CasAuthenticationProvider();
  cap.setTicketValidator(ticketValidator());
  cap.setServiceProperties(serviceProperties());
  cap.setKey("casJbcpCalendar");
  cap.setAuthenticationUserDetailsService
  (userDetailsByNameServiceWrapper);
  cap.setStatelessTicketCache(ehCacheBasedTicketCache());
  return cap;
}
@Bean
public EhCacheBasedTicketCache ehCacheBasedTicketCache() {
  EhCacheBasedTicketCache cache = new EhCacheBasedTicketCache();
  cache.setCache(ehcache());
  return cache;
}
@Bean(initMethod = "initialise", destroyMethod = "dispose")
public Cache ehcache() {
  Cache cache = new Cache("casTickets", 50, true, false, 3_600, 900);
  return cache;
}
```

5. 이미 짐작했듯이, 캐시는 10장의 첫 부분에서 언급한 ehcache 의존성이 필요하다. 이제, 애플리케이션을 재시작하고 https://localhost:8443/echo에 다시 접속해보면, My Events 페이지를 호출할 때 사용하는 JSON 응답이 표시된다.

이제, 코드가 chapter10.04-calendar와 chapter10.04-cas-server와 비슷해야 한다.

CAS 서버 사용자 정의

이 절의 모든 변경 사항은 달력 애플리케이션이 아닌 CAS 서버에 적용된다. 이 절은 CAS 서버를 구성하고 상세한 설정은 다루지 않지만, 달력 애플리케이션에 변경 사항을 적용할 때처럼 천천히 따라 해보자. 자세한 내용은 JA-SIG CAS 위키피디아 페이지(https://wiki.jasig.org/display/CAS/Home)를 참고하자.

CAS WAR 오버레이

CAS를 사용자 정의하기 위해 가장 많이 사용하는 방법은 메이븐이나 그레이들의 WAR 오버레이를 사용하는 것이다. 이러한 메커니즘을 사용하면 UI부터 CAS 서버에 인증하는 메서드까지 모든 것을 변경할 수 있다. WAR 오버레이의 개념은 간단하다. 일단 WAR 오버레이의 **cas-server-webapp** 의존성을 추가한 후, 기존 WAR 오버레이와 병합할 추가 파일을 제공한다. CAS WAR 오버레이에 대한 자세한 설명은 https://wiki.jasig.org/display/CASUM/Best+Practice+-+Setting+Up+CAS+Locally+using+the+Maven 2+WAR+Overlay+Method에서 JA-SIG 문서를 참고하자.

CAS 내부 인증 작동 방식

CAS 설정으로 넘어가기 전에 CAS 인증 처리의 표준 동작 방식에 대해 간략하게 살펴보자. 다음 다이어그램은 CAS가 임베디드 LDAP 서버와 통신하는 데 필요한 설정을 하는 데 도움이 될 것이다.

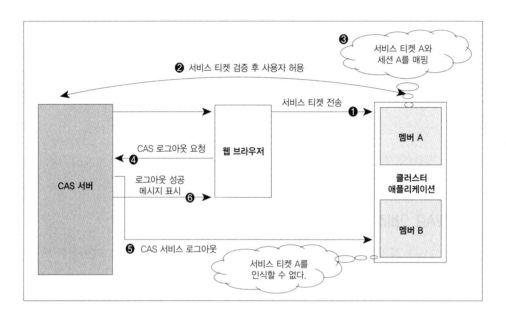

위의 다이어그램은 CAS 서버 자체의 내부 인증 흐름을 설명하고 있지만, 스프링 시큐리티와 CAS를 연동하는 경우, CAS 서버의 설정도 조정해야 한다. 따라서 CAS 인증이 어떻게 동작하는지 이해하는 것이 중요하다.

CAS 서버의 `org.jasig.cas.authentication.AuthenticationManager` 인터페이스(동일한 이름의 스프링 시큐리티 인터페이스와 혼동해서는 안됨)는 제공된 자격 증명 정보를 기반으로 사용자를 인증한다. 스프링 시큐리티와 마찬가지로, 실제 자격 증명 처리는 `org.jasig.cas.authentication.handler.AuthenticationHandler` 인터페이스(스프링 시큐리티의 유사한 인터페이스는 `AuthenticationProvider`라고 인식함)를 구현하는 하나 또는 그 이상의 처리 클래스에 위임된다.

364

마지막으로 `org.jasig.cas.authentication.principal.CredentialsToPrincipalReso` `lver` 인터페이스는 `org.jasig.cas.authentication.principal.Principal` 객체(스프링 시큐리티에서 `UserDetailsService` 구현 중에 비슷한 동작이 발생함)에 전달된 자격 증명을 변환하는 데 사용한다.

CAS 서버의 숨겨진 기능에 대해 자세히 살펴보지는 않겠지만, 다음 절의 설정을 이해하는 데 도움이 될 것이다. 더 자세한 정보를 원한다면 CAS의 코드를 살펴보고 JA-SIG CAS 위키피디아 페이지(http://www.ja-sig.org/wiki/display/CAS)의 웹 기반 설명서를 참고하자.

임베디드 LDAP 서버와 CAS 연결 설정

CAS에 대해 기본 설정된 `org.jasig.cas.authentication.principal.UsernamePasswor` `dCredentialsToPrincipalResolver` 객체는 애트리뷰트 정보를 전달하도록 허용하지 않아 스프링 시큐리티와 CAS 연동 시 애트리뷰트 조회 기능을 사용할 수 없으므로 이를 허용하는 구현체를 사용해야 한다.

구성 및 사용하기 쉬운 인증 핸들러로 6장, 'LDAP 디렉터리 서비스'에서 임베디드 LDAP 서버와의 통신에 사용했던 `org.jasig.cas.adaptors.ldap.BindLdapAuthentication` `Handler`가 있다. 다음 가이드를 통해 사용자 LDAP 애트리뷰트를 반환하는 CAS 구성을 설명한다.

모든 CAS 설정은 CAS가 설치된 `/WEB-INF/deployerConfigContext.xml` 파일에서 이뤄지며, 일반적으로 이미 존재하는 설정 파일 영역에 클래스 선언을 삽입한다. 샘플 코드에서는 이미 `cas- server-webapp`에서 기본 `/WEB-INF/deployerConfigContext.xml` 파일을 추출해 `/cas-server/src/main/webapp/WEB-INF`에 저장했다.

해당 파일의 내용이 익숙하다면 CAS도 JBCP 달력 애플리케이션과 마찬가지로 설정을 위해 스프링 프레임워크를 사용하기 때문이다. 여기에 설정한 내용이 무엇인지 자세하게 알아보고 싶다면 CAS 코드를 쉽게 참고할 수 있는 IDE를 사용할 것을 권장한다. 다시 한번 말하지만 이 절과 /WEB- INF/deployerConfigContext.xml에 대해 언급하는 모든 절에서는 JBCP 달력 애플리케이션이 아닌 CAS 설치 경로를 나타내는 것을 기억하자.

다음 단계를 살펴보자.

1. 먼저, 6장, 'LDAP 디렉터리 서비스'에서처럼 SimpleTestUsernamePasswordAuthenticationHandler 객체를 대신해 사용자를 LDAP에 바인딩해주는 새로운 BindLdapAuthenticationHandler 객체를 추가한다.

2. AuthenticationHandler 인터페이스는 authenticationManager 빈의 authenticationHandlers 속성에 위치한다.

```
//cas-server/src/main/webapp/WEB-INF/deployerConfigContext.xml

<property name="authenticationHandlers">
<list>
... SimpleTestUsernamePasswordAuthenticationHandler만 제거 ...
<bean class="org.jasig.cas.adaptors
.ldap.BindLdapAuthenticationHandler">
<property name="filter" value="uid=%u"/>
<property name="searchBase" value="ou=Users"/>
<property name="contextSource" ref="contextSource"/>
</bean>
</list>
</property>
```

SimpleTestUsernamePasswordAuthenticationHandler 객체에 대한 참조를 제거하거나 SimpleTestUsernamePasswordAuthenticationHandler에 대한 정의를 BindLdapAuthenticationHandler 객체의 뒤로 옮기지 않는 경우, CAS 인증이 LDAP를 사용하지 않고 스텁 핸들러를 사용하므로 주의하자!

3. contextSource 빈에 대한 빈 참조가 있는데, 이는 CAS가 LDAP(CAS도 스프링 LDAP를 사용함)와 연동하는 데 사용할 org.springframework.ldap.core.ContextSource 구현체를 정의한다. 다음과 같이 deployerConfigContext.xml 파일의 끝부분에 스프링 시큐리티 네임스페이스를 사용해 정의해보자.

//cas-server/src/main/webapp/WEB-INF/deployerConfigContext.xml

```
<sec:ldap-server id="contextSource"
  ldif="classpath:ldif/calendar.ldif" root="dc=jbcpcalendar,dc=com" />
</beans>
```

위와 같이 설정하면 calendar.ldif 파일을 사용하는 임베디드 LDAP 인스턴스가 생성된다. 물론 실제 환경에서는 실제 LDAP 서버를 가르키도록 설정해야 한다.

4. 마지막으로 새로운 org.jasig.cas.authentication.principal.CredentialsToPrincipalResolver 객체를 구성해야 한다. 이 객체는 사용자가 제공한 자격 증명(CAS가 BindLdapAuthenticationHandler 객체를 사용해 이미 인증한)을 org.jasig.cas.authentication.principal.Principal의 인증 주체로 변환하는 역할을 한다. 여기서는 해당 클래스의 다양한 옵션을 훑어보고 넘어갈 것이므로 CAS에 대해 더 자세히 공부할 때 함께 살펴보기를 권장한다.

5. UsernamePasswordCredentialsToPrincipalResolver를 제거하고 다음의 빈 정의를 CAS authenticationManager 빈의 credentialsToPrincipalResolvers 속성에 추가한다.

//cas-server/src/main/webapp/WEB-INF/deployerConfigContext.xml

```
<property name="credentialsToPrincipalResolvers">
  <list>
  <!-- UsernamePasswordCredentialsToPrincipalResolver 제거 -->
```

```
<bean class="org.jasig.cas.authentication.principal
.HttpBasedServiceCredentialsToPrincipalResolver" />
<bean class="org.jasig.cas.authentication.principal
.CredentialsToLDAPAttributePrincipalResolver">
<property name="credentialsToPrincipalResolver">
<bean class="org.jasig.cas.authentication.principal
.UsernamePasswordCredentialsToPrincipalResolver"/>
</property>
<property name="filter" value="(uid=%u)"/>
<property name="principalAttributeName" value="uid"/>
<property name="searchBase" value="ou=Users"/>
<property name="contextSource" ref="contextSource"/>
<property name="attributeRepository" ref="attributeRepository"/>
</bean>
</list>
</property>
```

이와 같이 CAS의 동작 방식이 DN을 바탕으로 한 디렉터리의 하위 트리 아래의 속성 매칭을 통해 주체를 검색하는 스프링 시큐리티의 LDAP 설정과 동일하다는 것을 눈치챘을 것이다.

여기서는 아직 org.jasig.services.persondir.IPersonAttributeDao 구현체를 참조하는 ID attributeRepository를 사용해 빈을 구성하지 않았다. 하지만 CAS는 이 인터페이스를 간단히 구현한 org.jasig.services.persondir.support.StubPersonAttributeDao를 기본 제공하고 있는데, 나중에 LDAP 기반 애트리뷰트를 구성할 때까지는 이 구현체 클래스만으로도 충분하다.

 이제, 코드가 chapter10.05-calendar와 chapter10.05-cas-server와 비슷해야 한다.

지금까지 CAS에 기본 LDAP 인증을 설정했다. 이제 CAS와 JBCP 달력 애플리케이션을 재시작하고 사용자명을 admin1@example.com, 패스워드를 admin 또는 사용자명을 user1@example.com, 패스워드를 user1을 사용해 로그인해보자. 제대로 동작하지 않는 경우에는 로그를 확인하고 샘플 코드와 비교해보자.

5장, '스프링 데이터를 이용한 인증'에서 살펴본 것처럼 apacheds-spring-security라는 이름의 임시 디렉터리가 존재하는지 여부와 상관 없이 애플리케이션을 시작하는 데 문제가 발생할 수도 있다. 애플리케이션이 존재하지 않는 것처럼 보인다면 로그를 확인하고, apacheds-spring-security 디렉터리를 제거해야 하는지 확인하자.

CAS 단언으로부터 UserDetails 객체 생성

지금까지는 InMemoryUserDetailsManager에서 역할을 가져와 CAS로 인증했다. 하지만 OAuth 2와 마찬가지로 CAS 단언^{assertion}에서 UserDetails 객체를 생성할 수 있다. 첫 번째 단계는 추가 애트리뷰트를 반환하도록 CAS 서버를 구성하는 것이다.

CAS 응답에 LDAP 애트리뷰트 반환

CAS는 CAS 응답에서 사용자명과 임의의 애트리뷰트를 반환할 수 있다. 이번 절에서는 추가 애트리뷰트를 반환하도록 CAS 서버를 업데이트하는 방법을 살펴본다. 다시 한번 말하지만 이 절의 모든 변경 사항은 달력 애플리케이션이 아니라 CAS 서버에 적용한다.

LDAP 애트리뷰트와 CAS 애트리뷰트 매핑

일단 사용자의 GrantedAuthority에 포함되기를 원하는 role 애트리뷰트를 포함해 LDAP 애트리뷰트를 CAS 단언에 있는 애트리뷰트와 매핑해야 한다.

따라서 CAS의 deployerConfigContext.xml 파일에 또 다른 설정을 조금 추가한다. 새로 추가하는 설정은 CAS Principal 객체의 애트리뷰트와 최종적으로 티켓 검증 과정에서 직렬화되는 CAS IPersonAttributes 객체를 매핑하는 방법을 CAS에 알려주는 데 필요하다. 따라서 다음의 빈 설정은 attributeRepository라는 동일한 이름의 빈을 대체한다.

//cas-server/src/main/webapp/WEB-INF/deployerConfigContext.xml

```
<bean id="attributeRepository" class="org.jasig.services.persondir
.support.ldap.LdapPersonAttributeDao">
<property name="contextSource" ref="contextSource"/>
<property name="requireAllQueryAttributes" value="true"/>
<property name="baseDN" value="ou=Users"/>
<property name="queryAttributeMapping">
<map>
  <entry key="username" value="uid"/>
</map>
  </property>
<property name="resultAttributeMapping">
<map>
<entry key="cn" value="FullName"/>
<entry key="sn" value="LastName"/>
<entry key="description" value="role"/>
</map>
</property>
</bean>
```

이때 내부적으로 일어나는 작업은 매우 복잡하다. 기본적으로 이 클래스의 목적은 Principal을 다시 LDAP 디렉터리와 매핑하는 것이다(이 부분은 Principal의 username 필드를 LDAP 쿼리의 uid 애트리뷰트와 매핑하는 queryAttributeMapping 속성이 담당한다). 제공된 자바 빈 속성인 baseDN은 LDAP 쿼리(uid=user1@example.com)를 사용해 검색되고, 그 결과 매칭되는 엔트리로부터 애트리뷰트를 읽어오게 된다. 이렇게 읽어온 애트리뷰트를 resultAttributeMapping 속성의 키/값 쌍을 사용해 다시 Principal로 매핑한다. 이러한

과정을 통해 LDAP의 cn과 sn 애트리뷰트는 의미 있는 이름으로 매핑하고, description 애트리뷰트는 사용자의 승인 여부를 결정하는 역할과 매핑한다.

이 기능은 한 사람에 대한 여러 정보 소스를 단일 뷰로 집계하는 Person Directory(http:// www.ja-sig.org/wiki/display/PD/Home)라는 별도의 프로젝트에 포함돼 있어 복잡하다. Person Directory는 CAS 서버에 직접 연결되지 않으며 다른 애플리케이션의 일부로 다시 사용할 수 있도록 설계됐다. 따라서 이러한 설계의 단점은 CAS 구성의 일부 측면을 필요한 것보다 더 복잡하게 만든다는 것이다.

CAS와 LDAP 애트리뷰트 매핑 시 문제점 해결
6장, 'LDAP 디렉터리 서비스'에서 스프링 시큐리티 LDAP를 사용할 때와 동일한 쿼리를 사용해 Principal과 전체 LDAP DN에 매핑하고, DN을 사용해 groupOf UniqueNames 엔트리의 uniqueMember 애트리뷰트를 바탕으로 그룹 멤버십을 찾을 수 있다면 좋을 것이다. 하지만 CAS LDAP 코드에서는 아직 불가능하므로 고급 LDAP 매핑을 위해서는 CAS의 기본 클래스를 확장하는 방법밖에 없다.

사용자 정의 애트리뷰트에 접근하기 위한 CAS 서비스 권한 부여

다음으로 위와 같은 애트리뷰트에 접근하려면 HTTPS를 통해 CAS 서비스에 대한 권한을 부여해야 한다. 이를 위해서는 다음과 같이 InMemoryServiceRegistryDaoImpl에서 Only Allows HTTPS URLs라는 설명이 있는 RegisteredServiceImpl를 업데이트하면 된다.

```
//cas-server/src/main/webapp/WEB-INF/deployerConfigContext.xml

<bean class="org.jasig.cas.services.RegisteredServiceImpl">
<property name="id" value="1" />
<property name="name" value="HTTPS" />
<property name="description" value="Only Allows HTTPS Urls" />
<property name="serviceId" value="https://**" />
```

```
<property name="evaluationOrder" value="10000002" />
<property name="allowedAttributes">
<list>
  <value>FullName</value>
  <value>LastName</value>
  <value>role</value>
</list>
</property>
</bean>
```

CAS로부터 UserDetails 획득

앞에서 스프링 시큐리티와 CAS를 처음 연동했을 때, CAS에 전달된 사용자명을 참조한 UserDetailsService(여기서는 InMemoryUserDetailsManager임)로부터 UserDetails 객체로 변환하기 위해 UserDetailsByNameServiceWrapper를 설정했다. 이번에는 CAS가 LDAP 서버를 참조하고 있기 때문에 6장, 'LDAP 디렉터리 서비스'의 끝에서 설명한 것처럼 LdapUserDetailsService를 설정해 모든 것이 정상적으로 동작하게 할 수 있다. 여기서는 CAS 서버가 아닌 달력 애플리케이션을 수정할 것이므로 주의하자.

GrantedAuthorityFromAssertionAttributesUser 객체

이제 사용자 정의 애트리뷰트를 반환하도록 CAS 서버를 수정했으므로 스프링 시큐리티와 CAS 연동의 또 다른 기능인 CAS 단언 자체로부터 UserDetails를 채우는 방법을 알아본다. 이 방법은 AuthenticationUserDetailsService 구현체를 o.s.s.cas.userdetails. GrantedAuthorityFromAssertionAttributesUserDetailsService 객체로 변환하는 것만큼 간단하며, o.s.s.cas.userdetails.GrantedAuthorityFromAssertionAttributesUser DetailsService 객체는 CAS 단언을 읽고 특정 애트리뷰트를 찾은 다음, 해당 애트리뷰트의 값을 사용자의 GrantedAuthority와 직접 매핑한다. 예를 들어 단언으로부터 반환되는 role이라는 애트리뷰트가 있다고 가정해보자. 이때 다음과 같이 CaseConfig.xml 파일에 authenticationUserDetailsService 빈(이전에 정의한 authenticationUserDetailsServi
ce 빈을 대체해야 함)을 간단하게 설정할 수 있다.

```
//src/main/java/com/packtpub/springsecurity/configuration/CasConfig.java

@Bean
public AuthenticationUserDetailsService userDetailsService(){
    GrantedAuthorityFromAssertionAttributesUserDetailsService uds
    = new GrantedAuthorityFromAssertionAttributesUserDetailsService(
    new String[]{"role"}
);
  return uds;
}
```

또한 userDetailsService 빈은 이제 더 이상 필요하지 않으므로 SecurityConfig.java
파일에서 제거한다.

SAML 1.1을 사용한 또 다른 티켓 인증

SAML^{Security Assertion Markup Language}은 구조화된 XML 단언을 통해 식별자를 식별하기 위한
표준 크로스 플랫폼 프로토콜이다. SAML은 CAS를 포함한 다양한 제품에서 폭넓게 지원
되고 있다.

표준 CAS 프로토콜은 애트리뷰트를 반환하도록 확장할 수 있지만, SAML 보안 단언 XML
문을 사용하면 앞에서 살펴본 CAS 응답 프로토콜을 사용해 애트리뷰트를 전달할 때 생기
는 문제점을 일부 해결할 수 있다. 다행히 CAS 티켓 검증을 SAML 티켓 검증으로 변환하
는 것은 CasSecurity.java에 설정된 TicketValidator 구현체를 변경하는 것만으로 간단
히 처리할 수 있다. 다음과 같이 ticketValidator를 변경해보자.

//src/main/java/com/packtpub/springsecurity/configuration/CasConfig.java

```java
@Bean
public Saml11TicketValidator ticketValidator(){
  return new Saml11TicketValidator(casServer);
}
```

Saml11TicketValidator가 PGT를 지원하지 않기 때문에 더 이상 PGT URL에 대한 참조를 사용하지 않는다. 더 이상 프록시 티켓 인증을 사용하지 않으므로 프록시 티켓 인증에 대한 참조를 모두 제거한다. 하지만 ticketValidator 빈 ID가 위 코드와 비슷한 경우 애플리케이션은 정상적으로 실행되므로 꼭 제거하지 않아도 된다.

일반적으로 SAML 티켓 검증은 timestamp 인증을 포함한 부인 방지 기능이 추가돼 있으며, 애트리뷰트 문제를 표준 방식으로 해결하므로 CAS 2.0 티켓 검증 방식보다는 SAML 티켓 검증을 사용할 것을 권장한다.

CAS 서버와 JBCP 달력 애플리케이션을 재시작하고 https://localhost:8443에 접속해 CAS 응답에서 UserDetails를 가져올 수 있는지 확인하자.

 이제, 코드가 chapter10.06-calendar와 chapter10.06-cas-server와 비슷해야 한다.

애트리뷰트 조회의 유용성

CAS는 애플리케이션에 추상화 계층을 제공해 애플리케이션이 사용자 저장소에 직접 접근하는 기능을 제공하고, CAS를 통해 프록시로 접근할 수 있도록 한다는 사실을 기억하자.

이 기능은 굉장히 강력하다. 즉, 애플리케이션에서 사용자가 어떤 저장소에 저장돼 있는지, 사용자의 저장소에 어떻게 접근해야 하는지 세부 사항에 대해 걱정할 필요가 없다는 뜻이다. 단순히 CAS와의 인증 확인만으로 사용자가 애플리케이션에 접근할 수 있는지 여부를 확인할 수 있다. 예를 들어 시스템 관리자의 경우 LDAP 서버명을 변경, 이동 및 수정해야 하는 경우 CAS에서만 설정을 수정하면 된다. 따라서 CAS를 통한 중앙 집중식 접근제어는 조직의 전반적인 보안 아키텍처의 유연성과 적응성을 크게 높여주는 효과가 있다.

이제 CAS에서 애트리뷰트를 조회할 때의 장점에 대해 살펴보자. CAS를 통해 인증된 모든 애플리케이션은 사용자와 동일한 뷰를 가지며, 모든 CAS 지원 환경에서 일관되게 정보를 표시할 수 있다.

이때 주의해야 할 점은 일단 인증된 다음에는 스프링 시큐리티 CAS에서는 사용자가 재인증이 필요한 경우를 제외하고 다시 CAS 서버로 재조회를 하지 않는다는 것이다. 즉, 애플리케이션에서 사용자의 Authentication 객체에 로컬로 저장된 애트리뷰트 및 기타 사용자 정보가 시간이 지나면서 오래된 정보가 되거나 원본 CAS 서버와 동기화되지 않을 수도 있다. 따라서 이러한 잠재적인 문제점을 해결하려면 세션 타임아웃을 적절히 설정해야 한다.

▎추가 CAS 기능

CAS는 스프링 시큐리티의 CAS 래퍼를 통해 노출되는 것 이상으로 추가 고급 설정 기능을 제공한다. 추가 기능 중 일부를 정리하면 다음과 같다.

- CAS 서버에서 설정할 수 있는 시간 창 내에서 여러 개의 CAS 보안 애플리케이션에 접근하는 사용자에게 투명한 SSO 기능을 제공한다.
- 애플리케이션은 TicketValidator에 대한 renew 속성을 true로 설정해 강제적으로 CAS에 인증받도록 할 수 있다. 애플리케이션에서 보안이 특히 중요한 영역에 사용자가 접근하려고 하는 경우에는 사용자 정의 코드 내에 조건부로 이 설정을 추가할 수 있다.
- 서비스 티켓을 얻기 위한 RESTful API의 기능을 제공한다.

- JA-SIG의 CAS 서버는 OAuth 2 서버의 역할도 할 수 있다. CAS와 OAuth 2는 매우 비슷하므로 쉽게 이해가 될 것이다. CAS 서버에 대한 OAuth 지원을 제공해 지정된 OAuth 프로바이더(즉, 구글)에게 액세스 토큰을 제공하거나 CAS 서버가 OAuth 서버 자체가 될 수 있도록 한다.

CAS 클라이언트와 서버의 모든 기능을 확인해보고 궁금한 점이 생길 때마다 JA-SIG 커뮤니티 포럼에 질문할 것을 권장한다.

요약

10장에서는 CAS SSO 포털과 이를 스프링 시큐리티와 어떻게 연동하는지에 대해 살펴봤으며, CAS 아키텍처와 CAS 기반 환경에서 각 구성 요소 간의 통신 경로에 대해서도 배웠다. 또한 애플리케이션 개발자와 시스템 관리자 차원에서의 CAS 지원 애플리케이션의 장점을 살펴보고, 기본 CAS 설치 방법, JBCP 달력 애플리케이션과의 연동 설정 방법 및 CAS의 단일 로그아웃 지원에 대해서도 다뤘다.

프록시 티켓 인증이 동작하는 방식과 이를 사용해 stateless 서비스를 인증하는 방법을 살펴봤다. 또한 CAS와의 상호 작용을 위해 CAS를 업데이트하고 CAS 지원 애플리케이션과 LDAP 데이터를 공유하는 작업에 대해서도 설명했으며, 산업 표준 SAML 프로토콜을 사용해 애트리뷰트 교환을 구현하는 방법에 대해서도 배웠다.

10장에서 설명한 내용이 SSO 기술을 재미있게 소개한 글이 됐기를 바란다. 많은 SSO 시스템은 대부분 상용 제품이지만, CAS는 오픈 소스 SSO 시장을 선도하고 있으며, 모든 조직에서 SSO 기능을 구축할 수 있는 탁월한 플랫폼이다.

11장, '미세 접근 제어'에서는 스프링 시큐리티의 권한 부여에 대해 더 자세히 설명한다.

11

미세 접근 제어

11장에서는 애플리케이션 일부 페이지에 영향을 미칠 수 있는 미세 권한 부여fine-grained authorization를 구현하는 두 가지 방법을 살펴본다. 다음으로 메서드 어노테이션과 AOP를 수행하기 위한 인터페이스 기반 프록시의 사용을 통해 비즈니스 계층을 보호하는 스프링 시큐리티의 접근 방식을 살펴본다. 또한 데이터 컬렉션에 역할 기반 필터링을 허용하는 어노테이션 기반 보안 기능에 대해 다룬다. 마지막으로 클래스 기반 프록시와 인터페이스 기반 프록시를 비교한다.

11장에서는 다음과 같은 내용을 다룬다.

- 사용자 요청의 보안 컨텍스트에 따라 페이지 내 권한 부여를 수행하는 다양한 방법 및 시험 방법

- 호출자의 사전 권한 부여 설정과 코드 어노테이션을 사용해 애플리케이션 비즈니스 계층 보안의 핵심 기능으로 활용하는 방법
- 메서드 레벨 보안을 구현하는 다양한 방식과 각 방식의 장단점 파악
- 메서드 레벨 어노테이션을 사용해 컬렉션과 배열에 대한 데이터 기반 필터링 구현
- antMatcher() 메서드와 <intercept-url> 요소를 사용하지 않고 스프링 MVC 컨트롤러에 메서드 레벨 보안을 구현하는 방법

▮ 그레이들 의존성

어떤 기능을 사용하느냐에 따라 의존성을 선택적으로 적용해야 한다. 하지만 이러한 의존성 중 많은 부분은 스프링 부트가 이미 스타터 상위에 포함시켜 놓았기 때문에 주석 처리한다. 샘플 build.gradle 파일에는 이미 다음과 같이 필요한 모든 의존성을 포함시켜 놓았다.

```
// build.gradle
// JSR-250 기반 보안에 필요함
// JSR-250 어노테이션
```

```
compile ('javax.annotation:javax.annotation-api:1.3')
```

```
// 스프링 부트가 이미 포함하고 있음
// compile('cglib:cglib-nodep')
// 스프링 부트가 이미 포함하고 있음
// protect-pointcut을 위해 필요함
// compile('org.aspectj:aspectjweaver')
```

스프링 표현 언어 통합

스프링 시큐리티는 권한 부여에 필요한 다양한 요구 사항을 쉽게 표현하기 위해 **스프링 표현 언어**Spring Expression Language, SpEL를 활용한다. 다음과 같이 2장, '스프링 시큐리티 시작하기'에서 antMatcher( ) 메서드를 정의할 때 SpEL에 대해 다룬 적이 있다.

```
.antMatchers("/events/").hasRole("ADMIN")
```

스프링 시큐리티는 접근 제어 결정을 내리기 위해 사용할 수 있는 메서드와 객체를 제공하는 o.s.s.access.expression.SecurityExpressionRoot 객체를 제공한다. 예를 들어 문자열을 허용하는 hasRole 메서드는 위 코드에 있는 access 애트리뷰트 값에 해당한다. 다음 표에 나열된 여러 표현식을 살펴보자.

표현식	설명
hasRole(String role) hasAuthority(String role)	현재 사용자에게 특정 권한이 있는 경우 true를 반환한다.
hasAnyRole(String... role) hasAnyAuthority(String... authority)	현재 사용자에게 나열된 권한 중 하나가 있는 경우 true를 반환한다.
principal	현재의 Authentication 객체의 principal 애트리뷰트에 대한 접근을 허용한다. 3장, '사용자 정의 인증'에서 설명한 것처럼 종종 UserDetails 인스턴스가 된다.
authentication	SecurityContextHolder 클래스의 getContext() 메서드가 반환한 SecurityContext 인터페이스에서 현재 Authentication 객체를 가져온다.
permitAll	항상 true를 반환한다.
denyAll	항상 false를 반환한다.
isAnonymous( )	현재의 주체가 익명(인증되지 않음)인 경우에는 true를 반환한다.
isRememberMe( )	Remember-Me 기능을 통해 현재의 주체가 인증된 경우 true를 반환한다.
isAuthenticated( )	현재의 주체가 익명이 아닌 (즉, 인증된) 경우 true를 반환한다.
isFullyAuthenticated( )	사용자가 Remember-Me 기능 이외의 수단으로 인증된 경우 true를 반환한다.

표현식	설명
hasPermission(Object target, Object permission)	사용자에게 지정된 사용 권한으로 특정 객체에 접근할 수 있는 권한이 있는 경우 true를 반환한다.
hasPermission(String targetId, String targetType, Object permission)	사용자에게 지정된 타입 및 사용 권한으로 지정된 식별자에 접근할 수 있는 권한이 있는 경우 true를 반환한다.

다음 코드는 위의 표에서 설명한 SpEL 식을 사용한 예다. 11장과 12장, '접근 제어 목록'에서 더 자세히 살펴볼 예정이므로 간단히 살펴보고 넘어가자.

```
// ROLE_ADMIN로 사용자 허용
hasRole('ADMIN')
// ROLE_ADMIN이 없는 사용자 허용
!hasRole('ADMIN')
// ROLE_ADMIN 또는 ROLE_ROOT 역할을 갖고 있고
// Remember-Me 기능을 사용하지 않는 사용자에게 로그인 허용
fullyAuthenticated() and hasAnyRole('ADMIN','ROOT')

// Authentication.getName()가 admin과 일치하는 경우 허용
authentication.name == 'admin'
```

WebSecurityExpressionRoot 클래스

o.s.s.web.access.expression.WebSecurityExpressionRoot 클래스는 몇 가지 추가 속성을 제공한다. 이러한 속성은 앞서 언급한 표준 속성과 함께 antMatchers() 메서드의 access 애트리뷰트와 <sec:authorize> 태그의 JSP/Thymeleaf access 애트리뷰트에서 사용할 수 있다.

표현식	설명
request	현재의 HttpServletRequest 메서드다.
hasIpAddress(String... ipAddress)	현재 IP 주소가 ipAddress 값과 일치하면 true를 반환한다. 이때 IP 주소는 특정 IP 주소이거나 네트워크 대역대(네트워크 마스크)일 수 있다.

request 애트리뷰트 사용

request 애트리뷰트는 설명하지 않아도 충분히 이해가 되겠지만, 다음 코드를 통해 몇 가지 예를 소개한다. 다음의 예는 antMatchers( ) 메서드의 access 애트리뷰트나 <sec: authorize> 요소의 access 애트리뷰트 어디에든 위치할 수 있다.

```
// HTTP GETrequest.method == 'GET'만을 허용함
// 모든 사용자에게 GET을 허용하지만
// 다른 HTTP 메서드를 사용하는 경우 ROLE_ADMIN이 필요함

request.method == 'GET' ? permitAll : hasRole('ADMIN')
```

hasIpAddress 메서드 사용

hasIpAddress 메서드는 request 애트리뷰트만큼 간단하지 않다. hasIpAddress는 IP 주소가 정확히 일치하는 경우 접근을 허용한다. 예를 들어 다음 코드는 현재 사용자의 IP 주소가 192.168.1.93인 경우 접근을 허용한다.

```
hasIpAddress('192.168.1.93')
```

하지만 hasIpAddress 메서드는 특정 IP 주소만을 지정해서 사용하는 경우 외에도 사용한다. 즉, 다음 코드는 특정 서브넷에 사용자의 IP가 포함되는 경우에 접근을 허용한다.

```
hasIpAddress('192.168.1.0/24')
```

그렇다면 서브넷은 어떻게 계산하는 것일까? 핵심은 네트워크 주소와 서브넷 마스크를 계산하는 방법을 이해하는 것이다. 일단 리눅스 사용자의 경우 터미널에 ifconfig, 윈도우 사용자의 경우 명령창에 ipconfig /all을 입력해 다음과 같이 네트워크 정보를 확인해보자.

```
$ ifconfig
wlan0 Link encap:Ethernet HWaddr a0:88:b4:8b:26:64
inet addr:192.168.1.93 Bcast:192.168.1.255 Mask:255.255.255.0
```

다음 다이어그램을 살펴보자.

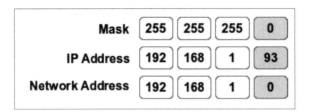

서브넷 마스크의 처음 세 옥텟octet[1]이 255라는 것을 확인할 수 있다. 즉, IP **주소**의 처음 세 옥텟이 네트워크 주소에 속한다는 의미다. 그러면 남은 한 옥텟은 0이다.

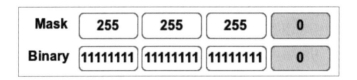

그런 다음 각 옥텟을 이진수로 변환해 1이 총 몇 개인지 센다. 위의 예에서는 24개의 1이 존재한다.

다시 말해 위에서 확인한 IP 주소, 192.168.1.93은 192.168.1.0/24에 속한다. 서브넷 마스크에 대한 추가 정보를 얻고 싶다면 http://www.cisco.com/c/en/us/support/docs/ip/routing-information-protocol-rip/13788-3.html을 참고하자.

---

1 각 옥텟은 .으로 나누며 한 옥텟은 8bit다. – 옮긴이

MethodSecurityExpressionRoot 클래스

SpEL 표현식은 `o.s.s.access.expression.method.MethodSecurityExpressionRoot` 클래스에서 사용할 수 있는 몇 가지 추가 속성을 제공한다.

표현식	설명
`target`	This나 현재 보안 객체를 참조한다.
`returnObject`	어노테이션 메서드가 반환하는 객체를 참조한다.
`filterObject`	표현식과 일치하는 요소만 포함하기 위해 @PreFilter 또는 @PostFilter와 함께 컬렉션 또는 배열에서 사용한다. filterObject 객체는 컬렉션 또는 배열의 루프 변수를 나타낸다.
`#<methodArg>`	인수명 앞에 #를 붙이면 메서드에 대한 모든 인수를 참조할 수 있다. 예를 들어 id라는 메서드 인수는 #id를 사용해 참조할 수 있다.

11장의 뒷부분에서 여러 가지 예제를 통해 더 자세하게 다룰 예정이므로 위 표의 설명이 부족하다고 느껴도 일단 넘어가자.

하지만 스프링 시큐리티의 SpEL 지원이 얼마나 많은 역할을 하는지 이해했기를 바란다. SpEL에 대한 자세한 내용은 https://docs.spring.io/spring/docs/current/spring-framework-reference/html/expressions.html의 스프링 참고 문서를 참고하자.

페이지 수준 권한 부여

페이지 수준page-level 권한 부여는 특정 사용자의 요청 컨텍스트를 기반으로 애플리케이션 기능을 사용할 수 있는 것을 말한다. 즉, 2장, '스프링 시큐리티 시작하기'에서 다룬 특정 페이지에 대한 접근을 제한하는 포괄적인 권한 부여와는 달리, 미세 권한 부여는 일반적으로 페이지의 특정 부분을 선택적으로 허용한다. 실제 대부분의 애플리케이션은 설계 시 미세 권한 부여를 위해 더 많은 시간을 소비한다.

스프링 시큐리티는 다음 세 가지 인증 방법을 지원한다.

- 스프링 시큐리티 JSP 태그 라이브러리는 표준 JSP 태그 라이브러리 구문을 사용해 페이지 선언 자체 내에 조건부 접근 선언을 허용한다.

- Thymeleaf 스프링 시큐리티 태그 라이브러리는 표준 Thymeleaf 태그 라이브러리 구문을 사용해 페이지 선언 자체 내에 조건부 접근 선언을 허용한다.
- MVC 애플리케이션의 컨트롤러 계층에서 사용자 권한을 확인하면 컨트롤러가 접근 결정을 내리고 결정 결과를 뷰에 제공된 모델 데이터에 바인딩한다. 이 접근법은 표준 JSTL 조건부 페이지 렌더링 및 데이터 바인딩에 의존하며 스프링 시큐리티 태그 라이브러리보다 좀 더 복잡하다. 하지만 표준 웹 애플리케이션 MVC의 논리적인 디자인과 일치한다.

웹 애플리케이션 개발 시 미세 접근 제어를 위한 위의 세 가지 인증 모델은 모두 사용할 수 있다. 이제 JBCP 달력 애플리케이션을 통해 각 접근 방식을 구현하는 방법에 대해 알아보자.

▌ Thymeleaf 스프링 시큐리티 태그 라이브러리를 활용한 조건부 렌더링

Thymeleaf 스프링 시큐리티 태그 라이브러리에서 가장 일반적으로 사용하는 기능은 권한 부여 규칙을 기반으로 페이지의 일부를 조건부 렌더링하는 것이다. 이 작업은 핵심 JSTL 라이브러리의 <if> 태그와 비슷한 기능을 하는 <sec:authorize*> 태그를 사용하며, 태그의 본문은 태그 애트리뷰트에 제공되는 조건에 따라 렌더링된다. 이미 앞에서 사용자가 로그인하지 않은 상태에서 스프링 시큐리티 태그 라이브러리를 사용해 콘텐츠 보기를 제한하는 방법에 대해 살펴봤다.

URL 접근 규칙을 기반으로 한 조건부 렌더링

스프링 시큐리티 태그 라이브러리는 보안 설정 파일에 이미 정의된 기존 URL 권한 부여 규칙을 기반으로 콘텐츠를 렌더링하는 기능을 제공하며, authorizeRequests() 메서드와 antMatchers() 메서드를 통해 수행된다.

여러 HTTP 요소가 있는 경우, authorizeRequests( ) 메서드는 현재 일치하는 HTTP 요소의 규칙을 사용한다.

예를 들어 **All Events** 링크는 사용자가 관리자인 경우에만 표시되도록 할 수 있다. 즉, 이전에 정의한 다음의 규칙은 사용자가 관리자인 경우에 적용되는 접근 규칙이다.

```
.antMatchers("/events/").hasRole("ADMIN")
```

다음과 같이 header.html 파일을 업데이트해 위의 설정을 적용하고 조건부로 **All Events** 페이지에 대한 링크를 보여주도록 하자.

```
//src/main/resources/templates/fragments/header.html

<html  xmlns:th="http://www.thymeleaf.org"
xmlns:sec="http://www.thymeleaf.org/thymeleaf-extras-springsecurity 4">
...
<li sec:authorize-url="/events/">
<a id="navEventsLink" th:href="@{/events/}">All Events</a></li>
```

위의 설정은 사용자가 명시된 URL에 접근할 수 있는 적절한 권한이 없으면 태그에 해당하는 내용이 표시되지 않도록 한다. 또한 다음과 같이 URL 앞에 메서드 애트리뷰트를 붙여 HTTP 메서드를 통한 권한 체크 과정을 추가로 설정할 수 있다.

```
<li sec:authorize-url="GET /events/">
<a id="navEventsLink" th:href="@{/events/}">All Events</a></li>
```

authorize-url 애트리뷰트를 사용해 특정 코드 블록에 대한 권한 체크를 설정하면 해당 페이지에 대한 권한 체크 관련 정보를 추상화하고 이를 보안 설정 파일에 보관하기 때문에 편리하다.

이때 주의해야 할 점은 HTTP 메서드는 antMatchers( ) 메서드에 정의된 내/소문자와 일치해야 하며 일치하지 않는 경우, 제대로 된 권한 체크를 수행하지 않을 수도 있다는 것이다. 또한 URL은 URL 접근 규칙에 정의한 것처럼 항상 웹 애플리케이션 컨텍스트 루트에 대한 상대 경로여야 한다.

대부분의 상황에서는 <sec> 태그의 authorize-url 애트리뷰트를 사용하는 것만으로도 사용자가 권한을 가진 경우에만 링크 또는 동작 관련 콘텐츠를 보여줄 수 있다. 하지만 태그로 특정 링크만을 제한하는 것이 아니라 전체 폼을 제한할 수도 있다는 점을 명심하자. 즉, 사용자가 전체 폼에 대한 권한이 없는 경우에는 폼 페이지 전체가 나타나지 않게 설정할 수도 있다는 뜻이다.

SpEL을 활용한 조건부 렌더링

JSP 콘텐츠 표시를 제어하는 좀 더 유연한 방식은 <sec> 태그를 SpEL 표현식과 함께 사용하는 것이다.

이를 설명하기에 앞서 2장, '스프링 시큐리티 시작하기'에서 배운 내용을 복습해보자. 2장에서는 다음과 같이 header.html 파일을 변경해 인증되지 않은 사용자에게 My Events 링크가 표시되지 않도록 하는 방법을 배웠다.

```
//src/main/resources/templates/fragments/header.html

<li sec:authorize="isAuthenticated( )">
<a id="navMyEventsLink" th:href="@{/events/my}">My Events</a></li>
```

SpEL에 대한 해석은 해당 표현식을 사용하도록 설정했다고 가정할 때, antMatchers( ) 메서드 접근 선언 규칙에 사용된 표현식과 동일한 코드를 통해 이뤄진다. 따라서 <sec> 태그를 사용해 작성된 식을 통해 동일한 내장 함수 및 속성 집합에 접근할 수 있다.

앞서 설명한 <sec> 태그를 사용하는 두 방식 모두 보안 권한 부여 규칙을 기반으로 콘텐츠를 제한하는 강력하고 미세한 페이지 제어를 할 수 있다.

자, JBCP 애플리케이션을 재시작하고, `https://localhost:8443`에 접속해 사용자명을 user1@example.com, 패스워드를 user1로 로그인해보자. 이제 **My Events** 링크는 보이지만 **All Events** 링크는 숨겨져 보이지 않는 것을 확인할 수 있다. 그렇다면 로그아웃하고 사용자명을 admin1@example.com, 패스워드를 admin1로 로그인해 두 링크가 모두 보여지는지도 확인해보자.

 Chapter11.01-calendar의 코드부터 시작하자.

컨트롤러 로직을 사용한 조건부 콘텐츠 렌더링

이 절에서는 자바 기반 코드를 사용해 콘텐츠를 렌더링하는 방법에 대해 살펴보자. 여기서는 사용자명에 user가 들어 있는 사용자에게만 **Welcome** 페이지에 **Create Event** 링크를 표시하도록 할 것이다. 즉, 관리자의 **Welcome** 페이지에는 **Create Event** 링크가 표시되지 않는다.

11장 샘플 코드의 welcome 컨트롤러는 다음과 같이 메서드명에서 파생된 showCreate Link라는 애트리뷰트로 업데이트했다.

```
//src/main/java/com/packtpub/springsecurity/web/controllers/
WelcomeController.java

    @ModelAttribute ("showCreateLink")
    public boolean showCreateLink(Authentication authentication) {
      return authentication != null &&
      authentication.getName().contains("user");
    }
```

스프링 시큐리티가 현재의 Authentication 객체를 HttpServletRequest.getPrincipal() 메서드에 매핑하기 때문에 스프링 MVC는 자동으로 Authentication 객체를 불러온다. 또한 스프링 MVC는 자동으로 java.security.Principal 타입의 객체를 HttpServlet Request.getPrincipal()의 값으로 해석하기 때문에 컨트롤러에 대한 인수로 Authentication를 지정하면 현재의 Authentication 객체에 쉽게 접근할 수 있다. 또한 Principal 타입의 인수를 대신 지정해 스프링 시큐리티에서 코드를 분리할 수도 있지만, 여기서는 위에서 설명한 Authentication 객체가 어떻게 연결되는지 설명하기 위해 Authentication를 사용한다.

다른 프레임워크에서 작업하는 경우에는 3장, '사용자 정의 인증'에서와 마찬가지로 SecurityContextHolder 클래스를 사용해 Authentication 객체를 불러올 수 있다. 또한 스프링 MVC를 사용하지 않는 경우에는 HttpServletRequest 애트리뷰트를 모델에 입력하지 않고 직접 설정할 수 있다. 즉, 스프링 MVC에서 ModelAndView 객체를 사용할 때와 마찬가지로 JSP에서 요청에 입력한 애트리뷰트를 사용할 수 있다.

다음으로 다음과 같이 index.html 파일에 HttpServletRequest 애트리뷰트를 추가해 Create Event 표시 여부를 결정하도록 설정한다.

//src/main/resources/templates/header.html

```
<li th:if="${showCreateLink}"><a id="navCreateEventLink"
th:href="@{events/form}">...</li>
```

이제 애플리케이션을 재시작하고 사용자명을 admin1@example.com, 패스워드를 admin1로 로그인해 All Events 페이지에 접근해보자. 페이지에는 표시가 되더라도 더 이상 내비게이션바에서는 Create Events 링크를 볼 수 없을 것이다.

 이제, 코드가 chapter11.02-calendar와 비슷해야 한다.

WebInvocationPrivilegeEvaluator 클래스

JSP를 사용하지 않고 애플리케이션을 구성할 때도 <... sec:authorize- url="/events
/">를 사용했을 때와 마찬가지로 URL을 기반으로 접근할 수 있는지 여부를 결정할 필
요가 있다. 따라서 JSP 태그 라이브러리를 지원하는 동일한 인터페이스인 o.s.s.web.
access.WebInvocationPrivilegeEvaluator를 사용해 이를 설정한다. 다음 코드에서는
showAdminLink 애트리뷰트를 모델에 추가해 JSP를 사용하지 않고 URL 접근 기반을 설정
하는 방법을 보여주며, @Autowired 어노테이션을 통해 WebInvocationPrivilegeEvalua
tor를 불러온다.

```
//src/main/java/com/packtpub/springsecurity/web/controllers/
WelcomeController.java

@ModelAttribute ("showAdminLink")
public boolean showAdminLink(Authentication authentication) {
    return webInvocationPrivilegeEvaluator.
        isAllowed("/admin/", authentication);
}
```

하지만 사용 중인 프레임워크를 스프링을 통해 관리할 수 없는 경우 @Autowire는 Web
InvocationPrivilegeEvaluator를 불러올 수 없다. 그 대신 다음과 같이 스프링의 org.spr
ingframework.web.context.WebApplicationContextUtils 인터페이스를 사용해 WebIn
vocationPrivilegeEvaluator의 인스턴스를 불러올 수 있다.

```
ApplicationContext context = WebApplicationContextUtils
  .getRequiredWebApplicationContext(servletContext);
WebInvocationPrivilegeEvaluator  privEvaluator  =
  context.getBean(WebInvocationPrivilegeEvaluator.class)
```

위의 내용을 시험해보려면 다음과 같이 index.html을 업데이트해 showAdminLink 요청 애
트리뷰트를 사용해보자.

```
//src/main/resources/templates/header.html

    <li th:if="${showAdminLink}">
      <a id="h2Link" th:href="@{admin/h2/}" target="_blank">
      H2 Database Console</a>
...
</li>
```

애플리케이션을 재시작하고 로그인하기 전의 **Welcome** 페이지를 살펴보자. 이때는 H2 링크가 보이지 않아야 하며, 사용자명을 admin1@example.com, 패스워드를 admin1로 로그인한 경우에만 H2 링크가 표시돼야 한다.

 이제, 코드가 chapter11.03-calendar와 비슷해야 한다.

페이지 내 권한 부여를 설정하는 최적의 방법

스프링 시큐리티 4의 Thymeleaf 스프링 시큐리티는 기존 스프링 시큐리티 버전에서 <sec> 태그를 사용할 때 불편했던 점을 많이 개선했다. 대부분의 경우, <sec> 태그의 authorize-url 애트리뷰트를 사용하면 권한 부여 규칙과 코드를 적절히 분리할 수 있다. 따라서 다음과 같은 상황에서는 authorize-url 애트리뷰트를 사용할 것을 추천한다.

- 태그가 단일 URL로 명확하게 식별할 수 있는 기능을 제약적으로 보여주는 경우
- 태그의 콘텐츠를 명확하게 단일 URL로 분리할 수 있는 경우

하지만 대부분의 애플리케이션에서는 authorize-url 애트리뷰트를 사용할 가능성이 매우 낮다. 즉, 실제로 대부분의 애플리케이션은 이보다 훨씬 복잡하며, 페이지 영역을 렌더링할지 여부를 결정할 때 훨씬 더 많은 추가 로직이 필요하다.

물론 렌더링된 페이지의 일부를 다른 메서드의 보안 기준을 기반으로 해 Thymeleaf 스프링 시큐리티 태그 라이브러리를 사용하고 싶을 수도 있다. 하지만 다음을 살펴보며 태그 라이브러리를 사용하는 것이 그다지 적절하지 않은 이유를 확인해보자.

- 태그 라이브러리에서 역할 멤버십을 벗어난 복잡한 조건은 지원하지 않는다. 예를 들어 애플리케이션이 UserDetails 구현, IP 필터, 위치 정보 등에 사용자 정의된 애트리뷰트를 통합한 경우 표준 <sec> 태그는 해당 애트리뷰트를 지원하지 않는다.

- 물론 사용자 정의 태그나 SpEL 표현식을 사용하면 지원을 할 수 있지만, 이 경우에도 페이지는 일반적으로 권장되는 것보다 비즈니스 로직에 직접 연결될 가능성이 높다.

- 사용되는 모든 페이지에서 <sec> 태그를 참조해야 한다. 이로 인해 공통적으로 적용돼야 할 규칙이 서로 다른 물리적인 페이지로 분산 적용돼 불일치가 발생할 수도 있다. 따라서 좋은 객체지향 설계는 조건 규칙에 대한 판단 로직이 한곳에만 들어 있고 이 규칙을 적용하는 곳에서 논리적으로 규칙을 참조할 것을 권장한다.

- 물론 이러한 문제의 발생을 줄이기 위해 페이지의 일부를 캡슐화하고 재사용할 수도 있지만, 복잡한 애플리케이션에서는 현실적으로 거의 불가능하다.

- 컴파일 시에 선언된 규칙의 정확성을 검증할 방법이 없다. 전형적인 자바 기반 객체지향 시스템에서는 컴파일 타임 상수가 사용되는 반면 JSP 태그 라이브러리는 하드 코딩된 역할명을 사용하며, 사소한 오타 하나를 찾는 데도 오랜 시간이 걸릴 수 있다.

- 공정성을 위해 실행 중인 애플리케이션에 대한 포괄적인 기능 테스트를 통해 이러한 오타를 쉽게 찾아낼 수 있지만, 표준 자바 컴포넌트 단위 테스트 기법을 활용하면 더 쉽게 찾아낼 수 있다.

이와 같이 조건부 콘텐츠 렌더링을 위한 템플릿 기반 접근 방식은 편리한 점도 있는 반면, 뚜렷한 단점도 있다.

아울러 이러한 모든 문제는 애플리케이션 뷰 모델에 데이터를 넣는 데 사용하는 컨트롤러 코드를 통해 해결할 수 있다. 또한 코드에서 권한 부여 판단을 할 때 코드 재사용, 컴파일 타임 체크, 모델-뷰-컨트롤러의 좀 더 논리적인 역할 구분을 할 수 있다는 장점이 있다.

메서드 레벨 보안

지금까지의 주된 관심사는 JBCP 달력 애플리케이션에서 웹에 관련된 부분을 보호하는 것이었다. 하지만 실제 보안 시스템을 설계할 때는 시스템의 가장 중요한 영역인 사용자가 데이터에 접근할 수 있게 허용하는 서비스 메서드를 보호하는 데 세심한 주의를 기울여야 한다.

다중 보안의 필요성

여기서 잠시 URL 보안을 설정했음에도 불구하고 메서드 보안을 적용하는 이유에 대해 살펴보자. JBCP 달력 애플리케이션을 재시작하고 사용자명을 user1@example.com, 패스워드를 user1로 로그인해 All Events 페이지에 접근해보자. 이 경우 사용자 정의된 Access Denied 페이지가 표시될 것이다. 하지만 URL 뒤에 .json을 추가해 https://localhost:8443/ events/.json에 접근해보면 HTML의 All Events 페이지와 동일한 데이터를 포함한 JSON 응답을 볼 수 있다. 해당 데이터는 관리자만 볼 수 있어야 하지만 체크 로직이 미흡한 것을 악용해 이를 우회했다.

위의 방법과 동일하게 소유하고 있지 않거나 초대받지 않은 이벤트의 내역도 볼 수 있다. .json을 102로 변경해 URL이 https://localhost:8443/events/102이 되도록 하면 해당 사용자의 My Events 페이지에서는 표시되지 않는 Lunch 이벤트가 보일 것이다. 하지만 Lunch 이벤트 내역은 원래 관리자가 아닌 사용자에게 보여지면 안 된다.

앞서 설정한 URL 규칙은 애플리케이션을 완전히 보호할 만큼 강력하지 않다는 것을 깨달았을 것이다. 이러한 익스플로잇exploit은 복잡한 방법을 활용할 필요 없이 매우 간단하게 확인할 수 있다. 즉, URL 기반 보안을 우회하는 방법은 다양하다. 그러므로 이제는 비즈니스 계층에 보안 계층을 추가해 보안 취약점을 어떻게 개선할 수 있는지 알아보자.

비즈니스 계층 보호

스프링 시큐리티는 애플리케이션에서 스프링이 관리하는 빈 호출에 대한 권한 부여 레이어 또는 권한 부여 기반의 데이터 프루닝을 추가할 수 있는 기능을 제공한다. 대부분의 개발자가 웹 계층 보안에만 집중하지만 악의적인 사용자는 웹 계층 이외에 UI 프론트 엔드를 거치지 않는 웹 서비스와 같은 서비스 영역에 직접적으로 접근을 시도할 수도 있기 때문에 비즈니스 계층 보안 역시 웹 계층만큼 매우 중요하다.

다음 논리 다이어그램을 통해 두 번째 계층에 보안을 적용하는 이유에 대해 확인해보자.

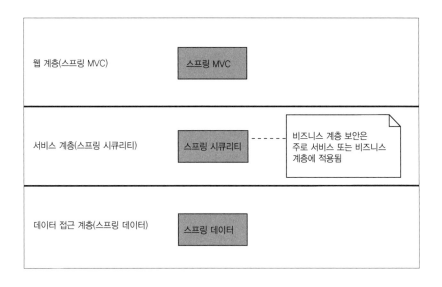

스프링 시큐리티는 다음과 같이 메서드를 보호할 수 있는 두 가지 주요 기술을 제공한다.

- **사전 권한 부여**Preauthorization: 이 기법은 사용자가 ROLE_ADMIN과 같은 특정 Granted Authority를 갖는 경우와 같이 허용된 메서드가 실행되기 전에 특정 제약 조건이 충족되도록 한다. 선언된 조건을 충족시키지 못하면 메서드 호출에 실패함을 의미한다.
- **사후 권한 부여**Postauthorization: 이 기법은 메서드가 반환된 후에도 호출 주체가 선언된 제약 조건을 여전히 만족하도록 보장한다. 사후 권한 부여 기법은 잘 사용되지 않지만 일부 상호 연결된 비즈니스 계층 메서드에 대해 추가 보안 계층을 제공할 수 있다.

사전/사후 권한 부여 기법은 일반적으로 고전적인 객체지향 설계에서 사전 조건과 사후 조건이라고 나타내는 것에 대한 지원을 제공한다. 사전 조건과 사후 조건은 개발자가 런타임 체크를 통해 메서드 실행에 대한 특정 조건이 항상 참이 되도록 선언할 수 있게 한다. 보안과 관련해 사전/사후 권한 부여의 경우 비즈니스 계층 개발자는 특정 메서드의 보안 프로파일을 인식해 예상되는 런타임 조건을 API 클래스 또는 인터페이스의 일부로 인코딩할 수 있다. 따라서 개발자는 예기치 않은 결과가 발생하는 것을 막기 위해 이 과정에서 신중하게 결정해야 한다.

@PreAuthorize 메서드 어노테이션 추가

첫 번째로 적용할 보안 설계 내용은 getEvents() 메서드에 접근하도록 허용하기 전에 ADMIN 사용자로 로그인하도록 비즈니스 계층에서 메서드 보안을 강화하는 일이다. 이러한 수정 사항은 다음과 같이 서비스 인터페이스 정의에서 메서드에 어노테이션을 추가해 적용할 수 있다.

```
import org.springframework.security.access.prepost.PreAuthorize;
...
public interface CalendarService {
```

```
    ...
    @PreAuthorize("hasRole('ADMIN')")
    List<Event>  getEvents();
}
```

위의 간단한 수정만으로 getEvents() 메서드를 호출하는 사용자가 관리자인지 확인할
수 있다. 스프링 시큐리티는 **관점지향 프로그래밍**Aspect Oriented Programming, AOP 포인트 컷pointcut
을 사용해 메서드에서 BeforeAdvice를 실행하고, 보안 조건이 충족되지 않는 경우에는
o.s.s.access.AccessDeniedException 예외를 발생시킨다.

스프링 시큐리티에서 메서드 어노테이션을 사용하도록 설정

이전 절에서 수정한 코드와 더불어, 스프링 시큐리티 설정을 담고 있는 SecurityConfig.
java를 살짝 수정해야 한다. 다음과 같이 클래스 선언에 어노테이션을 추가해보자.

```
//src/main/java/com/packtpub/springsecurity/configuration/SecurityConfig.java

@Configuration
@EnableWebSecurity
@EnableGlobalMethodSecurity(prePostEnabled = true)
public class SecurityConfig extends WebSecurityConfigurerAdapter {
```


메서드 보안 검증

이처럼 간단하게 메서드 보안을 적용할 수 있다는 게 믿기지 않을 것이다. 그렇다면 사
용자명을 user1@example.com, 패스워드를 user1로 로그인해 https://localhost:8443/
events/.json에 접근해보자. 이제는 **Access Denied** 페이지가 나타날 것이다.

 이제, 코드가 chapter11.04-calendar와 비슷해야 한다.

톰캣 콘솔을 확인하면 다음 내용으로 시작하는 아주 긴 스택 트레이스stack trace를 확인할 수 있을 것이다.

```
DEBUG ExceptionTranslationFilter - Access is denied
(user is not anonymous); delegating to AccessDeniedHandler
org.s.s.access.AccessDeniedException: Access is denied
at org.s.s.access.vote.AffirmativeBased.decide
at org.s.s.access.intercept.AbstractSecurityInterceptor.
beforeInvocation
at org.s.s.access.intercept.aopalliance.
MethodSecurityInterceptor.invoke
...
at $Proxy16.getEvents
at com.packtpub.springsecurity.web.controllers.EventsController.events
```

Access Denied 페이지와 getEvents 메서드 호출을 명확하게 나타내는 스택 트레이스를 살펴보면, ROLE_ADMIN의 GrantedAuthority가 없기 때문에 사용자가 비즈니스 메서드에 대한 접근이 거부된 것을 확인할 수 있다. 반면 사용자명을 admin1@example.com, 패스워드를 admin1로 로그인해 접근하면 접근 권한이 있으므로 접근할 수 있다는 것을 확인할 수 있다.

인터페이스에서 간단한 선언만으로 메서드에 대한 보안을 적용할 수 있다는 사실을 확인했다. 하지만 AOP는 어떻게 동작하는 것일까?

인터페이스 기반 프록시

이전 절의 예제에서 스프링 시큐리티는 getEvents 메서드를 보호하기 위해 인터페이스 기반 프록시를 사용했다. 이제 인터페이스 기반 프록시가 어떻게 동작하는지 이해하기 위해 다음의 간단한 의사 코드를 살펴보자.

```
DefaultCalendarService originalService = context.getBean (CalendarService.class)
CalendarService secureService = new CalendarService() {
  other methods just delegate to originalService ...
  public List<Event> getEvents() {
    if(!permitted(originalService.getEvents)) {
      throw AccessDeniedException()
    }
    return originalCalendarService.getEvents()
  }
};
```

스프링은 원래대로 CalendarService를 생성한다. 하지만 해당 메서드의 결과를 반환하기 전에 보안 체크를 실행하는 다른 CalendarService 구현체를 사용하도록 코드에 지시한다. 스프링은 자바의 java.lang.reflect.Proxy API를 사용해 인터페이스의 새로운 구현체를 동적으로 생성하기 때문에 안전한 구현체 인터페이스에 대한 사전 지식 없이 생성될 수 있다. 반환된 객체는 CalendarService의 새로운 구현체, 즉 CalendarService의 익명 구현체이기 때문에 더 이상 DefaultCalendarService의 인스턴스가 아니다. 다시 말해 보안 구현체를 사용하려면 인터페이스에 대해 프로그래밍해야 하며, 그렇지 않은 경우에는 ClassCastException 예외가 발생한다는 것이다. 스프링 AOP에 대한 자세한 내용은 http://static.springsource.org/spring/docs/current/spring-framework-reference/html/aop.html#aop-introduction-proxies의 스프링 참고 문서를 참고하자.

@PreAuthorize 어노테이션 이외에도 메서드에 대한 사전 권한 부여 조건을 선언하는 데에는 여러 가지 방법이 있다. 여기서는 메서드를 보호하는 다양한 방식을 살펴보고 각기 다른 상황에서의 장단점을 비교해보자.

JSR-250 호환 표준 규칙

자바 플랫폼용 **JSR-250 공통 어노테이션**은 JSR-250 호환 런타임 환경에서 사용할 수 있는 보안 관련 다양한 어노테이션을 정의한다. 스프링 프레임워크는 스프링 보안 프레임워크를 포함해 스프링 2.x 릴리즈 이후로 JSR-250과 호환된다.

JSR-250 어노테이션은 스프링의 네이티브 어노테이션만큼 풍부하지는 않지만 글래스피시Glassfish와 같은 자바 EE 애플리케이션 서버를 구현하거나 **아파치 투스카니**Apache Tuscany와 같은 서비스지향 런타임 프레임워크를 구현할 때도 모두 호환된다는 장점이 있다. 따라서 애플리케이션의 용도나 필요 조건에 따라 다양한 어노테이션 사용을 포기하고 코드의 이식성을 높이는 길을 택할 수도 있다.

JSR-250 호환 표준 규칙을 구현하기 위해서는 다음 단계를 수행해 몇 가지 사항을 수정해야 한다.

1. 우선 다음과 같이 JSR-250 어노테이션을 사용하도록 SecurityConfig.java 파일을 수정한다.

```
//src/main/java/com/packtpub/springsecurity/configuration/
SecurityConfig.java

@Configuration @EnableWebSecurity
@EnableGlobalMethodSecurity(jsr250Enabled = true)
public class SecurityConfig extends WebSecurityConfigurerAdapter {
```

2. 이어서 @PreAuthorize 어노테이션을 @RolesAllowed 어노테이션으로 변경한다. 또한 @RolesAllowed 어노테이션은 SpEL 표현식을 지원하지 않으므로 다음과 같이 CalendarService를 수정한다.

```
@RolesAllowed("ROLE_ADMIN")
List<Event>  getEvents();
```

3. 이제 애플리케이션을 재시작하고, 사용자명을 user1@example.com, 패스워드를 user1로 로그인해 http://localhost:8080/events/.json에 접근하면 Access Denied 페이지가 표시돼야 한다.

 이제, 코드가 chapter11.05-calendar와 비슷해야 한다.

또한 다음과 같이 자바 5 문자열 배열 어노테이션 구문을 사용하면 허용된 GrantedAuthority명으로 구성된 목록을 나열할 수 있다.

```
@RolesAllowed({"ROLE_USER","ROLE_ADMIN"})
List<Event>  getEvents();
```

JSR-250에는 추가로 @PermitAll과 @DenyAll라는 두 어노테이션을 명시하고 있는데 이들의 기능은 이름에서 알 수 있듯이 특정 메서드에 대한 모든 요청을 승인하거나 거부하는 것이다.

 클래스 레벨의 어노테이션

메서드 레벨의 보안 어노테이션은 클래스 레벨에도 동일하게 적용할 수 있다. 클래스 레벨 어노테이션을 사용하면 항상 메서드 레벨 어노테이션이 클래스 레벨 어노테이션을 덮어 쓴다. 클래스 레벨 어노테이션은 비즈니스에서 전체 클래스에 대해 보안 정책을 정의해야 할 때 유용하게 활용할 수 있다.

또한 보안 어노테이션을 적용할 때는 상세한 주석과 함께 코딩 표준을 준수해 다른 개발자가 해당 클래스와 메서드의 보안 특징을 명확히 이해할 수 있도록 하는 것이 좋다.

스프링의 @Secured 어노테이션을 사용한 메서드 보안

스프링에서는 JSR-250의 @RolesAllowed 어노테이션과 유사한 간단한 어노테이션 방식을 자체적으로 제공한다. @Secured 어노테이션은 기능이나 구문상으로도 @RolesAllowed 어노테이션과 동일하다. 다만 @Secured 어노테이션은 외부 의존성이 필요하지 않고, 다른 프레임워크에서 처리할 수 없으며, @EnableGlobalMethodSecurity 어노테이션의 다른 애트리뷰트로 명시적으로 활성화돼야 한다는 점에서 차이를 보인다.

//src/main/java/com/packtpub/springsecurity/configuration/SecurityConfig.java

```
@EnableWebSecurity(debug = true)
@EnableGlobalMethodSecurity(securedEnabled=true)
public class SecurityConfig extends WebSecurityConfigurerAdapter {
```

@Secured 어노테이션은 JSR 표준 @RolesAllowed 어노테이션의 기능과 동일하므로 새로운 코드에서는 @Secured 어노테이션을 굳이 사용할 필요가 없다. 하지만 과거의 스프링 코드에서는 @Secured 어노테이션을 보는 일이 종종 생길 수도 있으니 참고하자.

메서드 매개변수를 포함하는 메서드 보안 규칙

논리적으로, 특정 작업 시에는 메서드 매개변수에 대한 제약을 두는 보안 규칙을 작성해야 할 수도 있다. 예를 들어 findForUser(int userId) 메서드를 제한하려면 다음 두 제약 조건을 만족시켜야 한다고 가정해보자.

- userId 인수는 현재 사용자의 ID와 같아야 한다.
- 사용자는 관리자여야 한다(이 경우 사용자가 모든 이벤트를 열람할 수 있다).

관리자만 메서드를 호출할 수 있도록 규칙을 수정하는 것은 쉽지만 사용자가 자신의 패스워드를 변경하려고 시도하는지 판단하는 작업은 그리 간단하지 않다.

다행히 스프링 시큐리티 메서드 어노테이션에서 사용하는 SpEL 바인딩은 메서드 매개변수를 포함하는 정교한 표현식을 지원한다. 또한 다음과 같이 SecurityConfig.java 파일에 pre-와 post- 어노테이션을 사용하도록 설정했는지 확인해보자.

//src/main/java/com/packtpub/springsecurity/configuration/SecurityConfig.java

```
@Configuration
@EnableWebSecurity
@EnableGlobalMethodSecurity(prePostEnabled = true)
public class SecurityConfig extends WebSecurityConfigurerAdapter {
// 마지막으로 다음과 같이 CalendarService 인터페이스를 업데이트하자.
@PreAuthorize("hasRole('ADMIN') or principal.id == #userId")
List<Event> findForUser(int userId);
```

지금까지 앞에서 사용한 SpEL 디렉티브를 수정해 userId 메서드 매개변수(#userId는 # 기호를 접두어로 사용하는 메서드 매개변수명임)와 주체의 Id를 비교하는 로직을 추가했다. 따라서 강력한 메서드 매개변수 바인딩 기능을 활용하면 창의적인 사고와 정확하고 논리적인 규칙을 통해 메서드 호출을 보호할 수 있다.

 현재의 주체는 3장, '사용자 정의 인증'의 사용자 정의 인증 설정으로 인해 CalendarUser 인스턴스다. 즉, 주체는 CalendarUser 애플리케이션에 있는 모든 속성을 갖고 있다. 앞서 사용자 정의를 수행하지 않았다면 UserDetails 객체의 속성만 사용할 수 있다.

SpEL 변수는 해시(#) 접두어로 참조된다. 이때 한 가지 중요한 점은 런타임에 메서드 인수명을 사용하려면 디버깅 심벌 테이블의 정보가 컴파일 후에도 유지돼야 한다는 점이다. 디버깅 심벌 테이블 정보를 유지하는 일반적인 방법은 다음과 같다.

- javac 컴파일러를 사용해 클래스를 빌드할 때 -g 플래그를 포함해야 한다.
- ant에서 <javac> 테스크를 사용할 때 debug="true" 애트리뷰트를 추가해야 한다.

- 그레이들에서 main 메서드를 실행할 때 --debug를 추가하거나 bootRun 테스크를 추가해야 한다.
- 메이븐에서 maven.compiler.debug=true 속성을 확인해야 한다(기본값은 true임).

사용자 환경에서 동일한 설정을 하는 데 도움이 필요하면 컴파일러, 빌드 툴, IDE 설명서를 참고하자.

이제 애플리케이션을 재시작하고 사용자명을 user1@example.com, 패스워드를 user1로 로그인해보자. Welcome 페이지에서 My Events(email=admin1@example.com) 링크를 요청하면 Access Denied 페이지가 나타나고 My Events(email=user1@example.com) 링크를 요청하면 해당 페이지가 나타나는지 확인하자. My Events 페이지에 표시된 사용자가 현재 로그인한 사용자와 일치하는지 확인하고, 사용자명을 admin1@example.com, 패스워드를 admin1로 동일한 과정을 다시 시도해보자. 여기서는 ROLE_ADMIN 권한을 가진 사용자로 로그인했으므로 두 페이지에 모두 접근할 수 있다는 것을 확인할 수 있다.

 이제, 코드가 chapter11.06-calendar와 비슷해야 한다.

반환된 값을 통합하는 메서드 보안 규칙

메서드에 매개변수를 포함할 수 있는 것처럼 메서드 호출 시 반환값$^{returned\ value}$을 통합시킬 수도 있다. 반환값에 대한 제약 조건을 충족하도록 getEvent 메서드를 업데이트해보자.

- 이벤트 참가자의 ID는 현재 사용자의 ID여야 한다.
- 이벤트 소유자의 ID는 현재 사용자의 ID여야 한다.
- 사용자가 관리자 권한을 갖고 있어야 한다(이 경우 사용자가 모든 이벤트를 볼 수 있어야 한다).

CalendarService 인터페이스에 다음 코드를 추가해보자.

```
@PostAuthorize("hasRole('ROLE_ADMIN') or " + "principal.username ==
returnObject.owner.email or " +
"principal.username == returnObject.attendee.email")
Event getEvent(int eventId);
```

이제 사용자명을 user1@example.com, 패스워드를 user1로 로그인한 후, Welcome 페이지
의 링크를 이용해 Lunch 이벤트를 열람하려고 하면 Access Denied 페이지가 나타날 것이
다. 반면 사용자명을 user2@example.com, 패스워드를 user2로 Lunch 이벤트에 접근하면
user2@example.com은 해당 이벤트의 참가자이므로 정상적으로 열람이 될 것이다.

 이제, 코드가 chapter11.07-calendar와 비슷해야 한다.

역할 기반 필터링을 통한 메서드 데이터 보호

마지막으로 살펴볼 두 가지 스프링 시큐리티 어노테이션은 @PreFilter와 @PostFilter 어
노테이션으로, 컬렉션이나 배열에 보안 기반 필터링을 적용하는 데 사용한다. 이러한 타
입의 기능을 보안 트리밍 또는 보안 프루닝이라고 하며, 런타임 시점에 principal의 자격
증명을 사용해 객체 집합에서 선택적으로 멤버를 제거하는 작업을 수행한다. 또한 이러한
필터링은 어노테이션 선언에 사용한 SpEL 표현식을 사용해 수행된다.

여기서는 getEvents 메서드를 필터링해 해당 사용자가 권한이 있는 이벤트만 반환하도록
설정할 것이다. 따라서 CalendarService 인터페이스의 기존 보안 어노테이션을 모두 삭
제하고 다음과 같이 @PostFilter 어노테이션을 추가하자.

```
@PostFilter("principal.id == filterObject.owner.id or " +
"principal.id == filterObject.attendee.id")
List<Event> getEvents();
```

 이제, 코드가 chapter11.08-calendar와 비슷해야 한다.

그런 다음, 어노테이션을 테스트할 수 있도록 /events/URL에 대한 접근을 제한하는 antMatchers() 메서드를 제거한다. 이제 애플리케이션을 재시작하고, 사용자명을 user1@example.com, 패스워드를 user1로 로그인해 All Events 페이지에 접근하면 user1@example.com 사용자와 관련된 이벤트만 볼 수 있다.

여기서 스프링 시큐리티는 현재 이벤트를 참조하는 루프 변수로 동작하는 filterObject를 사용하면 해당 서비스에서 반환하는 List<Event>를 반복하고 SpEL 표현식과 일치하는 Event 객체만 포함하도록 수정한다.

일반적으로 @PostFilter 메서드는 다음과 같은 방식으로 동작한다. 간결함을 위해 여기서는 컬렉션을 메서드 반환값으로 설정하지만 @PostFilter는 컬렉션과 배열 반환 타입을 모두 사용할 수 있다는 사실을 알고 넘어가자.

filterObject 객체는 컬렉션의 각 요소에 대한 SpEL 컨텍스트로 전달된다. 즉, 메서드가 100개의 요소가 있는 컬렉션을 반환하면 각 요소의 필터링 여부를 판단하기 위해 SpEL 표현식이 100번 사용된다.

SpEL 표현식은 항상 Boolean 값을 반환해야 한다. 표현식이 true로 판단되면 객체는 컬렉션에 남지만 false로 판단되면 해당 객체는 제거된다.

대부분의 경우 컬렉션 사후post 필터링을 사용하면 복잡한 표준 데이터 처리 코드를 작성하는 복잡성을 줄일 수 있다. @PreAuthorize와는 달리 @PostFilter는 사전 조건이 아니라 메서드 동작을 규정하고 있기 때문에 @PostFilter의 동작 원리에 대해 숙지하도록 해

야 한다. 일부 순수 객체주의자들은 @PostFilter가 메서드 어노테이션으로 사용하기에
부적합하며, 이러한 필터링은 메서드 구현체 내의 코드를 통해 처리해야 한다고 주장하
기도 한다.

 컬렉션 필터링의 안전성

메서드에서 반환하는 실제 컬렉션이 수정된다는 점에 유의하자! 수정되는 것이 적합하지 않
은 경우도 있으므로 메서드에서 안전하게 수정할 수 있는 컬렉션을 반환하는지 확인해야 한
다. 특히 반환되는 컬렉션이 ORM과 바인딩되는 경우, 사후 필터의 수정 사항이 ORM 데이
터 저장소에 영구 저장될 수도 있기 때문에 주의해야 한다.

스프링 시큐리티는 컬렉션에 사용할 수 있는 사전(pre) 필터 메서드 매개변수에 대한 기능
도 제공하므로 지금부터 구현해보자.

@PreFilter를 사용한 컬렉션 사전 필터링

@PreFilter 어노테이션은 현재 보안 컨텍스트에서 메서드에 전달된 컬렉션 요소들을 필
터링하기 위해 메서드에 적용한다. 기능적으로 컬력션에 대한 참조가 있으면 다음의 몇 가
지 예외를 제외하고는 @PostFilter 어노테이션과 동일하게 동작한다.

- @PreFilter 어노테이션은 컬렉션 인자만 지원하고 배열 인자는 지원하지 않는다.
- @PreFilter 어노테이션은 메서드가 하나 이상의 인자를 가질 경우, 메서드 매개
  변수를 구체적으로 식별하고 필터링하는 데 사용하는 추가 선택 애트리뷰트인
  filterTarget가 있다.
- @PostFilter와 마찬가지로 @PreFilter 어노테이션 적용 시에도 메서드에 전달
  된 원본 컬렉션은 영구 수정된다. 경우에 따라서는 수정되는 것이 적합하지 않으
  므로 호출자는 메서드를 호출 후 컬렉션이 보안 필터링된다는 사실을 항상 염두
  에 둬야 한다.

다음과 같이 이벤트 객체 컬렉션을 허용하는 save 메서드가 있고 현재 로그인한 사용자가 소유한 이벤트만 저장할 수 있도록 하는 경우를 가정해보자.

```
@PreFilter("principal.id == filterObject.owner.id")
void save(Set<Event> events);
```

@PostFilter 메서드와 마찬가지로, @PreFilter 어노테이션은 스프링 시큐리티에서 루프 변수 filterObject를 사용해 각 이벤트를 반복하도록 한다. 그런 다음, 현재 사용자의 ID 와 이벤트 소유자의 ID를 비교한다. 두 ID가 일치하는 경우 이벤트가 보여지고, 일치하지 않으면 보여지지 않는다.

메서드 권한 부여 타입 비교

다음 표를 참고하면 메서드 권한 부여 체크에 사용할 타입을 선택하는 데 도움이 될 것이다.

메서드 권한 부여 유형	지정 방식	JSR 표준 여부	SpEL 표현식 허용 여부
@PreAuthorize, @PostAuthorize	어노테이션	No	Yes
@RolesAllowed, @PermitAll, @DenyAll	어노테이션	Yes	No
@Secure	어노테이션	No	No
protect-pointcut	XML	No	No

스프링 시큐리티를 사용하는 대부분의 자바 5 사용자는 아마 호환성 문제 때문에 JSR-250 어노테이션을 사용하고 IT 조직 전체에서 비즈니스 클래스 및 관련 제약을 재활용하려고 할 것이다. 따라서 필요한 경우 이러한 기본 선언을 스프링 시큐리티 구현과 연동되는 어노테이션으로 대체할 수도 있다.

어노테이션을 사용할 수 없는 환경(자바 1.4 또는 이전 환경)에서 스프링 시큐리티를 사용하고 있는 경우 메서드 보안 적용과 관련된 선택의 폭이 상당히 제한적이다. 하지만 이러한 상황에서도 AOP를 활용하면 기본적인 보안 선언을 적용할 수 있는 상당히 풍부한 여건을 마련할 수 있다.

어노테이션 기반 보안을 위한 고려 사항

실제 애플리케이션에서 컬렉션을 반환할 때 고려해야 할 점은 일종의 페이징이 적용됐을 가능성이 있다는 것이다. 즉, @PreFilter와 @PostFilter 어노테이션이 반환할 객체를 선택하는 방법으로 사용할 수 없다는 뜻이다. 그 대신 쿼리를 통해 사용자가 접근할 수 있는 데이터만 선택하도록 설정해야 한다. 다시 말해, 보안 어노테이션이 중복 검사를 실시한다는 것을 의미한다. 하지만 앞서 설명했듯이 하나의 계층을 우회할 수 있는 경우에 대비해 여러 계층을 보호하도록 설정해야 한다는 점을 명심하자.

▌요약

11장에서는 권한 부여를 처리하는 표준 스프링 시큐리티 구현체의 나머지 영역에 대해 다뤘다. 이제 JBCP 달력 애플리케이션의 모든 계층에 적절한 권한 부여 체크를 적용해 악의적인 사용자가 권한이 없는 데이터를 악용하거나 해당 데이터에 접근하지 못하도록 했다.

Thymeleaf 스프링 시큐리티 태그 라이브러리 및 스프링 MVC 컨트롤러 데이터 바인딩 보안 기준을 사용한 권한 부여 또는 기타 보안 기준을 기반으로 페이지 내 콘텐츠를 필터링하는 등의 정교한 권한 부여를 위한 두 가지 방법을 살펴봤다. 또한 애플리케이션의 비즈니스 계층에서 비즈니스 기능과 데이터를 보호하고 코드와 긴밀하게 통합된 보안 모델을 지원하는 몇 가지 방법을 모색했다. 마지막으로 스프링 MVC 컨트롤러를 보호하는 방법과 인터페이스와 클래스 프록시 객체 간의 차이점을 다뤘다.

이로써 표준 보안 웹 애플리케이션 개발 시 주로 접하게 될 스프링 시큐리티의 기능을 대부분 다뤘다.

12장, '접근 제어 목록'에서는 기존 데이터에 의존하는 대신 명시적으로 권한을 선언하는 스프링 시큐리티의 ACL(도메인 객체 모델) 모듈에 대해 설명한다.

12

접근 제어 목록

12장에서는 도메인 객체의 인스턴스 레벨 인증 모델을 제공하는 **접근 제어 목록**Access Control Lists, ACL에 대해 다룬다. 스프링 시큐리티는 중소 규모 시스템의 요구 사항을 상당 부분 충족시킬 수 있는 접근 제어 목록 모듈을 제공하지만 강력한 기능에 비해 복잡하다는 단점이 있다.

12장에서는 다음과 같은 내용을 다룬다.

- 접근 제어 목록의 개념적 모델 이해
- 스프링 시큐리티의 ACL 모듈에서 접근 제어 목록 개념 적용 시 필요한 용어 및 적용 방식에 대한 개념적 이해
- 스프링 ACL을 지원하기 위해 필요한 데이터베이스 스키마 개발과 검토

- 어노테이션과 스프링 빈을 통해 ACL 보안이 적용된 비즈니스 메서드를 사용하도록 JBCP 달력 애플리케이션 설정
- 사용자 정의 ACL 퍼미션, ACL을 사용한 JSP 태그 및 메서드 보안, 수정 가능 ACL, 스마트 캐싱 등의 고급 설정 구현
- ACL 적용에 필요한 설계상 고려 사항 및 기획 시나리오 검토

ACL 개념 모듈

웹 계층이 아닌 다른 부분에 보안 적용 시 마지막으로 적용하는 보안은 비즈니스 계층 수준 또는 그 밑단의 비즈니스 객체 수준의 보안이다. 이 레벨에서의 보안은 ACL(접근 제어 목록)이라고 부르는 기술을 사용해 구현한다. ACL의 목적을 간단하게 요약하면 그룹, 비즈니스 객체 또는 논리적인 작업을 조합한 대상에 대해 그룹 퍼미션을 지정할 수 있는 모듈이다.

예를 들어 JBCP 달력 애플리케이션에서는 특정 사용자가 자신의 이벤트에 대한 쓰기 권한 접근을 할 수 있어야 하므로 다음과 같이 ACL 선언을 적용할 수 있다.

사용자명	그룹	객체	퍼미션
mick	–	event_01	읽기, 쓰기
	ROLE_USER	event_123	읽기
	ANONYMOUS	모든 이벤트	없음

위의 표를 보면 ACL은 읽고 바로 이해할 수 있는 형태로 돼 있음을 알 수 있다. Mick은 자신의 이벤트(event_01)에 대해 읽기 및 쓰기 권한이 있고, 등록된 다른 사용자는 mick의 이벤트를 읽을 수 있지만 인증되지 않은 사용자는 읽을 수 없다. 이렇게 룰 매트릭스를 표로 표현하면 ACL이 보안 시스템 및 비즈니스 데이터에 코드 조합, 접근 체크, 메타 데이터와 관련해 종합적으로 구현하려는 내용을 확인할 수 있다. 실제 ACL을 적용하고 있는

시스템의 경우 매우 복잡한 ACL 목록을 갖고 있으며, 시스템 전체에 수백만 개의 항목이 있기도 하다. 물론 이런 말을 들으면 매우 복잡해 보이겠지만 사전 지식을 충분히 쌓고 보안 라이브러리를 사용해 필요한 내용을 구현하다 보면 비교적 쉽게 ACL을 관리할 수 있을 것이다.

마이크로소프트 윈도우나 유닉스/리눅스 기반의 운영체제를 사용하고 있다면, 매우 익숙하게 ACL을 사용하고 있다. 현대의 대부분의 컴퓨터 운영체제에서는 파일 저장 시스템에 ACL을 적용해, 사용자 또는 그룹, 파일 또는 디렉터리, 퍼미션을 조합해 설정한다. 마이크로소프트 윈도우에서는 파일을 마우스 오른쪽 버튼으로 클릭해 파일의 속성(속성 > 보안)을 보면 다음 스크린샷과 같이 파일의 ACL 기능을 확인할 수 있다.

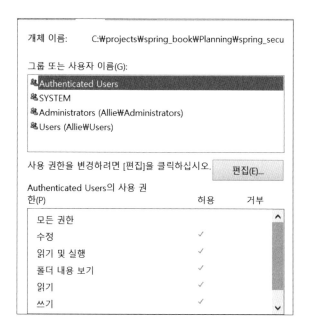

위의 그림을 통해 ACL에 사용되는 조합이 그룹 또는 사용자에 따라 시각적이고 직관적으로 표현되고 있는 것을 확인할 수 있다.

스프링 시큐리티에서의 ACL

스프링 시큐리티는 개별 사용자가 보호된 시스템의 개별 도메인 객체에 접근할 때 ACL 기반 권한 부여 체크 기능을 지원한다. OS 파일 시스템과 마찬가지로 스프링 시큐리티의 ACL 컴포넌트를 이용하면 비즈니스 객체 및 그룹 또는 주체와 관련해 논리적인 트리 구조를 만들 수 있다. 따라서 접근을 허용할지 여부를 판단하는 과정에서 요청자와 요청된 대상에 대한 퍼미션이 중첩되는 영역(상속 또는 명시적인 정의)을 사용한다.

스프링 시큐리티의 ACL 기능을 사용하는 개발자는 문서나 예제가 상대적으로 부족하고 복잡해 사용하기도 전에 위축되는 경우가 다반사다. 이는 기존의 스프링 시큐리티와 다르게 다양한 상호 의존성 및 빈 기반 설정 메커니즘에 의존하고 있어 ACL 인프라 설정 자체가 복잡하기 때문이다.

스프링 시큐리티의 ACL 모듈은 기본 코드만으로 적절한 기능을 수행하도록 작성돼 있지만 이 기능을 바탕으로 내용을 확장하려고 하는 경우, ACL이 처음으로 스프링 시큐리티에 적용됐을 때부터 수정되지 않은 수많은 제약 사항과 설계 선택 사항에 직면할 것이다. 하지만 ACL 모듈은 애플리케이션에 강력한 접근 제어 기능을 구현할 수 있는 훌륭한 모듈이며 사용자의 행동과 데이터를 한층 더 안전하게 보호하는 데 도움을 줄 것이기 때문에 실망할 필요는 없다.

스프링 시큐리티에 ACL을 설정하기 전에 몇 가지 주요 용어와 개념을 살펴보고 넘어가자.

스프링 ACL 시스템의 주된 역할은 **보안 식별자**Security Identity, SID, 즉 SID가 담당한다. SID는 개별 주체 또는 그룹(GrantedAuthority)의 신원을 추상화하는 데 사용되는 논리적인 구성체다. ACL 데이터 모델에 의해 정의된 SID 객체는 특정 주체에 대해 허용된 접근 레벨을 결정할 때 명시적인 또는 도출된 접근 제어 규칙에 대한 기초로 사용한다.

SID가 ACL 시스템에서 주된 역할을 한다면 보안의 나머지 영역은 보호된 객체 자체다. 개별 보호된 객체에 대한 식별자를 **객체 식별자**object identity라고 하며, 객체 식별자에 대한 기본 스프링 ACL 구현체는 ACL 규칙을 개별 객체 인스턴스 레벨에서 정의하도록 규정한다.

즉, 필요한 경우 시스템 내의 모든 객체에 개별적인 접근 규칙을 설정할 수 있다는 뜻이다.

개별 접근 규칙은 **접근 제어 엔트리**Access Control Entires, ACE라고 부르며, 다음 요소의 조합으로 구성된다.

- 규칙이 적용되는 대상에 대한 SID
- 규칙이 적용되는 객체 식별자
- 주어진 SID와 명시된 객체 식별자에 적용돼야 하는 퍼미션
- 주어진 SID와 객체 식별자에 대한 지정된 퍼미션 허용 여부

스프링 ACL 시스템의 전반적인 목적은 보호된 각 메서드 호출을 평가하고 메서드에서 사용하는 객체가 적용할 수 있는 ACE에 따라 허용될지 여부를 판단하는 것이다. 적용할 수 있는 ACE는 런타임 시에 사용되는 호출자와 객체를 바탕으로 판단한다.

스프링 시큐리티 ACL은 유연한 구현을 할 수 있다. 12장의 대부분은 스프링 시큐리티 ACL 모듈의 기본 기능을 상세하게 설명하고 있지만, 설명한 기능 모두 상황에 맞게 요구 조건에 맞춰 충분히 활용할 수 있다.

스프링 시큐리티는 이러한 개념적인 엔티티 각각과 관련된 데이터를 효과적으로 나타내기 위해 다음의 가치 객체Value Object, VO를 사용한다.

ACL 개념적 객체	자바 객체
SID	o.s.s.acls.model.Sid
객체 식별자	o.s.s.acls.model.ObjectIdentity
ACL	o.s.s.acls.model.Acl
ACE	o.s.s.acls.model.AccessControlEntry

이제, JBCP 달력 애플리케이션에 간단한 데모를 적용해볼 수 있도록 스프링 시큐리티 ACL 컴포넌트 사용을 활성화하는 과정을 살펴보자.

█ 스프링 시큐리티 ACL 지원을 위한 기본 설정

앞에서 스프링 시큐리티의 ACL 기능을 사용하려면 빈 기반 설정이 필요하다는 사실을 간단히 언급했지만 원한다면 간단한 security XML 네임스페이스 설정을 유지하면서 ACL 지원 기능을 사용할 수도 있다.

그레이들 의존성

대부분의 장과 마찬가지로 12장의 기능을 사용하려면 몇 가지 의존성을 추가해야 한다. 다음 의존성을 추가하고 주석을 통해 언제 사용되는 의존성인지 확인해보자.

```
//build.gradle

dependencies {
// ACL
compile('org.springframework.security:spring-security-acl')
compile('net.sf.ehcache:ehcache')
...
}
```

예제 시나리오 설정

예제 시나리오에서는 user2@example.com 사용자에게 생일 파티 이벤트에만 읽기 권한을 부여하고, 나머지 사용자는 어떤 이벤트에도 접근 권한이 없다. 여기서 user2@example.com 사용자는 생일 파티 이벤트와 관련이 없으므로 다른 예제와 다르다는 것을 알 수 있다.

ACL 체크를 설정하는 데에는 여러 가지 방법이 있지만 12장의 메서드 레벨 어노테이션 부분에서 사용한 어노테이션 기반 접근 방식을 사용한다. 이 방식을 활용하면 실제 인터페이스 선언으로부터 ACL의 사용을 효과적으로 추상화할 수 있고, 향후 원하는 경우 역할 선언을 ACL이 아닌 다른 것으로 쉽게 변경할 수 있다.

CalendarService.getEvents 메서드에 어노테이션을 추가해 현재 사용자의 이벤트에 대한 퍼미션에 따라 각 이벤트를 필터링한다.

//src/main/java/com/packtpub/springsecurity/service/CalendarService.java

```
@PostFilter("hasPermission(filterObject, 'read')")
List<Event> getEvents();
```

 Chapter12.00-calendar의 코드부터 시작하자.

H2 데이터베이스에 ACL 테이블 추가

첫 번째로 할 일은 인메모리 H2 데이터베이스에 영구적인 ACL 항목을 지원하는 데 필요한 테이블과 데이터를 추가하는 것이다. 이를 위해 다음과 같이 임베디드 데이터베이스 선언이 있는 schema.sql 파일에 새로운 SQL DDL 파일과 데이터를 추가해보자. schema. sql에 대한 자세한 내용은 12장의 후반부에서 다룰 예정이니 일단 넘어가자.

다음은 12장의 코드에 포함된 스키마 파일을 기반으로 한 schema.sql 파일이다.

//src/main/resources/schema.sql

```
-- ACL 스키마 --
create table acl_sid (
id bigint generated by default as identity(start with 100) not null primary key,
principal boolean not null,
sid varchar_ignorecase(100) not null,
constraint uk_acl_sid unique(sid,principal) );

create table acl_class (
```

```
id bigint generated by default as identity(start with 100) not null primary key,
class varchar_ignorecase(500) not null,
constraint uk_acl_class unique(class) );

create table acl_object_identity (
id bigint generated by default as identity(start with 100) not null primary key,
object_id_class bigint not null,
object_id_identity bigint not null,
parent_object bigint,
owner_sid bigint not null,
entries_inheriting boolean not null,
constraint uk_acl_objid
    unique(object_id_class,object_id_identity),
constraint  fk_acl_obj_parent  foreign
    key(parent_object)references acl_object_identity(id),
constraint fk_acl_obj_class foreign
    key(object_id_class)references acl_class(id),
constraint fk_acl_obj_owner foreign key(owner_sid)references
    acl_sid(id) );

create table acl_entry (
id bigint generated by default as identity(start with 100) not null primary key,
acl_object_identity bigint not null,
ace_order int not null,
sid bigint not null,
mask integer not null,
granting boolean not null,
audit_success boolean not null,
audit_failure boolean not null,
constraint uk_acl_entry unique(acl_object_identity,ace_order),
constraint fk_acl_entry_obj_id foreign key(acl_object_identity)
references acl_object_identity(id),
constraint fk_acl_entry_sid foreign key(sid) references acl_sid(id) );
```

위 코드는 다음과 같은 데이터베이스 스키마를 생성한다.

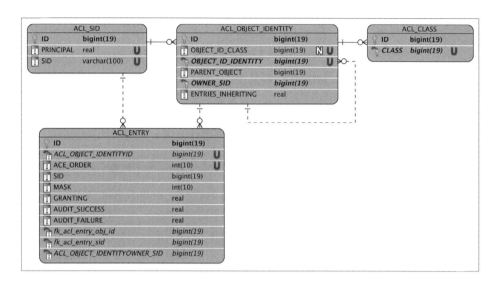

위의 스키마를 보면 SID, OBJECT_IDENTITY(객체 식별자) 및 ACE의 개념이 어떻게 데이터베이스 스키마와 직접 매핑되는지 확인할 수 있다. 이런 스키마는 머릿속으로 구상한 ACL 시스템을 매핑하고 데이터베이스에 어떻게 적용되는지 쉽게 이해할 수 있다는 점에서 매우 유용하다.

이러한 스키마를 스프링 시큐리티 문서에서 제공하는 H2 데이터베이스 스키마와 비교해보면, 다음과 같은 수정 사항을 확인할 수 있다.

- ACL_CLASS.CLASS 컬럼의 글자 제한을 기본 100자에서 500자로 수정했다. 일부 긴 수식 클래스명은 100자를 초과한다.
- 오류 원인을 더 쉽게 판단할 수 있도록 외래키의 이름을 의미 있는 이름으로 수정했다.

오라클 등의 다른 데이터베이스를 사용하는 경우, DDL을 데이터베이스에 적합한 DDL 및 데이터 유형으로 변환해야 한다.

ACL 시스템의 나머지 설정을 모두 마친 후에는 다시 데이터베이스와 관련한 주제로 돌아가서, 기본적인 ACE를 설정하고 가장 기초적인 형태의 ACL 기능을 확인해볼 것이다.

SecurityExpressionHandler 설정

어노테이션을 사용하려면 <global-method-security>를 구성(예상 ACL 권한에 따라 어노테이션을 달아야 함)하고, 사용자 정의 접근 결정 관리자를 참조해야 한다.

또한 퍼미션을 평가하는 방법을 알고 있는 o.s.s.access.expression.SecurityExpressionHandler 구현체를 구성해야 한다. 다음과 같이 SecurityConfig.java 설정을 업데이트해보자.

```
//src/main/java/com/packtpub/springsecurity/configuration/SecurityConfig.java

@EnableGlobalMethodSecurity(prePostEnabled = true)
@Import(AclConfig.class)
public class SecurityConfig extends WebSecurityConfigurerAdapter {
```

다음은 AclConfig.java 파일에 정의한 DefaultMethodSecurityExpressionHandler 객체에 대한 빈 참조다.

```
//src/main/java/com/packtpub/springsecurity/configuration/AclConfig.java

@Bean
public DefaultMethodSecurityExpressionHandler expressionHandler(){
    DefaultMethodSecurityExpressionHandler dmseh =
        new DefaultMethodSecurityExpressionHandler();
    dmseh.setPermissionEvaluator(permissionEvaluator());
    dmseh.setPermissionCacheOptimizer(permissionCacheOptimizer());
    return dmseh;
}
```

상대적으로 간단한 ACL 설정을 사용하는 경우에도 많은 의존성을 추가해야 한다. 이전에 언급했듯이 스프링 시큐리티 ACL 모듈은 적절한 ACL 기능을 제공하기 위해 조합할 수 있는 많은 기본 구성 요소를 제공한다. 다음 다이어그램에서 참조하는 모든 구성 요소는 프레임워크의 일부다.

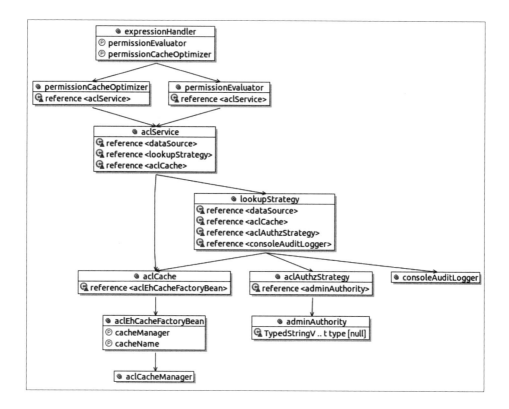

AclPermissionCacheOptimizer 객체

DefaultMethodSecurityExpressionHandler 객체는 두 가지 의존성이 필요하며, AclPermissionCacheOptimizer 객체는 단일 JDBC select문에서 모든 ACL에 대해 객체 컬렉션의 캐시를 준비하는 데 사용된다. 다음과 같이 12장의 샘플 코드에는 상대적으로 간단한 설정을 포함시켰다.

```
//src/main/java/com/packtpub/springsecurity/configuration/AclConfig.java
```

```java
@Bean
public AclPermissionCacheOptimizer permissionCacheOptimizer(){
        return new AclPermissionCacheOptimizer(aclService());
}
```

AclPermission 캐시 최적화

그런 다음 DefaultMethodSecurityExpressionHandler 객체가 PermissionEvalulator 인
스턴스를 지정한다. 12장에서는 빈이 AclPermissionEvaluator을 통해 데이터베이스에
정의된 ACL을 읽어오도록 설정해 ACL을 사용한다. 다음과 같이 permissionEvaluator
를 설정하자.

```
//src/main/java/com/packtpub/springsecurity/configuration/AclConfig.java
```

```java
@Bean
public AclPermissionEvaluator permissionEvaluator(){
    return new AclPermissionEvaluator(aclService());
}
```

JdbcMutableAclService 객체

지금까지 aclService ID로 th를 두 번 참조했다. 여기서 aclService ID는 ACL에 의
해 보호되는 객체에 대한 정보를 ACE로 변환하는 역할을 담당하는 o.s.s.acls.model.
AclService 구현체로 해석된다.

```
//src/main/java/com/packtpub/springsecurity/configuration/AclConfig.java
```

```java
@Autowired
private DataSource dataSource;
@Bean
```

```
public JdbcMutableAclService aclService(){
      return new JdbcMutableAclService(dataSource,
                                       lookupStrategy(),
                                       aclCache());
}
```

여기서는 o.s.s.acls.model.AclService의 기본 구현체인 o.s.s.acls.jdbc.JdbcMutableAclService를 사용한다. o.s.s.acls.jdbc.JdbcMutableAclService 구현체는 기본적으로 제공되는 클래스로 이전 절의 마지막 단계에서 정의한 스키마를 사용할 수 있게 해준다. 또한 JdbcMutableAclService 객체는 재귀적 SQL 및 사후 처리를 통해 객체 및 SID 계층 구조를 이해하고, 이러한 계층 구조가 다시 AclPermissionEvaluator로 전달되도록 보장한다.

BasicLookupStrategy 클래스

JdbcMutableAclService 클래스는 앞서 임베디드 데이터베이스 선언에 정의한 것과 동일한 JDBC dataSource 인스턴스를 사용하며, 실제로 데이터베이스 쿼리를 작성하고 ACL 요청을 해결하는 o.s.s.acls.jdbc.LookupStrategy 구현체에 작업을 위임한다. 스프링 시큐리티에서 제공하는 유일한 LookupStrategy 구현체는 o.s.s.acls.jdbc.BasicLookupStrategy이며, 다음과 같이 정의할 수 있다.

//src/main/java/com/packtpub/springsecurity/configuration/AclConfig.java

```
@Bean
public LookupStrategy lookupStrategy(){
  return new BasicLookupStrategy(
                        dataSource,
                        aclCache(),
                        aclAuthorizationStrategy(),
                        consoleAuditLogger());
}
```

앞으로 설명할 BasicLookupStrategy는 상대적으로 복잡하다. BasicLookupStrategy를 사용하는 목적은 보호할 ObjectIdentity 선언 목록을 데이터베이스로부터 가져온 실제로 적용할 수 있는 ACE 목록으로 변환하는 것이다. ObjectIdentity 선언은 재귀적일 수 있기 때문에 가끔 다루기가 상당히 어려워지기도 한다. 이와 더불어 시스템이 과도하게 사용될 경우 생성되는 SQL이 데이터베이스 성능에 미치는 영향 또한 반드시 고려해야 한다.

최소한의 공통 분모를 사용한 쿼리

BasicLookupStrategy는 표준 ANSI SQL 구문, 특히 left [outer] joins와 같은 구문을 엄격히 준수해 모든 데이터베이스와 호환될 수 있도록 구현됐다. 다른 데이터베이스(특히 오라클 8i)는 조인 구문을 지원하지 않으므로 현재 사용하고 있는 데이터베이스와 SQL 구문 및 구조가 일치하는지 반드시 확인해야 한다.

또한 더 효과적인 방법으로 비표준 SQL 구문을 사용해, 계층적 쿼리를 수행하는 데이터 베이스에 의존적인 방식도 있다. 예를 들어 오라클의 CONNECT BY 구문, PostgreSQL, 마이크로소프트 SQL 서버를 포함한 다른 많은 데이터베이스의 **공통 테이블 표현식**Common Table Expression, CTE을 사용할 수 있다.

4장, 'JDBC 기반 인증'에서 다룬 것처럼 JdbcDaoImpl 구현체의 사용자 정의 스키마를 사용해 UserDetailsService 속성을 구현하면 BasicLookupStrategy에서 사용하는 SQL을 구성할 수 있다. 이러한 속성을 사용하는 방법과 사용자 정의 스키마에 이들 속성을 적용하는 방법에 대해서는 JavaDoc과 코드를 참고하자.

LookupStrategy에는 AclService가 사용하는 것과 동일한 JDBC dataSource 인스턴스에 대한 참조가 필요하다. 나머지 3개의 참조는 의존성 설정의 마지막 단계에서 보게 될 것이다.

EhCacheBasedAclCache

o.s.s.acls.model.AclCache 인터페이스는 데이터베이스 중복 조회를 방지하기 위해 ACL 매핑에 대한 ObjectIdentity를 캐싱하는 인터페이스를 선언한다. 스프링 시큐리티는 타사 라이브러리인 Ehcache를 이용해 AclCache 구현체를 하나만 제공한다.

Ehcache는 많은 오픈 소스 및 상용 자바 제품에서 널리 사용되는 오픈 소스, 메모리 및 디스크 기반 캐싱 라이브러리다. 12장의 앞부분에서 언급했듯이, 스프링 시큐리티는 ACL 캐싱의 기본 구현체만을 제공하며, ACL 캐싱은 데이터베이스에서 ACL을 읽는 대신 ACL 정보를 저장하는 데 사용하는 Ehcache 인스턴스의 가용성에 의존한다.

Ehcache에 대한 자세한 설정은 이 절에서 다룰 내용이 아니므로 일단 스프링 ACL이 캐시를 사용하는 방법과 기본 설정을 살펴보자.

Ehcache는 쉽게 설정할 수 있다. 간단하게, o.s.s.acls.domain.EhCacheBasedAclCache와 함께 Ehcache 인스턴스화를 관리하고 유용한 설정 속성을 노출하는 스프링 코어의 2개의 종속 빈을 선언한다. 다른 빈 설정처럼 AclConfig.java에 이미 다음과 같이 설정해 놓았다.

```
//src/main/java/com/packtpub/springsecurity/configuration/AclConfig.java

@Bean
public EhCacheBasedAclCache aclCache(){
    return new EhCacheBasedAclCache(ehcache(),
                    permissionGrantingStrategy(),
                    aclAuthorizationStrategy());
}

@Bean
public PermissionGrantingStrategy permissionGrantingStrategy(){
    return new DefaultPermissionGrantingStrategy(consoleAuditLogger());
}

@Bean
```

```
public Ehcache ehcache(){
        EhCacheFactoryBean cacheFactoryBean = new EhCacheFactoryBean();
        cacheFactoryBean.setCacheManager(cacheManager());
        cacheFactoryBean.setCacheName("aclCache");
        cacheFactoryBean.setMaxBytesLocalHeap("1M");
        cacheFactoryBean.setMaxEntriesLocalHeap(0L);
        cacheFactoryBean.afterPropertiesSet();
        return cacheFactoryBean.getObject();
}

@Bean
public CacheManager cacheManager(){
        EhCacheManagerFactoryBean cacheManager = new
        EhCacheManagerFactoryBean();
        cacheManager.setAcceptExisting(true);
        cacheManager.setCacheManagerName(CacheManager.getInstance().getName());
        cacheManager.afterPropertiesSet();
        return cacheManager.getObject();
}
```

ConsoleAuditLogger 클래스

o.s.s.acls.jdbc.BasicLookupStrategy에 의존하고 있는 또 다른 의존성은 o.s.s.acls.
domain.AuditLogger 인터페이스의 구현체로 BasicLookupStrategy 클래스에 의해 ACL
및 ACE 조회를 감사하는 데 사용한다. AclCache 인터페이스와 마찬가지로 스프링 시큐리
티에서는 1개의 구현체만을 제공하고 있으며, 이 구현체는 콘솔에 로그를 남긴다. 여기서
는 다음과 같은 한 줄 빈 선언을 사용해 설정한다.

```
//src/main/java/com/packtpub/springsecurity/configuration/AclConfig.java

@Bean
public ConsoleAuditLogger consoleAuditLogger(){
    return new ConsoleAuditLogger();
}
```

AclAuthorizationStrategyImpl 인터페이스

연결해야 할 마지막 의존성은 o.s.s.acls.domain.AclAuthorizationStrategy 인터페이스 구현체로, 데이터베이스에서 ACL을 로드할 때는 전혀 동작하지 않는다. 대신 o.s.s.acls.domain.AclAuthorizationStrategy 인터페이스 구현체는 변경 유형에 따라 ACL 또는 ACE에 대한 런타임 시의 변화가 허용될지 여부를 판단하는 일을 담당한다. 이와 관련한 내용은 논리적인 흐름이 다소 복잡할 뿐 아니라 초기 설정과 큰 연관성이 없으므로 추후에 수정 가능[mutable] ACL에 대해 설명하는 절에서 더 자세히 설명할 것이다. 마지막으로 필요한 설정은 다음과 같다.

```
//src/main/java/com/packtpub/springsecurity/configuration/AclConfig.java

@Bean
public AclAuthorizationStrategy aclAuthorizationStrategy() {
    return new AclAuthorizationStrategyImpl(
    new SimpleGrantedAuthority("ROLE_ADMINISTRATOR"));
}
```

ID가 adminAuthority인 빈에 대한 참조가 무엇인지 궁금할 것이다. AclAuthorizationStrategyImpl은 수정 가능 ACL에 대해 런타임 시에 특정 작업을 허용하도록 GrantedAuthority를 지정하는 기능을 제공한다. 이에 대한 내용은 12장의 후반부에서 살펴볼 예정이다.

마지막으로 AclConfig.java 파일을 로드하도록 다음과 같이 SecurityConfig.java 파일을 업데이트하자.

```
//src/main/java/com/packtpub/springsecurity/configuration/SecurityConfig.java

@Import(AclConfig.class)
public class SecurityConfig extends WebSecurityConfigurerAdapter {
```

이제 기본 스프링 시큐리티 ACL 구현체를 설정하는 과정이 모두 끝났다. 다음 절에서부터는 간단한 ACL과 ACE를 H2 데이터베이스에 삽입해 테스트를 진행할 것이다.

간단한 ACL 엔트리 생성

이전 절의 예제 시나리오에서 user2@example.com 사용자가 생일 파티 이벤트에만 접근할 수 있도록 설정했다. 앞으로 설명할 내용과 관련해 앞의 데이터베이스 스키마 다이어그램을 참고하면 삽입할 데이터와 특정 데이터를 삽입하는 이유에 대해 더 쉽게 이해할 수 있을 것이다.

샘플 애플리케이션 코드에 data.sql 파일을 이미 포함시켜 놓았으며 이 절에서 설명할 모든 SQL 관련 내용은 다 data.sql 파일에 추가돼 있다. 다양한 예제를 테스트해보면 더 많은 내용을 터득할 수 있으므로 제공한 샘플 SQL을 기반으로 더 많은 테스트 케이스를 실험하고 추가해볼 것을 권장한다.

다음 단계를 통해 간단 ACL 엔트리 작성 방법을 살펴보자.

1. 먼저, ACL_CLASS 테이블을 ACL 규칙을 가질 수 있는 일부 또는 모든 도메인 객체 클래스로 채워야 한다. 여기서는 간단하게 Event 클래스만을 포함시킨다.

//src/main/resources/data.sql

```
insert into acl_class (id, class) values (10,
'com.packtpub.springsecurity.domain.Event');
```

어떤 데이터가 어떤 테이블과 관련이 있는지 더 쉽게 파악할 수 있도록 ACL_CLASS 테이블의 경우 10에서 19 사이의 기본키, ACL_SID 테이블의 경우 20에서 29 사이의 기본키를 사용하도록 설정했다. 따라서 Event 테이블의 경우 100을 기본키로 사용하도록 설정했다. 하지만 이러한 설정은 설명하기 위해 설정한 것이므로 실제 환경에서는 사용하지 않도록 주의하자.

2. 다음으로 ACL_SID 테이블에 ACE와 관련된 SID를 추가한다. SID는 역할 또는 사용자가 될 수 있다는 사실을 기억하고, 여기서는 역할과 user2@example.com을 추가한다.

3. 역할에 대한 SID 객체는 매우 간단하지만 사용자에 대한 SID 객체는 간단하지 않다. 따라서 여기서는 간단하게 사용자명을 SID로 사용한다. 하지만 역할과 사용자명을 SID로 제대로 사용하고 싶다면 o.s.s.acls.domain.SidRetrievalStrategyImpl를 참고하자. 참조한 o.s.s.acls.domain.SidRetrievalStrategyImpl의 기본값이 요구를 충족하지 않는 경우 기본 사용자 정의 o.s.s.acls.model.SidRetrievalStrategythe를 AclPermissionCacheOptimizer와 AclPermissionEvaluator에 주입할 수 있다. 이러한 설정은 이 책에서 다루지 않을 것이지만 필요한 경우 사용할 수 있다는 것을 알고 넘어가자.

//src/main/resources/data.sql

```
insert into acl_sid (id, principal, sid) values (20, true,
'user2@example.com');
insert into acl_sid (id, principal, sid) values (21, false,
'ROLE_USER');
insert into acl_sid (id, principal, sid) values (22, false,
'ROLE_ADMIN');
```

ACL_OBJECT_IDENTITY 테이블은 개별 도메인 객체의 인스턴스와 부모(부모가 존재하는 경우) 및 소유자 SID를 선언하는 데 사용하기 때문에 내용이 다소 복잡해진다. 하지만 다음 속성을 사용해 차근차근 행을 삽입해보자.

- ACL_CLASS 테이블에 대한 OBJECT_ID_CLASS 열의 외래키가 10인 Event 타입의 도메인 객체
- 데이터베이스 제약 조건을 적용하지는 않지만 Event 객체에 대한 외래키로 사용하는, 기본키가 100(OBJECT_ID_IDENTITY 열)인 도메인 객체

- ACL_SID 테이블에 대한 OWNER_SID 열의 외래키가 20인 user2@example.com의 소유자 SID

ID가 100 (생일 파티), 101 및 102인 이벤트를 나타내는 SQL은 다음과 같다.

```
//src/main/resources/data.sql

insert into acl_object_identity(id,object_id_identity,object_id_class,
parent_object,owner_sid,entries_inheriting)
values (30, 100, 10, null, 20, false);
insert into acl_object_identity(id,object_id_identity,object_id_class,
parent_object,owner_sid,entries_inheriting)
values (31, 101, 10, null, 21, false);
insert into acl_object_identity(id,object_id_identity,object_id_class,
parent_object,owner_sid,entries_inheriting)
values (32, 102, 10, null, 21, false);
```

ACL 시스템과 관련해 역할 및 사용자명을 SID로 사용하는 두 가지 규칙이 모두 동일하게 기능하므로 소유자 SID가 역할을 나타낼 수도 있다는 사실을 기억하고 넘어가자.

마지막으로 user2@example.com에게 생일 이벤트에 대한 읽기 권한이 허용된다는 사실을 선언한 객체 인스턴스에 ACE 관련 사항을 추가한다.

```
//src/main/resources/data.sql

insert  into  acl_entry
(acl_object_identity, ace_order, sid, mask, granting, audit_success,
audit_failure) values(30, 1, 20, 1, true, true, true);
```

여기서 MASK 열은 대상 객체에 대해 지정된 SID에 할당된 퍼미션을 부여하는 데 사용하는 비트마스크bitmask를 나타낸다. 비트마스크에 대한 내용은 12장의 후반부에서 자세히 다룰 예정이지만, 보기와는 다르게 그다지 유용하지는 않다.

애플리케이션을 재시작하고 예제 시나리오를 실행해보자. 사용자명을 user2@example.com, 패스워드를 user2로 로그인한 후, All Events 페이지에 접근해보면 생일 파티 이벤트가 표시되는 것을 볼 수 있다. 반면 사용자명을 admin1@example.com, 패스워드를 admin1로 로그인해 All Events 페이지에 접근해보면 아무런 이벤트도 나타나지 않는다.

하지만 생일 파티 이벤트에 URL로 직접 접근해보면 다른 사용자도 해당 이벤트를 볼 수 있다는 것을 확인할 수 있다. 이제부터 12장에서 배운 내용을 토대로 특정 이벤트에 직접 접근하는 것에 대한 보안 설정 방법을 살펴보자. 다음과 같이 CalendarService를 업데이트해 이벤트에 대한 직접 접근을 방어할 수 있다.

//src/main/java/com/packtpub/springsecurity/service/CalendarService.java

```
@PostAuthorize("hasPermission(filterObject, 'read') " +
    "or hasPermission(filterObject, 'admin_read')")
    Event getEvent(int eventId);
```

지금까지 간단한 시나리오를 통해 기본적인 ACL 기반 보안 설정에 대해 살펴봤다. 이어서 살펴본 개념에 대한 설명을 좀 더 하고, 스프링 ACL을 구현하기 전에 고려해야 할 몇 가지 고려 사항에 대해 살펴보자.

 이제, 코드가 chapter12.01-calendar와 비슷해야 한다.

> 이벤트 생성 시 새로운 ACL 엔트리를 생성하지 않았다. 따라서 현재 상태에서 이벤트를 생성하면 다음과 비슷한 오류가 발생한다.
>
> ```
> Exception during execution of  Spring Security  application!
> Unable to find  ACL information for object identity org.
> springframework.security.acls.domain.ObjectIdentityIm pl[Type:
> com.packtpub.springsecurity.domain.Event;
> Identifier: 103].
> ```

고급 ACL 주제

기본 ACL 환경을 설정하는 과정에서 간단히 살펴본 몇 가지 주제는 ACE 퍼미션과 ACL 환경이 특정 런타임 유형을 변경할 수 있는지 여부를 결정할 때 도움이 되는 GrantedAuthority의 사용과 관련한 내용이다. 이제 기본 ACL 작업 환경을 갖췄으니 고급 주제를 살펴보자.

퍼미션 동작 원리

퍼미션은 정수의 비트로 표현되는 논리적 식별자일 뿐이다. ACE는 해당 ACE에 적용되는 퍼미션의 논리적 AND로 구성되는 비트마스크를 기반으로 SID에 퍼미션을 부여한다.

기본 퍼미션 구현체인 o.s.s.acls.domain.BasePermission는 ACL 권한 부여를 담당하는 일련의 정수값을 정의한다. 이때 사용하는 정수값은 정수로 설정된 단일 비트의 집합과 일치한다. 예를 들어 다음 다이어그램과 같이 정수값 3을 갖는 BasePermission의 WRITE는 비트값 2^1 또는 2로, READ는 2^0 또는 1로 표현한다.

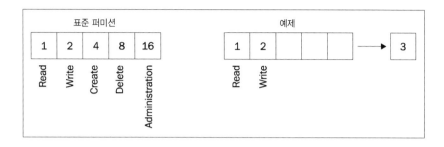

샘플 퍼미션의 비트마스크를 살펴보면 애플리케이션에 대한 읽기^{Read} 및 쓰기^{Write} 퍼미션을 모두 부여했으므로 정수값 3을 갖고 있다. 위의 다이어그램에 표시된 표준 정수 단일 퍼미션 값들은 모두 BasePermission 객체에 static 상수로 정의돼 있다.

BasePermission에 포함된 논리적 상수는 ACE에서 자주 사용되는 퍼미션에 대한 기본적인 구현체일 뿐이며, 스프링 시큐리티 프레임워크 내에서는 특별한 의미가 없다. 복잡한 ACL 구현체에서는 모범 사례를 기반으로 도메인 또는 비즈니스에 의존적인 퍼미션을 직접 개발해 사용하는 일이 흔하다.

하지만 많은 데이터베이스에서 비트 연산을 아예 지원하지 않거나 일부만 지원하기 때문에 비트마스크가 실제로 어떻게 사용되는지에 대해 많은 혼란을 야기한다. 따라서 스프링 ACL은 이러한 문제를 해결하기 위해 데이터베이스보다는 애플리케이션에서 대부분의 비트마스크와 관련한 퍼미션 계산을 담당하도록 한다.

이제 AclPermissionEvaluator가 메서드 자체에 선언된 퍼미션(예제에서는 @PostFilter 어노테이션을 사용함)을 실제 ACL 퍼미션으로 해석하는 과정을 이해하는 것이 상당히 중요하다. 다음 다이어그램은 스프링 ACL이 선언된 퍼미션을 요청 주체와 관련된 ACE를 통해 판단하는 과정을 보여준다.

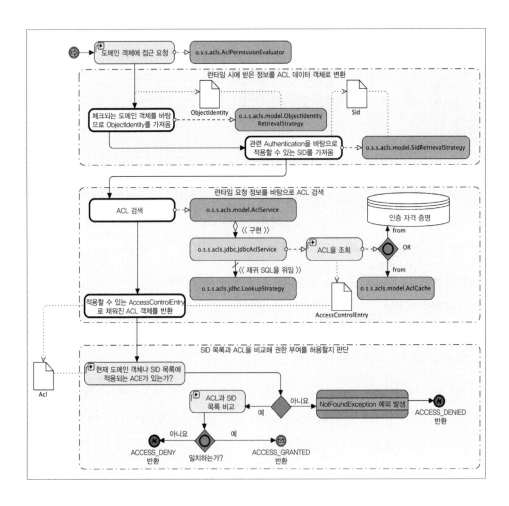

위의 다이어그램을 통해 `AclPermissionEvaluator`가 두 인터페이스인 `o.s.s.acls.model.` `ObjectIdentityRetrievalStrategy`와 `o.s.s.acls.model.SidRetrievalStrategy`를 구현하는 클래스에 의존해 권한 부여 체크에 적합한 `ObjectIdentity`와 `SID`를 검색하는 것을 볼 수 있다. 이때 주의해야 할 점은 기본 구현체 클래스가 실제로 어떠한 권한 부여 체크를 바탕으로 반환할 `ObjectIdentity`와 `SID`를 판단하는가 하는 부분이다.

`ObjectIdentity` 객체에는 런타임 시에 검사할 객체에서 파생되고 ACE 항목을 선언하는 데 사용되는 `type`과 `identifier` 두 가지 속성이 있다. 기본 `ObjectIdentityRetrieval`

432

Strategy 인터페이스는 전체 클래스명을 사용해 type 속성의 값을 채우며, identifier 속성은 실제 객체 인스턴스에서 호출된 Serializable getId() 서명을 가진 메서드의 결과를 값으로 채운다.

객체가 ACL 체크와 호환되도록 인터페이스를 구현할 필요는 없지만 특정 시그니처를 사용하도록 메서드를 구현해야 한다는 사실은 스프링 시큐리티 ACL을 구현하는 개발자들에게 다소 의아한 부분일 수도 있다. 따라서 이에 대한 계획을 미리 세우고 도메인 객체에 항상 해당 메서드를 포함시키도록 하자. 물론 원하는 메서드를 호출할 수 있도록 ObjectIdentityRetrievalStrategy 클래스를 직접 구현하거나 기존 구현체를 상속할 수도 있다. 하지만 이때도 메서드명과 타입에 대한 시그니처는 다르게 설정할 수 없다.

아쉽게도 AclImpl의 실제 구현체는 비트 로직을 사용하지 않고 @PostFilter 어노테이션의 SpEL 식에 지정된 퍼미션과 데이터베이스의 ACE에 저장된 퍼미션을 직접 비교한다. 스프링 시큐리티 커뮤니티에서는 이러한 내용이 의도한 것인지 아닌지에 대한 논쟁이 있지만, 이런 논쟁과 상관 없이 퍼미션 조합을 사용해 사용자를 선언할 때는 주의를 기울여야 한다. 따라서 AclEntryVoter가 모든 퍼미션 조합을 갖추도록 설정하는 방식, ACE가 여러 값을 저장할 의도로 만든 퍼미션 필드를 무시하는 방식 또는 ACE마다 단일 퍼미션만 저장하게 하는 방식 중 하나를 선택해야 한다.

위의 설정 내용을 확인하려면 다음과 같이 data.sql 파일의 user2@example.com SID에 부여한 읽기 퍼미션을 읽기와 쓰기 퍼미션의 비트마스크 값을 정수값으로 변환한 3으로 수정하면 된다.

```
//src/main/resources/data.sql

insert  into  acl_entry
(acl_object_identity, ace_order, sid, mask, granting,
audit_success, audit_failure) values(30, 1, 20, 3, true, true, true);
```

이제, 코드가 chapter12.02-calendar와 비슷해야 한다.

사용자 정의 ACL 퍼미션 선언

퍼미션 선언에 대해 앞서 설명한 것처럼 퍼미션은 정수 비트값에 대한 논리적인 이름에 불과하다. 따라서 o.s.s.acls.domain.BasePermission 클래스를 상속해 사용자 정의 퍼미션을 선언할 수도 있다. 이번 절에서는 ADMIN_READ라는 새로운 ACL 퍼미션을 생성하는 간단한 시나리오를 하나 살펴보자. ADMIN_READ 퍼미션은 관리자만 읽을 수 있는 자원을 보호하기 위해 관리자에게만 허용되도록 설정한 것이다. 물론 해당 시나리오는 JBCP 달력 애플리케이션에 맞게 고안한 시나리오지만 이러한 방식의 사용자 정의 퍼미션은 개인 식별 정보[1]를 처리할 때 자주 사용한다.

이제 다음 단계를 통해 위에서 설명한 시나리오를 위한 설정을 적용해보자.

1. 먼저 다음과 같이 BasePermission 클래스를 상속하는 com.packtpub.springsecurity.acls.domain.CustomPermission 클래스를 생성한다.

```
package com.packtpub.springsecurity.acls.domain;
public class CustomPermission extends BasePermission {
    public static final Permission ADMIN_READ = new
    CustomPermission(1 << 5, 'M'); // 32
    public CustomPermission(int mask, char code) {
        super(mask, code);
    }
}
```

---

1 개인 식별 정보의 예로 주민등록번호 등이 있으며, 더 자세한 내용은 1장, '취약한 애플리케이션의 구조'에서 다룬 내용을 떠올려 보자.

2. 다음으로 o.s.s.acls.domain.PermissionFactory의 기본 구현체인 o.s.s.acls.
    domain.DefaultPermissionFactory를 상속하는 클래스를 구성해 사용자 정의
    퍼미션 논리값을 등록한다. PermissionFactory의 역할은 퍼미션 비트마스크를
    논리적인 퍼미션 값(이러한 값은 애플리케이션의 다른 영역에서 ADMIN_READ와 같은 상수
    나 이름을 통해 접근할 수 있음)으로 연결하는 것이다. 이때 퍼미션을 제대로 조회하
    려면 PermissionFactory 인스턴스에 사용자 정의 퍼미션을 모두 등록해야 한다.
    다음과 같이 CustomPermission 클래스를 등록하는 설정을 해보자.

//src/main/java/com/packtpub/springsecurity/configuration/AclConfig.java

```
@Bean
public DefaultPermissionFactory permissionFactory(){
        return new DefaultPermissionFactory(CustomPermission.class);
}
```

---

3. 이제 사용자 정의된 DefaultPermissionFactory 인터페이스를 사용해 BasicLo
    okupStrategy와 AclPermissionEvaluator 인터페이스의 기본 PermissionFac
    tory를 재정의한다. security-acl.xml 파일을 다음과 같이 업데이트해보자.

//src/main/java/com/packtpub/springsecurity/configuration/AclConfig.java

```
@Bean
public AclPermissionEvaluator permissionEvaluator(){
        AclPermissionEvaluator pe = new
                AclPermissionEvaluator(aclService());
        pe.setPermissionFactory(permissionFactory());
        return pe;
}
@Bean
public LookupStrategy lookupStrategy(){
        BasicLookupStrategy ls = new BasicLookupStrategy(
                                dataSource,
                                aclCache(),
```

```
                              aclAuthorizationStrategy(),
                              consoleAuditLogger());
   ls.setPermissionFactory(permissionFactory());
       return ls;
}
```

4. 다음과 같이 data.sql 파일, admin1@example.com의 퍼미션(acl_object_identity ID가 31)에 컨퍼런스 콜^{conference call} 이벤트에 대한 접근을 허용하기 위한 SQL 쿼리를 추가하자.

```
//src/main/resources/data.sql

insert into acl_sid (id, principal, sid) values (23, true,
'admin1@example.com');
insert into acl_entry (acl_object_identity, ace_order, sid,
mask, granting, audit_success, audit_failure)
values(31, 1, 23, 32, true, true, true);
```

새로운 정수 비트마스크 값으로 32가 ACE 데이터에서 참조되는 것을 볼 수 있다. 이 값은 자바 코드에서 새로 정의한 ADMIN_READ ACL 퍼미션과 일치시킨 값이다. 컨퍼런스 콜 이벤트는 ACL_OBJECT_IDENTITY 테이블의 31이라는 값을 가진 기본 키(object_id_identity 열에 저장된)에 의해 참조된다.

5. 마지막으로 새로운 권한을 사용하도록 다음과 같이 CalendarService의 get Events() 메서드를 업데이트한다.

```
@PostFilter("hasPermission(filterObject, 'read') " + "or
hasPermission(filterObject, 'admin_read')")
List<Event> getEvents();
```

이제 모든 설정을 완료했으니 애플리케이션을 재시작하고 사용자 정의 ACL 퍼미션을 테스트해보자. 앞에서 설정한 샘플 데이터를 기반으로 사용자가 카테고리를 클릭할 때 다음과 같은 결과가 발생할 것이다.

사용자명/패스워드	생일 파티 이벤트	컨퍼런스 콜 이벤트	기타 이벤트
user2@example.com/user2	READ 퍼미션에 의해 승인	거부	거부
admin1@example.com/admin1	거부	ADMIN_READ에 의해 승인	거부
user1@example.com/user1	거부	거부	거부

지금까지 간단한 시나리오를 통해 스프링 ACL 기능을 확장한 미세 접근 제어 시스템의 강력한 기능을 확인해봤다.

 이제, 코드가 chapter12.03-calendar와 비슷해야 한다.

ACL 퍼미션 평가 활성화

2장, '스프링 시큐리티 시작하기'에서 스프링 시큐리티 JSP 태그 라이브러리가 인증 관련 데이터를 사용자에게 노출시키고 다양한 규칙에 따라 사용자가 볼 수 있는 내용을 제한하는 기능을 제공한다는 사실을 배웠다.

지금까지 사용한 스프링 시큐리티를 기반으로 구축된 Thymeleaf 시큐리티 태그 라이브러리는 ACL을 사용한 시스템에도 바로 적용할 수 있다. 앞서 간단한 시나리오를 통해 홈페이지의 처음 두 카테고리에 간단한 ACL 권한 부여 설정을 적용했다. 이제 다음 단계를 통해 Thymeleaf 페이지에서 ACL 퍼미션 평가를 활성화하는 방법에 대해 알아보자.

1. 먼저, JSP 태그 라이브러리에 접근할 수 없는 카테고리는 표시하지 않게 이벤트를 필터링하도록 CalendarService 인터페이스의 getEvents( ) 메서드에서 @PostFilter 어노테이션을 제거한다. 다음과 같이 @PostFilter 어노테이션을 제거해보자.

```
//src/main/java/com/packtpub/springsecurity/service/CalendarService.java

List<Event> getEvents( );
```

2. 이제 @PostFilter를 제거했으므로 <sec:authorize-acl> 태그를 사용해 사용자가 접근할 수 없는 이벤트를 숨길 수 있다. 이전 절의 표를 참고해 지금까지 구성한 접근 제한 규칙을 다시 한번 살펴보자.

3. 이제 <sec:authorize-acl> 태그로 각 이벤트 표시 부분을 감싸고, 화면에 표시할 객체에 대한 퍼미션 목록을 선언한다.

```
//src/main/resources/templates/events/list.html

<tr th:each="event : ${events}"
    sec:authorize-acl="${event} :: '1,32'">
    <td th:text="${#calendars.format(event.when,
    'yyyy-MM-dd HH:mm')}">today</td>
    <td th:text="${event.owner.name}"></td>
    <td th:text="${event.attendee.name}"> </td>
    <td><a th:href="@{'/events/{id}'(id=${event.id})}"
    th:text="${event.summary}"></a></td>
</tr>
```

4. 이제 사용자에게 실제로 읽기(READ) 또는 ADMIN_READ(사용자 정의 퍼미션) 접근 권한을 가진 항목만 표시하도록 설정하면 된다. 하지만 태그 라이브러리를 사용해 설정하려면 다음 표와 같은 퍼미션 마스크permission mask를 사용해야 한다.

퍼미션명	퍼미션 마스크
READ	1
WRITE	2
ADMIN_READ	32

태그 구현은 12장의 앞 부분에서 설명한 것과 동일한 SidRetrievalStrategy 및 ObjectIdentityRetrievalStrategy 인터페이스를 사용한다. 따라서 접근 체크에 대한 계산은 메서드 보안에 대한 ACL 활성화 과정과 동일한 워크플로우를 따르므로 태그 구현 시에도 동일한 PermissionEvaluator를 사용할 것이다.

이미 GlobalMethodSecurityConfiguration를 참조하는 expressionHandler 요소를 설정했다. 또한 DefaultMethodSecurityExpressionHandler 구현체는 AclPermissionEvaluator 인터페이스를 알고 있지만, 스프링 시큐리티의 웹 계층이 AclPermissionEvalulator를 인식하도록 설정해야 한다. 생각해보면 보안 메서드와 HTTP 요청이 매우 다른 두 가지 자원을 보호하기 때문에 보안적으로 대칭이 맞는다.

5. 다음과 같이 이미 정의한 permissionEvaluator와 같은 ID로 빈을 참조하는 DefaultWebSecurityExpressionHandler 핸들러를 추가하자.

```
//src/main/java/com/packtpub/springsecurity/configuration/AclConfig.java

@Bean
public DefaultWebSecurityExpressionHandler webExpressionHandler(){
    return new DefaultWebSecurityExpressionHandler(){{
        setPermissionEvaluator(permissionEvaluator());
    }};
}
```

6. 이제 다음과 같이 webExpressionHandler 구현체를 참조하도록 SecurityConfig. java를 업데이트하자.

```
//src/main/java/com/packtpub/springsecurity/configuration/
SecurityConfig.java

@Autowired
private DefaultWebSecurityExpressionHandler webExpressionHandler;
@Override
protected void configure(HttpSecurity http) throws Exception {
    http.authorizeRequests()
      .expressionHandler(webExpressionHandler);
      ...
}
```

지금까지 살펴본 단계가 메서드 보안에 대한 퍼미션 처리 지원을 추가한 것과 매우 유사하다는 것을 알아챘을 것이다. 이미 앞에서 구성한 PermissionEvaluator와 동일한 빈을 ID로 재사용할 수 있었기 때문에 좀 더 간단하게 구성할 수 있었다.

애플리케이션을 재시작하고 다른 사용자로 **All Events** 페이지에 접근해보자. 이제 해당 사용자에게 허용되지 않는 이벤트는 @PostFilter 어노테이션 대신 태그 라이브러리를 사용해 숨겨질 것이다. 하지만 여전히 해당 이벤트에 URL로 직접 접근하면 권한 없는 사용자도 접근할 수 있다. 다음 절에서는 지금까지 배운 @PostAuthorize 어노테이션에 대한 내용을 토대로 직접 접근에 대한 보안 설정을 추가해보자.

 이제, 코드가 chapter12.04-calendar와 비슷해야 한다.

수정 가능 ACL과 권한 부여

물론 JBCP 달력 애플리케이션은 완전한 관리자 기능을 구현하고 있지는 않지만 실제 일반적인 애플리케이션에서는 새로운 사용자 등록, 사용자 관리와 같은 기본적인 기능이 필요하다. 지금까지는 수동으로 SQL 쿼리를 추가하고 애플리케이션을 재구동시켰지만 스프링 시큐리티와 스프링 ACL의 기능을 설명하는 데 방해가 되지는 않았다.

하지만 선언된 ACL을 런타임 시에 수정하거나 시스템에 사용자를 추가하거나 삭제하는 기능을 적절히 처리하려면 ACL 기반 권한 부여 환경의 일관성과 보안을 유지하는 게 매우 중요하다. 따라서 스프링 ACL(o.s.s.acls.model.MutableAcl)에서는 수정 가능 ACL이라는 개념을 사용해 이러한 문제를 해결한다.

표준 ACL 인터페이스를 상속하는 MutableAcl 인터페이스는 런타임 시에 ACL 필드를 수정할 수 있게 허용해 메모리에 있는 특정 ACL의 내용을 수정할 수 있도록 한다. 이러한 추가 기능은 ACE를 생성, 수정, 삭제할 수 있는 기능과 더불어 ACL 소유권 변경 및 기타 유용한 기능을 포함하고 있다.

따라서 스프링 ACL 모듈이 JDBC 데이터 저장소에 런타임 ACL 변경 사항을 저장할 수 있는 기능을 제공한다. o.s.s.acls.jdbc.JdbcMutableAclService 클래스는 데이터베이스에서 MutableAcl를 생성, 수정, 삭제하는 데 사용할 수 있으며, 기타 ACL에 대한 지원 테이블(SID, ObjectIdentity 및 도메인 객체 클래스명에 대한 처리)을 관리하는 데도 사용할 수 있다.

12장의 앞부분에서는 AclAuthorizationStrategyImpl 클래스가 수정 가능 ACL에 대한 행동에 필요한 특정 역할을 지정할 수 있다는 사실을 언급했다. 이러한 역할은 빈 설정을 통해 생성자에게 제공된다. 다음 표를 통해 생성자 인자와 기능을 살펴보자.

인자 번호	기능
1	런타임 시에 ACL 보안을 적용한 객체에 대한 소유권을 갖기 위해 주체가 갖고 있어야 할 권한을 지정한다.
2	런타임 시에 ACL 보안을 적용한 객체에 대한 감사를 수정하기 위해 주체가 갖고 있어야 할 권한을 지정한다.
3	런타임 시에 ACL 보안을 적용한 객체에 대해 수정 작업(생성, 수정, 삭제)을 수행하기 위해 주체가 갖고 있어야 할 권한을 지정한다.

앞서 1개의 생성자 인수만을 설명했는데 위의 표에서는 3개의 인수에 대해 설명했으므로 혼란스러울 수도 있다. `AclAuthorizationStrategyImpl` 클래스는 세 가지 인수를 모두 사용하는 단일 `GrantedAuthority`를 허용할 수도 있다. 따라서 동일한 `GrantedAuthority`를 모든 작업에 적용하려는 경우 매우 편리하다.

`JdbcMutableAclService` 인터페이스는 런타임 시에 ACL 및 ACE 데이터를 수정하는 데 사용되는 다양한 메서드를 포함하고 있다. 이러한 메서드(`createAcl`, `updateAcl` 및 `deleteAcl`) 자체는 충분히 이해할 수 있지만 설정을 제대로 적용하고 `JdbcMutableAclService`를 사용하는 과정은 고급 스프링 시큐리티 개발자들에게도 종종 어려운 작업이다.

이제 `CalendarService`를 수정해 새로 생성된 이벤트에 대한 ACL을 작성해보자.

새롭게 생성한 이벤트에 ACL 추가

지금까지는 사용자가 새로운 이벤트를 생성해도 `<sec:authorize-acl>` 태그를 사용해 사용자가 접근할 수 있는 이벤트 객체만 표시하도록 제한했기 때문에 사용자의 All Events 뷰에 표시되지 않았다. 이제부터 `DefaultCalendarService` 인터페이스를 업데이트해 사용자가 새로운 이벤트를 생성하면 해당 이벤트에 대한 읽기 권한이 부여되고, 사용자의 All Events 페이지에 해당 이벤트가 표시되도록 설정해보자.

다음 과정을 통해 새롭게 생성한 이벤트에 ACL을 추가하는 방법을 살펴보자.

1. 일단, 다음과 같이 MutableAclService와 UserContext를 허용하도록 생성자를 업데이트한다.

```
//src/main/java/com/packtpub/springsecurity/service/
DefaultCalendarService.java

public class DefaultCalendarService implements CalendarService {
    ...
    private final MutableAclService aclService;
    private final UserContext userContext;
    @Autowired
    public DefaultCalendarService(EventDao eventDao,
    CalendarUserDao userDao, CalendarUserRepository userRepository,
    PasswordEncoder passwordEncoder, MutableAclService aclService,
    UserContext userContext) {
      ...
      this.aclService = aclService;
      this.userContext = userContext;
    }
```

2. 그런 다음, 현재 사용자에 대한 ACL을 생성할 수 있도록 다음과 같이 createEvent 메서드를 업데이트한다.

```
//src/main/java/com/packtpub/springsecurity/service/
DefaultCalendarService.java

@Transactional
public int createEvent(Event event) {
    int result = eventDao.createEvent(event); event.setId(result);
    // ACL 엔트리 추가
    MutableAcl acl = aclService.createAcl
    (new ObjectIdentityImpl(event));
    PrincipalSid sid = new PrincipalSid(
            userContext.getCurrentUser().getEmail());
```

```
        acl.setOwner(sid);
        acl.insertAce(0, BasePermission.READ, sid, true);
        aclService.updateAcl(acl);
        return result;
    }
```

3. JdbcMutableAclService 인터페이스는 현재 사용자를 새로 생성된 MutableAcl 인터페이스의 기본 소유자로 사용한다. 여기서는 소유자를 명시적으로 설정해 재정의하는 방법도 설명할 것이다.

4. 그런 다음 새로운 ACE를 추가하고 ACL을 저장한다.

5. 이제 애플리케이션을 재시작하고 사용자명을 user1@example.com, 패스워드를 user로 로그인해보자.

6. All Events 페이지에 접속해 현재 나열된 이벤트가 없다는 것을 확인한다. 그런 다음, 새로운 이벤트를 생성하면 다음에 All Events 페이지를 방문할 때 새로 생성한 이벤트가 표시될 것이다. 반면, 다른 사용자로 로그인하면 해당 사용자의 All Events 페이지에서는 표시되지 않는다. 하지만 다른 페이지에 대한 보안 설정을 하지 않았으므로 표시될 수도 있다. 따라서 다른 페이지에도 동일하게 보안 설정을 적용해보기를 권장한다.

 이제, 코드가 chapter12.05-calendar와 비슷해야 한다.

일반적인 ACL 적용 시 고려 사항

실제 비즈니스 애플리케이션에 스프링 ACL을 적용하는 일은 상당히 복잡하다. 이번 절에서는 스프링 ACL에 대한 내용을 마무리하면서, 스프링 ACL을 적용하는 대부분의 상황에서 고려해야 할 사항에 관해 설명할 예정이다.

ACL의 규모 확장성 및 성능 모델링

중소 규모 애플리케이션에서는 ACL을 추가하거나 관리하기가 상당히 쉽다. 물론 ACL을 추가로 구현할 경우 데이터베이스 저장 및 런타임 성능에 추가 부하가 생기지만 그 영향은 그리 크지 않다. 하지만 ACL과 ACE가 모델링되는 정도에 따라 중대형 규모의 애플리케이션에서는 데이터베이스 행의 개수가 상당히 커질 수 있으며, 이러한 작업은 고도로 숙련된 데이터베이스 관리자도 어려울 수 있다.

이제 ACL을 확장해 JBCP 달력 애플리케이션에서 사용자가 사용자 계정을 관리하고 이벤트에 사진을 게시하며, 이벤트를 관리(참석자 추가/제거)할 수 있다고 가정하고 다음과 같이 데이터를 모델링해보자.

- 모든 사용자는 계정을 가진다.
- 전체 사용자의 10%는 이벤트를 관리할 수 있다. 사용자가 관리할 수 있는 평균 이벤트 수는 2개다.
- 이벤트는 사용자별로 보호(읽기 전용)되지만, 관리자도 접근(읽기/쓰기)할 수 있다.
- 전체 사용자의 10%가 사진을 게시할 수 있다. 사용자당 평균 게시물 수는 20개다.
- 게시된 사진은 사용자별로 보호(읽기/쓰기)되고, 관리자도 접근(읽기/쓰기)할 수 있다. 나머지 사용자는 게시된 사진에 대해 읽기 권한만 주어진다.

ACL 시스템에 대해 지금까지 배운 내용을 바탕으로 다음 표에 설명한 데이터베이스의 확장성에 대해 살펴보자.

테이블	데이터 확장 여부	확장성 참고 사항
ACL_CLASS	아니요	도메인 클래스당 1개의 행이 필요하다.
ACL_SID	예(사용자)	역할(GrantedAuthority)당 1개의 행이 필요하다. 각 사용자 계정을 위한 1개의 행이 필요하다(개별 도메인 객체가 사용자마다 보호될 경우).
ACL_OBJECT_IDENTITY	예(도메인 클래스 X 클래스당 인스턴스)	보호된 도메인 객체 인스턴스당 1개의 행이 필요하다.
ACL_ENTRY	예(도메인 객체 인스턴스 X 개별 ACE 엔트리)	ACE당 1개의 행이 필요하다. 단일 도메인 객체에 대해 여러 개의 행이 필요할 수도 있다.

위의 표를 살펴보면 ACL_CLASS는 별다른 확장성 문제가 없음을 알 수 있다(대부분의 시스템은 도메인 클래스가 1,000개 미만이다). 반면 ACL_SID 테이블은 시스템의 사용자 수에 비례해 선형적으로 규모가 증가한다. 하지만 다른 사용자 관련 테이블(사용자 계정 등)도 이와 비슷한 방식으로 확장되므로 크게 문제가 되지 않는다.

문제가 되는 두 테이블은 바로 ACL_OBJECT_IDENTITY와 ACL_ENTRY 테이블이다. 개별 사용자에 대한 이벤트를 모델링하는 데 필요한 행을 모델링하면 다음과 같은 추정치가 산출된다.

테이블	이벤트당 ACL 데이터	게시된 사진당 ACL 데이터
ACL_OBJECT_IDENTITY	각 이벤트에 대해 1개의 행이 필요하다.	각 게시된 사진에 대해 1개의 행이 필요하다.
ACL_ENTRY	3개의 행이 필요하다. 즉, 소유자(사용자 SID)의 읽기 접근을 위한 행 하나와 관리자 그룹 SID와 관련해 필요한 두 행(한 행은 읽기 접근, 다른 행은 쓰기 접근)이 필요하다.	4개의 행이 필요하다. 즉, 사용자 그룹 SID와 관련해 필요한 한 행, 소유자의 쓰기 접근을 위한 한 행, 관리자 그룹 SID(이벤트와 마찬가지로)를 위해 나머지 두 행이 필요하다.

앞서 가정한 내용을 토대로 다음과 같은 ACL 확장성 매트릭스를 도출할 수 있다.

테이블/객체	확장 요소	추정치(최소값)	추정치(최대값)
Users		10,000	1,000,000
Events	# Users * 0.1 * 2	2,000	200,000
테이블/객체	확장 요소	추정치(최소값)	추정치(최대값)
Picture Posts	# Users * 0.1 * 20	20,000	2,000,000
ACL_SID	# Users	10,000	1,000,000
ACL_OBJECT_IDENTITY	# Events + # Picture Posts	220,000	2,200,000
ACL_ENTRY	(# Events * 3) + (# Picture Posts * 4)	86,000	8,600,000

간단한 비즈니스 객체 모형을 사용해 도출한 결과만으로 일반적인 ACL 구현 시 ACL 정보를 저장하는데 얼마나 많은 데이터베이스 행이 필요한지 쉽게 알 수 있다. 이러한 데이터베이스 행은 실제 비즈니스 데이터와 관련해 선형적으로 (또는 더 빠르게) 늘어난다. 따라서 대규모 시스템 기획을 진행하고 있다면 사용하게 될 ACL 데이터의 양을 미리 예측하는 것이 매우 중요하다. 고도로 복잡한 시스템의 경우 수십억 개의 행이 ACL 데이터 저장에 사용되는 일도 빈번하게 일어나기 때문이다.

사용자 정의 개발 비용

스프링 ACL 보안 환경을 이용하기 위해서는 앞에서 살펴본 설정 이상의 엄청난 개발 작업이 종종 필요하다. 12장에서 설정한 시나리오에는 다음과 같은 한계가 있었다.

- 이벤트 수정 및 권한 수정 기능이 존재하지 않는다.
- 애플리케이션의 모든 기능에 퍼미션을 적용하지 않았다. 예를 들어 My Events 페이지와 이벤트 직접 접근에 대한 보안은 적용하지 않았다.
- 애플리케이션에서 ACL 계층 구조를 효과적으로 사용하지 않는다.

이러한 한계는 ACL 보안을 전체 사이트에 적용할 때 기능에 상당한 영향을 미친다. 따라서 애플리케이션 전체에 스프링 ACL을 적용할 때는 도메인 데이터가 조작되는 모든 위치를 주의 깊게 검토하고, ACL과 ACE 규칙을 올바르게 업데이트한 후 캐시를 무효화하도록 해야 한다. 일반적으로 메서드나 데이터에 대한 보호는 서비스 또는 비즈니스 애플리케이션 계층에서 이뤄지며, ACL과 ACE를 유지하기 위한 연결 작업은 보통 데이터 액세스 계층에서 발생한다.

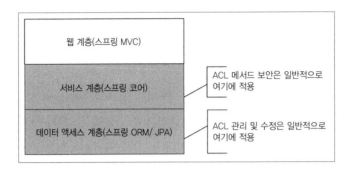

기능을 적절히 분리시키고 캡슐화한 표준 애플리케이션 아키텍처를 다루고 있다면 이러한 변화를 쉽게 감지할 수 있는 중간 계층이 있을 것이다. 반면, 기존 시스템에서 이전되거나 애초에 제대로 설계되지 않은 아키텍처를 다루고 있다면 기존 데이터 수정 코드에 ACL 기능을 추가하고 ACL에 대한 연결 코드를 추가하는 일이 상당히 어려울 수도 있다.

앞에서 얘기한 것처럼 스프링 ACL 아키텍처는 Acegi 1.x 이후 거의 변경되지 않았다. 따라서 그 동안 많은 사용자가 스프링 시큐리티 JIRA 저장소(http://jira. springframework. org/)에서 발견된 몇 가지 주요 제약 사항에 대해 기록하고 문서화를 진행했다. SEC-479 이슈는 스프링 시큐리티 3에서도 아직까지 해결되지 않은 이슈로 이를 해결하려면 엄청난 양의 사용자 정의 코딩 작업이 필요하다.

다음은 가장 중요하고 일반적으로 발생하는 몇 가지 이슈다.

- ACL 인프라는 숫자로 된 기본키가 필요하다. GUIS 또는 UUID 기본키를 사용하는 애플리케이션(최신 데이터베이스에서 보다 효율적으로 지원되기 때문에 더 자주 사용)의 경우 이는 심각한 제약 조건이 될 수도 있다.
- 이 글을 쓰는 현 시점을 기준으로 JIRA SEC−1140 이슈는 기본 ACL 구현체가 비트 단위 연산자를 사용해 퍼미션 비트마스크를 제대로 비교하지 못한다고 문서화한다. 이에 대해서는 퍼미션에 대해 설명한 절에서 다뤘다.
- 스프링 ACL과 스프링 시큐리티의 나머지 부분 사이에는 몇 가지 일관되지 못한 부분이 있다. 일반적으로 클래스 위임자나 속성이 DI를 통해 노출되지 않는 문

제를 많이 접할 것이고, 이를 유지하고 관리하는 데 많은 시간과 비용이 들 수도 있다.

- 퍼미션 비트마스크는 정수로 구현되므로 32개의 비트가 있다. 기본 비트를 확장해 개별 객체 속성에 대한 퍼미션을 나타내는 것은 일반적인 일이다(예를 들어 직원의 주민등록번호에 대해 읽기 비트를 부여하는 것 등). 하지만 복잡한 배포 환경의 경우 도메인 객체당 32개를 훨씬 넘는 속성이 있을 수도 있으며, 유일한 해결책은 도메인 객체를 다시 모델링하는 것뿐이다.

이와 더불어 애플리케이션의 특정 요구 사항에 따라 특정 유형의 사용자 정의 구현을 할 때 변경해야 하는 클래스 수와 관련해 추가 이슈를 경험할 수도 있다.

스프링 시큐리티 ACL의 필요성

전체적으로 스프링 시큐리티를 적용할지 여부에 대한 판단이 비즈니스 의존적인 것처럼 스프링 ACL의 지원 기능도 마찬가지로 비즈니스 의존적이다. 실제로 ACL 지원 기능이 비즈니스 메서드 및 도메인 객체와 긴밀하게 연결돼 있기 때문에 ACL 지원 기능이 더욱 비즈니스 의존적이다. 여기서 설명한 스프링 ACL에 대한 내용이 애플리케이션에서 사용하기 위해 스프링 ACL을 분석하는 데 필요한 중요 저수준 및 고수준 설정과 개념을 이해하고, 실제 상황에서 적용할 기능을 결정하고 설정하는 데 도움이 되기를 바란다.

▌ 요약

12장에서는 ACL 기반 보안과 이러한 방식의 보안이 스프링 ACL 모듈을 통해 어떻게 구현되는지 중점적으로 살펴봤다.

ACL의 기본 개념 및 권한 부여를 위해 ACL이 효과적으로 사용할 수 있는 다양한 이유에 대해 검토했다. 또한 ACE, SID 및 객체 식별자와 같은 스프링 ACL 구현과 관련한 주요 개념에 대해서도 배웠다. 계층 구조의 ACL 시스템을 지원하는 데 필요한 데이터베이스 스키마와 논리적인 설계에 대해서도 살펴봤으며, 스프링 ACL 모듈을 활성화하고 서비스 인터페이스 중 하나에 어노테이션 메서드 권한 부여를 사용하기 위해 필요한 스프링 빈을 구성했다. 그런 다음, 데이터베이스의 기존 사용자와 사이트 자체에서 사용하는 비즈니스 객체를 샘플 ACE 선언 및 지원 데이터 집합과 연결했다.

더 나아가 스프링 ACL의 퍼미션 처리에 대한 개념도 살펴봤으며, ACL 체크를 활용하기 위해 스프링 시큐리티 Thymeleaf 태그 라이브러리와 메서드 보안을 위한 SpEL 표현식에 대한 지식을 넓혔다. 또한 수정 가능 ACL 개념을 설명하고 수정 가능 ACL 환경에서 필요한 기본 설정 및 사용자 정의 코딩에 대해서도 배웠다. 마지막으로 사용자 정의 ACL 퍼미션을 개발하고 설정했으며, 복잡한 비즈니스 애플리케이션에서 스프링 ACL 시스템을 사용할 때의 영향 및 설계 시 고려 사항에 대해서도 분석했다.

이것으로 스프링 시큐리티 ACL에 대한 설명은 모두 마무리했다. 13장, '사용자 정의 권한 부여'에서는 스프링 시큐리티 동작 방식에 대해 좀 더 자세히 알아본다.

13

사용자 정의 권한 부여

13장에서는 스프링 시큐리티의 핵심 권한 API에 대한 몇 가지 사용자 정의 구현체를 작성한다. 핵심 권한 API 사용자 정의 구현체 작성이 완료되면, 사용자 정의 구현체에 대한 이해를 바탕으로 스프링 시큐리티의 권한 부여 아키텍처가 어떻게 동작하는지 알아본다.

13장에서는 다음과 같은 내용을 다룬다.

- 권한 부여 과정에 대한 이해
- antMatchers( ) 메서드 대신 데이터베이스 기반의 사용자 정의 SecurityMeta DataSource 작성
- 사용자 정의 SpEL 표현식 생성
- 퍼미션을 캡슐화할 수 있는 사용자 정의 PermissionEvaluator 객체 구현

요청에 대한 권한 부여

인증 과정과 마찬가지로 스프링 시큐리티는 특정 요청의 수락 여부를 결정하는 `o.s.s.web.access.intercept.FilterSecurityInterceptor` 서블릿 필터를 제공한다. 요청한 주체가 인증되면 `o.s.s.web.access.intercept.FilterSecurityInterceptor` 서블릿 필터를 호출하므로 서블릿 필터가 호출되면 시스템은 유효한 사용자가 로그인했다고 판단한다. 일반적으로 권한 부여 과정은 `List<GrantedAuthority> getAuthorities()` 메서드의 정보를 사용해 특정 요청의 허용 여부를 판별한다. `List<GrantedAuthority> getAuthorities()` 메서드는 이미 3장, '사용자 정의 인증'에서 주체에 대한 권한 목록을 반환하는 메서드로 구현했다는 점을 기억하고 넘어가자.

권한 부여 과정은 사용자가 보안 자원에 접근을 할 수 있느냐 없느냐를 결정하는 이진 결정binary decision 과정이다. 따라서 권한 부여와 관련해서 모호한 부분이란 존재하지 않는다.

스마트 객체지향 설계는 스프링 시큐리티 프레임워크 내에서 보편적으로 사용되며 권한 부여 과정에서도 예외는 아니다.

따라서 스프링 시큐리티의 `o.s.s.access.AccessDecisionManager` 인터페이스는 다음과 같이 요청의 의사결정 흐름을 처리하는 데 적합한 두 가지의 간단하고 논리적인 메서드를 지원한다.

- Supports: 이 메서드의 논리 연산은 `AccessDecisionManager` 구현체가 현재의 요청을 지원하는지 여부를 알려주는 두 가지 메서드로 구성된다.
- Decide: 이 메서드는 `AccessDecisionManager` 구현체가 요청 컨텍스트 및 보안 설정을 기반으로 접근 허용 여부 및 요청 수락 여부를 확인할 수 있게 한다. Decide 메서드는 반환값이 없으며, 대신 접근 거부 시 거부를 나타내는 예외를 발생시킨다.

이때 특정 유형의 예외를 통해 애플리케이션이 권한 부여 결정을 내리는 행동을 제어할 수 있다. `o.s.s.access.AccessDeniedException` 인터페이스는 권한 부여 시 가장 흔히 사용하는 예외로 필터 체인에 의해 관리된다는 장점이 있다.

`AccessDecisionManager` 구현체는 표준 스프링 빈 바인딩과 참조를 사용해 완전히 수정할 수 있다. 기본 `AccessDecisionManager` 구현체는 `AccessDecisionVoter`와 보트[vote] 취합을 통한 접근 승인 방식을 제공한다.

보터[voter]는 권한 부여 과정에서 다음 중 하나 또는 전체를 판단하는 역할을 담당한다.

- 보호된 리소스에 대한 요청(IP 주소를 요청하는 URL과 같은) 컨텍스트
- (존재하는 경우) 사용자가 제시한 자격 증명
- 접근하려는 보호된 자원
- 시스템의 설정 매개변수와 자원 자체

`AccessDecisionManager` 구현체는 요청된 자원에 대한 (코드에서는 `o.s.s.access.Config Attribute` 인터페이스의 구현체를 통해 참조되는) 접근 선언[access declaration]을 보터에게 전달하는 역할도 담당한다. 웹 URL의 경우, 보터는 자원의 접근 선언에 대한 정보를 갖는다. 기본 설정 파일의 URL 인터셉트 선언을 살펴보면 다음과 같이 사용자가 접근하려는 자원에 대한 접근 설정으로 `ROLE_USER`를 선언한 것을 확인할 수 있다.

```
.antMatchers("/**").hasRole("USER");
```

보터는 자신이 갖고 있는 지식을 바탕으로 자원에 대한 사용자의 접근 가능 여부를 판단한다. 스프링 시큐리티에서는 보터가 다음의 세 가지 중 한 가지 결정을 내릴 수 있게 하며, 이러한 결정에 대한 논리적 정의는 인터페이스의 상수와 매핑된다.

결정 유형	설명
승인(ACCESS_GRANTED)	보터가 리소스에 대한 접근 권한을 허용할 것을 추천한다.
거부(ACCESS_DENIED)	보터가 리소스에 대한 접근 권한을 거부할 것을 추천한다.
보류(ACCESS_ABSTAIN)	보터가 리소스에 대한 접근 권한을 보류(의사결정을 내리지 않는다)할 것을 추천한다. 다음과 같은 상황일 때 보터는 보류를 결정한다. • 보터가 결정을 위한 충분한 정보를 갖고 있지 못한 경우 • 보터가 이 유형의 요청에 대해 결정을 내릴 수 없는 경우

접근 권한 관련 객체와 인터페이스의 설계 부분에서 짐작했겠지만 스프링 시큐리티의 요청에 대한 권한 부여 기능은 웹 도메인에 대한 인증 및 접근 제어 상황에서만 사용할 수 있는 건 아니다. 따라서 13장의 후반부에서 메서드 레벨 보안을 다루면서 보터와 접근 결정 관리자에 대해 다시 알아본다.

앞에서 설명한 모든 내용을 종합하면 웹 요청에 대한 권한 부여 체크 과정은 다음 다이어그램과 같이 나타낼 수 있다.

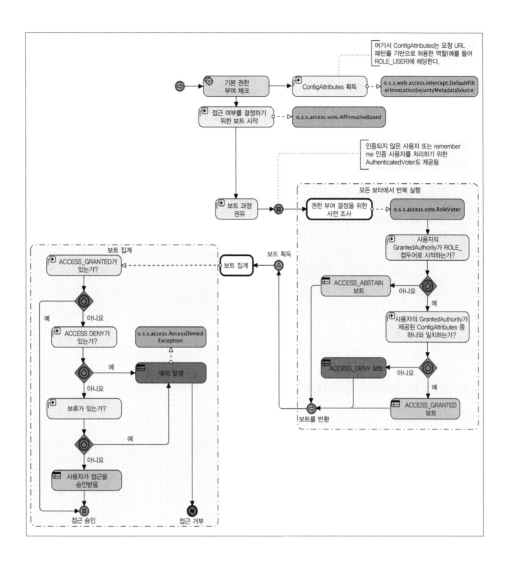

여기서 ConfigAttributes는 요청 URL 패턴을 기반으로 허용한 역할(예를 들어 ROLE_USER)에 해당한다.

기본 권한 부여 체크

ConfigAttributes 획득 - o.s.s.web.access.intercept.DefaultFilterInvocationSecurityMetadataSource

접근 여부를 결정하기 위한 보트 시작 - o.s.s.access.vote.AffirmativeBased

인증되지 않은 사용자 또는 remember me 인증 사용자를 처리하기 위한 AuthenticatedVoter도 제공됨

보트 과정 권유

모든 보터에서 반복 실행

권한 부여 결정을 위한 사전 조사 - o.s.s.access.vote.RoleVoter

보트 획득

보트 집계

사용자의 GrantedAuthority가 ROLE_ 접두어로 시작하는가?

보트 집계

ACCESS_GRANTED가 있는가?

ACCESS_ABSTAIN 보트

아니요

예

아니요

ACCESS DENY가 있는가?

o.s.s.access.AccessDenied Exception

예

예외 발생

사용자의 GrantedAuthority가 제공된 ConfigAttributes 중 하나와 일치하는가?

아니요

예

ACCESS_DENY 보트

아니요

예

보류가 있는가?

예

ACCESS_GRANTED 보트

아니요

보트를 반환

사용자가 접근을 승인받음

접근 승인

접근 거부

ConfigAttribute의 추상화하면 데이터가 설정 선언(o.s.s.web.access.intercept.Default FilterinvocationSecurityMetadataSource에 유지된)으로부터 ConfigAttribute에 대해 동작하는 보터로, 내용 이해가 필요한 중간 클래스를 사용하지 않고 전달되는 사실을 확인할 수 있다. 이러한 분리는 동일한 접근 결정 패턴을 사용해 새로운 유형의 보안 선언(메서드 보안과 관련해볼 수 있는 선언)을 구축할 수 있는 단단한 기반을 제공한다.

접근 결정의 취합 방식 설정

스프링 시큐리티에서는 security 네임스페이스에서 AccessDecisionManager를 설정할 수 있다. <http> 요소의 access-decision-manager-ref 애트리뷰트를 사용하면 Access DecisionManager 구현체에 대한 스프링 빈 참조를 지정할 수 있다. 스프링 시큐리티는 다음과 같이 o.s.s.access.vote 패키지에 있는 이 인터페이스를 구현하는 세 가지 구현체 인터페이스를 제공한다.

클래스명	설명
AffirmativeBased	보터가 접근을 승인하면 이전의 거부 내역과 관계 없이 바로 접근을 승인한다.
ConsensusBased	다수 표(승인 및 거부)가 AccessDecisionManage의 결정에 영향을 준다. 동률 또는 무효 표에 대한 처리는 설정할 수 있다.
UnanimousBased	모든 보터가 만장일치로 접근을 승인해야 하며, 그렇지 않은 경우 접근을 거부한다.

UnanimousBased 접근 결정 관리자 설정

접근 결정 관리자를 사용하도록 하려면 두 가지 설정을 수정해야 한다. 일단, 다음과 같이 SecurityConfig.java 파일의 http 요소에 accessDecisionManager 항목을 추가한다.

```
//src/main/java/com/packtpub/springsecurity/configuration/SecurityConfig.java

http.authorizeRequests()
    .anyRequest()
    .authenticated()
    .accessDecisionManager(accessDecisionManager());
```

위에 추가한 설정은 표준 스프링 빈 참조이므로 빈의 id 애트리뷰트와 일치해야 한다. 이어서 다음 코드처럼 UnanimousBased 빈을 정의한다. 여기서는 이를 실제로 구성하지 않는다.

//src/main/java/com/packtpub/springsecurity/configuration/SecurityConfig.java

```java
@Bean
public AccessDecisionManager accessDecisionManager() {
    List<AccessDecisionVoter<? extends Object>> decisionVoters
    = Arrays.asList(
    new AuthenticatedVoter(),
    new RoleVoter(),
    new WebExpressionVoter());
    return new UnanimousBased(decisionVoters);
}
```

decisionVoters 속성이 무엇인지 궁금할 것이다. decisionVoters 속성은 자체 AccessDecisionManager를 선언할 때까지 자동으로 구성되며 기본 AccessDecisionManager 클래스는 인증 결정에 참여할 보터 목록을 선언한다. 위 코드에서 사용한 두 보터는 security 네임스페이스 설정에서 제공하는 기본값이다.

스프링 시큐리티는 다양한 보터를 기본으로 제공하지는 않지만 간단하게 새로운 보터를 구현할 수 있다. 13장의 뒷부분에서 다룰 것이지만, 대부분의 경우 사용자 정의 표현식 또는 사용자 정의 o.s.s.access.PermissionEvaluato를 사용해 구현할 수 있으므로 굳이 사용자 정의 보터를 구현할 필요는 없다.

앞서 참조한 두 보터 구현체는 다음과 같다.

클래스명	설명	예제
o.s.s.access.vote. RoleVoter	사용자에게 일치하는 선언된 역할이 있는지 확인한다. 애트리뷰트를 콤마(,)로 구분해 정의해야 하며, 접두어는 필요하지만 선택적으로 설정할 수 있다.	access="ROLE_USER,ROLE_ ADMIN"
o.s.s.access.vote. AuthenticatedVoter	와일드카드와 매칭되는 특수 선언을 지원한다. · IS_AUTHENTICATED_FULLY – 새로운 사용자명과 패스워드가 입력된 경우 접근을 승인한다. · IS_AUTHENTICATED_REMEMBERED – 사용자가 Remember-Me 기능을 사용해 인증한 경우 접근을 승인한다. · IS_AUTHENTICATED_ANONYMOUSLY – 사용자가 인증되지 않은 경우 접근을 승인한다.	access="IS_AUTHENTICATED_ ANONYMOUSLY"

요청에 대한 표현식 기반 권한 부여

SpEL 처리는 SpEL 표현식을 해석하는 방법을 이해하고 있는 다른 보터 구현체인 o.s.s.web.access.expression.WebExpressionVoter를 통해 이뤄진다. SpEL 처리를 위해 WebExpressionVoter 클래스는 SecurityExpressionHandler 인터페이스 구현체에 의존하며, SecurityExpressionHandler 인터페이스는 표현식을 해석하고 표현식에서 참조하는 보안 관련 메서드를 제공하는 역할을 한다. 또한 SecurityExpressionHandler 인터페이스의 기본 구현체는 o.s.s.web.access.expression.WebSecurityExpressionRoot 클래스에 정의된 메서드를 노출시킨다.

다음 다이어그램을 통해 위에서 설명한 클래스 간의 흐름과 관계에 대해 살펴보자.

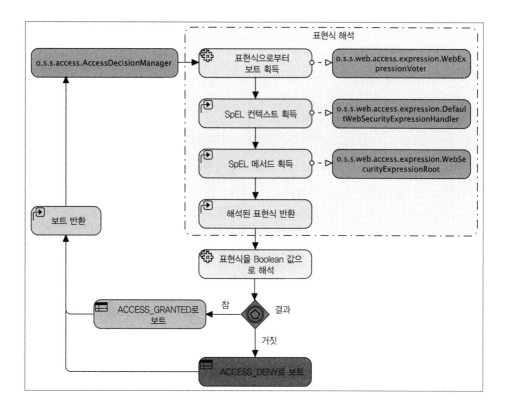

이제 권한 부여 과정을 이해했으므로 몇 가지 주요 인터페이스를 사용자 정의 구현해 이해도를 높여보자.

요청에 대한 사용자 정의 권한 부여

스프링 시큐리티 권한 부여는 다양한 사용자 정의 요구 사항을 적용할 수 있어 매우 강력하다. 앞으로 전체 아키텍처에 대한 이해를 돕는 몇 가지 시나리오를 살펴보자.

URL에 대한 접근 제어의 동적 정의

스프링 시큐리티는 ConfigAttribute 객체를 자원에 매핑하기 위한 몇 가지 메서드를 제공한다. 예를 들어 antMatchers() 메서드는 웹 애플리케이션의 특정 HTTP 요청에 대한 접근을 제한하도록 적용할 수 있다. 이때 o.s.s.acess.SecurityMetadataSource 구현체는 매핑으로 채워지고 쿼리돼 특정 HTTP 요청을 만들기 위해 필요한 사항을 결정한다.

반면 antMatchers() 메서드는 간단하지만 URL 매핑을 결정하기 위해 사용자 정의 메커니즘을 제공하는 것이 좋을 수도 있다. 예를 들어 애플리케이션에 접근 제어 규칙을 동적으로 제공해야 하는 경우를 들 수 있다. 일단, URL 권한 부여 설정을 데이터베이스로 옮기는 데 필요한 것이 무엇인지 살펴보자.

RequestConfigMappingService 설정

일단 데이터베이스에서 필요한 정보를 얻을 수 있어야 한다. 이렇게 하면 보안 빈 설정에서 antMatchers() 메서드를 읽는 논리가 대체된다. 이를 수행하기 위해 13장의 코드에는 다음과 같이 간단하게 ant 패턴과 RequestConfigMapping으로 표시된 데이터베이스의 표현식을 매핑하기 위한 JpaRequestConfigMappingService를 포함시켰다.

```
//src/main/java/com/packtpub/springsecurity/web/access/intercept/
JpaRequestConfigMappingService.java

@Repository("requestConfigMappingService")
public class JpaRequestConfigMappingService implements
RequestConfigMappingService {
  @Autowired
  private SecurityFilterMetadataRepository securityFilterMetadataRepository;
  @Autowired
  public JpaRequestConfigMappingService(
  SecurityFilterMetadataRepository sfmr) {
    this.securityFilterMetadataRepository = sfmr;
  }
```

```java
@Override
public List<RequestConfigMapping> getRequestConfigMappings() {
  List<RequestConfigMapping> rcm =
  securityFilterMetadataRepository
    .findAll()
    .stream()
    .sorted((m1, m2) -> {
      return m1.getSortOrder() - m2.getSortOrder()
        }).map(md -> {
          return new RequestConfigMapping(
          new AntPathRequestMatcher
          (md.getAntPattern()),
          new SecurityConfig
          (md.getExpression()));
        }).collect(toList()); return rcm;
  }
}
```

antMatchers() 메서드와 같이 순서가 중요하다는 것을 명심해야 한다. 따라서 sort_order 열을 사용해 결과를 정렬하도록 한다. 해당 서비스는 AntRequestMatcher를 만들고 AntRequestMatcher를 ConfigAttribute의 인스턴스인 SecurityConfig에 연결한다. 또한 URL 보안을 위해 스프링 시큐리티에서 사용할 수 있는 ConfigAttribute 객체와 HTTP 요청의 매핑을 제공한다.

다음과 같이 JPA가 매핑할 때 사용할 도메인 객체를 생성해야 한다.

```java
//src/main/java/com/packtpub/springsecurity/domain/SecurityFilterMetadata.java

@Entity
@Table(name = "security_filtermetadata")
public class SecurityFilterMetadata implements Serializable {
    @Id
    @GeneratedValue(strategy = GenerationType.AUTO)
    private Integer id;
    private String antPattern;
```

```java
    private String expression;
    private Integer sortOrder;
    ... setters / getters ...
}
```

마지막으로 다음과 같이 스프링 데이터 저장소 객체를 생성한다.

```java
//src/main/java/com/packtpub/springsecurity/repository/
SecurityFilterMetadataRepository.java

public interface SecurityFilterMetadataRepository
extends JpaRepository<SecurityFilterMetadata, Integer> {}
```

새로운 서비스가 작동하려면 데이터베이스의 스키마와 접근 제어 매핑을 초기화해야 한다. 서비스 구현과 마찬가지로 스키마 또한 간단하게 설정한다.

```sql
//src/main/resources/schema.sql

...
create table security_filtermetadata (
  id  INTEGER GENERATED BY DEFAULT AS IDENTITY,
  ant_pattern VARCHAR(1024) NOT NULL unique,
  expression VARCHAR(1024) NOT NULL,
  sort_order INTEGER NOT NULL,
  PRIMARY KEY (id)
);
```

SecurityConfig.java 파일의 antMatchers( ) 매핑을 동일하게 사용해 schema.sql 파일을 생성한다.

```sql
//src/main/resources/data.sql

-- 시큐리티 필터 메타데이터 --
```

```
insert into
security_filtermetadata(id,ant_pattern,expression,sort_order)
values (110,  '/admin/h2/**','permitAll',10);
insert into
security_filtermetadata(id,ant_pattern,expression,sort_order)
values (115,  '/','permitAll',15);

insert into
security_filtermetadata(id,ant_pattern,expression,sort_order)
values (120,  '/login/*','permitAll',20);

insert into
security_filtermetadata(id,ant_pattern,expression,sort_order)
values (140,  '/logout','permitAll',30);

insert into
security_filtermetadata(id,ant_pattern,expression,sort_order)
values (130,  '/signup/*','permitAll',40);

insert into
security_filtermetadata(id,ant_pattern,expression,sort_order)
values (150,  '/errors/**','permitAll',50);

insert into
security_filtermetadata(id,ant_pattern,expression,sort_order)
values (160,  '/admin/**','hasRole("ADMIN")',60);

insert into
security_filtermetadata(id,ant_pattern,expression,sort_order)
values (160,  '/events/','hasRole("ADMIN")',60);

insert into
security_filtermetadata(id,ant_pattern,expression,sort_order)
values (170,  '/**','hasRole("USER")',70);
```

Chapter13.00-calendar의 코드부터 시작하자.

사용자 정의 SecurityMetadataSource 구현

스프링 시큐리티가 URL 매핑을 인식하려면 사용자 정의 FilterInvocationSecurityMet adataSource를 구현해야 한다. FilterInvocationSecurityMetadataSource 패키지는 특정 HTTP 요청 시에 접근 권한 부여 여부를 결정하는 데 필요한 정보를 스프링 시큐리티에 제공하는 SecurityMetadataSource 인터페이스를 상속한다. RequestConfigMappingSer vice 인터페이스를 사용해 SecurityMetadataSource 인터페이스를 구현하는 방법에 대해 살펴보자.

```
//src/main/java/com/packtpub/springsecurity/web/access/intercept/
FilterInvocationServiceSecurityMetadataSource.java

@Component("filterInvocationServiceSecurityMetadataSource")
public class FilterInvocationServiceSecurityMetadataSource implements
FilterInvocationSecurityMetadataSource, InitializingBean{
    ... 생성자 및 멤버 변수 생략 ...
  public Collection<ConfigAttribute> getAllConfigAttributes() {
    return this.delegate.getAllConfigAttributes();
  }
  public Collection<ConfigAttribute> getAttributes(Object object) {
    return this.delegate.getAttributes(object);
  }
  public boolean supports(Class<?> clazz) {
    return this.delegate.supports(clazz);
  }
  public void afterPropertiesSet() throws Exception {
    List<RequestConfigMapping> requestConfigMappings =
    requestConfigMappingService.getRequestConfigMappings();
```

```
      LinkedHashMap requestMap = new
      LinkedHashMap(requestConfigMappings.size());
      for(RequestConfigMapping requestConfigMapping
      requestConfigMappings) {
        RequestMatcher matcher =
        requestConfigMapping.getMatcher();
        Collection<ConfigAttribute> attributes =
        requestConfigMapping.getAttributes();
        requestMap.put(matcher,attributes);
      }
    this.delegate = new
    ExpressionBasedFilterInvocationSecurityMetadataSource
      (requestMap,expressionHandler);
  }
}
```

RequestConfigMappingService 인터페이스를 사용해 ConfigAttribute 객체와 매핑되는 RequestMatcher 객체의 맵을 생성할 수 있다. 그런 다음, ExpressionBasedFilterInvocationSecurityMetadataSource의 인스턴스에 위임해 모든 작업을 수행하도록 한다. 이제 변경 사항을 적용하기 위해 애플리케이션을 다시 실행해야 한다. 하지만 사소한 변경 사항 적용 시에는 애플리케이션을 재실행하지 않아도 된다.

사용자 정의 SecurityMetadataSource 등록

이제 FilterInvocationServiceSecurityMetadataSource를 설정하는 일만 남았다. 하지만 스프링 시큐리티가 사용자 정의 FilterInvocationServiceSecurityMetadataSource 인터페이스를 직접 설정하는 것을 지원하지 않는다. 따라서 다음과 같이 간단하게 SecurityConfig.java 파일의 FilterSecurityInterceptor에 SecurityMetadataSource를 등록해보자.

//src/main/java/com/packtpub/springsecurity/configuration/SecurityConfig.java

```java
@Override
public void configure(final WebSecurity web) throws Exception {
  ...
  final HttpSecurity http = getHttp();
  web.postBuildAction(() -> {
    FilterSecurityInterceptor fsi = http.getSharedObject
    (FilterSecurityInterceptor.class);
    fsi.setSecurityMetadataSource(metadataSource);
    web.securityInterceptor(fsi);
  });
}
```

위 코드는 FilterSecurityInterceptor 객체를 기본 메타 데이터 소스로 사용해 사용자 정의 SecurityMetadataSource 인터페이스를 설정한다.

antMatchers() 메서드 제거

이제 데이터베이스를 사용해 보안 설정을 매핑하고 있으므로 SecurityConfig.java 파일에서 antMatchers() 메서드를 제거해도 된다. 다음과 같이 antMatchers() 메서드를 제거해보자.

//src/main/java/com/packtpub/springsecurity/configuration/SecurityConfig.java

```java
@Override
protected void configure(HttpSecurity http) throws Exception {
  // 인터셉터 메서드 없음
  // http.authorizeRequests()
  // .antMatchers("/").permitAll()
  ...
  http.formLogin()
  ...
  http.logout()
  ...
```

> ℹ️ http antMatchers 표현식을 하나라도 사용하는 경우에는 사용자 정의 표현식 핸들러가 호출되지 않는다.

> ℹ️ 이제, 코드가 chapter13.01-calendar와 비슷해야 한다.

이제 애플리케이션을 재시작하고 URL이 제대로 보호되고 있는지 테스트해보자. 사용자는 차이점을 인식하지 못하겠지만 데이터베이스를 통해 URL 매핑이 이뤄지고 있다는 점이 이전과 다르다.

사용자 정의 표현식 생성

o.s.s.access.expression.SecurityExpresssionHandler 인터페이스는 스프링 시큐리티가 스프링 표현식을 생성하고 초기화하는 방법을 추상화한다. SecurityMetadataSource 인터페이스와 마찬가지로 웹 요청과 메서드 보안을 위한 표현식을 생성하기 위한 구현체가 있다. 이 절에서는 새롭게 표현식을 추가하는 방법에 대해 살펴본다.

사용자 정의 SecurityExpressionRoot 설정

호스트가 localhost이면 true를 반환하고 그렇지 않으면 false를 반환하는 isLocal이라는 사용자 정의 웹 표현식을 지원한다고 가정하자. 새로운 isLocal 메서드는 웹 애플리케이션이 배포된 시스템에서만 SQL 콘솔에 접근할 수 있도록 추가 보안을 제공할 수 있다.

하지만 호스트가 HTTP 요청의 헤더에 포함돼 있으므로 보안을 생각하지 않은 인위적인 예제다. 즉, 악의적인 사용자가 외부 도메인에서 헤더의 호스트 부분을 localhost로 변경하면 SQL 콘솔에 접근할 수 있다.

SecurityExpressionHandler 인터페이스가 o.s.s.access.expression.SecurityExpressionRoot 인스턴스를 통해 사용할 수 있기 때문에 지금까지 살펴봤던 모든 표현식을 사용할 수 있다. 이 객체를 살펴보면 웹과 메서드 보안에 공통적으로 사용되는 스프링 표현식(즉, hasRole, hasPermission 등)의 메서드와 속성을 확인할 수 있다. 또한 하위 클래스는 웹 및 메서드 표현식과 관련된 메서드를 제공한다. 예를 들어 o.s.s.web.access.expression.WebSecurityExpressionRoot는 웹 요청을 위한 hasIpAddress 메서드를 제공한다.

사용자 정의 웹 SecurityExpressionhandler를 생성하려면 먼저 isLocal 메서드를 정의하는 WebSecurityExpressionRoot의 하위 클래스를 생성해야 한다.

//src/main/java/com/packtpub/springsecurity/web/access/expression/
CustomWebSecurityExpressionRoot.java

```java
public class CustomWebSecurityExpressionRoot extends
WebSecurityExpressionRoot {
  public CustomWebSecurityExpressionRoot(Authentication a,
  FilterInvocation fi) {
    super(a, fi);
  }
  public boolean isLocal() {
    return "localhost".equals(request.getServerName());
  }
}
```

---

 getServerName()이 Host 헤더값에 제공된 값을 반환한다는 점에 유의해야 한다. 즉, 악의적인 사용자가 제약 조건을 우회해 SQL 콘솔에 접속하기 위해 Host 헤더에 다른 값을 삽입할 수 있다. 하지만 대부분의 애플리케이션 서버와 프록시는 Host 헤더의 값을 고정하도록 설정할 수 있다. 따라서 악의적인 사용자가 제약 조건을 우회하기 위해 Host 헤더값을 조작할 수 없도록 적절한 문서를 읽고 해당 설정을 적용해보자.

사용자 정의 SecurityExpressionHandler 설정

새로운 메서드를 사용하려면 다음과 같이 새로운 루트 객체를 사용하는 사용자 정의
SecurityExpressionHandler 인터페이스를 생성해야 한다.

```
//src/main/java/com/packtpub/springsecurity/web/access/expression/
CustomWebSecurityExpressionHandler.java

@Component
public class CustomWebSecurityExpressionHandler extends
    DefaultWebSecurityExpressionHandler {
      private final AuthenticationTrustResolver trustResolver =
          new AuthenticationTrustResolverImpl();
      protected SecurityExpressionOperations
          createSecurityExpressionRoot(Authentication authentication,
          FilterInvocation fi){
            WebSecurityExpressionRoot root = new
                CustomWebSecurityExpressionRoot(authentication, fi);
            root.setPermissionEvaluator(getPermissionEvaluator());
            root.setTrustResolver(trustResolver);
            root.setRoleHierarchy(getRoleHierarchy());
            return root;
      }
}
```

새 메서드가 포함된 CustomWebSecurityExpressionRoot를 사용한다는 점을 제외하고
는 슈퍼 클래스와 동일한 단계를 수행한다. 이때 CustomWebSecurityExpressionRoot가
SpEL 표현식의 루트가 된다.

 자세한 내용은 http://static.springsource.org/spring/docs/current/spring-
framework-reference/html/expressions.html의 SpEL 문서를 참고하자.

CustomWebSecurityExpressionHandler 설정과 사용

다음 단계에 따라 CustomWebSecurityExpressionHandler를 설정해보자.

1. 먼저 스프링 시큐리티 네임스페이스 설정 지원을 사용해 CustomWebSecurityEx pressionHandler를 설정한다. SecurityConfig.java 파일에 다음 설정을 추가 하자.

```
//src/main/java/com/packtpub/springsecurity/configuration/
SecurityConfig.java

http.authorizeRequests()
    .expressionHandler(customWebSecurityExpressionHandler);
```

2. 이제 새로운 표현식을 사용하도록 초기화 SQL 쿼리를 업데이트할 것이다. SQL 콘솔에 접근하려는 사용자의 역할이 ROLE_ADMIN이고 local 시스템에서 요청 하도록 data.sql 파일을 업데이트하자. SpEL이 자바 빈 규약을 지원하므로 isLocal 대신 local로 써도 된다.

```
//src/main/resources/data.sql

insert  into
security_filtermetadata(id,ant_pattern,expression,sort_order)
values (160, '/admin/**','local and hasRole("ADMIN")',60);
```

3. 애플리케이션을 재시작하고 localhost:8443/admin/h2에 접속해 사용자명을 admin1@example.com, 패스워드를 admin1로 관리자 콘솔에 로그인하면 접근 거 부 페이지가 표시될 것이다. .

 이제, 코드가 chapter13.02-calendar와 비슷해야 한다.

470

CustomWebSecurityExpressionHandler에 대한 대안

CustomWebSecurityExpressionHandle 인터페이스를 사용하지 않고 사용자 정의 표현식을 사용하는 또 다른 방법은 다음과 같이 @Component 어노테이션을 추가하는 것이다.

```
//src/main/java/com/packtpub/springsecurity/web/access/expression/
CustomWebExpression.java

@Component
public class CustomWebExpression {
    public boolean isLocal(Authentication authentication,
        HttpServletRequest request) {
            return "localhost".equals(request.getServerName());
    }
}
```

이제 새로운 식을 사용하도록 초기화 SQL 쿼리를 업데이트할 것이다. SpEL이 자바 빈 규약을 지원하기 때문에 @Component를 직접 참조할 수 있다.

```
//src/main/resources/data.sql

insert into security_filtermetadata(id,ant_pattern,expression,sort_order)
values (160, '/admin/**','@customWebExpression.isLocal(authentication,
request) and hasRole("ADMIN")',60);
```

메서드 보안의 동작 원리

메서드 보안을 위한 접근 결정 메커니즘은 개념적으로 특정 요청의 허용 여부와 상관없이 웹 요청에 대한 접근 결정 로직과 동일하다. AccessDecisionManager는 Access DecisionVoters의 각 접근 승인, 거부, 또는 보류 결정을 모두 취합한다. 즉, Access DecisionManager 구현체는 보터의 모든 결정을 취합하고 메서드 호출 허용 여부를 결정한다.

웹 요청 접근 결정은 서블릿 필터가 보호된 요청에 대한 개입 및 거부를 비교적 간단하게 수행하기 때문에 조금 덜 복잡하다. 하지만 메서드 호출은 어떤 위치에서도 가능하기 때문에 스프링 시큐리티 설계자는 스프링이 관리하는 AOP 접근 방식을 사용해 메서드 호출을 인지하고, 판단하고, 보호하기로 결정하고 설계했다.

다음 다이어그램을 통해 메서드 호출에 대한 권한 부여 결정의 주요 요소를 살펴보자.

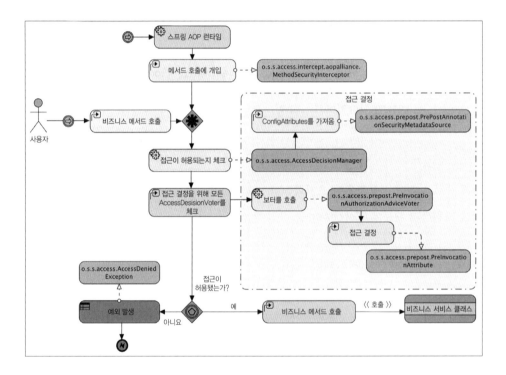

위의 다이어그램을 통해 스프링 시큐리티의 `o.s.s.access.intercept.aopalliance.MethodSecurityInterceptor`가 스프링 AOP 런타임에 의해 호출돼, 관련 있는 메서드의 호출에 개입한다는 사실을 확인했다. 그 다음의 메서드 호출의 허용 여부를 판단하는 로직은 위의 다이어그램에서 볼 수 있듯이 비교적 간단하다.

이쯤에서 메서드 보안 기능의 성능에 대해 알아보자. 당연히 애플리케이션의 모든 메서드를 호출할 때마다 `MethodSecurityInterceptor`를 호출할 수는 없다. 그렇다면 어떻게

AOP가 메서드, 어노테이션 또는 클래스에 개입하는 것일까?

우선 기본적으로 AOP 프록싱은 스프링의 모든 관리 빈에 대해 호출되지 않는다. 대신 @EnableGlobalMethodSecurity가 스프링 시큐리티 설정에 정의돼 있다면 표준 AOP o.s.beans.factory.config.BeanPostProcessor가 등록돼 AOP 설정을 검사하고 어떤 AOP 어드바이저에게 프록시 및 개입이 필요한지 확인한다. 이러한 작업 흐름은 표준 스프링 AOP 처리(AOP 자동 프록싱이라고 함)로서 스프링 시큐리티와 관련된 기능이 없다. 결론적으로 등록된 모든 BeanPostProcessor는 ApplicationContext 초기화 시 실행되며, 스프링 빈 설정을 통해 일어난다.

AOP 자동 프록시 기능은 등록된 모든 PointcutAdvisor를 쿼리해 AOP 어드바이스를 적용한 메서드 호출을 해결하는 AOP 포인트 컷이 있는지 확인한다. 스프링 시큐리티는 설정된 모든 메서드 보안을 검사하고 적절한 AOP 개입을 설정하는 o.s.s.access. intercept.aopalliance.MethodSecurityMetadataSourceAdvisor 클래스를 구현한다. 이때 선언된 메서드 보안 규칙이 있는 인터페이스나 클래스만 AOP 프록시가 적용된다는 점을 명심하자.

 AOP 규칙과 다른 보안 어노테이션을 구현체 클래스가 아닌 인터페이스에 선언하는 방식을 더 권장한다. 스프링의 CGLIB 프록싱을 사용하면 클래스를 사용할 수도 있지만 예기치 않게 애플리케이션의 행동이 변할 수도 있으며, 일반적으로 인터페이스에 대한 AOP를 통한 보안 설정보다 의미상 부정확하다. MethodSecurityMetadataSourceAdvisor는 AOP 어드바이스를 통해 메서드에 영향을 미치는 결정을 o.s.s.access.method. MethodSecurityMetadataSource 인스턴스에 위임한다. 다양한 형태의 메서드 보안 어노테이션은 차례로 각 메서드와 클래스를 검사하고 런타임 시에 실행될 AOP 어드바이스를 추가하는 각각의 MethodSecurityMetadataSource 구현체를 가진다.

다음 다이어그램을 통해 동작 과정을 살펴보자.

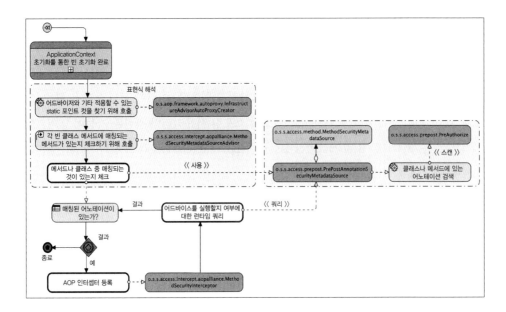

애플리케이션에 설정된 스프링 빈의 개수와 보안 메서드 어노테이션의 개수에 따라 메서드 보안 프록시를 추가하면 ApplicationContext를 초기화하는 데 걸리는 시간이 늘어날 수 있다. 그러나 스프링 컨텍스트가 초기화되면 개별 프록시된 빈의 성능 차이는 매우 작아서 무시해도 될 정도다.

이제 AOP를 스프링 시큐리티에 적용하는 방법을 설명했으므로 사용자 정의 Permission Evaluator를 생성해 스프링 시큐리티 권한 부여에 대해 더 자세히 알아보자.

사용자 정의 PermissionEvaluator 생성

12장에서는 스프링 시큐리티에 빌트인된 PermissionEvaluator 구현체인 AclPermissi onEvaluator를 사용해 애플리케이션에 대한 접근을 제한할 수 있다는 사실을 배웠다. 하지만 이를 통한 접근 제어 방식은 강력하지만 설정하기 복잡하다는 단점을 갖고 있다. 또한 SpEL 표현식을 사용해 애플리케이션을 보호하는 방법을 다뤘지만 로직이 중앙 집중화되지 않는다는 단점이 있었다. 다행히 두 방법의 단점을 극복해 권한 부여 로직을 중앙 집중화하고 ACL 사용의 복잡성을 피할 수 있는 사용자 정의 PermissionEvaluator가 있으므로 생성해보자.

CalendarPermissionEvaluator

유효성 검사를 포함하지 않은 사용자 정의 PermissionEvaluator를 다음과 같이 간단하게 설정해보자.

```java
//src/main/java/com/packtpub/springsecurity/access/
CalendarPermissionEvaluator.java

public final class CalendarPermissionEvaluator implements
PermissionEvaluator {
  private final EventDao eventDao;
  public CalendarPermissionEvaluator(EventDao eventDao) {
    this.eventDao = eventDao;
  }
  public boolean hasPermission(Authentication authentication, Object
  targetDomainObject, Object permission) {
    // 모든 도메인 객체가 될 수 있으므로 instanceof 체크를 수행해야 함
    return hasPermission(authentication, (Event) targetDomainObject,
    permission);
  }
  public boolean hasPermission(Authentication authentication,
  Serializable targetId, String targetType,
  Object permission) {
    // targetType의 유효성 검사 및 체크 누락
    Event event = eventDao.getEvent((Integer)targetId);
    return hasPermission(authentication, event, permission);
  }
  private boolean hasPermission(Authentication authentication,
  Event event, Object permission) {
    if(event == null) {
      return true;
```

```
    }
    String currentUserEmail = authentication.getName();
    String ownerEmail = extractEmail(event.getOwner());
    if("write".equals(permission)) {
      return currentUserEmail.equals(ownerEmail);
    } else if("read".equals(permission)) {
      String attendeeEmail =
      extractEmail(event.getAttendee());
      return currentUserEmail.equals(attendeeEmail) ||
      currentUserEmail.equals(ownerEmail);
    }
    throw new IllegalArgumentException("permission
    "+permission+" is not supported.");
  }
  private String extractEmail(CalendarUser user) {
    if(user == null) {
      return null;
    }
    return user.getEmail();
  }
}
```

위 코드의 로직은 읽기 및 쓰기 접근을 구분한다는 점을 제외하고는 이미 사용했던 스프링 표현식과 매우 비슷하다. 사용자의 사용자명이 Event 객체의 소유자의 이메일과 일치하면 읽기와 쓰기 권한을 모두 부여받는다. 또한 사용자의 이메일이 참석자의 이메일과 일치하면 읽기 권한만 부여받으며, 이를 제외한 다른 경우는 접근이 모두 거부된다.

 하나의 PermissionEvaluator가 모든 도메인 객체에 사용된다는 점에 주의하자. 따라서 실제 상황에서는 가장 먼저 instanceof 체크를 수행해야 한다. 예를 들어 CalendarUser 객체를 보호하는 경우 이 객체를 동일한 인스턴스로 전달할 수 있다.

CalendarPermissionEvaluator 설정

이제 CustomAuthorizationConfig.java 파일의 설정을 활용해 다음과 같이 Calendar
PermissionEvaluator를 사용하는 ExpressionHandler를 추가하자.

```
//src/main/java/com/packtpub/springsecurity/configuration/
CustomAuthorizationConfig.java

@Bean
public DefaultMethodSecurityExpressionHandler
    defaultExpressionHandler(EventDao eventDao){
      DefaultMethodSecurityExpressionHandler deh = new
          DefaultMethodSecurityExpressionHandler();
      deh.setPermissionEvaluator(
          new CalendarPermissionEvaluator(eventDao));
      return deh;
}
```

이제 AclPermissionEvaluator 대신 CalendarPermissionEvalulator 클래스를 사용한다
는 점만 제외하면 12장, '접근 제어 목록'과 설정이 비슷하다.

그런 다음, SecurityConfig.java에 다음 설정을 추가해 스프링 시큐리티가 사용자 정의
ExpressionHandler를 사용하도록 설정한다.

```
//src/main/java/com/packtpub/springsecurity/configuration/SecurityConfig.java

http.authorizeRequests().expressionHandler(customWebSecurityExpressionHandler);
```

위의 설정을 통해 prePostEnabled가 활성화돼 있는지와 ExpressionHandler 정의를 지
정하고 있는지 확인한다. 여기서는 11장, '미세 접근 제어'의 설정과 매우 비슷해야 한다.

CalendarService 보안

마지막으로 @PostAuthorize 어노테이션을 사용해 CalendarService getEvent(int event Id) 메서드를 보호할 수 있다. 이 단계는 PermissionEvaluator 구현체를 변경한 것만 제외하고는 1장, '취약한 애플리케이션의 구조'에서 수행한 작업과 완전히 동일하다.

```
//src/main/java/com/packtpub/springsecurity/service/CalendarService.java

@PostAuthorize("hasPermission(returnObject,'read')")
Event  getEvent(int  eventId);
```

이제 애플리케이션을 재시작하고 사용자명을 admin1@example.com, 패스워드를 admin1로 로그인해 Welcome 페이지의 링크를 통해 컨퍼런스 콜 이벤트(events/101)를 방문해보면 해당 이벤트에 접근할 수 없을 것이다. 하지만 해당 사용자는 ROLE_ADMIN 이기 때문에 모든 이벤트에 접근할 수 있어야 한다.

사용자 정의 PermissionEvaluator의 장점

하나의 메서드만 보호하면 사용자가 ROLE_ADMIN 역할 또는 퍼미션을 갖고 있는지 확인하기 위한 어노테이션을 업데이트하는 것은 간단하다. 하지만 이벤트를 사용하는 모든 서비스 메서드를 보호하려면 상당히 번거로울 수도 있으므로 다음과 같이 CalendarPermissionEvaluator를 업데이트해보자.

```
private boolean hasPermission(Authentication authentication, Event
event, Object permission) {
    if(event == null) {
        return true;
    }
    GrantedAuthority adminRole =
            new SimpleGrantedAuthority("ROLE_ADMIN");
    if(authentication.getAuthorities().contains(adminRole)) {
      return true;
```

```
    }
    ...
}
```

이제 애플리케이션을 재시작하고 이전과 동일하게 사용자명을 `admin1@example.com`,
패스워드를 `admin1`로 로그인해 Welcome 페이지의 링크를 통해 컨퍼런스 콜 이벤트
(`events/101`)를 방문해보자. 이번에는 컨퍼런스 콜 이벤트에 성공적으로 접근할 수 있을 것
이다. 이를 통해 권한 부여 로직을 캡슐화하는 기능이 매우 유용하다는 점을 알 수 있지만,
때로는 표현식 자체를 확장하는 것이 유용할 수도 있으므로 상황에 알맞게 사용해야 한다.

 이제, 코드가 chapter13.03-calendar와 비슷해야 한다.

요약

13장에서는 HTTP 요청 및 메서드에 대한 스프링의 권한 부여 방식을 설명했다. 이 지식
과 제공된 예를 바탕으로 각 필요에 맞게 권한 부여 로직을 응용하는 방법도 알아야 한다.
특히 HTTP 요청과 메서드 모두에 대한 스프링 시큐리티 권한 부여 아키텍처에 대해 설명
했으며, 데이터베이스를 통해 보안 URL을 설정하는 방법도 배웠다.

또한 사용자 정의 `PermissionEvaluator` 객체와 사용자 정의 스프링 시큐리티 표현식을
생성하는 방법도 다뤘다.

14장, '세션 관리'에서는 스프링 시큐리티가 세션 관리를 수행하는 방법과 애플리케이션에
대한 접근을 제한하는 데 사용할 수 있는 방법에 대해 알아본다.

14

세션 관리

14장에서는 스프링 시큐리티의 세션 관리session management 기능에 대해 다룬다. 먼저 스프링 시큐리티가 세션 고정session fixation 공격을 어떻게 방어하는지 예를 들어 보여줄 것이며, 동시성 제어concurrency control를 활용해 라이선스가 부여된 소프트웨어에 사용자별로 접근을 제한하는 방법에 대해 설명한다. 또한 세션 관리가 관리적으로 어떻게 활용될 수 있는지도 알아본다. 마지막으로 스프링 시큐리티에서 HttpSession을 사용하는 방법과 생성을 제어하는 방법을 살펴본다.

14장에서는 다음과 같은 내용을 다룬다.

- 세션 관리와 세션 고정 공격
- 동시성 제어
- 로그인한 사용자 관리

- 스프링 시큐리티에서 HttpSession을 사용하고 생성을 제어하는 방법
- HttpSession이 생성된 위치를 찾기 위해 DebugFilter 클래스를 사용하는 방법

▌ 세션 고정 보호 설정

Security 네임스페이스 방식의 설정을 사용하는 경우 세션 고정 보호는 기본으로 설정돼 있다. 다음과 같이 설정해 기본 설정에서 세션 고정 보호를 명시적으로 선언해보자.

```
http.sessionManagement()
.sessionFixation().migrateSession();
```

세션 고정 보호Session fixation protection는 악의적인 사용자가 공격을 시도하지 않는 한 알아채기 어려운 스프링 시큐리티 프레임워크의 기능 중 하나다. 따라서 세션 하이재킹session hijacking, session stealing attack 공격을 시뮬레이션하는 방법을 보여줄 것이다. 하지만 먼저 세션 고정이 무엇이며, 이러한 세션 고정 보호를 통해 어떤 공격을 방어할 수 있는지 살펴보고 넘어가자.

세션 고정 공격에 대한 이해

세션 고정은 악의적인 사용자가 시스템에 인증되지 않은 사용자의 세션을 도용하려는 공격을 말한다. 따라서 공격자는 다양한 기법을 사용해 JSESSIONID와 같이 사용자의 고유한 세션을 획득하고, 획득한 사용자의 고유 세션을 이용해 JSESSIONID 식별자가 포함된 쿠키 또는 URL 매개변수를 생성하면 사용자의 세션에 접근할 수 있다.

물론 공격자가 사용자의 세션에 접근할 수 있는 것은 문제지만 일반적으로 인증받지 않은 사용자의 세션이므로 민감한 정보까지는 접근할 수 없다. 하지만 사용자가 인증받은 후에도 동일한 세션 식별자를 사용하는 경우에는 심각한 문제를 초래할 수도 있다. 다시 말

해, 인증 후에도 동일한 식별자를 사용하는 경우 공격자가 JSESSIONID 등의 식별자를 탈취하면 사용자명과 패스워드 없이도 인증된 사용자의 세션을 사용할 수 있다는 뜻이다.

 이러한 공격이 현실에서는 일어날 가능성이 극히 낮다고 생각할 수도 있다. 하지만 세션 하이재킹 공격은 매우 자주 발생하는 공격 중 하나다. 따라서 시간을 내서 이 주제와 관련된 OWASP(http://www.owasp.org/)에서 발간한 기사와 사례 연구를 읽어볼 것을 추천하며, 상위 10개 목록은 꼭 읽어보길 바란다. 다시 한번 말하지만 공격자와 악의적인 사용자는 실제로 존재하며, 이들이 자주 사용하는 기술과 대응 방법에 대해 인지하고 있지 못한다면 사용자, 애플리케이션 또는 회사가 심각한 피해를 입을 수도 있다.

다음 다이어그램을 통해 세션 고정 공격이 어떻게 이뤄지는지 살펴보자.

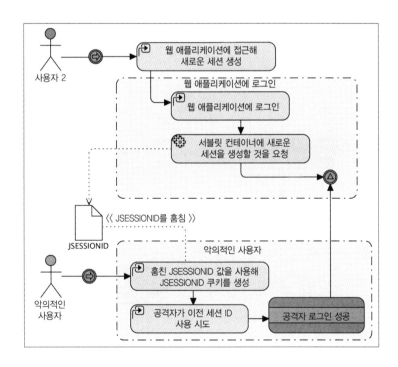

이제 세션 고정 공격이 어떻게 이뤄지는지 확인했으니, 어떻게 스프링 시큐리티를 통해 이러한 공격을 방어할 수 있는지 살펴보자.

스프링 시큐리티를 사용한 세션 고정 공격 방어

인증 전에 사용자가 사용했던 세션이 인증 후에도 사용되는 것을 방지할 수 있다면, 공격자의 세션 고정 공격을 효과적으로 방어할 수 있을 것이다. 따라서 스프링 시큐리티의 세션 고정 보호 기능은 사용자가 인증된 후 명시적으로 새로운 세션을 생성하고 기존 세션을 무효화하는 방식을 통해 세션 고정 공격을 방어한다.

다음 다이어그램을 살펴보자.

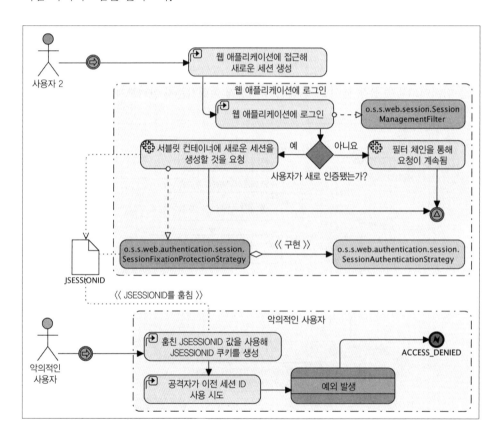

새로운 필터인 o.s.s.web.session.SessionManagementFilter는 특정 사용자가 새롭게 인증된 사용자인지 여부를 확인하는 역할을 담당한다. 사용자가 새롭게 인증됐다고 판단되면 설정된 o.s.s.web.authentication.session.SessionAuthenticationStrategy 인

터페이스가 수행할 작업을 결정한다. `o.s.s.web.authentication.session.SessionFix` `ationProtectionStrategy`는 사용자가 기존 세션을 이미 갖고 있는 경우, 새로운 세션을 생성하고 기존 세션의 내용을 새로운 세션에 복사한다. 위의 다이어그램에서 확인했듯이 매우 간단한 작업이지만 사용자가 인증된 후 악의적인 사용자가 인증 세션 ID를 재사용하는 것을 효과적으로 방어할 수 있다.

세션 고정 공격 시뮬레이션

이쯤에서 세션 고정 공격을 시뮬레이션해보자.

1. 먼저 다음과 같이 SecurityConfig.java 파일의 sessionManagement() 메서드를 http 요소의 자식으로 추가해 세션 고정 보호를 비활성화해야 한다.

 Chapter14.00—calendar의 코드부터 시작하자.

```
//src/main/java/com/packtpub/springsecurity/configuration/
SecurityConfig.java

http.sessionManagement().sessionFixation().none();
```

 이제, 코드가 chapter14.01—calendar와 비슷해야 한다.

2. 다음으로 2개의 웹 브라우저를 연다. 여기서는 구글 크롬(희생자 웹 브라우저)에서 세션을 시작한 후 크롬의 세션을 훔쳐, 파이어폭스(공격자 웹 브라우저)에서 훔친 세션을 사용해 로그인해볼 것이다. 쿠키를 쉽게 확인하고 조작하기 위해 구글 크롬과 파이어폭스의 웹 개발자 에드온을 사용한다. 파이어폭스 웹 개발자 에드온

은 https://addons.mozilla.org/en-US/firefox/addon/web-developer/에서 다운로드할 수 있으며, 크롬의 웹 개발자 툴은 기본으로 제공한다.

3. 구글 크롬에서 JBCP 달력 홈페이지에 접속한다.

4. 이어서 메인 메뉴에서 F12 키를 이용해 개발자 툴을 열고, Application > Cookies 버튼을 누른 후, 다음과 같이 검색 필드에 `localhost`를 검색한다.

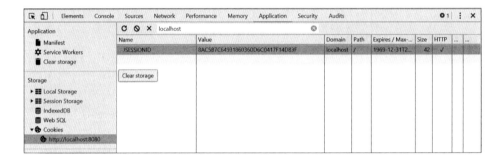

5. JSESSIONID 쿠키를 선택하고 Value 값을 클립 보드에 복사한 후, JBCP 달력 애플리케이션에 로그인한다. 다시 쿠키 정보를 확인하기 위한 이전 과정을 반복하면 로그인 후에도 JSESSIONID가 변경되지 않아 세션 고정 공격에 취약한 상태임을 확인할 수 있다.

6. 이제 파이어폭스에서 JBCP 달력 홈페이지에 접속한다. 크롬 웹 브라우저와 동일하게 F12 키를 이용해 개발자 툴을 열고 **저장소 > 쿠키** 버튼을 누른 후, localhost를 검색한다.

7. 공격 과정을 완료하기 위해 구글 크롬에서 복사한 JSESSIONID 쿠키를 파이어폭스의 JSESSIONID 값에 붙여 넣는다.

> 구글 크롬과 파이어폭스의 경우 세션값을 확인하고 조작할 수 있는 에드온이 많이 나와 있다. 에드온을 사용하면 더 다양한 기능을 사용할 수 있으므로 에드온 사용을 추천한다.

이제 세션 고정 공격이 끝났다! 파이어폭스에서 페이지를 새로고침하면 사용자명과 패스워드를 사용하지 않고 구글 크롬에서 로그인한 사용자로 로그인된 것을 확인할 수 있다. 드디어 악의적인 사용자에 대한 두려움이 조금 생기는가?

그렇다면 이제 세션 고정 보호 기능을 다시 활성화하고 위 과정을 다시 시도해보자. 이번에는 사용자가 로그인하면 JSESSIONID가 변경되는 것을 확인할 수 있을 것이다. 세션 고정 공격이 일어나는 원리에 대한 이해를 바탕으로 사용자가 세션 고정 공격에 희생될 가능성을 줄였다. 훌륭하다!

하지만 신중한 개발자라면 XSS 공격과 같이 세션 고정 보호된 사이트마저도 취약하게 만들 수 있는 공격이 있으며, 그 외에도 세션 쿠키를 훔치는 다양한 방법이 있다는 사실을 염두에 둬야 한다. 이와 같은 공격을 예방하는 방법에 대한 자세한 내용은 OWASP 사이트를 참고하자.

세션 고정 보호 옵션 비교

session-fixation-protection 애트리뷰트는 다음과 같이 동작을 변경할 수 있는 세 가지 옵션을 제공한다.

애트리뷰트	설명
none()	세션 고정 보호를 사용하지 않으며, 다른 sessionManagement() 애트리뷰트가 기본값을 수정하지 않았을 경우 SessionManagementFilter를 설정하지 않는다.
migrateSession()	사용자가 인증되고 새로운 세션이 할당되면 기존 세션의 모든 애트리뷰트가 새로운 세션으로 이동한다.
newSession()	사용자가 인증되면 새로운 세션을 생성하지만 기존 세션의 애트리뷰트는 새로운 세션으로 이동하지 않는다.

일반적으로 migrateSession()의 기본 동작은 즐겨찾기나 장바구니처럼 인증된 후 사용자 세션의 중요한 애트리뷰트를 유지하려는 사이트에 적합하다.

▎ 사용자당 동시 세션 수 제한

일반적으로 소프트웨어는 사용자별로 판매된다. 즉, 소프트웨어 개발자는 계정 공유를 방지하기 위해 사용자당 1개의 세션만 사용할 수 있도록 제한해야 한다는 뜻이다. 이와 같은 맥락으로 스프링 시큐리티의 동시 세션 제어^{concurrent session control}는 사용자가 동시에 고정된 수(일반적으로 1개) 이상의 활성화된 세션을 가질 수 없게 해준다. 따라서 최대 세션 한도를 적용하기 위해 사용자의 세션 활동 변화를 정확히 추적하는 각종 컴포넌트가 사용된다.

이제 동시 세션 제어 기능을 설정해보고 동작 원리를 살펴본 후, 제대로 동작하는지 테스트까지 해보자.

동시 세션 제어 설정

동시 세션 제어에 다양한 컴포넌트가 사용되기 때문에 여러 가지 설정을 해야 한다. 따라서 다음 과정을 통해 차근차근 동시 세션 제어를 설정해보자.

1. 일단, 다음과 같이 security.xml 파일을 업데이트하자.

   //src/main/java/com/packtpub/springsecurity/configuration/
   SecurityConfig.java

   ```
   http.sessionManagement().maximumSessions(1)
   ```

2. 다음과 같이 SecurityConfig.java 배포 디스크립터에서 o.s.s.web.session.HttpSessionEventPublisher를 활성화해 서블릿 컨테이너가 HttpSessionEventPublisher를 통해 스프링 시큐리티에게 세션 라이프사이클 이벤트를 통보할 수 있게 한다.

   //src/main/java/com/packtpub/springsecurity/configuration/
   SecurityConfig.java

488

```
@Bean
public HttpSessionEventPublisher httpSessionEventPublisher() {
    return new HttpSessionEventPublisher();
}
```

위의 두 설정을 마치면 동시 세션 제어가 활성화된다. 이제 동시 세션 제어가 실제로 어떤 역할을 하는지 살펴보고 테스트해보자.

동시 세션 제어에 대한 이해

동시 세션 제어는 `o.s.s.core.session.SessionRegistry`를 사용해 활성화된 HTTP 세션과 인증된 사용자의 목록을 유지 및 관리한다. 세션은 생성되고 만료되기 때문에 레지스트리는 `HttpSessionEventPublisher`가 생성한 세션 라이프 사이클 이벤트를 기준으로 실시간 업데이트돼 인증된 사용자별로 활성 세션 수를 추적한다.

다음 다이어그램을 살펴보자.

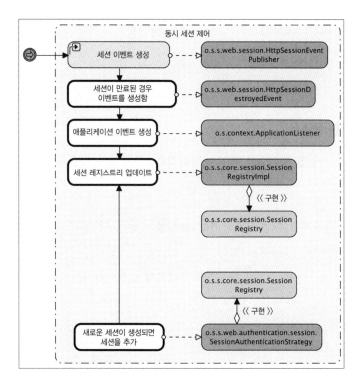

SessionAuthenticationStrategy를 상속한 o.s.s.web.authentication.session.Concu
rrentSessionControlStrategy는 새로운 세션을 추적하고 동시 세션 제어가 실제로 동작
하게 하는 메서드다. 사용자가 보호된 사이트에 접근할 때마다 SessionManagementFilter
를 사용해 SessionRegistry에 대한 활성화된 세션을 확인한다. 사용자의 활성화된 세션
이 SessionRegistry에서 추적되는 활성 세션 목록에 없으면 가장 사용한지 오래된 세션
이 즉시 만료된다.

수정된 동시 세션 제어 필터 체인에 사용되는 두 번째 필터는 o.s.s.web.session.Con
currentSessionFilter이다. o.s.s.web.session.ConcurrentSessionFilter 필터는 만
료된 세션(일반적으로 서블릿 컨테이너에서 만료됐거나 ConcurrentSessionControlStrategy 인
터페이스에서 강제로 만료된 세션)을 인지하고 사용자에게 해당 세션이 만료됐음을 알린다.

이제 동시 세션 제어가 동작하는 방식을 살펴봤으므로 동시 세션 제어를 사용하는 시나리
오를 쉽게 재현할 수 있을 것이다.

 이제, 코드가 chapter14.02-calendar와 비슷해야 한다.

동시 세션 제어 테스트

세션 고정 보호 기능을 확인했을 때와 마찬가지로 2개의 웹 브라우저를 사용해 다음 과정
을 수행해보자.

1. 구글 크롬에서 사용자명을 user1@example.com, 패스워드를 user1로 사이트에
   로그인한다.
2. 파이어폭스에서 동일한 사용자로 사이트에 로그인한다.

490

3. 마지막으로 구글 크롬으로 돌아가서 다른 페이지 접속을 시도하면 다음 스크린샷
   과 같이 세션이 만료됐다는 메시지를 확인할 수 있을 것이다.

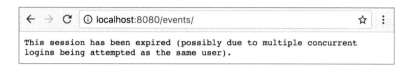

한 명의 사용자가 동시에 1개의 세션만 사용할 수 있도록 설정하는 것은 일반적으로 사용
하지 않는 방법이기 때문에 실제 상황에서 위와 같은 메시지를 보게 되면 혼란스러울 수
도 있다. 따라서 여기서는 소프트웨어적으로 세션이 강제 만료된 사실을 확인할 수 있다
는 점만 확인하고 넘어가자.

 동시 세션 제어는 스프링 시큐리티를 처음 사용하는 사용자가 이해하기에 어려운 개념 중 하
나다. 따라서 많은 사용자가 실제로 동작하는 방식과 장점을 충분히 이해하지 못한 채 무작정
구현하려고 한다. 하지만 동시 세션 제어라는 기능을 사용하려고 하는데 원하는 대로 동작하
지 않는 경우, 모든 설정을 올바르게 설정했는지 확인하고 이 절에서 설명한 이론적인 설명을
다시 검토해보자. 그렇게 하면 아마도 무엇이 틀렸는지 발견할 수 있을 것이다.

사용자 세션이 강제로 만료될 경우, 사용자를 로그인 페이지로 리다이렉트하고 무엇이 잘
못됐는지 나타내는 메시지를 제공해야 한다.

▍ 만료 세션 리다이렉트 설정

다행히 동시 세션 제어를 통해 세션이 만료되면 사용자를 친숙한 페이지(일반적으로 로
그인 페이지)로 리다이렉트하는 간단한 방법이 있다. 다음과 같이 security.xml 파일에
expired-url 애트리뷰트를 지정하고 애트리뷰트 값으로 애플리케이션의 페이지(여기서는
로그인 페이지)로 설정해보자.

```
//src/main/java/com/packtpub/springsecurity/configuration/SecurityConfig.java
```

```
http.sessionManagement()
    .maximumSessions(1)
    .expiredUrl("/login/form?expired");
```

위와 같이 설정하면 사용자를 기본 로그인 페이지로 리다이렉트한다. 그런 다음 다음과 같
이 login.html 페이지를 업데이트해 query 매개변수를 사용해 여러 개의 활성 세션이 감
지됐다고 나타내는 메시지를 표시한 후, 다시 로그인을 요청하도록 설정한다.

```
//src/main/resources/templates/login.html
```

```
  ...
  <div th:if="${param.expired != null}" class="alert alert-success">
  <strong>Session Expired</strong>
<span>You have been forcibly logged out due to multiplesessions
on the same account (only one activesession per user is allowed).</span>
</div>
  <label for="username">Username</label>
```

다시 구글 크롬과 파이어폭스로 사용자명을 admin1@example.com, 패스워드를 admin1로
로그인하면 사용자 정의 오류 메시지를 포함한 로그인 페이지가 표시되는 것을 확인할 수
있다.

 이제, 코드가 chapter14.03-calendar와 비슷해야 한다.

동시성 제어의 일반적인 문제점

동일한 사용자로 로그인해도 로그아웃 이벤트가 발생하지 않는 몇 가지 경우가 있다. 첫째로 equals 및 hashCode 메서드가 제대로 구현되지 않은 상태에서 사용자 정의 UserDetails(3장. '사용자 정의 인증'에서 설정함)를 사용할 때 발생한다. 이 경우 기본 SessionRegistry 구현체가 인메모리 맵을 사용해 UserDetails를 저장하기 때문에 발생하는데, 이러한 문제를 해결하려면 hashCode 및 equals 메서드를 제대로 구현했는지 확인해야 한다.

두 번째는 사용자 세션이 디스크에 유지되는 동안 애플리케이션 컨테이너를 재시작할 때 발생한다. 컨테이너가 백업을 한 경우, 이미 유효한 세션으로 로그인한 사용자는 다시 로그인된다. 하지만 사용자가 이미 로그인했는지 확인하는 데 사용되는 SessionRegistry의 인메모리 맵은 비어 있는 상태다. 즉, 스프링 시큐리티는 사용자가 로그인을 했음에도 불구하고 로그인하지 않았다고 판단한다. 이러한 문제를 해결하려면 컨테이너에서 세션 지속성을 비활성화하는 사용자 정의 SessionRegistry를 설정하거나 컨테이터가 시작될 때 지속되고 있는 세션이 인메모리 맵에 저장되도록 컨테이너별로 구현해야 한다.

세 번째는 이 책을 쓰는 시점에는 Remember-Me 기능에 대한 동시성 제어가 구현되지 않았다. 즉, 사용자가 Remember-Me로 인증된 경우 앞서 설정한 동시성 제어가 적용되지 않는다. 따라서 JIRA의 업데이트 내용(https://jira.springsource.org/browse/SEC-2028)을 살펴보고 Remember-Me 기능에 동시성 제어를 구현하는 방법이 있다면 구현해보자.

마지막으로 기본 SessionRegistry 구현체로는 클러스터 환경에서 동시성 제어가 동작하지 않는다. 앞에서 언급했듯이, 기본 SessionRegistry 구현체는 인메모리 맵을 사용한다. 즉, user1이 애플리케이션 서버 A에 로그인하면 서버 A만 로그인한 사실을 알게 된다는 것이다. 따라서 user1이 서버 B에 로그인을 시도하면 서버 B는 기존에 user1이 서버 A에 로그인한 사실을 알 수 없기 때문에 로그인을 허용한다.

강제 로그아웃 대신 인증 방지 설정

스프링 시큐리티는 사용자가 이미 세션을 갖고 있는 경우 애플리케이션에 로그인할 수 없도록 설정할 수 있다. 즉, 기존의 사용자를 강제로 로그아웃시키는 대신 처음부터 두 번째 사용자의 로그인을 불가능하게 한다. 다음과 같이 설정을 변경해보자.

```
//src/main/java/com/packtpub/springsecurity/configuration/SecurityConfig.java

http.sessionManagement()
    .maximumSessions(1)
    .expiredUrl("/login/form?expired")
    .maxSessionsPreventsLogin(true);
```

위와 같이 설정을 업데이트하고 구글 크롬을 사용해 애플리케이션에 로그인해보자. 그런 다음, 파이어폭스를 사용해 동일한 사용자로 로그인하려고 하면 `login.html` 파일에 설정한 오류 메시지가 표시된다.

 이제, 코드가 chapter14.04-calendar와 비슷해야 한다.

이러한 접근법에는 짚고 넘어가야 할 단점이 있다. 로그아웃하지 않고 구글 크롬을 종료한 후, 다시 사이트에 접속해보면, 다시 로그인할 수 없을 것이다. 이는 웹 브라우저를 종료할 때 `JSESSIONID` 쿠키가 삭제됐지만 애플리케이션은 이를 인지하지 못하고 사용자가 여전히 인증된 상태라고 생각하기 때문이다. 이러한 현상을 메모리 누수의 일종으로 생각할 수 있는데 이는 `HttpSession`이 여전히 존재하지만 이를 가리키는 포인터가 없기 때문 (JSESSIONID 쿠키가 사라졌으므로)이다. 다행스럽게도 세션의 기간이 만료돼 세션이 종료되면 `SessionEventPublisher`가 `SessionRegistry` 인터페이스에서 사용자를 제거한다. 따라서 로그아웃하는 것을 잊어버리고 웹 브라우저를 종료하는 경우 세션이 종료될 때까지 애플리케이션에 로그인할 수 없다.

7장, 'Remember-Me 서비스'의 Remember-Me 기능처럼 웹 브라우저가 종료된 후에도 세션을 기억하도록 설정돼 있다면 이러한 기능이 동작하지 않을 수도 있다. 일반적으로 플러 그인 또는 웹 브라우저가 세션을 복원하도록 설정된 경우 이런 문제가 발생된다. 따라서 이런 경우에는 JSESSIONID 쿠키를 수동으로 삭제해 웹 브라우저를 종료한 상황과 비슷하게 만 들 수 있다.

▌ 동시 세션 제어의 장점

동시 세션 제어의 장점은 활성화(또는 선택적으로 만료된)된 세션을 추적하기 위해 Session Registry가 존재한다는 점이다. 즉, 다음 과정을 통해 런타임 시에 시스템에서 어떤 사용 자 활동(적어도 인증된 사용자에 대해서)이 일어나고 있는지 정보를 얻을 수 있다는 뜻이다.

1. 이와 같은 세션 추적은 동시 세션 제어를 활성화하지 않아도 이용할 수 있다. 단 순히 maximumSessions를 -1로 설정하기만 하면 세션 추적이 활성화된 상태로 유 지된다. 하지만 물론 다음과 같이 SessionConfig.java 파일에 명시적인 빈 설정 을 사용해야 한다.

```
//src/main/java/com/packtpub/springsecurity/configuration/
SessionConfig.java

@Bean
public SessionRegistry sessionRegistry(){
    return new SessionRegistryImpl();
}
```

2. 이미 SecurityConfig.java 파일에 SecurityConfig.java을 불러오도록 추가했 으므로 SecurityConfig.java 파일에 사용자 정의 설정을 참조만 하면 된다. 다 음 코드로 현재의 sessionManagement와 maximumSessions 설정을 대체하자.

```
//src/main/java/com/packtpub/springsecurity/configuration/
SecurityConfig.java

http.sessionManagement()
    .maximumSessions(-1)
    .sessionRegistry(sessionRegistry)
    .expiredUrl("/login/form?expired")
    .maxSessionsPreventsLogin(true);
```

 이제, 코드가 chapter14.05-calendar와 비슷해야 한다.

이제 JBCP 애플리케이션은 동일한 사용자에 대해 무제한 로그인을 허용한다. 하지만 SessionRegistry를 사용해 강제로 사용자를 로그아웃시킬 수 있다. 다음 절에서는 SessionRegistry를 사용해서 사용자의 보안을 강화하는 방법에 대해 살펴보자.

▌사용자의 활성화된 세션 표시

아마 사용자가 자신의 계정에 로그인한 세션을 확인하고 강제로 해당 세션을 로그아웃시킬 수 있는 웹 사이트를 본 적이 있을 것이다. 샘플 코드에는 다음과 같이 이미 UserSessionController를 사용해 현재 로그인한 사용자의 세션을 가져오는 기능을 구현했다.

```
//src/main/java/com/packtpub/springsecurity/web/controllers/
UserSessionController.java

@Controller
public class UserSessionController {
    private final SessionRegistry sessionRegistry;
    @Autowired
```

```
    public UserSessionController(SessionRegistry sessionRegistry) {
        this.sessionRegistry = sessionRegistry;
    }
    @GetMapping("/user/sessions/")
    public String sessions(Authentication authentication, ModelMap model) {
        List<SessionInformation> sessions = sessionRegistry.getAllSessions
            (authentication.getPrincipal(), false);
        model.put("sessions", sessions);
        return "user/sessions";
    }
    @DeleteMapping(value="/user/sessions/{sessionId}")
    public String removeSession(@PathVariable String sessionId,
        RedirectAttributes redirectAttrs) {
        SessionInformation sessionInformation = sessionRegistry.
        getSessionInformation(sessionId);
        if(sessionInformation != null) {
            sessionInformation.expireNow();
        }
        redirectAttrs.addFlashAttribute("message", "Session was removed");
        return "redirect:/user/sessions/";
    }
}
```

sessions 메서드는 스프링 MVC를 사용해 현재의 스프링 시큐리티 Authentication을 자동으로 획득한다. 스프링 MVC를 사용하지 않는다면 3장, '사용자 정의 인증'에서 설명한 대로 SecurityContextHolder에서 현재의 Authentication을 얻을 수도 있다. 그런 다음 주체는 현재 사용자의 모든 SessionInformation 객체를 가져오는 데 사용한다. 따라서 다음과 같이 sessions.html 파일의 SessionInformation 객체를 반복 호출하면 쉽게 정보를 표시할 수 있다.

//src/main/resources/templates/sessions.html

```
...
<tr th:each="session : ${sessions}">
<td th:text="${#calendars.format(session.lastRequest, 'yyyy-MM-dd
```

```
HH:mm')}">
</td>
<td th:text="${session.sessionId}"></td>
<td>
<form  action="#"
th:action="@{'/user/sessions/{id}'(id=${session.sessionId})}"
th:method="delete"  cssClass="form-horizontal">
<input type="submit" value="Delete" class="btn"/>
</form>
</td>
</tr>
...
```

이제 JBCP 달력 애플리케이션을 재시작하고 구글 크롬을 사용해 사용자명을 user1@
example.com, 패스워드를 user1로 로그인해보자. 그런 다음, 파이어폭스를 이용해 동일
사용자로 로그인해 오른쪽 위의 user1@example.com 링크를 클릭하면 다음 스크린샷과 같
이 두 세션이 모두 로그인된 것을 확인할 수 있다.

파이어폭스에서 Delete 버튼을 눌러 첫 번째 세션을 삭제해보자. Delete 버튼을 클릭하면
UserSessionsController의 deleteSession 메서드로 삭제 요청이 전송되고, 해당 세션은
종료될 것이다. 이제 구글 크롬을 사용해서 다른 페이지로 이동을 시도하면 세션이 강제
종료됐다는 사용자 정의 메시지가 표시될 것이다. 따라서 이러한 기능은 사용자가 자신의
활성화된 다른 세션을 강제로 종료할 수 있는 좋은 기능임을 알 수 있다.

이러한 기능을 확장해 관리자가 모든 활성화된 세션을 나열 및 관리하고, 사이트의 활성화
된 사용자 수를 표시하며, IP 주소 및 위치 정보 등을 표시하도록 할 수도 있다.

498

스프링 시큐리티가 HttpSession 메서드를 사용하는 방법

이미 스프링 시큐리티가 SecurityContextHolder를 사용해 현재 로그인한 사용자를 확인하는 방법에 대해 살펴봤다. 하지만 어떻게 스프링 시큐리티가 자동으로 Security ContextHolder를 채우는지에 대해서는 설명하지 않았으므로 다음 다이어그램을 통해 o.s.s.web.context.SecurityContextPersistenceFilter 필터와 o.s.s.web.context. SecurityContextRepository 인터페이스에 대해 살펴보자.

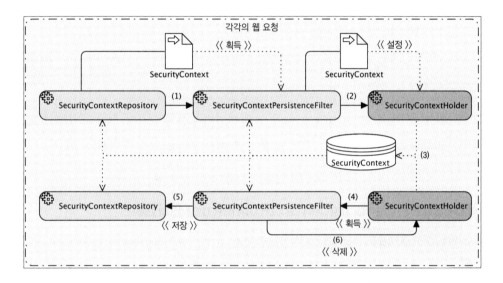

위의 다이어그램의 각 번호에 해당하는 설명은 다음과 같다.

1. 각 웹 요청의 시작 부분에서 SecurityContextPersistenceFilter는 Security ContextRepository를 사용해 현재 SecurityContext 구현체를 획득하는 역할을 담당한다.
2. 바로 다음으로 SecurityContextPersistenceFilter는 SecurityContextHolder에 SecurityContext를 설정한다.
3. 나머지 웹 요청의 경우 SecurityContextHolder를 통해 SecurityContext를 사용할 수 있다. 예를 들어 스프링 MVC 컨트롤러 또는 CalendarService가

SecurityContext에 접근하기를 원하는 경우, SecurityContextHolder를 사용해 접근할 수 있다.

4. 그런 다음, 각 요청의 마지막에서 SecurityContextPersistenceFilter는 SecurityContextHolder로부터 SecurityContext를 획득한다.

5. 그 후 즉시 SecurityContextPersistenceFilter는 SecurityContextRepository에 SecurityContext를 저장한다. 이는 웹 요청 중 SecurityContext가 업데이트되는 경우(즉, 3장, '사용자 정의 인증'에서와 같이 새로운 계정을 생성할 때) SecurityContext가 저장되는 것을 보장한다.

6. 마지막으로 SecurityContextPersistenceFilter는 SecurityContextHolder를 비운다.

그렇다면 아마 위 과정이 HttpSession과 어떤 관련이 있는지 궁금할 것이다. 위의 모든 과정은 HttpSession를 사용하는 기본 SecurityContextRepository 구현체와 결합된다.

HttpSessionSecurityContextRepository 인터페이스

SecurityContextRepository의 기본 구현체인 o.s.s.web.context.HttpSessionSecurityContextRepository는 HttpSession을 사용해 현재 SecurityContext 구현체를 검색하고 저장한다. 별도로 제공되는 다른 SecurityContextRepository 구현체는 없지만, HttpSession는 SecurityContextRepository 인터페이스로 추상화해 사용할 수 있으므로 원한다면 직접 작성해서 사용할 수 있다.

스프링 시큐리티에 HttpSession를 사용하도록 설정

스프링 시큐리티는 http 요소의 create-session 애트리뷰트를 사용해 스프링 시큐리티가 세션을 생성할 시기를 설정할 수 있다. 다음 표를 통해 몇 가지 옵션을 살펴보자.

애트리뷰트 값	설명
ifRequired	하나의 세션만을 필요로 할 경우 세션을 생성한다(기본값).
always	세션이 없는 경우 사전에 세션을 생성한다.
never	스프링 시큐리티는 절대 세션을 생성하지 않지만 애플리케이션이 생성하는 경우 해당 세션을 사용한다. 즉, HttpSession 메서드가 있으면 SecurityContext가 지속되거나 검색된다.
stateless	스프링 시큐리티는 세션을 생성하지 않고 스프링 Authentication을 얻기 위해 세션을 무시한다. 이 경우, NullSecurityContextRepository가 사용되며, 항상 현재 SecurityContext를 null로 나타낸다.

실제 상황에서는 애트리뷰트가 스프링 시큐리티의 HttpSession를 사용하는 하위 집합 만을 제어하기 때문에 세션 생성을 제어하는 것이 어려울 수도 있다. 또한 애플리케이션의 JSP와 같은 다른 구성 요소에는 적용되지 않기 때문에 언제 HttpSession 메서드가 생성됐는지 알기 위해서는 스프링 시큐리티의 DebugFilter를 추가해야 한다.

스프링 시큐리티의 DebugFilter를 이용한 디버깅

다음 과정을 살펴보고 스프링 시큐리티의 DebugFilter를 사용해 디버깅하는 방법에 대해 알아보자.

1. 다음과 같이 세션 정책이 NEVER가 되도록 SecurityConfig.java 파일을 업데이트하고, 세션의 생성 시점을 추적할 수 있도록 EnableWebSecurity 어노테이션의 debug 플래그를 true로 추가한다.

```
//src/main/java/com/packtpub/springsecurity/configuration/
SecurityConfig.java

@Configuration
@Enable WebSecurity(debug = true)
public class SecurityConfig extends WebSecurityConfigurerAdapter {
    ...
    http.sessionManagement()
        .sessionCreationPolicy(SessionCreationPolicy.NEVER);
```

2. 이제 애플리케이션을 시작하면 표준 출력창에 다음과 비슷한 내용이 나타날 것이다. 다음 내용이 출력되지 않는다면 모든 레벨의 스프링 시큐리티 디버거 카테고리에 로깅을 활성화했는지 확인하자.

```
********************************************************************
*
              **********          Security debugging is enabled.
*************
              **********          This may include sensitive information.
*************
              **********          Do not use in a production system!
*************
********************************************************************
*
```

3. 이제 쿠키를 제거한다(파이어폭스에서는 Shift + Ctrl + Delete를 사용해 간단하게 수행할 수 있다). 그런 다음, 애플리케이션을 재시작하고, http://localhost:8080에 접속한다. 14장의 초반부에서 했던 것처럼 쿠키를 살펴보면 스프링 시큐리티가 절대 HttpSession을 생성하지 않도록 설정했음에도 불구하고 JSESSIONID를 생성한 것을 확인할 수 있다. 이제 로그를 다시 살펴보면, 다음과 같이 HttpSession를 생성한 코드의 호출 스택이 표시될 것이다.

```
*************************************************************
2017-07-25  18:02:31.802  INFO  71368  ---  [nio-8080-exec-1]
Spring Security Debugger :
*************************************************************
New  HTTP  session  created:  2A708D1C3AAD508160E6189B69D716DB
```

4. 이런 경우, JSP 페이지는 새로운 HttpSession 메서드를 작성하는 역할을 한다. 다시 말해, 다음 코드를 모든 JSP 코드의 초반부에 추가하지 않으면 JSP는 기본적으로 HttpSession 메서드를 생성한다.

```
<%@ page session="false" %>
```

DebugFilter에는 다양한 용도가 있다. 예를 들어 요청이 특정 URL과 일치하는지, 스프링 시큐리티 필터가 호출되는지 등의 기능이 있으므로 자체적으로 공부해보는 것을 추천한다.

▌ 요약

14장에서는 스프링 시큐리티가 세션을 관리하고 세션 고정 공격을 방어하는 방법에 대해 살펴봤다. 또한 스프링 시큐리티의 동시성 제어를 사용해 동일한 사용자가 동시에 여러 번 인증받지 못하도록 설정하는 방법을 살펴봤다.

더 나아가 사용자가 계정과 연결된 세션을 강제로 종료할 수 있도록 동시성 제어를 활용하는 방법 또한 설명했으며, 스프링 시큐리티의 세션 생성을 설정하는 방법과 스프링 시큐리티의 DebugFilter 필터를 사용해 스프링과 관련된 문제를 해결하는 방법을 살펴봤다. 또한 HttpSession 메서드가 언제 생성됐는지와 생성 원인에 대해서도 설명했다.

이것으로 스프링 시큐리티의 세션 관리에 대한 설명을 모두 마무리했다. 15장, '스프링 시큐리티의 추가 기능'에서는 스프링 시큐리티와 다른 프레임워크를 호환하는 방법에 대해 알아본다.

15

스프링 시큐리티의
추가 기능

15장에서는 다음과 같이 지금까지 이 책에서 다루지 않았던 몇 가지 추가 스프링 시큐리티 기능에 대해 살펴본다.

- 크로스 사이트 스크립팅Cross-site Scripting, XSS
- **사이트 간 요청 변조**Cross-Site Request Forgery, CSRF
- 동기화 토큰Synchronizer tokens
- 클릭재킹Clickjacking

또한 다음 메서드를 활용해 다양한 HTTP 헤더를 포함시킴으로써 일반적인 보안 취약점으로부터 보호하는 방법에 대해 알아본다.

- Cache-Control

- Content-Type Options
- HSTS^{HTTP Strict Transport Security}
- X-Frame-Options
- X-XSS-Protection

15장을 읽기 전에 스프링 시큐리티가 어떻게 동작하는지 이해하고 있는 것이 좋다. 즉, 간단한 웹 애플리케이션에서 인증 및 권한 부여를 설정할 수 있어야 한다. 만약 불가능하다면 3장, '사용자 정의 인증'을 학습하고 오는 것을 추천한다. 스프링 시큐리티의 기본 개념과 프레임워크에 대한 이해가 있다면 다른 프레임워크와 연동하는 것은 매우 간단하다.

▌ 보안 취약점

인터넷 시대에는 다양한 취약점이 존재한다. 웹 기반 취약점에 대한 자세한 내용은 https://www.owasp.org에 있는 **OWASP**를 참고하자.

OWASP는 다양한 취약점을 이해하기 위한 훌륭한 자원일 뿐 아니라 업계 동향에 따라 상위 10개 취약점을 분류한다.

▌ 크로스 사이트 스크립팅

XSS 공격은 신뢰할 수 있는 사이트에 악성 스크립트를 삽입하면서 이뤄진다.

XSS 공격은 공격자가 입력한 값을 필터링하지 않고 실행시키는 웹 브라우저 기반 스크립트 형태로 사이트에 전송하고, 웹 사이트의 다른 사용자가 실행하는 특정 웹 애플리케이션을 악용할 때 발생한다.

공격자는 웹 사이트에 제공된 유효성이 확인되거나 암호화되지 않은 정보를 기반으로 다양한 공격을 실행할 수 있다.

XSS 공격의 핵심은 사용자가 사이트에서 전송되는 정보를 신뢰한다는 가정에서 출발한다. 최종 사용자의 웹 브라우저는 검색 중인 웹 사이트에 대한 암묵적인 신뢰가 있기 때문에 악성 스크립트를 필터링해야 하는지 여부를 판단할 수가 없다. 따라서 공격자는 웹 브라우저의 이런 점을 악용해 악성 스크립트를 통해 해당 웹 사이트에서 사용하는 모든 쿠키, 세션 토큰 또는 기타 중요한 정보에 접근한다.

다음 다이어그램을 통해 XSS가 발생하는 과정에 대해 살펴보자.

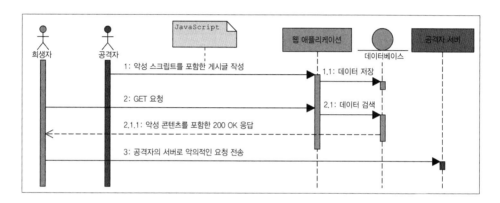

▮ 사이트 간 요청 변조

사이트 간 요청 변조 공격은 피해자가 악의적인 요청을 제출하도록 유도하는 것이다. 이러한 유형의 공격은 피해자의 신원과 권한을 상속하거나 탈취해 권한이 없는 기능을 사용하거나 페이지에 접근한다.

웹 애플리케이션의 경우, 대부분의 웹 브라우저는 사용자 세션, 쿠키, IP 주소, 윈도우 도메인 자격 증명 등 사이트와 관련된 자격 증명을 자동으로 포함한다.

따라서 사용자가 현재 사이트에서 인증을 받은 경우, 해당 사이트는 피해자가 보낸 위조된 요청과 정상 요청을 구분할 수 없다.

CSRF 공격은 피해자의 이메일 주소 및 패스워드 변경 또는 금융 거래 발생과 같이 서버의 상태를 변경시킨다.

이 경우 공격자는 응답을 받지 않기 때문에 데이터를 검색할 수 없으므로 피해자가 직접 데이터를 검색하게 된다. 따라서 CSRF 공격은 상태 변경 요청을 대상으로 한다.

다음 다이어그램을 통해 CSRF 공격이 발생하는 과정에 대해 살펴보자.

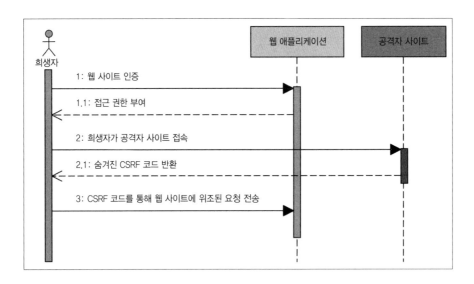

CSRF 공격을 방어하기 위한 여러 가지 방법이 있지만, 비밀 쿠키, HTTP POST 요청, 다단계 트랜잭션, URL 다시 쓰기 및 HTTPS와 같은 조치만으로는 역부족이다.

 OWASP가 발표한 상위 10개 취약점은 CSRF(https://www.owasp.org/index.php/Cross-Site_Request_Forgery_(CSRF)를 여덟 번째로 흔한 공격으로 정의하고 설명한다.

동기화 토큰

CSRF 공격에 대한 해결책은 동기화 토큰을 사용하는 것이다. 동기화 토큰 사용은 각 요청에 세션 쿠키 외에 HTTP 매개변수로 무작위 생성된 토큰이 필요하다. 요청이 제출되면 서버는 매개변수의 예상값을 검색해 요청에 전송된 실제 값과 비교한다. 따라서 값이 일치하지 않는 경우 요청은 실패한다.

 Cross-Site Request Forgery (CSRF) Prevention Cheat Sheet는 CSRF 공격에 대해 실행할 수 있는 해결책으로 동기화 토큰을 권장(https://www.owasp.org/index. php/Cross-Site_Request_Forgery_(CSRF)_Prevention_Cheat_Sheet#General_ Recommendation:_ Synchronizer_Token_Pattern)한다.

예상값을 조금 완화시키려면 상태를 업데이트하는 각 HTTP 요청에 대한 토큰만 포함한다. 이 경우도 동일한 정책이 적용되므로 악의적인 사이트가 응답을 읽을 수 없도록 보장하기 때문에 안전하다. 추가로 HTTP GET 메서드를 통해 토큰 전송 시 유출되기 쉽기 때문에 토큰을 HTTP GET 메서드로 전송하지 않도록 주의한다.

다음을 통해 샘플 애플리케이션이 어떻게 변화되는지 살펴보자. 임의로 생성된 토큰이 named_csrf라는 HTTP 매개변수에 표시된다고 가정하자. 예를 들어 송금 요청은 다음과 같다.

```
POST /transfer HTTP/1.1
Host: bank.example.com
Cookie: JSESSIONID=randomid; Domain=bank.example.com; Secure;HttpOnly
Content-Type:  application/x-www-form-urlencoded
amount=100.00&routingNumber=1234&account=9876&_csrf=<secure-random token>
```

_csrf 매개변수에 임의의 값을 추가했다. 이제 악성 웹 사이트는 _csrf 값을 추측할 수 없으며, 서버가 실제 토큰과 예상 토큰을 비교하면 송금 요청은 실패한다.

다음 다이어그램을 통해 동기화 토큰의 원리에 대해 살펴보자.

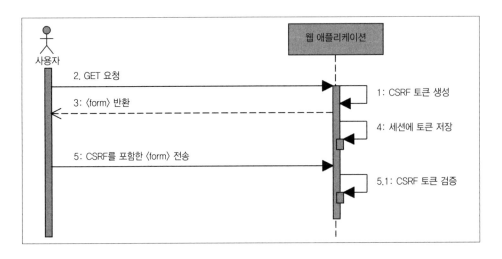

스프링 시큐리티에서의 동기화 토큰 지원

스프링 시큐리티는 기본적으로 동기화 토큰 지원을 제공한다. 지금까지는 SecurityCon fig.java 파일에서 다음 코드와 같이 CSRF 보호를 비활성화했다.

```java
//src/main/java/com/packtpub/springsecurity/configuration/SecurityConfig.java

protected void configure(HttpSecurity http) throws Exception {
    ...
    // CSRF 보호는 기본적으로 사용됨
    http.csrf().disable();
    ...
}
```

지금까지는 동기화 토큰 보호를 비활성화해 다른 보안 문제에 집중했다. 따라서 이 시점에서는 애플리케이션을 시작하면 모든 페이지에서 동기화 토큰 지원을 사용하지 않고 있을 것이다.

ℹ Chapter15.00-calendar의 코드부터 시작하자.

CSRF 보호 사용 시점

웹 브라우저 또는 일반 사용자가 처리할 수 있는 모든 요청에는 CSRF 보호를 사용하는 것을 추천한다. 하지만 웹 브라우저가 아닌 클라이언트만 사용하는 서비스를 만드는 경우, CSRF 보호를 비활성화해야 할 가능성이 크므로 주의하자.

CSRF 보호 및 JSON

가장 일반적인 질문은 '자바스크립트로 JSON 요청을 보호해야 하는가?'이다. 이에 대한 짧은 대답은 '상황에 따라 다르다'이다. 하지만 JSON 요청에 영향을 줄 수 있는 CSRF 공격이 있으므로 매우 신중해야 한다. 예를 들어 악의적인 사용자는 다음과 같은 form을 사용해 JSON 요청에 CSRF 공격을 수행할 수 있다.

```
<form action="https://example.com/secureTransaction" method="post"
enctype="text/plain">
<input name='{"amount":100,"routingNumber":"maliciousRoutingNumber",
"account":"evilsAccountNumber", "ignore_me":"' value='test"}'
type='hidden'>
<input type="submit" value="Win Money!"/>
</form>This will produce the following JSON structure{ "amount":
100,"routingNumber": "maliciousRoutingNumber","account":
"maliciousAccountNumber","ignore_me": "=test"
}
```

애플리케이션이 Content-Type 메서드의 유효성을 검사하지 않으면, 위와 같은 공격에 노출된다. 설정에 따라 다음 코드와 같이 URL 접미사를 .json으로 끝내도록 업데이트해 Content-Type 메서드의 유효성을 검사하는 스프링 MVC 애플리케이션을 악용할 수도 있다.

```
<form action="https://example.com/secureTransaction.json" method="post"
enctype="text/plain">
<input name='{"amount":100,"routingNumber":"maliciousRoutingNumber",
"account":"maliciousAccountNumber", "ignore_me":"' value='test"}'
type='hidden'>
<input type="submit" value="Win Money!"/>
</form>
```

CSRF 및 stateless 웹 브라우저 애플리케이션

애플리케이션이 상태 정보를 저장하지 않으면stateless 어떻게 될까? 이 경우에도 완벽하게 보호되고 있다고는 장담할 수 없다. 웹 브라우저에서 실제로 사용자가 특정 요청에 대해 어떤 작업도 수행할 필요가 없는 경우에도 CSRF 공격에 취약할 수 있기 때문이다.

예를 들어 JSESSIONID 쿠키 대신 인증을 위해 내부의 모든 상태를 포함하는 사용자 정의 쿠키를 사용하는 애플리케이션이라고 가정해보자. 이런 경우 CSRF 공격이 발생하면 이전 예에서 JSESSIONID 쿠키가 전송된 것과 동일한 방식으로 요청과 함께 사용자 정의 쿠키가 전송된다.

기본 인증을 사용하는 사용자도 JSESSIONID 쿠키와 동일한 방식으로 모든 요청에 사용자명과 패스워드를 자동으로 포함하고 있으므로 CSRF 공격에 취약하다.

스프링 시큐리티 CSRF 보호 사용

그렇다면 스프링 시큐리티가 CSRF 공격으로부터 사이트를 보호하기 위해서는 어떻게 해야 할까? 스프링 시큐리티 CSRF 보호를 사용하는 방법은 다음과 같다.

1. 적절한 HTTP 메서드를 사용한다.
2. CSRF 보호를 설정한다.
3. CSRF 토큰을 포함한다.

적절한 HTTP 메서드 사용

CSRF 공격으로부터 보호하기 위한 첫 번째 단계는 웹 사이트가 적절한 HTTP 메서드를 사용하는지 확인하는 것이다. 특히, 스프링 시큐리티의 CSRF 지원을 사용하기 전에 애플리케이션이 상태를 수정하는 PATCH, POST, PUT 또는 DELETE 중 사용하는 메서드가 있는지 확인해야 한다.

이는 스프링 시큐리티 지원에 대한 제약 사항이 아니라 적절한 CSRF 예방을 위한 일반적인 주의 사항이다. 그 이유는 HTTP GET 메서드에 개인 정보를 포함하면 정보가 유출되기 쉽기 때문이다.

중요 정보 전송 시 GET 대신 POST를 사용하는 것에 대한 지침은 RFC 2616, Section 15. 1.3, Encoding Sensitive Information in URI(https://www.w3.org/Protocols/ rfc2616/ rfc2616-sec15.html#sec15.1.3)를 참고하자.

CSRF 보호 설정

다음 단계는 애플리케이션에 스프링 시큐리티의 CSRF 보호를 설정하는 것이다. 일부 프레임워크는 사용자의 세션을 무효화시켜 유효하지 않은 CSRF 토큰을 처리하지만 이 경우 또 다른 문제점을 야기한다. 그 대신, 스프링 시큐리티의 CSRF 보호는 기본적으로 HTTP 403 접근 거부를 발생시키며, InvalidCsrfTokenException을 다르게 처리하고 싶은 경우, AccessDeniedHandler를 사용자 정의할 수 있다.

수동적인 이유로 XML 설정을 사용하는 경우, <csrf> 요소를 사용해 CSRF 보호를 명시적으로 활성화해야 한다. 추가 사용자 정의에 대해서는 <csrf> 요소에 관한 문서를 참고하자.

기본 CSRF 지원

CSRF 보호는 자바 설정에서 기본적으로 활성화된다. CSRF 보호가 어떻게 구성돼 있는지에 대한 추가 사용자 정의는 csrf()의 JavaDoc를 참고하자.

이 설정에서 자세한 내용을 얻으려면 다음과 같이 SecurityConfig.java 파일에 CSRF 메서드를 추가하자.

```
//src/main/java/com/packtpub/springsecurity/configuration/SecurityConfig.java

@Override
public void configure(HttpSecurity http) throws Exception {
  http.csrf();
}
```

〈Form〉 제출에 CSRF 토큰 포함

마지막 단계는 모든 PATCH, POST, PUT 및 DELETE 메서드에 CSRF 토큰을 포함시키는 것이다. 이를 위한 한 가지 방법은 _csrf 요청 애트리뷰트를 사용해 현재의 CsrfToken 토큰을 얻는 것이다. JSP를 사용해 이 작업을 수행하는 코드는 다음과 같다.

```
<c:url var="logoutUrl" value="/logout"/>
<form action="${logoutUrl}" method="post">
    <input type="submit" value="Log out" />
    <input type="hidden"name="${_csrf.parameterName}"value="${_csrf.token}"/>
</form>
```

스프링 시큐리티 JSP 태그 라이브러리를 사용하는 CSRF 토큰 포함

CSRF 보호가 활성화된 경우 JSP 태그는 CSRF 보호 토큰에 대해 올바른 이름과 값을 가진 숨겨진 form 필드를 삽입한다. CSRF 보호가 비활성화된 경우에는 해당 JSP 태그는 어떤 출력도 하지 않는다.

일반적으로 스프링 시큐리티는 사용하는 `<form:form>` 태그에 대해 CSRF form 필드를 자동으로 삽입하지만 `<form:form>`를 사용할 수 없는 경우에는 `csrfInput`로 손쉽게 대체할 수 있다.

해당 필드는 일반적으로 다른 input 필드를 배치할 수 있는 HTML `<form></form>` 블록 내에 배치해야 하며, 스프링 `<form:form></form:form>` 블록 내에 배치하지 않도록 주의해야 한다. 스프링 시큐리티는 다음과 같이 스프링 form을 자동으로 처리한다.

```
<form method="post" action="/logout">
  <sec:csrfInput />
  ...
</form>
```

기본 CSRF 토큰 지원

스프링 MVC `<form:form>` 태그나 or Thymeleaf 2.1 이상 버전을 사용하고 `@EnableWebSecurity`를 `EnableWebMvcSecurity`로 대체하면 처리 중인 `CsrfRequestDataValue` 토큰을 사용해 `CsrfToken`을 자동으로 포함시킨다.

따라서 이 책에서는 모든 웹 페이지에서 Thymeleaf를 사용한다. Thymeleaf는 스프링 시큐리티에서 CSRF 지원을 활성화하면 기본적으로 CSRF 지원이 활성화된다.

 이제, 코드가 chapter15.01-calendar와 비슷해야 한다.

이제 JBCP 달력 애플리케이션을 시작하고 `https://localhost:8443/login.html`의 로그인 페이지로 이동하면 다음과 같은 `login.html` 코드로 생성된 페이지를 볼 수 있다.

```
<form method="POST" action="/login" ...>
    ...
    <input type="hidden" name="_csrf" value="e86c9744-5b7d-4d5f-
81d5-450463222908">
    </form>
```

Ajax 및 JSON 요청

JSON을 사용하는 경우 HTTP 매개변수 내에서 CSRF 토큰을 제출할 수 없지만, HTTP 헤더 내에 토큰을 제출할 수는 있다. 일반적인 패턴은 `<meta>` HTML 태그 내에 CSRF 토큰을 포함시키는 것이다. 다음의 JSP 예시를 살펴보자.

```
<html>
    <head>
        <meta name="_csrf" content="${_csrf.token}"/>
        <!-- 기본 헤더명은 X-CSRF-TOKEN이다. -->
        <meta name="_csrf_header" content="${_csrf.headerName}"/>
        ...
    </head>
    ...
```

`<meta>` 태그를 수동으로 생성하는 대신 스프링 시큐리티 JSP 라이브러리의 간단한 `csrfMetaTags` 태그를 사용할 수 있다.

csrfMetaTags 태그

CSRF 보호가 활성화된 경우 `csrfMetaTags` 태그는 CSRF 보호 토큰 form 필드, 헤더명 및 CSRF 보호 토큰 값을 포함하는 메타 태그를 삽입한다. 이러한 메타 태그는 애플리케이션의 자바스크립트 내에서 CSRF 보호를 적용하는 데 유용하다.

일반적으로 다른 메타 태그를 배치할 때는 HTML <head></head> 블록 내에 csrfMeta Tags 태그를 배치해야 한다. 이때 csrfMetaTags 태그를 사용하면 다음과 같이 자바스크립트를 사용해 form 필드명, 헤더명, 및 토큰 값에 쉽게 접근할 수 있다.

```html
<html>
<head>
    ...
    <sec:csrfMetaTags />
    <script type="text/javascript" language="javascript">
        var csrfParameter = $("meta[name='_csrf_parameter']").
attr("content");
        var csrfHeader = $("meta[name='_csrf_header']").attr("content");
        var csrfToken = $("meta[name='_csrf']").attr("content");
        ...
    <script>
</head>
...
```

CSRF 보호가 비활성화된 경우에는 csrfMetaTags는 아무것도 출력하지 않는다.

jQuery 사용

그런 다음, 모든 Ajax 요청 내에 토큰을 포함시킬 수 있다. jQuery를 사용하는 경우 다음 코드를 사용해 해당 작업을 수행할 수 있다.

```javascript
$(function () {
    var token = $("meta[name='_csrf']").attr("content");
    var header = $("meta[name='_csrf_header']").attr("content");
    $(document).ajaxSend(function(e, xhr, options) {
        xhr.setRequestHeader(header, token);
    });
});
```

cujoJS의 rest.js 모듈 사용

jQuery의 대안으로 cujoJS의 `rest.js` 모듈을 사용할 것을 추천한다. `rest.js` 모듈은
RESTful 방식으로 HTTP 요청 및 응답 작업을 위한 고급 지원을 제공한다. rest.js 모듈의
핵심 기능은 HTTP 클라이언트를 상황에 맞게 확장하는 기능으로, 다음과 같이 인터셉터
를 클라이언트에 연결해 필요에 따라 동작을 추가한다.

```
var client = rest.chain(csrf, {
        token: $("meta[name='_csrf']").attr("content"),
        name: $("meta[name='_csrf_header']").attr("content")
});
```

구성된 클라이언트는 CSRF 보호 자원에 요청해야 하는 애플리케이션의 모든 구성 요소
와 공유할 수 있다. `rest.js`와 jQuery의 한 가지 중요한 차이점은 모든 요청에 토큰을 포
함하는 jQuery에 비해 `rest.js`는 구성된 클라이언트에 대한 요청에만 CSRF 토큰을 포함
한다는 것이다. 어떤 요청이 토큰을 수신하는지 판별하는 기능은 CSRF 토큰이 제 3자에
게 유출되지 않도록 보호한다.

 rest.js에 대한 자세한 내용은 rest.js 참조 문서(https://github.com/cujojs/rest/tree/master/docs)를 참고하자.

CSRF 보호 구현 시 주의사항

스프링 시큐리티에서 CSRF 보호를 구현할 때 주의해야 할 사항은 다음과 같다.

타임아웃

첫 번째 문제는 예상 CSRF 토큰이 HttpSession 메서드에 저장되므로 HttpSession 메서드가 만료되는 즉시 구성된 AccessDeniedHandler 핸들러가 InvalidCsrfTokenException을 수신한다는 것이다. 기본 AccessDeniedHandler 핸들러를 사용하는 경우, 웹 브라우저는 HTTP 403을 수신하고 간단한 오류 메시지를 표시한다.

아마 예상 CsrfToken 토큰을 쿠키에 저장하지 않는 이유가 궁금할 것이다. 이는 헤더(쿠키 지정)를 다른 도메인에서 설정할 수 있는 공격 기법이 존재하기 때문이다.

 위의 공격 기법을 수행하는 방법에 대한 자세한 내용은 http://lists.webappsec.org/ pipermail/websecurity_lists.webappsec.org/2011-February/007533.html을 참고 하자.

또 다른 문제는 상태(타임아웃)를 제거하면 뭔가가 손상된 경우 강제로 토큰을 종료할 수 없다는 것이다.

따라서 이를 해결하기 위한 간단한 해결책은 세션이 만료될 예정임을 알리는 자바스크립트를 사용하는 것이다. 이때 사용자는 버튼을 클릭해 세션을 연장할 수 있다.

또는 사용자 정의 AccessDeniedHandler 핸들러를 지정하면 다음 코드와 같이 원하는 대로 InvalidCsrfTokenException을 처리할 수 있다.

```
//src/main/java/com/packtpub/springsecurity/configuration/SecurityConfig.java

@Override
public void configure(HttpSecurity http) throws Exception {
    http.exceptionHandling()
            .accessDeniedHandler(accessDeniedHandler);
}
@Bean
public CustomAccessDeniedHandler accessDeniedHandler(){
```

```
    return new CustomAccessDeniedHandler();
}
```

로그인

위조된 로그인 요청으로부터 보호하려면 CSRF 공격으로부터 로그인 form을 보호해야 한다. `CsrfToken` 토큰을 `HttpSession`에 저장하기 때문에 `CsrfToken` 애트리뷰트에 접근하는 즉시 `HttpSession` 메서드가 생성된다. RESTful/stateless 아키텍처에서는 선호하지 않지만 상태가 없는 경우 토큰이 손상되면 아무것도 할 수 없으므로 현실적으로 실용적인 보안을 구현하는 데 필요하다. 실질적으로 CSRF 토큰은 크기가 매우 작아서 아키텍처에 거의 영향을 미치지 않아야 한다.

 희생자로 하여금 공격자의 자격 증명을 사용해 대상 웹 사이트를 로그인하도록 하는 공격을 로그인 CSRF(https://en. wikipedia.org/wiki/Cross-site_request_forgery#Forging_login_requests)라고 한다.

로그아웃

CSRF 보안을 추가하면 `LogoutFilter` 필터가 HTTP **POST** 메서드만 사용하도록 업데이트된다. 이렇게 하면 로그아웃할 때 CSRF 토큰이 필요하며, 악의적인 사용자가 사용자를 강제로 로그아웃시킬 수 없다.

한 가지 방법은 로그아웃 시 `<form>` 태그를 사용하는 것이다. HTML 링크가 필요한 경우, 자바스크립트를 사용해 링크가 HTTP **POST**(숨겨진 form일 수도 있음)를 수행하도록 할 수 있다. 자바스크립트가 비활성화된 웹 브라우저의 경우, 선택적으로 사용자에게 HTTP **POST**를 수행할 로그아웃 확인 페이지로 연결되는 링크를 포함시킬 수 있다.

로그아웃 시 HTTP GET 메서드를 사용하고 싶은 경우, 가능은 하지만 권장하지 않는다. 예를 들어 다음 자바 설정은 HTTP 메서드로 로그아웃 URL 패턴이 요청될 때 로그아웃을 수행한다.

```java
//src/main/java/com/packtpub/springsecurity/configuration/SecurityConfig.java

@Override
protected void configure(HttpSecurity http) throws Exception {
    http.logout()
        .logoutRequestMatcher(
            new AntPathRequestMatcher("/logout"));
}
```

▌ 보안 HTTP 응답 헤더

다음 절에서는 다양한 보안 헤더를 응답에 추가하는 스프링 시큐리티 지원에 대해 설명한다.

기본 보안 헤더

스프링 시큐리티는 사용자가 기본 보안 헤더를 쉽게 삽입해 애플리케이션을 보호할 수 있도록 지원한다. 다음은 스프링 시큐리티가 제공하는 기본 보안 헤더다.

- Cache-Control
- Content-Type Options
- HSTS^{HTTP Strict Transport Security}
- X-Frame-Options X-XSS-Protection

각 헤더는 기본적으로 많이 사용하는 헤더지만 모든 클라이언트가 헤더를 사용하는 것은 아니므로 추가 테스트가 필요하다. 수동적인 이유로 스프링 시큐리티의 XML 네임스페이스 지원을 사용하는 경우 보안 헤더를 명시적으로 활성화해야 한다. 모든 기본 헤더는 하위 요소가 없는 <headers> 요소를 사용해 쉽게 추가할 수 있다.

SEC-2348(https://github.com/spring-projects/spring-security/issues/2575)에 스프링 시큐리티 4.x의 XML 네임스페이스 설정이 기본적으로 보안 헤더를 사용하도록 기록돼 있다.

스프링 시큐리티의 자바 설정을 사용한다면 기본적으로 모든 기본 보안 헤더가 추가되며, 다음과 같이 자바 설정을 사용해 비활성화할 수도 있다.

```
//src/main/java/com/packtpub/springsecurity/configuration/SecurityConfig.java

@Override
protected void configure(HttpSecurity http) throws Exception {
    http.headers().disable();
}
```

다음 코드는 보안 헤더를 응답에 추가하며, WebSecurityConfigurerAdapter의 기본 생성자를 사용하면 기본적으로 활성화된다. WebSecurityConfigurerAdapter에서 제공하는 기본값을 사용하거나 추가 메서드를 호출하지 않고 headers() 메서드만 호출하는 경우 다음 코드를 사용한다.

```
@Override
protected void configure(HttpSecurity http) throws Exception {
    http
        .headers()
        .contentTypeOptions()
        .and()
        .xssProtection()
        .and()
        .cacheControl()
```

```
        .and()
        .httpStrictTransportSecurity()
        .and()
        .frameOptions()
        .and()
    ...;
}
```

포함할 헤더를 지정하면 해당 헤더만 포함된다. 예를 들어 다음 설정은 X-Frame-Options만 지원한다.

```
@Override
protected void configure(HttpSecurity http) throws Exception {
    ...
    http.headers().frameOptions();
}
```

Cache-Control

과거에는 스프링 시큐리티를 사용해 웹 애플리케이션을 위한 Cache-Control 메서드를 직접 제공해야 했다. 그 당시에는 당연시됐지만 웹 브라우저 캐시는 안전한 연결을 위한 캐시를 포함하도록 진화했다. 즉, 사용자가 인증된 페이지를 보고 로그아웃한 후 악의적인 사용자가 웹 브라우저 기록을 사용해 캐시된 페이지를 볼 수 있다는 뜻이다.

이를 방지하기 위해 스프링 시큐리티는 Cache-Control 지원을 추가했고, 다음과 같이 사용자의 응답 헤더에 다음 내용이 삽입된다.

```
Cache-Control: no-cache, no-store, max-age=0, must-revalidate
Pragma: no-cache
Expires: 0
```

자식 요소 없이 headers( ) 메서드를 추가하기만 하면 Cache-Control과 다른 몇 가지 보호 옵션이 자동으로 추가된다. 하지만 Cache-Control만 추가하고 싶다면 스프링 시큐리티의 자바 설정에 다음과 같이 cacheControl( ) 메서드를 사용해 기능을 활성화할 수도 있다.

```
@Override
protected void configure(HttpSecurity http) throws Exception {
    http.headers()
        .cacheControl();
}
```

특정 응답을 캐시하려면 애플리케이션이 선택적으로 HttpServletResponse.setHeader (String,String)를 호출해 스프링 시큐리티에서 설정한 헤더를 재정의한다. 이러한 기능은 CSS, 자바스크립트 및 이미지가 올바르게 캐시되도록 하는 데 유용하다.

스프링 웹 MVC를 사용하는 경우 이러한 작업은 일반적으로 설정 내에서 이뤄진다. 예를 들어 다음을 통해 모든 리소스에 대한 캐시 헤더를 설정할 수 있다.

```
@EnableWebMvc
public class WebMvcConfiguration extends WebMvcConfigurerAdapter {
    @Override
    public void addResourceHandlers(
                    ResourceHandlerRegistry registry) {
    Registry
            .addResourceHandler("/resources/**")
            .addResourceLocations("/resources/")
            .setCachePeriod(3_155_6926);
    }
    // ...
}
```

Content-Type Options

지금까지 인터넷 익스플로러를 포함한 웹 브라우저는 콘텐츠 스니핑 기법을 사용해 요청의 콘텐츠 유형을 추측하려고 했다. 이로 인해 웹 브라우저는 Content-Type을 지정하지 않은 Content-Type의 콘텐츠를 추측해 사용자 환경을 개선했다. 예를 들어 웹 브라우저에 지정된 Content-Type이 없는 자바스크립트 파일이 발견되면 Content-Type을 추측해 실행할 수 있다.

 콘텐츠를 업로드할 때 정해진 위치에 파일을 업로드하고, Content-Type 헤더가 설정되도록 하고, 오염되지 않은 파일을 업로드하는 등 여러 가지 작업을 수행해야 한다. 하지만 이러한 조치는 스프링 시큐리티가 제공하는 범위 외의 일이다. 따라서 콘텐츠 스니핑을 사용하지 않도록 설정하는 경우, 콘텐츠가 올바르게 동작하도록 Content-Type을 지정해야 한다.

콘텐츠 스니핑의 문제점은 악의적인 사용자가 여러 개의 Content-Type으로 이용할 수 있는 파일을 사용해 XSS 공격을 실행할 수 있게 한다. 예를 들어 일부 사이트에서는 사용자가 유효한 포스트 스크립트 문서를 웹 사이트에 제출하고 열람할 수 있도록 한다. 이때 악의적인 사용자가 유효한 자바스크립트 파일인 포스트 스크립트 문서를 만들고 XSS 공격을 실행할 수 있다(http://webblaze.cs.berkeley.edu/papers/barth-caballero-song.pdf).

응답에 다음 헤더를 추가해 콘텐츠 스니핑을 중지할 수 있다.

```
X-Content-Type-Options: nosniff
```

Cache-Control 요소와 마찬가지로 nosniff 지시어는 자식 요소가 없는 headers() 메서드를 사용할 때 기본적으로 추가된다. X-Content-Type-Options 헤더는 스프링 시큐리티 자바 설정에서 기본적으로 추가되며, 헤더를 더 세부적으로 제어하려면 다음 코드를 사용해 content type options를 명시적으로 지정할 수 있다.

```
@Override
protected void configure(HttpSecurity http) throws Exception {
    http.headers()
        .contentTypeOptions();
}
```

HTTP Strict Transport Security

은행 웹 사이트 접속 시 mybank.example.com나 https://mybank.example.com 둘 중 어떤 주소를 입력하는가? HTTPS 프로토콜을 생략하면 중간자 공격^{MITM}에 노출되기 쉽다. 웹 사이트가 https://mybank.example.com으로의 리다이렉션을 수행하더라도 악의적인 사용자가 초기 HTTP 요청을 인터셉트하고 응답을 처리할 수 있다. 즉, 사용자를 악의적인 사이트인 https://mibank.example.com으로 리다이렉트시키고 자격 증명을 도용하는 것이다.

많은 웹 사용자가 HTTPS를 입력하는 것을 생략하기 때문에 HSTS 기능이 만들어졌다.

RFC6797(https://tools.ietf.org/html/rfc6797)에 따라 HSTS 헤더는 HTTPS 응답에만 추가된다. 웹 브라우저가 헤더를 확인하도록 하기 위해 웹 브라우저는 먼저 SSL 인증서뿐 아니라 연결에 사용된 SSL 인증서에 서명한 CA를 신뢰해야 한다.

mybank.example.com을 HSTS 호스트로 추가하면 웹 브라우저는 mybank.example.com에 대한 모든 요청을 https://mybank.example.com으로 해석해야 하므로 중간자 공격이 발생할 가능성을 줄일 수 있다.

사이트를 HSTS 호스트로 표시하는 한 가지 방법은 호스트를 웹 브라우저에 미리 로드하는 것이다. 다른 방법으로는 Strict-Transport-Security 헤더를 응답에 추가하는 것이다. 예를 들어 다음과 같은 설정은 1년 동안 HSTS 호스트로 도메인을 처리하도록 웹 브라우저에 지시한다(1년은 대략 31,536,000 초가 있음).

```
Strict-Transport-Security: max-age=31536000 ; includeSubDomains
```

또한 선택적인 includeSubDomains 지시어를 통해 secure.mybank.example.com와 같은 하위 도메인도 HSTS 도메인으로 취급하라고 지시한다.

다른 헤더와 마찬가지로 스프링 시큐리티는 자식 요소 없이 headers( ) 메서드를 지정한 경우 응답에 이전 헤더를 추가하지만 자바 설정을 사용할 때는 자동으로 추가된다. 또한 다음 코드와 같이 hsts( ) 메서드를 사용해 HSTS 헤더만 사용할 수도 있다.

```
@Override
protected void configure(HttpSecurity http) throws Exception {
    http.headers()
        .hsts();
}
```

X-Frame-Options

웹 사이트가 프레임에 추가되도록 허용하면 보안상의 문제가 발생할 수도 있다. 예를 들어 CSS 스타일을 악용하면 사용자가 의도하지 않은 것을 클릭하도록 유도할 수 있다. 예를 들어 은행에 로그인한 사용자가 다른 사용자에게 접근 권한을 부여하는 버튼을 클릭하도록 유도할 수 있으며, 이러한 공격을 클릭재킹^{Clickjacking}이라고 한다.

 https://www.youtube.com/watch?v=3mk0RySeNsU에서 클릭재킹에 대한 영상을 시청할 수 있다. 또한 https://www.owasp.org/index.php/Clickjacking에서 클릭재킹에 대해 더 자세히 살펴보자.

클릭재킹을 방어하는 방법은 콘텐츠 보안 정책을 사용하는 것이다. 하지만 스프링 시큐리티는 기본적으로 이를 지원하지 않으며, 스프링 시큐리티로 이를 구현하려면 정적 헤더 기능을 사용해 다소 복잡하게 구현할 수 있다. 이 문제에 대한 최신 정보와 스프링 시큐리티로 이를 구현할 수 있는 방법에 대해 알아보려면 https://github.com/spring-projects/spring-security/issues/2342의 SEC-2117을 참고하자.

클릭재킹 공격을 완화하는 데에는 여러 가지 방법이 있다. 예를 들어 클릭재킹 공격으로부터 웹 브라우저를 보호하려면 프레임 구분 코드^{frame-breaking code}를 사용하면 된다. 완벽하지는 않지만 프레임 구분 코드는 기존 웹 브라우저에서 할 수 있는 최선의 방법으로 여겨진다.

클릭재킹 공격을 해결하기 위한 보다 나은 방법은 다음과 같이 X-Frame-Options 헤더를 사용하는 것이다.

```
X-Frame-Options: DENY
```

X-Frame-Options 응답 헤더는 응답에서 이 헤더가 있는 모든 사이트가 프레임 내에서 렌더링되지 않도록 웹 브라우저에 지시한다. 다른 응답 헤더와 마찬가지로 headers() 메서드가 자식 요소 없이 지정된 경우 자동으로 포함된다. 다음과 같이 frame-options 요소를 명시적으로 지정해 응답에 추가할 헤더를 제어할 수도 있다.

```
@Override
protected void configure(HttpSecurity http) throws Exception {
    http.headers()
        .frameOptions();
}
```

X-Frame-Options 헤더의 값을 변경하려면 XFrameOptionsHeaderWriter 인스턴스를 사용할 수 있다.

일부 웹 브라우저에서는 Reflected XSS 공격을 필터링하는 기능이 빌트인돼 있으며, 이 경우 절대적으로 안전하다고는 할 수 없지만 XSS에 대한 보호를 지원한다.

필터링은 기본적으로 활성화돼 있으므로 헤더를 추가하면 XSS 공격이 탐지됐을 때 수행할 작업을 웹 브라우저에 지시하고 사용할 수 있도록 한다. 예를 들어 필터는 최소한의 변경을 함으로써 모든 콘텐츠를 정상적으로 렌더링하려고 할 것이다. 이 경우, 웹 브라우저의 이러한 성질이 자체적으로 XSS 취약점을 야기할 수도 있으므로 콘텐츠를 수정하기보다는 차단하는 것이 가장 좋다. 이렇게 하려면 다음 헤더를 추가하면 된다.

```
X-XSS-Protection: 1; mode=block
```

headers( ) 메서드가 자식 요소 없이 지정된 경우, 헤더가 기본적으로 포함된다. 또한 다음과 같이 xssProtection 요소를 사용해 명시적으로 설정할 수도 있다.

```
@Override
protected void configure(HttpSecurity http) throws Exception {
    http.headers()
        .xssProtection();
}
```

사용자 정의 헤더

스프링 시큐리티는 일반적인 보안 헤더를 애플리케이션에 보다 편리하게 추가할 수 있는 메커니즘을 제공한다. 하지만 사용자 정의 헤더를 추가할 수 있는 후크도 제공한다.

정적 헤더

사용자 정의 보안 헤더를 애플리케이션에 삽입하고 싶은 경우가 있을 수도 있다. 예를 들어 리소스가 동일한 출처에서만 로드되도록 하기 위해 콘텐츠 보안 정책을 지원할 수 있다. 콘텐츠 보안 정책에 대한 지원이 완료되지 않았기 때문에 웹 브라우저는 두 가지 공통 확장 헤더 중 하나를 사용해 기능을 구현한다. 즉, 정책을 두 번 주입해야 한다는 의미다. 다음의 코드를 통해 이러한 헤더를 살펴보자.

```
X-Content-Security-Policy: default-src 'self'
X-WebKit-CSP: default-src 'self'
```

자바 설정을 사용하는 경우, 다음 헤더와 같이 header( ) 메서드를 사용해 응답에 헤더를 추가할 수 있다.

```java
@Override
protected void configure(HttpSecurity http) throws Exception {
    http.headers()
        .addHeaderWriter(
          new StaticHeadersWriter(
                "X-Content-Security-Policy",
                "default-src  'self'"))
        .addHeaderWriter(
            new StaticHeadersWriter(
                "X-WebKit-CSP",
                "default-src 'self'"));
}
```

HeadersWriter 인스턴스

네임스페이스 또는 자바 설정이 원하는 헤더를 지원하지 않는 경우, 사용자 정의 HeadersWriter 인스턴스를 생성하거나 사용자 정의 HeadersWriter 구현체를 제공할 수 있다.

이제 XFrameOptionsHeaderWriter의 사용자 정의 인스턴스를 사용하는 예를 살펴보자. 아마 같은 호스트의 콘텐츠를 프레임하도록 허용하기를 원할 것이므로 policy 애트리뷰트를 SAMEORIGIN으로 설정하면 쉽게 지원된다. 하지만 다음 코드를 통해 ref 애트리뷰트를 사용하는 명확한 예를 살펴보자.

```java
@Override
protected void configure(HttpSecurity http) throws Exception {
    http.headers()
        .addHeaderWriter(
            new  XFrameOptionsHeaderWriter(
                XFrameOptionsMode.SAMEORIGIN));
}
```

DelegatingRequestMatcherHeaderWriter 클래스

때로는 특정 요청에만 헤더를 사용하고 싶을 수도 있다. 예를 들어 로그인 페이지만 프레임되지 않도록 보호하기를 원할 수도 있다. 이럴 때 다음과 같이 자바 설정을 사용해 `Dele gatingRequestMatcherHeaderWriter` 클래스를 사용한다.

```
@Override
protected void configure(HttpSecurity http) throws Exception {
    DelegatingRequestMatcherHeaderWriter headerWriter =
        New DelegatingRequestMatcherHeaderWriter(
        new AntPathRequestMatcher("/login"),
        new XFrameOptionsHeaderWriter());
    http.headers()
        .addHeaderWriter(headerWriter);
}
```

▌요약

15장에서는 몇 가지 보안 취약점에 대해 설명했으며, 그 취약점을 보완하기 위한 스프링 시큐리티 설정에 대해 살펴봤다. 15장을 읽은 후에는 CSRF의 위험성과 CSRF 공격을 방어하기 위한 동기화 토큰에 대한 내용을 이해해야 한다.

또한 Cache-Control, Content-Type Options, HSTS, X-Frame-Options 및 X-XSS-Protection 메서드를 사용해 일반적인 보안 취약점으로부터 웹 애플리케이션을 보호하기 위한 다양한 HTTP 헤더를 포함시키는 방법도 살펴봤다.

16장, '스프링 시큐리티 4.2 마이그레이션'에서는 스프링 시큐리티 3.x에서 스프링 시큐리티 4.2로 마이그레이션하는 방법을 다룰 예정이다.

16

스프링 시큐리티 4.2 마이그레이션

16장에서는 스프링 시큐리티 3에서 스프링 시큐리티 4.2로 마이그레이션할 때 자주 발생하는 이슈에 대해 살펴본다. 또한 스프링 시큐리티 3에서 스프링 시큐리티 4.2로 업데이트할 때 많은 비수동 리팩토링을 해야 하기 때문에 대부분의 사용자가 제일 궁금해하고 있을 스프링 시큐리티 3과 스프링 시큐리티 4의 차이점에 대해 자세히 알아본다.

16장의 마지막 부분에서는 스프링 시큐리티 4.2의 새로운 기능 몇 가지에 대해 설명한다. 하지만 새로운 기능에 대한 설명을 통해 쉽게 업데이트할 수 있으므로 업데이트 방법에 대해서는 명시적으로 다루지 않는다.

16장에서는 다음과 같은 내용을 다룬다.

- 스프링 시큐리티 4.2의 개선 사항 검토
- 기존 스프링 버전에서 필요한 설정 변경 사항 이해
- 스프링 시큐리티 3 기반 애플리케이션을 스프링 시큐리티 4.2로 마이그레이션하기 위한 검토
- 스프링 시큐리티 4에서 중요한 클래스 및 패키지 이동과 관련한 전반적인 내용 설명
- 스프링 시큐리티 4.2의 새로운 기능 중 일부를 강조한다. 16장 공부를 모두 마치면 현재 사용하는 애플리케이션을 스프링 시큐리티 3에서 스프링 시큐리티 4.2로 쉽게 마이그레이션할 수 있을 것이다.
- 스프링 시큐리티 3에서 마이그레이션하기

이 부분을 읽고 있다면 기존 애플리케이션을 스프링 시큐리티 4.2로 마이그레이션할 계획이거나 스프링 시큐리티 3으로 만들어진 애플리케이션에 기능을 추가하려고 계획하고 있을 것이라고 생각한다. 따라서 16장 전반에 걸쳐 앞서 제시한 두 가지 주제를 다뤄볼 예정이다.

먼저, 기능과 설정 측면에서 스프링 시큐리티 3과 4.2를 비교한다. 그런 다음, 매핑 설정 또는 클래스명 변경에 대한 몇 가지 지침을 제공한다. 이를 활용하면 책에서 사용한 샘플 애플리케이션을 스프링 시큐리티 4.2에서 스프링 시큐리티 3으로 쉽게 변환할 수 있다.

마이그레이션 시 참고해야 할 점은 스프링 시큐리티 3 버전 이상은 스프링 프레임워크 4 및 자바 5(1.5) 이상으로 마이그레이션해야 한다는 점이다. 버전이 맞지 않는 경우 스프링 시큐리티를 업그레이드하는 것보다 더 큰 변화를 야기할 수도 있으므로 주의해야 한다.

▎ 소개

애플리케이션에 대한 공격이 점점 진화하고 있으므로 스프링 시큐리티도 발전해야 한다. 주요 릴리즈 버전에서 스프링 시큐리티 팀은 다음과 같은 사항에 중점을 둔 비수동적인 개발 작업을 수행했다.

- 기본 설정만으로도 안전한 스프링 시큐리티(https://www.owasp.org/ index.php/ Establish_secure_defaults)
- 정보 유출 최소화(https://www.owasp.org/index.php/ Information_Leakage)
- 사용하지 않는 API 제거

3.X와 4.X 사이의 비수동적인 변경 사항에 대한 자세한 목록은 JIRA에서 찾아볼 수 있다 (https://jira.spring.io/browse/SEC-2916?jql= project%20%3D%20SEC%20AND%20fixVersion% 20in%20(4.0.0%2C%204.0.0.M1%2C%204.0.0.M2%2C%204.0.0.RC1%2C%204.0.0.RC2)%20 AND%20labels%20%3D%20passivity).

샘플 마이그레이션

스프링 시큐리티 팀은 3.x에서 4.x로 마이그레이션할 때 모든 변경 사항을 보여줄 수 있는 샘플 프로젝트를 생성해 깃허브에 공개했다.

해당 샘플 프로젝트에는 XML 및 자바 설정 예제가 모두 포함돼 있으며 https:// github.com/spring-projects/spring-security-migrate-3-to-4/에서 찾아볼 수 있다.

스프링 시큐리티 4.2의 향상된 기능

스프링 시큐리티 4.2에는 몇 가지 주목할 만한 변화가 있으며, 스프링 프레임워크 5를 지원한다. 4.2.0.M1, 4.2.0.RC1 및 4.2.0.RELEASE에 대한 80가지 이상의 변경 내역을 확인할 수 있다.

스프링 시큐리티 3 이후 스프링 시큐리티 4.2의 향상된 기능은 다음과 같다.

웹 개선 사항

다음 항목은 스프링 시큐리티와 웹 기반 애플리케이션의 상호 작용과 관련이 있다.

- #3812: Jackson 지원
- #4116: 참조자^{referrer} 정책
- #3938: HTTP 응답 분할 방지 추가
- #3949: @AuthenticationPrincipal에 대한 빈 참조 지원 추가
- #3978: 새로 추가된 RequestAttributeAuthenticationFilter를 사용한 Standford WebAuth 및 Shibboleth 지원
- #4076: 문서 프록시 서버^{document proxy server} 설정
- #3795: InvalidSessionStrategy의 ConcurrentSessionFilter 지원
- #3904: CompositeLogoutHandler 추가

스프링 시큐리티 설정 개선 사항

다음 항목은 스프링 시큐리티 설정과 관련이 있다.

- #3956: 기본 역할 접두사의 중앙 구성
- #4102: WebSecurityConfigurerAdapter의 사용자 정의 기본 구성
- #3899: concurrency-control@max-sessions의 무제한 세션 지원
- #4097: intercept-url@request-matcher-ref의 더 강력한 XML 네임스페이스 요청 일치 지원
- #3990: YML과 같은 RoleHierarchy 생성 지원
- #4062: CookieCsrfTokenRepository에 대한 사용자 정의 cookiePath
- #3794: SessionManagementConfigurer에서 InvalidSessionStrategy 설정 허용
- #4020: 메서드 보안을 위한 defaultMethodExpressionHandler의 노출된 빈 수정

스프링 시큐리티 4.x의 기타 변경 사항

다음 항목은 스프링 시큐리티 4.x로의 업그레이드에 영향을 줄 수 있다.

- #4080: 스프링 5 지원
- #4095: UserBuilder 추가
- #4018: csrf( )가 호출된 후 수정된 MockMvc 호출은 기본 CsrfTokenRepository 를 사용
- 일반 의존성 버전 업데이트

항목 앞의 번호는 깃허브에서 발의한 요청이나 이슈 번호이니 참고하면 좋다.

다른 변화는 전반적인 구조와 사용법이 훨씬 더 합리적이 되도록 코드 베이스와 프레임워 크 설정을 정리하는 것을 포함한다. 스프링 시큐리티 개발자는 이전에 존재하지 않는 로 그인과 URL 리다이렉션과 같은 영역에서 확장성을 추가했다.

이미 스프링 시큐리티 3 환경에서 작업하고 있다면 프레임워크적인 이유를 제외하고는 업 그레이드해야 할 설득력 있는 이유를 찾지 못할 수도 있다. 하지만 스프링 시큐리티 3의 사용할 수 있는 확장 포인트, 코드 구조 또는 설정에 대한 제한이 있다는 것을 발견했다면, 16장의 나머지 부분에서 자세히 설명한 사소한 변경 사항에 대해 살펴보고 싶을 것이다.

스프링 시큐리티 4의 설정 변경

XML 기반 설정의 네임스페이스 설정 스타일에서 스프링 시큐리티 4의 많은 변경 사항을 확인할 수 있다. 16장에서는 자바 기반 설정을 주로 다룰 것이지만 중요한 XML 기반 설 정에 대해서도 살펴본다. 여기서 모든 사소한 변경 사항을 자세히 다룰 수는 없지만, 스 프링 시큐리티 4로 마이그레이션 시 가장 크게 영향을 미칠 수 있는 변경 사항에 대해서 는 다룰 예정이다.

▌ 삭제된 기능

스프링 시큐리티 4에서는 사용하지 않는 여러 기능을 제거했다.

https://github.com/spring-projects/spring-security/commit/6e204fff72b80196a8 3245cbc3bd0cd401feda00에서는 537개의 추가된 파일과 5,023개의 삭제된 파일을 가진 177개의 변경된 파일을 포함하는 XML 및 자바 설정에 대한 최종 커밋을 찾아볼 수 있다.

XML 네임스페이스 또는 자바 기반 설정을 사용하는 경우, 많은 인스턴스가 기능 삭제로 인한 오류가 없다. 하지만 사용자 또는 사용하는 비스프링 라이브러리가 API를 직접 사용하지 않는 경우에는 영향을 받지 않는다.

spring-security-core 삭제

이 절에서는 spring-security-core 모듈에서 삭제된 모든 API에 대해 설명한다.

org.springframework.security.access.SecurityConfig

SecurityConfig.createSingleAttributeList(String) 인터페이스는 SecurityConfig. createList(String...)로 대체했다. 즉, 다음과 같은 경우,

```
List<ConfigAttribute> attrs = SecurityConfig.createSingleAttributeList ("ROLE_
USER");
```

다음 코드로 대체한다.

```
List<ConfigAttribute> attrs = SecurityConfig.createList("ROLE_USER");
```

UserDetailsServiceWrapper

UserDetailsServiceWrapper는 RoleHierarchyAuthoritiesMapper로 대체했다. 예를 들어 다음과 같은 코드의 경우,

```
@Bean
public AuthenticationManager
authenticationManager(List<AuthenticationProvider> providers) {
  return new ProviderManager(providers);
}
@Bean
public AuthenticationProvider
authenticationProvider(UserDetailsServiceWrapper
userDetailsService) {
  DaoAuthenticationProvider provider = new
  DaoAuthenticationProvider();
  provider.setUserDetailsService(userDetailsService);
  return provider;
}
@Bean
public UserDetailsServiceWrapper
userDetailsServiceWrapper(RoleHierarchy roleHierarchy) {
  UserDetailsServiceWrapper wrapper = new
  UserDetailsServiceWrapper();
  wrapper.setRoleHierarchy(roleHierarchy);
  wrapper.setUserDetailsService(userDetailsService());
  return wrapper;
}
```

다음 코드로 대체한다.

```
@Bean
public AuthenticationManager
authenticationManager(List<AuthenticationProvider> providers) {
      return new ProviderManager(providers);
}
```

```
@Bean
public AuthenticationProvider
authenticationProvider(UserDetailsService userDetailsService,
GrantedAuthoritiesMapper authoritiesMapper) {
    DaoAuthenticationProvider provider = new
    DaoAuthenticationProvider();
    provider.setUserDetailsService(userDetailsService);
    provider.setAuthoritiesMapper(authoritiesMapper);
    return provider;
}
@Bean
public RoleHierarchyAuthoritiesMapper
roleHierarchyAuthoritiesMapper(RoleHierarchy roleHierarchy) {
    return new RoleHierarchyAuthoritiesMapper(roleHierarchy);
}
```

UserDetailsWrapper

UserDetailsWrapper는 RoleHierarchyAuthoritiesMapper로 대체했다. 일반적으로 User
DetailsWrapper 클래스를 직접 사용하는 사용자는 없겠지만, 사용하는 경우 다음과 같이
RoleHierarchyAuthoritiesMapper를 사용할 것이다.

```
UserDetailsWrapper authenticate = new UserDetailsWrapper
(userDetails, roleHiearchy);
```

위 코드는 다음 코드로 대체한다.

```
Collection<GrantedAuthority> allAuthorities = roleHiearchy.
getReachableGrantedAuthorities(userDetails.getAuthorities());
UserDetails authenticate = new User(userDetails.getUsername(),
userDetails.getPassword(), allAuthorities);
```

AbstractAccessDecisionManager

AbstractAccessDecisionManager의 기본 생성자는 더 이상 setDecisionVoters 메서드와 함께 사용하지 않는다. 따라서 자연스럽게 AffirmativeBased, ConsensusBased 및 UnanimousBased의 하위 클래스에 영향을 주며, 이전에는 다음과 같이 사용했다.

```
AffirmativeBased adm = new AffirmativeBased();
adm.setDecisionVoters(voters);
```

위 코드의 경우, 다음 코드로 대체한다.

```
AffirmativeBased adm = new AffirmativeBased(voters);
```

AuthenticationException

UserDetails 객체가 실수로 누출되는 것을 방지하기 위해 AuthenticationException 내의 extraInformation을 허용하는 생성자를 제거했다. 특히, 다음 코드를 제거했다.

```
public AccountExpiredException(String msg, Object extraInformation) {
    ...
}
```

위 코드 제거는 AccountStatusException, AccountExpiredException, BadCredentials Exception, CredentialsExpiredException, DisabledException, LockedException 및 UsernameNotFoundException의 하위 클래스에 영향을 준다. 따라서 이러한 생성자를 하나라도 사용하는 경우 다음 코드와 추가 인수를 제거하기만 하면 된다. 예를 들어 다음 코드의 경우,

```
new LockedException("Message", userDetails);
```

다음 코드로 대체한다.

```
new LockedException("Message");
```

AnonymousAuthenticationProvider

AnonymousAuthenticationProvider의 기본 생성자 및 setKey 메서드는 생성자 주입 constructor injection으로 대체했다. 예를 들어 다음 코드의 경우,

```
AnonymousAuthenticationProvider provider = new
AnonymousAuthenticationProvider();
provider.setKey(key);
```

다음 코드로 대체한다.

```
AnonymousAuthenticationProvider provider = new
AnonymousAuthenticationProvider(key);
```

AuthenticationDetailsSourceImpl

AuthenticationDetailsSourceImpl 클래스는 사용자 정의 AuthenticationDetailsSource로 대체했다. 예를 들어 다음 코드의 경우,

```
AuthenticationDetailsSourceImpl  source  =  new
AuthenticationDetailsSourceImpl();
source.setClazz(CustomWebAuthenticationDetails.class);
```

다음과 같이 AuthenticationDetailsSource 클래스를 직접 구현해 CustomSource 객체를 반환해야 한다.

```
public class CustomWebAuthenticationDetailsSource implements
AuthenticationDetailsSource<HttpServletRequest,
WebAuthenticationDetails> {
  public WebAuthenticationDetails
  buildDetails(HttpServletRequest context) {
    return new CustomWebAuthenticationDetails(context);
  }
}
```

ProviderManager

ProviderManager 클래스를 생성자 주입으로 사용하지 않는 기본 생성자 및 해당 setter
메서드를 제거했다. 또한 AuthenticationException 예외에서 추가 정보 속성을 제거해
clearExtraInformation 속성도 제거했다.

예를 들어 다음 코드의 경우,

```
ProviderManager provider = new ProviderManager();
provider.setParent(parent);
provider.setProviders(providers);
provider.setClearExtraInformation(true);
```

다음 코드로 대체한다.

```
ProviderManager provider = new ProviderManager(providers, parent);
```

RememberMeAuthenticationProvider

RememberMeAuthenticationProvider 클래스의 기본 생성자 및 setKey 메서드는 생성자
주입으로 대체했다. 예를 들어 다음 코드의 경우,

```
RememberMeAuthenticationProvider provider = new
RememberMeAuthenticationProvider();
provider.setKey(key);
```

다음 코드로 대체한다.

```
RememberMeAuthenticationProvider provider = new
RememberMeAuthenticationProvider(key);
```

GrantedAuthorityImpl

GrantedAuthorityImpl는 SimpleGrantedAuthority 또는 사용자 정의 GrantAuthority 객체로 대체한다. 예를 들어 다음 코드의 경우,

```
new GrantedAuthorityImpl(role);
```

다음 코드로 대체한다.

```
new SimpleGrantedAuthority(role);
```

InMemoryDaoImpl

InMemoryDaoImpl는 InMemoryUserDetailsManager로 대체한다. 예를 들어 다음 코드의 경우,

```
InMemoryDaoImpl uds = new InMemoryDaoImpl();
uds.setUserProperties(properties);
```

다음 코드로 대체한다.

```
InMemoryUserDetailsManager  uds  =  new
InMemoryUserDetailsManager(properties);
spring-security-web
```

spring-security-web 삭제

이 절에서는 spring-security-web 모듈에서 삭제된 모든 API에 대해 설명한다.

FilterChainProxy

FilterChainProxy에서 setFilterChainMap 메서드를 제거하고 생성자 주입으로 대체했다. 예를 들어 다음 코드의 경우,

```
FilterChainProxy filter = new FilterChainProxy();
filter.setFilterChainMap(filterChainMap);
```

다음 코드로 대체한다.

```
FilterChainProxy  filter  =  new
FilterChainProxy(securityFilterChains);
```

또한 FilterChainProxy에서 getFilterChainMap를 제거하고 getFilterChains로 대체했다. 예를 들어 다음 코드의 경우,

```
FilterChainProxy securityFilterChain = ...
Map<RequestMatcher,List<Filter>> mappings =
securityFilterChain.getFilterChainMap();
```

```
for(Map.Entry<RequestMatcher, List<Filter>> entry : mappings.entrySet()) {
        RequestMatcher matcher = entry.getKey();
        boolean matches = matcher.matches(request);
        List<Filter> filters = entry.getValue();
}
```

다음 코드로 대체한다.

```
FilterChainProxy securityFilterChain = ...
List<SecurityFilterChain> mappings =
securityFilterChain.getFilterChains();
for(SecurityFilterChain entry : mappings) {
  boolean matches = entry.matches(request);
  List<Filter> filters = entry.getFilters();
}
```

ExceptionTranslationFilter

ExceptionTranslationFilter의 기본 생성자와 setAuthenticationEntryPoint 메서드를 생성자 주입으로 대체했다. 다음 코드의 경우,

```
ExceptionTranslationFilter  filter  =  new
ExceptionTranslationFilter();
filter.setAuthenticationEntryPoint(entryPoint);
filter.setRequestCache(requestCache);
```

다음 코드로 대체한다.

```
ExceptionTranslationFilter filter = new
ExceptionTranslationFilter(entryPoint, requestCache);
```

AbstractAuthenticationProcessingFilter

AbstractAuthenticationProcessingFilter 클래스에서 successfulAuthentication(HttpServletRequest,HttpServletResponse,Authentication) 메서드를 제거했다. 따라서 다음 코드의 경우,

```
protected void successfulAuthentication(HttpServletRequest request,
    HttpServletResponse response, Authentication authResult)
    throws IOException, ServletException {
}
```

다음 코드로 대체한다.

```
protected void successfulAuthentication(HttpServletRequest request,
  HttpServletResponse response, FilterChain chain, Authentication
  authResult) throws IOException, ServletException {
}
```

AnonymousAuthenticationFilter

AnonymousAuthenticationFilter 클래스의 기본 생성자, setKey 및 setPrincipal 메서드는 생성자 주입으로 대체했다. 예를 들어 다음 코드의 경우,

```
AnonymousAuthenticationFilter filter = new
AnonymousAuthenticationFilter();
filter.setKey(key);
filter.setUserAttribute(attrs);
```

다음 코드로 대체한다.

```
AnonymousAuthenticationFilter filter = new
AnonymousAuthenticationFilter(key,attrs.getPassword(),
attrs.getAuthorities());
```

LoginUrlAuthenticationEntryPoint

LoginUrlAuthenticationEntryPoint 클래스의 기본 생성자 및 setLoginFormUrl 메서드
는 생성자 주입으로 대체했다. 예를 들어 다음 코드의 경우,

```
LoginUrlAuthenticationEntryPoint entryPoint = new
LoginUrlAuthenticationEntryPoint();
entryPoint.setLoginFormUrl("/login");
```

다음 코드로 대체한다.

```
LoginUrlAuthenticationEntryPoint entryPoint = new
LoginUrlAuthenticationEntryPoint(loginFormUrl);
```

PreAuthenticatedGrantedAuthoritiesUserDetailsService

PreAuthenticatedGrantedAuthoritiesUserDetailsService 인터페이스는 createuser
Details를 createUserDetails로 대체했다. 새로운 메서드의 경우 소문자 u에서 대문자
U로 변경했음에 주의하자.

즉, createuserDetails를 재정의하는 PreAuthenticatedGrantedAuthoritiesUserDetai
lsService 클래스의 하위 클래스를 사용하는 경우, SubclassPreAuthenticatedGranted
AuthoritiesUserDetailsService는 PreAuthenticatedGrantedAuthoritiesUserDetails
Service를 상속한다.

```
{
    @Override
    protected UserDetails createuserDetails(Authentication token,
                    Collection<? extends GrantedAuthority> authorities) {
        // 사용자 정의

    }
}
```

위 코드의 경우 createUserDetails를 재정의하도록 수정해야 한다.

```
public class SubclassPreAuthenticatedGrantedAuthoritiesUserDetailsService
extends PreAuthenticatedGrantedAuthoritiesUserDetailsService {
    @Override
     protected UserDetails createUserDetails(Authentication token,
                    Collection<? extends GrantedAuthority> authorities) {
            // 사용자 정의

        }
}
```

AbstractRememberMeServices

AbstractRememberMeServices와 하위 클래스 PersistentTokenBasedRememberMeServic es 및 TokenBasedRememberMeServices의 기본 생성자, setKey 및 setUserDetailsService 메서드는 생성자 주입으로 대체했다.

PersistentTokenBasedRememberMeServices

AbstractRememberMeServices 및 해당 하위 클래스의 변경 사항은 다음 코드와 비슷하다.

```
PersistentTokenBasedRememberMeServices services = new
PersistentTokenBasedRememberMeServices();
services.setKey(key);
```

```
services.setUserDetailsService(userDetailsService); services.setTokenRepository(t
okenRepository);
```

하지만 이제 코드로 대체한다.

```
PersistentTokenBasedRememberMeServices services = new
PersistentTokenBasedRememberMeServices(key, userDetailsService,
tokenRepository);
```

RememberMeAuthenticationFilter

RememberMeAuthenticationFilter의 기본 생성자, setAuthenticationManager 및 set
RememberMeServices 메서드는 생성자 주입으로 대체했다. 예를 들어 다음 코드의 경우,

```
RememberMeAuthenticationFilter  filter  =  new
RememberMeAuthenticationFilter();
filter.setAuthenticationManager(authenticationManager);
filter.setRememberMeServices(rememberMeServices);
```

다음 코드로 대체한다.

```
RememberMeAuthenticationFilter  filter  =  new
RememberMeAuthenticationFilter(authenticationManager,rememberMeServices);
```

TokenBasedRememberMeServices

AbstractRememberMeServices 및 하위 클래스 PersistentTokenBasedRememberMeServic
es와 TokenBasedRememberMeServices의 기본 생성자, setKey 및 setUserDetailsService
메서드는 생성자 주입으로 대체했다. 예를 들어 다음 코드의 경우,

```
TokenBasedRememberMeServices services = new TokenBasedRememberMeServices();
services.setKey(key);
services.setUserDetailsService(userDetailsService);
```

다음 코드로 대체한다.

```
TokenBasedRememberMeServices services = new
TokenBasedRememberMeServices(key, userDetailsService);
```

ConcurrentSessionControlStrategy

ConcurrentSessionControlStrategy는 ConcurrentSessionControlAuthenticationStrategy로 대체했다. 이전에는 ConcurrentSessionControlStrategy를 SessionFixationProtectionStrategy와 분리할 수 없었지만 이제는 완전히 분리할 수 있다. 예를 들어 다음 코드의 경우,

```
ConcurrentSessionControlStrategy  strategy  =  new
ConcurrentSessionControlStrategy(sessionRegistry);
```

다음 코드로 대체한다.

```
List<SessionAuthenticationStrategy> delegates = new
ArrayList<SessionAuthenticationStrategy>();
delegates.add(new
ConcurrentSessionControlAuthenticationStrategy(sessionRegistry));
delegates.add(new  SessionFixationProtectionStrategy());
delegates.add(new RegisterSessionAuthenticationStrategy(sessionRegistry));
CompositeSessionAuthenticationStrategy strategy = new
CompositeSessionAuthenticationStrategy(delegates);
```

SessionFixationProtectionStrategy

SessionFixationProtectionStrategy는 setRetainedAttributes 메서드를 제거해 SessionFixationProtectionStrategy를 하위 클래스화하고, extractAttributes로 대체했다. 예를 들어 다음 코드의 경우,

```
SessionFixationProtectionStrategy strategy = new
SessionFixationProtectionStrategy();
strategy.setRetainedAttributes(attrsToRetain);
```

다음 코드로 대체한다.

```
public class AttrsSessionFixationProtectionStrategy extends
SessionFixationProtectionStrategy {
      private final Collection<String> attrsToRetain;
      public AttrsSessionFixationProtectionStrategy(
                  Collection<String> attrsToRetain) {
            this.attrsToRetain = attrsToRetain;
      }
      @Override
      protected Map<String, Object> extractAttributes(HttpSession session)
      {
            Map<String,Object> attrs = new HashMap<String, Object>();
            for(String attr : attrsToRetain) {
                  attrs.put(attr, session.getAttribute(attr));
            }
            return attrs;
      }
}
SessionFixationProtectionStrategy  strategy  =  new
AttrsSessionFixationProtectionStrategy(attrsToRetain);
```

BasicAuthenticationFilter

BasicAuthenticationFilter의 기본 생성자, setAuthenticationManager 및 setRemem
berMeServices 메서드는 생성자 주입으로 대체했다. 예를 들어 다음 코드의 경우,

```
BasicAuthenticationFilter filter = new BasicAuthenticationFilter();
filter.setAuthenticationManager(authenticationManager);
filter.setAuthenticationEntryPoint(entryPoint);
filter.setIgnoreFailure(true);
```

다음 코드로 대체한다.

```
BasicAuthenticationFilter  filter  =  new
BasicAuthenticationFilter(authenticationManager,entryPoint);
```

위와 같은 생성자를 사용하는 경우, ignoreFailure가 자동으로 true로 설정된다.

SecurityContextPersistenceFilter

SecurityContextPersistenceFilter의 setSecurityContextRepository 메서드는 생성
자 주입으로 대체했다. 예를 들어 다음 코드의 경우,

```
SecurityContextPersistenceFilter  filter  =  new
SecurityContextPersistenceFilter();
filter.setSecurityContextRepository(securityContextRepository);
```

다음 코드로 대체한다.

```
SecurityContextPersistenceFilter  filter  =  new
SecurityContextPersistenceFilter(securityContextRepository);
```

RequestCacheAwareFilter

RequestCacheAwareFilter의 setRequestCache 메서드는 생성자 주입으로 대체했다. 예를 들어 다음 코드의 경우,

```
RequestCacheAwareFilter filter = new RequestCacheAwareFilter();
filter.setRequestCache(requestCache);
```

다음 코드로 대체한다.

```
RequestCacheAwareFilter filter = new RequestCacheAwareFilter(requestCache);
```

ConcurrentSessionFilter

ConcurrentSessionFilter의 기본 생성자, setExpiredUrl, setSessionRegistry 메서드는 생성자 주입으로 대체했다. 예를 들어 다음 코드의 경우,

```
ConcurrentSessionFilter filter = new ConcurrentSessionFilter();
filter.setSessionRegistry(sessionRegistry);
filter.setExpiredUrl("/expired");
```

다음 코드로 대체한다.

```
ConcurrentSessionFilter  filter  =  new
ConcurrentSessionFilter(sessionRegistry,"/expired");
```

SessionManagementFilter

SessionManagementFilter의 setSessionAuthenticationStrategy 메서드는 생성자 주입으로 대체했다. 예를 들어 다음 코드의 경우,

```
SessionManagementFilter  filter  =  new
SessionManagementFilter(securityContextRepository);
filter.setSessionAuthenticationStrategy(sessionAuthenticationStrategy);
```

다음 코드로 대체한다.

```
SessionManagementFilter  filter  =  new
SessionManagementFilter(securityContextRepository,
sessionAuthenticationStrategy);
```

RequestMatcher

RequestMatcher와 해당 구현체는 org.springframework.security.web.util 패키지에서 org.springframework.security.web.util.matcher로 대체했다. 구체적인 내용은 다음과 같다.

```
org.springframework.security.web.util.RequestMatcher
org.springframework.security.web.util.matcher.RequestMatcher
org.springframework.security.web.util.AntPathRequestMatcher
→org.springframework.security.web.util.matcher.AntPathRequestMatcher
org.springframework.security.web.util.AnyRequestMatcher
org.springframework.security.web.util.matcher.AnyRequestMatcher.INSTANCE
org.springframework.security.web.util.ELRequestMatcher
org.springframework.security.web.util.matcher.ELRequestMatcher
org.springframework.security.web.util.IpAddressMatcher
org.springframework.security.web.util.matcher.IpAddressMatcher
org.springframework.security.web.util.RequestMatcherEditor
org.springframework.security.web.util.matcher.RequestMatcherEditor
org.springframework.security.web.util.RegexRequestMatcher
org.springframework.security.web.util.matcher.RegexRequestMatcher
```

WebSecurityExpressionHandler

WebSecurityExpressionHandler는 SecurityExpressionHandler<FilterInvocation>로
대체했다. 즉, 다음 코드의 경우,

```
WebSecurityExpressionHandler handler = ...
```

다음 코드로 대체한다.

```
SecurityExpressionHandler<FilterInvocation> handler = ...
```

또한 다음과 같이 WebSecurityExpressionHandler를 구현한 경우,

```
public class CustomWebSecurityExpressionHandler implements
WebSecurityExpressionHandler {
    ...
}
```

다음 코드로 대체한다.

```
public class CustomWebSecurityExpressionHandler implements
SecurityExpressionHandler<FilterInvocation> {
    ...
}
```

@AuthenticationPrincipal

org.springframework.security.web.bind.annotation.AuthenticationPrincipal는
org.springframework.security.core.annotation.AuthenticationPrincipal로 대체한
다. 예를 들어 다음 코드의 경우,

```
import org.springframework.security.web.bind.annotation.AuthenticationPrincipal;
// ...

@RequestMapping("/messages/inbox")
public ModelAndView findMessagesForUser(@AuthenticationPrincipal CustomUser
customUser) {
        // .. 해당 사용자의 메시지를 찾아 반환 ...
}
```

다음 코드로 대체한다.

```
import org.springframework.security.core.annotation.AuthenticationPrincipal;
// ...

@RequestMapping("/messages/inbox")
public ModelAndView findMessagesForUser(@AuthenticationPrincipal CustomUser
customUser) {
        // .. 해당 사용자의 메시지를 찾아 반환 ...
}
```

기본 필터 URL 마이그레이션

많은 서블릿 필터는 정보 유출을 방지하기 위해 기본 URL을 전환했다.

https://github.com/spring-projects/spring-security/commit/c67ff42b8abe124b79
56896c78e9aac896fd79d9에서는 8,122개의 추가된 파일과 395개의 삭제된 파일을 가진
125개의 변경된 파일에 대한 커밋을 찾아볼 수 있다.

JAAS

아쉽게도 스프링 시큐리티의 JAAS 통합 기능에 대해 설명할 시간이 없었다. 하지만 https://docs.spring.io/spring-security/site/docs/current/reference/htmlsingle/#jaas-sample에 스프링 시큐리티 샘플에 포함된 JAAS 샘플 애플리케이션이 있으므로 참고하길 권장한다. 또한 https://docs.spring.io/spring-security/site/docs/current/reference/htmlsingle/#jaas에서 JAAS 연동에 대한 좋은 문서도 찾아볼 수 있다. JAAS 참조 문서를 살펴보면 스프링 시큐리티 4.2 이후부터 JAAS 로그인 모듈을 임의의 JAAS 구성 구현과 함께 사용하기 위한 지원이 추가된 것을 확인할 수 있다. 더 나아가 스프링 시큐리티 4.2는 `<http>` 요소에 `jaas-api-provision` 애트리뷰트를 추가해 애플리케이션에 JAAS를 사용할 수 있도록 했다.

▌ 요약

16장에서는 기존의 스프링 시큐리티 3 프로젝트를 스프링 시큐리티 4.2로 업그레이드할 때 발견되는 주요 변경 사항과 사소한 변경 사항에 대해 살펴봤다. 또한 업그레이드를 촉진할 수 있는 프레임워크의 중요한 개선 사항도 검토했으며, 업그레이드 요구 사항, 의존성 및 일반적인 코드 유형과 애플리케이션의 사후 업그레이드를 방해하는 설정 변경 사항도 살펴봤다. 마지막으로 전체적인 코드 재구성을 통한 전체 코드 변화에 대한 내용도 다뤘다.

만약 이 책에서 16장을 처음으로 읽었다면, 이 책의 나머지 부분으로 돌아가 읽고 스프링 시큐리티 4.2로의 업그레이드가 원활하게 진행될 수 있기를 바란다.

17

OAuth 2 및 JSON 웹 토큰을 이용한 마이크로서비스 보안

17장에서는 마이크로서비스 기반 아키텍처를 살펴보고 스프링 기반 애플리케이션에서 마이크로서비스를 보호할 때 JSON 웹 토큰^{JWT}이 있는 OAuth 2가 어떤 역할을 하는지 살펴본다.

17장에서는 다음과 같은 내용을 다룬다.

- 단일 애플리케이션과 마이크로서비스의 일반적인 차이점
- **서비스지향 아키텍처**^{SOA, service-oriented architectures}와 마이크로서비스 비교
- OAuth 2의 개념적 아키텍처와 신뢰할 수 있는 클라이언트 접근을 제공하는 방법
- OAuth 2 액세스 토큰 유형
- OAuth 2 권한 부여 유형
- JWT의 일반적인 구조 검토

- OAuth 2 자원에 접근하기 위해 클라이언트에게 접근 권한을 부여하는 데 사용되는 자원 서버 및 권한 부여 서버 구현
- OAuth 2 권한 부여 플로우를 통해 자원에 접근하기 위한 RESTful 클라이언트 구현

스프링 시큐리티를 사용해 OAuth 2와 JWT를 구현하는 방법을 자세히 설명하기 전에 Thymeleaf나 다른 웹 브라우저 기반 사용자 인터페이스에는 없는 달력 애플리케이션의 기준선을 만들어야 한다.

모든 Thymeleaf 설정 및 자원을 제거하면 다양한 컨트롤러가 JAX-RS REST 컨트롤러로 변환된다.

 Chapter16.00-calendar의 코드부터 시작하자.

▌ 마이크로서비스의 개념

마이크로서비스는 물리적으로 분리된 모듈형 애플리케이션을 개발할 수 있는 아키텍처 방식으로, 이를 통해 민첩성, 신속한 개발, 지속적인 배포 및 확장을 가능하게 한다.

애플리케이션은 서비스가 SOA와 비슷한 서비스 세트로 구축돼 JSON 또는 XML과 같은 표준 API를 통해 통신하고, 언어에 구애받지 않는 서비스를 집계할 수 있다. 기본적으로 서비스가 생성되는 작업에 가장 적합한 언어로 서비스를 작성할 수 있다.

각 서비스는 자체 프로세스로 실행되며 위치 중립적이므로 접근 네트워크의 어느 위치에나 배치할 수 있다.

단일체

마이크로서비스 접근 방식은 자주 출하되고 단일 단위로 확장해야 하는 긴밀하게 통합된 모듈로 구성된 기존의 단일 소프트웨어 접근 방식과는 반대다. 일반적인 자바 EE 애플리케이션과 JBCP 달력 애플리케이션은 단일 애플리케이션의 예다. 다음 다이어그램을 통해 단일 아키텍처 애플리케이션에 대해 살펴보자.

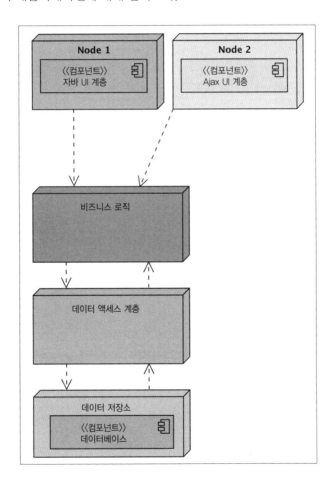

단일 구조가 일부 조직과 애플리케이션에 적합할 수도 있지만, 마이크로서비스는 환경의 민첩성과 확장성을 위해 더 많은 옵션이 필요한 기업들에게 인기를 끌고 있다.

마이크로서비스

마이크로서비스 아키텍처는 개별 서비스가 특정 비즈니스 기능을 구현하는 작은 개별 서비스들의 모음이다. 각각의 서비스는 자체 프로세스를 실행하고 일반적으로 RESTful 서비스 접근 방식을 사용해 HTTP API를 통해 통신하며, 사용자 관리, 관리적 역할, 전자상거래 장바구니, 검색 엔진, 소셜 미디어 연동 및 기타 여러 가지 기능과 같이 하나의 특정 비즈니스 기능만 제공하도록 만들어졌다. 다음 다이어그램을 통해 마이크로서비스 아키텍처에 대해 살펴보자.

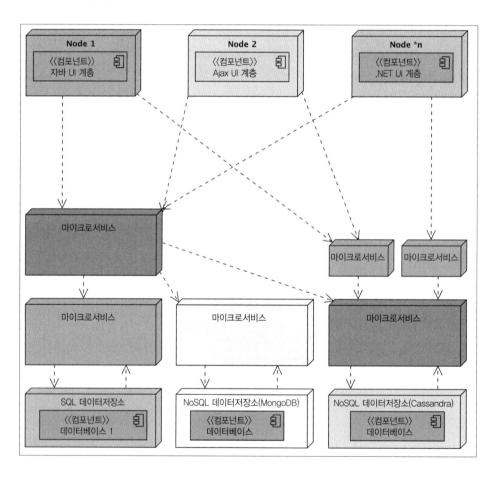

각 서비스는 애플리케이션 및 엔터프라이즈의 다른 시스템에서 다른 서비스와 독립적으로 배포, 업그레이드, 확장, 재시작 및 제거할 수 있다.

각 서비스는 서로 독립적으로 만들어졌기 때문에 서로 다른 프로그래밍 언어 및 데이터 저장소를 사용할 수 있다. 중앙 집중식 서비스 관리는 사실상 존재하지 않으며 가벼운 HTTP, REST 또는 Thrift API를 사용해 서로 통신한다.

 아파치 Thrift 소프트웨어 프레임워크는 https://thrift.apache.org에서 다운로드할 수 있다. 아파치 Thrift는 C++, Java, Python, PHP, Ruby, Erlang, Perl, Haskell, C#, Cocoa, JavaScript, Node.js, Smalltalk 또는 다른 언어 사이에서 효율적이고 원활하게 작동하는 서비스를 구축하기 위해 소프트웨어 스택과 코드 생성 엔진을 결합하는 언어 간 서비스를 개발하기 위한 프레임워크다.

▌ 서비스 기반 아키텍처

아마도 이쯤에서 마이크로서비스와 SOA가 같은 것이 아닌가 하는 의문이 들 것이다. 정확히 말하면 마이크로서비스가 SOA의 처음 목적을 성취한 것이라고 말할 수 있다.

SOA는 컴퓨터 네트워크를 통해 언어에 독립적인 통신 프로토콜을 사용해 서비스가 다른 컴포넌트에 노출되는 소프트웨어 설계 스타일이다. SOA의 기본 원칙은 공급 업체, 제품 및 기술과 독립적이어야 한다는 것이다.

이때 서비스는 온라인 신용카드 명세서 검색과 같이 원격으로 접근할 수 있고 독립적으로 동작하고 업데이트할 수 있는 기능의 개별 단위라고 정의한다.

SOA와 마이크로서비스는 비슷하지만 아키텍처 유형이 다르다.

일반적인 SOA는 배포 단일 애플리케이션 내부에서 구현되는 경우가 많으며 플랫폼 중심적이고, 마이크로서비스는 독립적으로 각각의 서비스를 배포할 수 있으므로 모든 차원에서 더 많은 유연성을 갖고 있다.

물론 주요 차이점은 크기다. 마이크로^{mirco}라는 단어가 나타내듯이, 마이크로서비스는 일반적인 SOA 서비스보다 훨씬 작다. 마틴 파울러^{Martin Fowler}가 다음과 같이 말했다.

> "SOA는 마이크로서비스의 상위 집합으로 생각해야 한다."
>
> — Martin Fowler

▌ 마이크로서비스 보안

마이크로서비스는 뛰어난 유연성을 제공하지만 해결해야 할 문제점도 존재한다.

서비스 통신

단일 애플리케이션은 프로세스 간 인메모리 통신을 사용하는 반면, 마이크로서비스는 네트워크를 통해 통신한다. 이 경우 네트워크 통신으로의 전환은 속도를 느리게 할 뿐 아니라 보안 문제까지 야기한다.

결합성

마이크로서비스는 많은 데이터 저장소를 사용한다. 따라서 마이크로서비스와 긴밀하게 결합된 서비스 간의 암시적 서비스 계약을 위한 기회를 창출한다.

기술적 복잡성

마이크로서비스는 복잡성을 가중시켜 보안 격차를 만들 수 있다. 마이크로서비스를 다루는 팀이 적절한 경험이 없는 경우, 이러한 복잡성을 관리하기가 어려울 것이다.

▌ OAuth 2 사양

OAuth 2가 OAuth1의 진화된 버전이라는 오해가 있지만 두 개념은 완전히 다른 접근 방법이다. OAuth1 사양에는 OAuth 2에는 더 이상 필요하지 않는 서명이 필요하므로 암호화 알고리즘을 사용해 서명을 생성하고 유효성을 검사해야 한다. 반면 OAuth 2 암호화는 TLS에 의해 처리된다.

 OAuth 2 RFC-6749, The OAuth 2.0 Authorization Framework (https://tools.ietf. org/html/rfc6749): OAuth 2.0 권한 부여 프레임워크를 사용하면 타사 애플리케이션이 자원 소유자와 HTTP 서비스 간의 승인 상호 작용을 조정해 자원 소유자를 대신해 HTTP 서비스에 대한 제한된 접근 권한을 얻거나 타사 애플리케이션이 자체적으로 접근 권한을 얻는다.

해당 사양은 RFC 5849, The OAuth 1.0 Protocol(https://tools.ietf.org/ html/rfc5849) 에 설명된 더 이상 사용하지 않는 OAuth 1.0 프로토콜을 대체한다.

OAuth 2를 활용하는 방법을 제대로 이해하려면 특정 역할과 이러한 역할 간의 관계를 이해해야 한다. OAuth 2 권한 부여 프로세스에 참여하는 각 역할에 대해 살펴보자.

- **자원 소유자**: 자원 서버에 위치한 보호 자원에 대한 접근 권한을 부여할 수 있는 객체
- **권한 부여 서버**: 자원 소유자를 성공적으로 인증하고 권한을 얻은 후 액세스 토큰을 클라이언트에게 발행하는 중앙 보안 게이트웨이

- **자원 서버**: 보호 자원을 호스팅하는 서버이며, OAuth 2 액세스 토큰을 사용해 보호된 자원 요청을 해석하고 응답
- **마이크로서비스 클라이언트**: 자원 소유자를 대신해 권한이 부여된 자원을 요청하는 애플리케이션

액세스 토큰

일반적으로 샘플 코드에서 access_token이라는 OAuth 2 액세스 토큰은 클라이언트가 API에 접근하는 데 사용할 수 있는 자격 증명을 나타낸다.

액세스 토큰

일반적으로 액세스 토큰은 제한된 수명을 가지며, 클라이언트가 각 요청의 HTTP 헤더에 액세스 토큰을 포함할 때 보호된 자원에 접근할 수 있도록 한다.

갱신 토큰

갱신 토큰은 수명이 길며 액세스 토큰이 만료되면 서버에 자격 증명을 다시 보낼 필요 없이 새로운 액세스 토큰을 얻는 데 사용된다.

권한 부여 방식

권한 부여 방식은 클라이언트가 부여된 사용 권한을 포함하는 액세스 토큰을 얻는 데 사용할 수 있는 방법이다. 애플리케이션의 필요에 따라 다양한 유형의 접근을 허용하는 여러 가지 권한 부여 방식이 있으며, 각 권한 부여 방식은 기술적 측면에 대한 걱정 없이 OAuth 2 플로우를 지원할 수 있다.

권한 부여 코드

RFC 6749, Section 4.1(https://tools.ietf.org/html/rfc6749)에 정의된 권한 부여 코드를 통한 권한 부여 방식은 리다이렉션 기반 흐름으로, 웹 브라우저가 승인 서버에서 권한 부여 코드를 받아 이를 클라이언트에게 전달한다. 그러면 클라이언트는 권한 부여 서버와 상호 작용하고 access_token 또는 선택적으로 id_token과 refresh_token에 대한 권한 부여 코드를 교환한다. 마지막으로 클라이언트는 해당 access_token을 사용해 사용자 대신 보호된 자원을 호출할 수 있게 된다.

암시적 권한 부여

RFC 6749, Section 4.1(https://tools.ietf.org/html/ rfc6749)에 정의된 암시적 권한 부여 방식은 권한 부여 코드 유형과 유사하지만 클라이언트 애플리케이션은 authorization_code를 요구하지 않고 직접 access_token을 수신한다. 이는 일반적으로 웹 브라우저에서 실행되는 자바스크립트 애플리케이션이며 서버에서 실행되는 클라이언트 애플리케이션보다 신뢰도가 낮은 클라이언트 애플리케이션이 client_secret으로 신뢰할 수 없기 때문에 발생한다. 또한 암시적 권한 부여 유형은 제한된 신뢰로 인해 애플리케이션에 갱신 토큰을 보내지 않는다.

패스워드 자격 증명

RFC 6749, Section 4.3(https://tools. ietf.org/html/rfc6749)에 정의된 자원 소유자 패스워드 자격 증명 부여는 access_token 또는 선택적으로 refresh_token를 얻기 위해 권한 부여 방법으로 직접 사용할 수 있다. 해당 권한 부여 방법은 사용자와 클라이언트 간에 높은 신뢰도가 있고 다른 권한 부여 플로우를 사용할 수 없는 경우에 사용한다. 또한 이를 사용하면 클라이언트가 장시간 사용되는 access_token 또는 refresh_token으로 자격 증명을 교환해 사용자 자격 증명을 저장할 필요가 없다.

클라이언트 자격 증명

RFC 6749, Section 4.4(https://tools.ietf.org/ html/rfc6749#section-4.4)에 정의된 클라이언 트 자격 증명 부여는 비대화형 클라이언트ᴄʟɪ, 데몬 또는 실행 중인 다른 서비스용이다. 클라이언트는 권한 부여를 위해 클라이언트 제공 자격 증명(클라이언트 ID 및 패스워드)을 사용해 권한 서버에 access_token을 직접 요청할 수 있다.

▮ JSON 웹 토큰

JWT는 공개 표준인 RFC 7519(https://tools.ietf.org/html/rfc7519)로, JSON 객체의 형태로 당사자 간에 정보를 안전하게 전송하기 위한 소형의 자체 포함 형식으로 정의된다. 이때 정보는 디지털 서명됐기 때문에 검증할 수 있으며 신뢰할 수 있다. JWT는 해시 기반 메시지 인증 코드ᴴᴹᴬᶜ 알고리즘을 사용하는 비밀키 또는 RSA 암호화 알고리즘을 사용하는 공개 및 개인키 쌍을 사용해 서명할 수 있다.

 JWT RFC- 7519(https://tools.ietf.org/html/rfc7519)
JSON 웹 토큰(JWT)은 양측 간에 전송될 클레임을 표현하기 위한 소형의 URL 안전 수단이다. JWT 클레임은 JSON 객체로 인코딩돼 JSON 웹 서명(JWS) 구조의 페이로드로 사용되거나 JSON 웹 암호화(JWE) 구조의 일반 텍스트로 사용돼 클레임을 디지털 서명하거나 메시지 인증 코드(MAC) 및 암호화를 통해 무결성 보호할 수 있도록 한다.

JWT는 토큰을 소유한 클라이언트의 신원과 특성(클레임)과 관련된 정보를 전달하는 데 사용하며, JWT는 컨테이너이며 클라이언트 변조를 피하기 위해 서버가 서명한다. JWT 토큰은 권한 부여 프로세스 중에 생성되며 처리 전에 권한 부여 서버가 검증한다. 또한 자원 서버는 클라이언트가 "ID 카드"를 나타내는 토큰을 제공할 수 있게 하며, 자원 서버가 상태를 저장하지 않고, 보안 방식으로 토큰의 유효성 및 무결성을 검증할 수 있게 한다.

토큰 구조

JWT의 구조는 헤더, 페이로드 및 서명 세 가지를 포함하는 구조를 준수한다.

```
[Base64Encoded(HEADER)] . [Base64Encoded (PAYLOAD)] . [encoded(SIGNATURE)]
```

Encoded JWT

다음은 클라이언트 요청을 기반으로 반환되는 인코딩된 전체 access_token이다.

```
eyJhbGciOiJSUzI1NiIsInR5cCI6IkpXVCJ9.eyJleHAiOjE1MDk2MTA2ODks
InVzZXJfbmFtZSI6InVzZXIxQGV4YW1wbGUuY29tIiwiYXV0aG9yaXRpZXMiOlsi
Uk9MRV9VU0VSIl0sImp0aSI6Ijc1NTRhZGM4LTBhMjItNDBhYS05YjQ5LTU4MTU2
DBhNDUzNyIsImNsaWVudF9pZCI6Im9hdXRoQ2xpZW50MSIsInNjb3BlIjpb Im9wZW5pZCJdfQ.iM
5BqXj70ET1e5uc5UKgws1QGDv6NNZ4iVEHimsp1Pnx6WXuFwtpHQoerH_F
-
pTkbldmYWOwLC8NBDHElLeDi1VPFCt7xuf5Wb1VHe-uwslupz3maHsgdQNGcjQwIy7_U-
SQr0wmjcc5Mc_1BWOq3-pJ65bFV1v2mjIo3R1TAKgIZ091WG0e8DiZ5AQase
Yy43ofUWrJEXok7kUWDpnSezV96PDiG56kpyjF3x1VRKPOrm8CZuylC57wclk-
BjSdEenN_905sC0UpMNtuk9ENkVMOpa9_Redw356qLrRTYgKA-qpRFUpC-3g5
CXhCDwDQM3jyPvYXg4ZW3cibG-yRw
```

헤더

access_token JWT에 대한 헤더는 다음과 같이 Base64로 인코딩된다.

```
eyJhbGciOiJSUzI1NiIsInR5cCI6IkpXVCJ9
```

인코딩된 헤더를 디코딩하면 다음과 같은 페이로드 클레임을 갖게 된다.

```
{
  "alg": "RS256",
  "typ": "JWT"
}
```

페이로드

access_token JWT에 대한 페이로드는 다음과 같이 Base64로 인코딩된다.

eyJleHAiOjE1MDk2MTA2ODksInVzZXJfbmFtZSI6InVzZXJxQGV4YW1wbGUuY29
tIiwiYXV0aG9yaXRpZXMiOlsiUk9MRV9VU0VSIl0sImp0aSI6Ijc1NTR
hZGM4LTBhMjItNDBhYS05YjQ5LTU4MTU2NDBhNDUzNyIsImNsaWVudF9pZCI6I
m9hdXRoQ2xpZW50MSIsInNjb3BlIjpbIm9wZW5pZCJdfQ

인코딩된 페이로드를 디코딩하면 다음과 같은 페이로드 클레임을 갖게 된다.

```
{
  "exp": 1509610689,
  "jti": "7554adc8-0a22-40aa-9b49-5815640a4537",
  "client_id": "oauthClient1",
  "authorities": [
      "ROLE_USER"
    ],
    "scope": [ "openid"
  ],
  "user_name": "user1@example.com"
}
```

서명

다음 코드와 같이 access_token 페이로드를 권한 부여 서버에서 개인키로 암호화했다.

```
iM5BqXj70ET1e5uc5UKgws1QGDv6NNZ4iVEHimsp1Pnx6WXuFwtpHQoerH_F-
pTkbldmYWOwLC8NBDHElLeDi1VPFCt7xuf5Wb1VHe-uwslupz3maHsgdQNGcjQwIy7_U-
SQr0wmjcc5Mc_1BWOq3-
pJ65bFV1v2mjIo3R1TAKgIZ091WG0e8DiZ5AQaseYy43ofUWrJEXok7kUWDpn
SezV96PDiG56kpyjF3x1VRKPOrm8CZuylC57wclk-
BjSdEenN_905sC0UpMNtuk9ENkVMOpa9_Redw356qLrRTYgKA-qpRFUp
C-3g5CXhCDwDQM3jyPvYXg4ZW3cibG-yRw
```

다음은 JWT 서명을 생성하는 과정을 나타낸 의사 코드다.

```
var encodedString = base64UrlEncode(header) + ".";
encodedString += base64UrlEncode(payload);
var privateKey = "[-----PRIVATE KEY-----]";
var signature = SHA256withRSA(encodedString, privateKey);
var JWT = encodedString + "." + base64UrlEncode(signature);
```

▌ 스프링 시큐리티에서의 OAuth 2 지원

스프링 시큐리티 OAuth 프로젝트는 표준 스프링 프레임워크 및 스프링 시큐리티 프로그래밍 모델과 설정 관용구를 사용해 스프링 시큐리티 OAuth 2 권한 부여를 사용하기 위한 지원을 제공한다.

자원 소유자

자원 소유자는 하나 또는 여러 개의 소스가 될 수 있으며, JBCP 달력의 경우, 달력 애플리케이션을 자원 소유자로 사용한다. JBCP 달력은 자원 서버 구성 외의 소유권을 나타내는 데 필요한 특별한 설정이 없다.

자원 서버

@EnableResourceServer 어노테이션은 들어오는 OAuth 2 토큰을 통해, 요청을 인증하는 스프링 시큐리티 필터를 활성화하기 위한 애플리케이션의 의도를 나타낸다.

```
//src/main/java/com/packtpub/springsecurity/configuration/
OAuth2ResourceServerConfig.java

@EnableResourceServer
public class OAuth2ResourceServerConfig
extends ResourceServerConfigurerAdapter {...}
```

@EnableResourceServer 어노테이션은 들어오는 OAuth 2 토큰을 통해, 요청을 인증하는 OAuth 2AuthenticationProcessingFilter 필터를 사용하도록 애플리케이션의 의도를 나타낸다. OAuth 2AuthenticationProcessingFilter 필터를 사용하려면 애플리케이션의 어딘가에서 @EnableWebSecurity 어노테이션을 사용해 웹 보안을 활성화해야 한다. @EnableResourceServer 어노테이션은 하드 코딩된 @Order가 3인 사용자 정의 WebSecurityConfigurerAdapter 클래스를 등록하며, 현재 스프링 프레임워크의 기술적 한계로 인해 WebSecurityConfigurerAdapter 클래스의 순서를 변경할 수 없다. 따라서 3 순서로 다른 보안 어댑터를 사용하지 않는 것이 좋으며, 스프링 시큐리티는 동일한 순서로 설정하는 경우 오류를 유발한다.

```
//o.s.s.OAuth2.config.annotation.web.configuration.ResourceServerConfiguration.
class

    @Configuration
    public class ResourceServerConfiguration
        extends WebSecurityConfigurerAdapter implements Ordered {
            private int order = 3;
            ...
        }
```

권한 부여 서버

권한 부여 서버 기능을 사용하도록 설정하려면 설정에 @EnableAuthorizationServer 어노테이션을 추가한다. 해당 어노테이션을 추가하면 o.s.s.OAuth2.provider.endpoint.AuthorizationEndpoint 인터페이스와 o.s.s.OAuth2.provider.endpoint.TokenEndpoint 인터페이스를 컨텍스트로 지정한다. 개발자는 @EnableWebSecurity 설정으로 AuthorizationEndpoint(/oauth/authorize)를 보호해야 하며, TokenEndpoint(/oauth/token)는 OAuth 2 클라이언트 자격 증명을 기반으로 HTTP 기본 인증을 사용해 자동으로 보호된다.

```
//src/main/java/com/packtpub/springsecurity/configuration/
OAuth2AuthorizationServerConfig.java

@Configuration @EnableAuthorizationServer
public class OAuth2AuthorizationServerConfig {...}
```

RSA JWT 액세스 토큰 변환기 keypair

안전한 JWT로 인코딩된 서명을 생성하려면 다음과 같이 사용자 정의 o.s.s.OAuth2.provider.token.storeJwtAccessTokenConverter 인터페이스를 생성하는 데 필요한 사용자 정의 RSA keystore를 생성해야 한다.

```
$ keytool -genkey -alias jbcpOAuth2client -keyalg RSA \
-storetype PKCS12 -keystore jwtConverterStore.p12 \
-storepass changeit \
-dname "CN=jwtAdmin1@example.com,OU=JBCP Calendar,O=JBCP,L=Park
City,S=Utah,C=US"
```

위의 방법으로 ./src/main/resources/key 디렉터리에 복사해야 하는 jwtConverter
Store.p12라는 PKCS12 인증서가 생성된다.

OAuth 2 resource 속성 설정

다음 application.yml 파일과 같이 생성된 인증서에 대한 keystore, alias 및 store
Password를 포함한 keyPair 애트리뷰트를 제공해 JWT 자원을 설정하는 데 필요한 속성
을 외부화한다.

```
//src/main/resources/application.yml:

    # OAuth2 Configuration:
    security:
    OAuth2:
        # Resource Config: resource:
            jwt:
                keyPair:
                    keystore: keys/jwtConverterStore.p12
                    alias: jbcpOAuth2client
                    storePassword: changeit
```


OAuth 2 Client 속성 설정

다음 application.yml 파일과 같이 클라이언트 인증, 권한 부여 및 OAuth 2 범위에 대한
클라이언트 세부 정보를 설정한다.

```
//src/main/resources/application.yml:

    # OAuth2 Configuration:
     security:
    OAuth2:
        # Client Config:
    client:
      # Basic Authentication credentials for OAuth2
      clientId: oauthClient1
      clientSecret: oauthClient1Password
      authorizedGrantTypes: password,refresh_token
      scope: openid
```

JWT 액세스 토큰 변환기

JWT 토큰을 만드는 마지막 단계는 JWT 서명을 위해 생성된 RSA 인증서를 사용할 사용자
정의 JwtAccessTokenConverter를 생성하는 것이다. 이를 위해 다음과 같이 keyPair 설정
을 가져오고 OAuth2AuthorizationServerConfig.java 파일에 표시된 대로 사용자 정의
JwtAccessTokenConverter를 구성해야 한다.

```
//src/main/java/com/packtpub/springsecurity/configuration/
OAuth2AuthorizationServerConfig.java

public class OAuth2AuthorizationServerConfig {
  @Value("${security.OAuth2.resource.jwt.keyPair.keystore}")
  private String keystore;
  @Value("${security.OAuth2.resource.jwt.keyPair.alias}")
  private String keyPairAlias;
  @Value("${security.OAuth2.resource.jwt.keyPair.storePassword}")
  private String keyStorePass;
  @Bean
  public JwtAccessTokenConverter jwtAccessTokenConverter() {
    JwtAccessTokenConverter converter = new
    JwtAccessTokenConverter();
```

```
KeyPair keyPair = new KeyStoreKeyFactory
(new ClassPathResource(keystore),
keyStorePass.toCharArray() ).getKeyPair(keyPairAlias);
converter.setKeyPair(keyPair);
return converter;
}
}
```

UserDetailsService 객체

CalendarUser 자격 증명을 사용해 권한이 부여된 GrantedAuthority를 클라이언트에 할
당한다. 이렇게 하려면 CalendarUserDetailsService 클래스를 구성하거나 다음 Calen
darUserDetailsService.java 파일에서 볼 수 있는 것처럼 userDetailsService라는 이
름으로 자격을 부여해야 한다.

//src/main/java/com/packtpub/springsecurity/core/userdetails/
CalendarUserDetailsService.java

```
@Component("userDetailsService")
public class CalendarUserDetailsService
implements UserDetailsService {...}
```

@Component 어노테이션의 사용자 정의 이름을 정의하는 또 다른 방법은 SecurityConfig.
java 파일에서 다음 항목을 사용해 수행할 @Bean 선언을 정의하는 것이다.

//src/main/java/com/packtpub/springsecurity/configuration/SecurityConfig.java

```
@Bean
public CalendarUserDetailsService userDetailsService
(CalendarUserDao calendarUserDao) {
    return new CalendarUserDetailsService(calendarUserDao);
}
```

OAuth 2 서버 애플리케이션 실행

이제 애플리케이션을 시작하고 OAuth 2 요청을 보낼 준비를 해보자.

 이제, 코드가 chapter17.01-calendar와 비슷해야 한다.

서버 요청

cURL이나 **HTTPie**와 같은 명령줄 툴로 애플리케이션을 테스트하거나 Postman과 같은 REST 클라이언트 플러그인을 사용해 서버에 요청을 보낼 수 있다.

 HTTPie: CLI 기반으로 cURL과 비슷한 툴이며, HTTPie(aitch-tee- tee-pie로 발음됨)는 명령줄 HTTP 클라이언트다. HTTPie의 목표는 웹 서비스와 CLI 상호 작용을 가능한 한 인간 친화적으로 만드는 것이다. 단순하고 자연스러운 구문을 사용해 임의의 HTTP 요청을 보낼 수 있는 간단한 HTTP 명령을 제공하고 컬러 출력을 보여준다. HTTPie는 HTTP 서버를 테스트, 디버깅 및 일반적으로 상호 작용하는 데 사용할 수 있다(https://httpie.org).

토큰 요청

초기 토큰 요청 시 다음과 비슷한 응답을 받아야 한다.

```
$ http -a oauthClient1:oauthClient1Password -f POST
localhost:8080/oauth/token
grant_type=password username=user1@example.com password=user1
HTTP/1.1 200
Cache-Control: no-cache, no-store, max-age=0, must-revalidate
Cache-Control: no-store
Content-Type: application/json;charset=UTF-8
Date: Thu, 09 Nov 2017 20:29:26 GMT
```

```
Expires: 0
Pragma: no-cache
Pragma: no-cache
Transfer-Encoding: chunked
X-Application-Context: application:default
X-Content-Type-Options: nosniff
X-Frame-Options: DENY
X-XSS-Protection: 1; mode=block
```

```
{
"access_token": "eyJhbGciOiJSUzI1NiIsInR5cCI6IkpXVCJ9.eyJleHAiOjE1MT
AzMDI1NjYsInVzZXJfbmFtZSI6InVzZXIxQGV4YW1wbGUuY29tIiwiYXV0aG9yaXRp
XMiOlsiUk9MRV9VU0VSIl0sImp0aSI6ImYzNzYzMWI4LWI0OGEtNG
Y1MC1iNGQyLTVlNDk1NTRmYzZjZSIsImNsaWVudF9pZCI6Im9hdXRoQ
2xpZW50MSIsInNjb3BlIjpbIm9wZW5pZCJdfQ.d5I2ZFX9ia_43eeD5X3JO6i_uF1Zw-
SaZ1CWbphQlYI3oCq6Xr9Yna5fvvosOZoWjb8pyoO3EPVCig3mobhO6AF
18802XOlBRx3qb0FGmHZzDoPw3naTDHlhE97ctlIFIcuJVqi34T6Ocvii
uXmcE1tJ-H6-7AB04-wZl_WaucoO8-K39GvPyVabWBfSpfvOnbhh_XMNiB
PnN8u5mqSKI9xGjYhjxXspRyy--
zXx50Nqj1aYzxexy8Scawrtt2F87o1IesOodoPEQGTgVVieIilplwkMLhMvJfxhyMOt
ohR63XOGBSI4dDz58z3zOlk9P3k2Uq5FmkqwNNkduKceSw","expires_in": 43199,
"jti":  "f37631b8-b48a-4f50-b4d2-5e49554fc6ce","refresh_token":
"eyJhbGciOiJSUzI1NiIsInR5cCI6IkpXVCJ9.eyJ1c2VyX25hbWUiOiJ1c2VyM
UBleGFtcGxlLmNvbSIsInNjb3BlIjpbIm9wZW5pZCJdLCJhdGkiOiJmMzc2MzF
iOC1iNDhhLTRmNTAtYjRkMi01ZTQ5NTU0ZmM2Y2UiLCJleHAiOjE1MTI4NTEzNjYs
ImF1dGhvcml0aWVzIjpbIlJPTEVfVVNFUiJdLCJqdGkiOiJjODM2OGI4NS0xNTk5L
TQ0NTgtODQ2Mi1iNGFhNDg1OGIzY2IiLCJjbGllbnRfaWQiOiJvYXV0aENsaWVudDEifQ.
RZJ2GbEvcmFbZ3SVHmtFnSF_O2kv-
TmN56tddW2GkG0gIRr612nN5DVlfWDKorrftmmm64x8bxuV2CcFx8Rm4SSWuoYv
j4oxMXZzANqXWLwj6Bei4z5uvuu00g6PtJvy5Twjt7GWCvEF82PBoQL-
bTM3RNSKmPnYPBwOGaRFTiSTdKsHCcbrg-
H84quRKCjXTl7Q6l8ZUxAf1eqWlOYEhRiGHtoULzdOvL1_W0OoWrQds1EN5g
AuoTTSI3SFLnEE2MYu6cNznJFgTqmVs1hYmX1hiXUhmCq9nwYpWei-
bu0MaXCa9LRjDRl9E6v86vWJiBVzd9qQilwTM2KIvgiG7w",  "scope":  "openid",
"token_type": "bearer"
}
```

이후 요청에 사용할 수 있는 액세스 토큰을 부여받았으며, 다음은 전달자로 사용될 access_token이다.

```
eyJhbGciOiJSUzI1NiIsInR5cCI6IkpXVCJ9.eyJleHAiOjE1MTAzMDI1
NjYsInVzZXJfbmFtZSI6InVzZXIxQGV4YW1wbGUuY29tIiwiYXV0aG9yaXRpZXM
iOlsiUk9MRV9VU0VSIl0sImp0aSI6ImYzNzYzMWI4LWI0OGEtNGY1MC1iNGQyL
TVlNDk1NTRmYzZjZSIsImNsaWVudF9pZCI6Im9hdXRoQ2xpZW50MSIsInNjb
3BlIjpbIm9wZW5pZCJdfQ.d5I2ZFX9ia_43eeD5X3JO6i_uF1Zw-
SaZ1CWbphQlYI3oCq6Xr9Yna5fvvosOZoWjb8pyoO3EPVCig3mobhO6AF18802XO
lBRx3qb0FGmHZzDoPw3naTDHlhE97ctlIFIcuJVqi34T6OcviiuXmcE1tJ-H6-7AB04-
wZl_WaucoO8-
K39GvPyVabWBfSpfv0nbhh_XMNiBPnN8u5mqSKI9xGjYhjxXspRyy—
zXx50Nqj1aYzxexy8Scawrtt2F87o1IesOodoPEQGTgVVieIilplwkMLhMvJfxhyMOto
hR63XOGBSI4dDz58z3zOlk9P3k2Uq5FmkqwNNkduKceSw
```

이제 access_token을 가져와서, 해당 토큰을 사용해 다음 형식으로 서버에 대한 추가 요청을 시작한다.

```
$ http localhost:8080/ "Authorization: Bearer [access_token]"
```

그러면 첫 번째 요청에서 받은 access_token을 추가할 때 다음 요청을 받아야 한다.

```
$ http localhost:8080/ 'Authorization: Bearer
eyJhbGciOiJSUzI1NiIsInR5cCI6IkpXVCJ9.eyJleHAiOjE1MTAzMD
I1NjYsInVzZXJfbmFtZSI6InVzZXIxQGV4YW1wbGUuY29tIiwiYXV0aG9yaXRp
ZXMiOlsiUk9MRV9VU0VSIl0sImp0aSI6ImYzNzYzMWI4LWI0OGEtNGY1MC1iNGQyLT
VlNDk1NTRmYzZjZSIsImNsaWVudF9pZCI6Im9hdXRoQ2xpZW50MSIsInNjb3BlIjpb
Im9wZW5pZCJdfQ.d5I2ZFX9ia_43eeD5X3JO6i_uF1Zw-
SaZ1CWbphQlYI3oCq6Xr9Yna5fvvosOZoWjb8pyoO3EPVCig3mobhO6AF18802XOl
BRx3qb0FGmHZzDoPw3naTDHlhE97ctlIFIcuJVqi34T6OcviiuXmcE1tJ-H6-7AB04-
wZl_WaucoO8-
K39GvPyVabWBfSpfv0nbhh_XMNiBPnN8u5mqSKI9xGjYhjxXspRyy—
zXx50Nqj1aYzxexy8Scawrtt2F87o1IesOodoPEQGTgVVieIilplwkMLhMvJf
xhyMOtohR63XOGBSI4dDz58z3zOlk9P3k2Uq5FmkqwNNkduKceSw'
```

```
HTTP/1.1 200
Cache-Control: no-cache, no-store, max-age=0, must-revalidate
Content-Length: 55
Content-Type: text/plain;charset=UTF-8
Date: Thu, 09 Nov 2017 20:44:00 GMT
Expires: 0
Pragma: no-cache
X-Application-Context: application:default
X-Content-Type-Options: nosniff
X-Frame-Options: DENY
X-XSS-Protection: 1; mode=block
```

{'message': 'welcome to the JBCP Calendar Application'}

이제 사용자의 이벤트를 검색하는 것과 같이 동일한 access_token을 사용해 계속적인 요청을 보낼 수 있다.

```
$ http localhost:8080/events/my 'Authorization:  Bearer
eyJhbGciOiJSUzI1NiIsInR5cCI6IkpXVCJ9.eyJleHAiOjE1MTAzMDI1NjYsI
nVzZXJfbmFtZSI6InVzZXIxQGV4YW1wbGUuY29tIiwiYXV0aG9yaXRpZXMiOlsiU
k9MRV9VU0VSIl0sImp0aSI6ImYzNzYzMWI4LWI0OGEtNGY1MC1iNGQyLTVlNDk1NT
RmYzZjZSIsImNsaWVudF9pZCI6Im9hdXRoO2xpZW50MSIsInNjb3BlIjpbIm9wZW5pZ
CJdfQ.d5I2ZFX9ia_43eeD5X3JO6i_uF1Zw-
SaZ1CWbphQlYI3oCq6Xr9Yna5fvvosOZoWjb8pyo03EPVCig3mobhO6AF18802XO
lBRx3qb0FGmHZzDoPw3naTDHlhE97ctlIFIcuJVqi34T60cviiuXmcE1tJ-H6-7AB04-
wZl_WaucoO8-
K39GvPyVabWBfSpfv0nbhh_XMNiBPnN8u5mqSKI9xGjYhjxXspRyy—
zXx50Nqj1aYzxexy8Scawrtt2F87o1IesOodoPEQGTgVVieIilplwkMLhMvJfxhyMOtohR63
XOGBSI4dDz58z3zOlk9P3k2Uq5FmkqwNNkduKceSw' HTTP/1.1  200
Cache-Control: no-cache, no-store, max-age=0, must-revalidate
Content-Type: application/json;charset=UTF-8
Date: Thu, 09 Nov 2017 20:57:17 GMT
Expires: 0 Pragma: no-cache
Transfer-Encoding: chunked
X-Application-Context: application:default
X-Content-Type-Options: nosniff
```

```
    X-Frame-Options: DENY
    X-XSS-Protection: 1; mode=block
{
    "currentUser": [
        {
            "description": "This is going to be a great birthday",
            "id": 100,
            "summary": "Birthday Party",
            "when": 1499135400000
        }
    ]
}
```

이제 OAuth 2 서버에서 클라이언트용 access_tokens을 발행할 준비가 됐으므로 이제 우리 시스템과 상호 작용할 수 있는 마이크로서비스 클라이언트를 만들어보자.

▌ 마이크로서비스 클라이언트

이제 @EnableOAuth 2Client 어노테이션을 추가해 애플리케이션을 OAuth 2 클라이언트로 활성화한 새로운 클라이언트 애플리케이션을 시작해보자. @EnableOAuth2Client 어노테이션을 추가하면 애플리케이션은 하나 이상의 OAuth 2 권한 부여 서버에서 권한 부여 코드를 검색하고 사용할 수 있다. 클라이언트 자격 증명을 사용하는 클라이언트 애플리케이션은 일반적으로 AccessTokenRequest 또는 범위가 지정된 RestOperations를 필요로 하지 않지만, 필요에 따라 토큰을 얻기 위해 OAuth2RestOperations를 트리거하는 필터를 사용해야 한다.

패스워드 자격 증명을 사용하는 애플리케이션은 RestOperations 메서드를 사용하기 전에 OAuth2ProtectedResourceDetails에서 인증 속성을 설정해야 한다. 다음 단계를 통해 어떻게 인증 속성을 설정하는지 살펴보자.

1. 다음 JavaConfig.java 파일과 같이 클라이언트를 구성하는 데 사용할 몇 가지 등록 정보를 설정한다.

```
//src/main/java/com/packtpub/springsecurity/configuration/
JavaConfig.java

@EnableOAuth2Client
public class JavaConfig {
  @Value("${oauth.token.uri}")
  private String tokenUri;
  @Value("${oauth.resource.id}")
  private String resourceId;
  @Value("${oauth.resource.client.id}")
  private String resourceClientId;
  @Value("${oauth.resource.client.secret}")
  private String resourceClientSecret;
  @Value("${oauth.resource.user.id}")
  private String resourceUserId;
  @Value("${oauth.resource.user.password}")
  private String resourceUserPassword;
  @Autowired
  private DataSource dataSource;

  ...
}
```

2. OAuth2 RESTful 작업을 실행해야 하는 몇 가지 표준 속성 외에도 초기 요청과 이후 작업에서 사용되는 oauth_client_token을 보유하는 dataSource를 만들어야 한다. 이제 다음의 JavaConfig.java과 같이 oauth_client_token을 관리하기 위한 ClientTokenServices를 생성해보자.

```
//src/main/java/com/packtpub/springsecurity/configuration/
JavaConfig.java

@Bean
public ClientTokenServices clientTokenServices() {
```

```
    return new JdbcClientTokenServices(dataSource);
}
```

3. 이제 OAuth 2 통신을 관리할 OAuth2RestTemplate를 생성한다. 먼저 자원 연결 세부 사항을 보유하는 ResourceOwnerPasswordResourceDetails를 생성한 후, 클라이언트 요청에 대해 OAuth2RestOperations로 사용할 OAuth2RestTemplate 를 생성한다.

```
//src/main/java/com/packtpub/springsecurity/configuration/
JavaConfig.java

@Bean
public OAuth2RestOperationsOAuth2RestOperations() {
  ResourceOwnerPasswordResourceDetails resource =
  New ResourceOwnerPasswordResourceDetails();
  resource.setAccessTokenUri(tokenUri);
  resource.setId(resourceId);
  resource.setClientId(resourceClientId);
  resource.setClientSecret(resourceClientSecret);
  resource.setGrantType("password");
  resource.setScope(Arrays.asList("openid"));
  resource.setUsername(resourceUserId);
  resource.setPassword(resourceUserPassword);
  return new OAuth 2RestTemplate(resource);
}
```

OAuth 2 클라이언트 설정

이제 @EnableOAuth2Client 어노테이션을 활성화하고, ResourceOwnerPasswordResource Details 객체를 구성했으므로 자원 서버와 권한 부여 서버를 연결하는 데 사용되는 등록 정보를 설정해야 한다.

```
//src/main/resources/application.yml
```

```yaml
oauth:
url: ${OAUTH_URL:http://localhost:8080}
token:
    uri: ${OAUTH_URL:http://localhost:8080}/oauth/token
resource:
    id: microservice-test
    # Client BASIC Authentication for Authentication Server
    client:
        id: ${OAUTH_CLIENT_ID:oauthClient1}
        secret: ${OAUTH_CLIENT_SECRET:oauthClient1Password}
      # Resource Password Credentials
    user:
    id: ${OAUTH_USER_ID:user1@example.com}
    password: ${OAUTH_USER_PASSWORD:user1}
```

이제 모든 설정을 마무리했으므로 OAuth2RestOperations 객체를 통해 요청을 시작할 수 있다. 다음 OAuth2EnabledEventsController.java 파일과 같이 RestController를 생성해 RESTful 요청의 결과로 원격 세부 사항을 불러오고 표시해보자.

```
//src/main/java/com/packtpub/springsecurity/web/controllers/
OAuth2EnabledEventsController.java
```

```java
@RestController
public class OAuth2EnabledEventsController {
  @Autowired
  private OAuth2RestOperations template;
  @Value("${base.url:http://localhost:8888}")
  private String baseUrl;
  @Value("${oauth.url:http://localhost:8080}")
  private String baseOauthUrl;
  @GetMapping("/events/my")
  public String eventsMy() {
    @SuppressWarnings("unchecked")
    String result = template.getForObject(baseOauthUrl+"/events/my",
```

```
    String.class);
    return result;
  }
}
```

 이제, 코드가 chapter17.02-calendar-client와 비슷해야 한다.

마지막으로 chapter16.01-calendar 애플리케이션이 지금 현재 구동 중인지, 클라이언트
로부터 OAuth 2 요청을 받을 준비가 됐는지 확인해야 한다. 확인이 완료되면 원격 자원
의 /events/my에 위치한 설정된 사용자 이벤트에 접근하는 지점을 포함해 여러 RESTful
지점을 표시하는 chapter16.01-calendar-client 애플리케이션을 시작하고, http://
localhost:8888/events/my에 접속해 다음과 같은 결과를 확인하자.

```
    {
    "currentUser": [
{
    "id": 100,
    "summary": "Birthday Party",
    "description": "This is going to be a great birthday",
    "when": 1499135400000
}
    ]
    }
```

▌ 요약

17장에서는 단일 애플리케이션과 마이크로서비스 간의 일반적인 차이점에 대해 살펴보
고, SOA와 마이크로서비스도 비교해봤다. 또한 OAuth 2의 개념적 아키텍처와 신뢰할 수

있는 클라이언트 접근 방식으로 서비스를 제공하는 방법을 배웠으며, OAuth 액세스 토큰의 종류와 OAuth 2 권한 부여 유형에 대해 정리했다.

마지막으로 JWT와 JWT의 일반적인 구조를 살펴보고, OAuth 2 자원에 접근하기 위해 클라이언트에게 접근 권한을 부여하는 데 사용되는 자원 서버와 권한 부여 서버를 구현하고, OAuth 2 권한 부여 과정을 통해 자원에 접근하기 위한 RESTful 클라이언트를 구현했다.

부록

참고 자료

부록, '참고 자료'에서는 너무 광범위해서 각 장에 포함하지 못했지만, 추가로 도움을 줄 수 있는 내용을 다룬다.

▌ JBCP 달력 샘플 코드 시작

1장, '취약한 애플리케이션의 구조'에서 설명했으므로 이미 JDK를 설치했을 것이다. 만약 아직도 설치하지 않았다면 오라클 웹 사이트(http://www.oracle.com/technetwork/java/javase/downloads/index.html)에서 다운로드하자. 샘플 코드는 JDK 7과 호환되지 않는 많은 기능을 사용하므로 JDK 8을 설치해야 한다. 또한 의존성 문제와 같이 JDK 9와 IDE 사이에서 발생하는 다양한 문제에 대해서는 고려하지 않았으므로 JDK 8 사용을 권장한다.

그레이들 빌드툴

이 책의 모든 코드는 그레이들 빌드툴^{Build Tool}로 제작했으며, 각 장마다 멀티모듈(또는 다중 모듈, multimodule)로 빌드했다. 로컬 컴퓨터에 그레이들을 설치하고 싶다면 https://gradle.org/install/에서 다운로드할 수 있다. 하지만 샘플 코드에 이미 그레이들 래퍼^{wrapper}를 적용했으므로 굳이 다운로드할 필요는 없다. 그레이들 래퍼는 모든 서브 모듈에 적용할 수 있으며, 이에 대한 추가 정보는 https://docs.gradle.org/current/userguide/gradle_wrapper.html에서 확인할 수 있다.

 예제 코드 다운로드

한국어판의 예제 코드는 에이콘출판사의 도서 정보 페이지인 http://www.acornpub.co.kr/book/spring-security-3e에서 다운로드할 수 있다.

원서의 예제 코드를 보려면 http://www.packtpub.com/support를 방문해 이메일을 등록하면 파일을 직접 다운로드할 수 있으며, 깃허브 https://github.com/PacktPublishing/Spring-Security-Third-Edition에서도 원서 예제 코드를 다운로드할 수 있다.

그레이들 IDE 플러그인

샘플 코드는 IntelliJ와 이클립스^{Eclipse} IDE 플러그인으로 구성했다. 다시 말해, 그레이들을 사용하면 코드를 수동으로 가져오는 대신, 필요한 IDE 프로젝트 파일을 자동으로 생성해준다는 것이다(반드시 해당 플러그인을 사용하지 않아도 된다).

OSX 또는 Linux 운영체제의 경우 플러그인을 실행하려면, 샘플 코드가 저장된 최상위 디렉터리에서 터미널 또는 명령 프롬프트를 띄운 후, 다음 명령을 실행한다.

```
$ ./gradlew idea
```

위의 작업을 수행하면 다음 스크린샷과 같이 각 디렉터리에 해당하는 다양한 IDEA 프로젝트 파일이 있을 것이다.

```
-rw-r--r--    1 mickknutson    staff     3.0K Nov 16 15:56 gradle.properties
-rwxr-xr-x    1 mickknutson    staff     5.2K Nov  3 09:18 gradlew*
-rwxr-xr-x@   1 mickknutson    staff     2.2K Nov  3 09:18 gradlew.bat*
-rw-r--r--    1 mickknutson    staff     644B Nov 17 12:14 jbcpcalendar.iml
-rw-r--r--    1 mickknutson    staff      23K Nov 17 12:14 jbcpcalendar.ipr
-rw-r--r--    1 mickknutson    staff     9.1K Nov 17 12:14 jbcpcalendar.iws
-rw-r--r--    1 mickknutson    staff     7.3K Nov 17 12:14 settings.gradle
```

윈도우 운영체제를 사용하고 있는 경우 다음 명령을 실행하면 위의 스크린샷과 비슷하게 나타날 것이다.

```
C:\jbcdcalendar> gradlew.bat idea
```

위에서 실행한 명령어는 그레이들 래퍼에 해당하는 gradlew 스크립트를 실행하며, IDE 파일을 생성하는 작업을 수행한다. IntelliJ 프로젝트 파일은 idea 태스^{task}크를 통해 생성되며, STS나 이클립스 기반 IDE의 프로젝트 파일은 eclipse 태스크를 통해 생성된다.

eclipse 태스크를 실행한 후에는 다음과 같이 각 디렉터리에 여러 이클립스 프로젝트 파일과 디렉터리가 생긴다.

```
[mickknutson@~/Documents/workspace/jbcpcalendar(master)]$ la
total 192
-rw-r--r--@   1 mickknutson    staff      10K Nov 17 12:38 .DS_Store
drwxr-xr-x    3 mickknutson    staff     102B Nov 17 07:48 .idea/
-rw-r--r--    1 mickknutson    staff     255B Nov 17 12:51 .classpath
-rw-r--r--    1 mickknutson    staff     548B Nov 17 10:56 .codecov.yml
-rw-r--r--    1 mickknutson    staff      21B Oct  9 09:22 .coveralls.yml
drwxr-xr-x   18 mickknutson    staff     612B Nov 17 11:00 .git/
-rw-r--r--    1 mickknutson    staff     407B Nov  2 13:54 .gitignore
drwxr-xr-x    5 mickknutson    staff     170B Nov 17 12:31 .gradle/
-rw-r--r--    1 mickknutson    staff     386B Nov 17 12:51 .project
drwxr-xr-x    3 mickknutson    staff     102B Nov 17 12:51 .settings/
```

IntelliJ IDEA

이 책에 수록된 대부분의 도표는 Jet Brains(https://www.jetbrains.com/idea)의 IntelliJ IDEA에서 퍼온 것이며, IDEA는 멀티 모듈 그레이들 빌드를 훌륭하게 지원한다.

IDEA를 사용하면 기존 프로젝트를 쉽게 불러올 수 있으며, 코드가 저장된 최상위 디렉터리에서 `build.gradle` 파일을 열면 IDEA가 필요한 프로젝트 파일이 생성된다.

그레이들의 `idea` 태스크를 통해 IDEA 프로젝트 파일을 생성한 후에는 다음 스크린샷과 같이 Import Project 옵션을 사용해 전체 프로젝트를 불러올 수 있다.

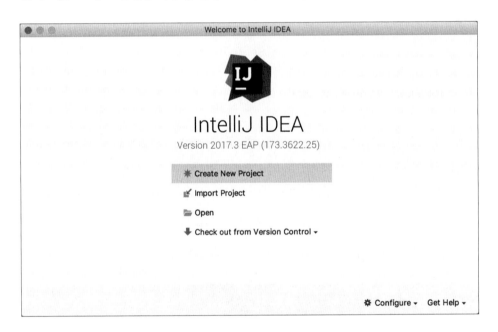

그런 다음, IDEA가 해당 그레이들 빌드를 실행하는 방법에 대한 옵션을 선택하는 창이 나타난다.

Gradle Project 경로는 샘플 코드가 저장돼 있는 최상위 디렉터리로 선택하고, 나머지 옵션은 다음 스크린샷과 동일하게 설정한다.

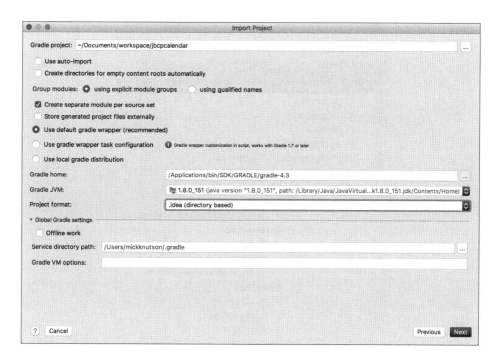

 IDEA로 그레이들 프로젝트 가져오기 팁

위의 스크린샷을 보면 'use Gradle wrapper task configuration' 옵션과 'Use default Gradle wrapper' 옵션 두 가지 중 후자를 선택한 것을 볼 수 있다. 두 옵션의 유일한 차이점은 전자의 경우, 각 프로젝트 디렉터리에 그레이들 래퍼 인스턴스를 생성할 수 있다는 것이다. 전자 옵션은 터미널이나 명령 프롬프트에서 빌드 명령을 실행하고 그레이들 로컬 버전을 설치할 필요가 없는 경우에 유용하다. 하지만 그렇지 않은 경우에는 IDEA에서 모든 프로젝트의 그레이들 래퍼 호출을 처리한다.

프로젝트를 성공적으로 가져오면, 샘플 애플리케이션의 모든 코드를 한 번에 볼 수 있으며, 다음 스크린샷과 같이 나타난다.

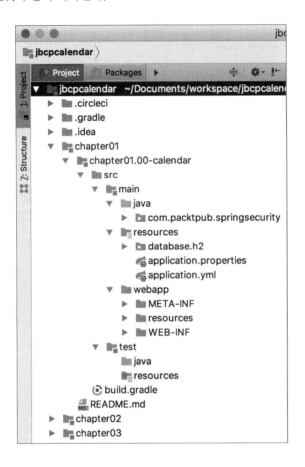

Spring Tool Suite(STS) 또는 이클립스

STS를 선택했다면 Spring Tool Suite[STS] 3.9.1 이상의 버전 사용을 권장하며, https://spring.io/tools/sts에서 다운로드할 수 있다. STS 3.9.1은 이클립스[Eclipse] Oxygen 1a (4.7.1a)를, STS 3.9.2는 이클립스 Oxygen.2를 기반으로 해 JDK 9 버전과 호환된다. Oxygen 릴리즈에 대한 자세한 설명은 http://www.eclipse.org/ide/를 참고하자.

새로운 작업 공간 생성

기존의 작업 환경과의 마찰을 최소화하려면 새로운 작업 공간^{workspace}을 생성하는 것이 좋다. 다음의 과정을 통해 새로운 작업 공간을 생성해보자.

1. STS를 시작하면 작업 공간의 경로를 묻는 메시지가 나타난다. 이전에 STS를 사용한 경우, Browse > Launch를 클릭해 새 작업 공간을 생성하자. 다음의 스크린샷과 같이 작업 공간의 경로에는 공백 및 한글이 없도록 할 것을 권장한다.

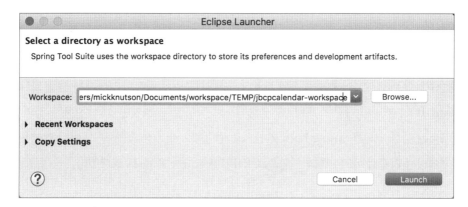

2. 새로운 작업 공간을 생성했다면 다음 스크린샷과 같이 Dashboard 탭의 **닫기** 버튼을 클릭해 시작 화면^{Welcome Screen}을 종료한다.

샘플 코드의 구조

샘플 코드는 여러 멀티 모듈 그레이들 프로젝트 폴더를 zip 파일로 압축해 놓은 것이다. 각 폴더명은 'chapterNN'이며, NN은 해당 장을 의미한다. 각 'chapterNN' 폴더 내에는 마일스톤^{milestone}1 별로 나눈 'chapterNN.mm-calendar' 폴더가 존재하며, NN은 해당 장 번호, mm 은 마일스톤 번호를 나타낸다. 각각의 마일스톤을 체크포인트처럼 생각하고 책의 코드와 비교하면서 공부하면 편리할 것이다. 또한 추후에 오류가 발생하는 것을 방지하려면 추출 경로에 공백을 포함하면 안 된다는 것을 명심하자. 예를 들어 'chapter02.03-calendar' 폴더는 2장, '스프링 시큐리티 시작하기'의 세 번째 마일스톤에 해당하는 코드를 담고 있으며, 정확한 위치는 ~/jbcpcalendar/chapter02/chapter02.03-calendar이다.

1장, '취약한 애플리케이션의 구조'와 2장, '스프링 시큐리티 시작하기'에서는 샘플 코드를 Spring Boot 기반이 아닌 스프링 IO 프로젝트로 작성했다. 하지만 3장, '사용자 정의 인증'부터는 샘플 코드를 Spring boot 기반으로 변환했으며, 5장, '스프링 데이터를 이용한 인증'에서는 지속성 메커니즘의 일환으로 JDBC를 Spring Data로 교체했다.

이 책의 대부분은 9장, 'OAuth 2 적용하기' 또는 15장, '스프링 시큐리티의 추가 기능'으로부터 발전시켰으며, 각 장을 최대한 독립적으로 유지하려고 노력했다. 즉, 9장, 'OAuth 2 적용하기'를 읽은 후에는 다른 장으로 건너뛰어도 된다는 의미다. 또한 새로운 장을 시작할 때는 이전 장에서 사용한 코드를 계속 사용하지 말고, 각 장의 마일스톤 00에 해당하는 코드로 학습하라는 뜻이기도 하다.

따라서 이 책을 최대한 활용하기 위해서는 마일스톤 00부터 각 장을 시작하고 단계적으로 구현할 것을 추천한다. 마일스톤 번호를 이용하면 코드를 복사하거나 문제가 생겼을 때 독자의 코드와 쉽게 비교할 수 있으므로 매우 유용하게 쓰일 것이다.

---

1 마일스톤(milestone) : 프로젝트 진행과정에서 특기할 만한 사건이나 이정표를 나타냄. – 옮긴이

샘플 코드 가져오기

샘플 그레이들 프로젝트를 가져오기 전에 이클립스 마켓에서 그레이들 플러그인을 설치해야 한다. 과거에는 그레이들 IDE 팩을 사용했지만 현재 유지 관리가 이뤄지지 않고 있으므로 해당 플러그인을 설치하면 이클립스에서 Buildship Gradle Integration 플러그인 (http://marketplace.eclipse.org/content/buildship-gradle-integration)으로 변경해 설치하라는 경고 메시지가 뜬다.

Buildship Gradle Integration을 설치하는 방법은 다음과 같다.

1. 다음 스크린샷과 같이 이클립스 마켓에서 Buildship Gradle Integration을 설치하자. 페이지 내 코끼리 아이콘을 STS 프로젝트 화면으로 드래그 앤 드롭하면 설치가 시작된다.

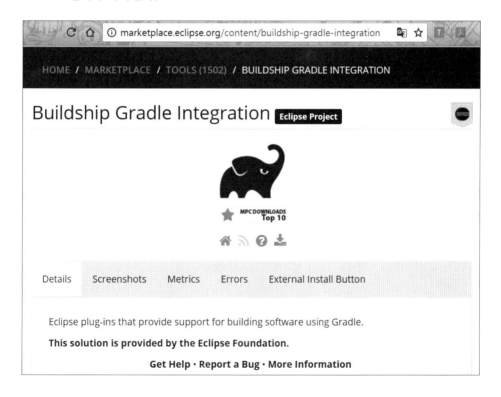

2. 설치 시작을 위해 Confirm을 클릭한다.

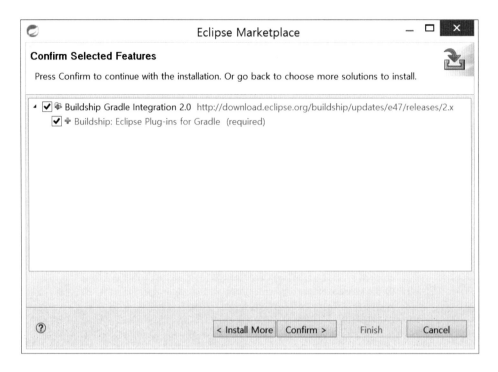

3. 라이선스 동의서에 동의 후 설치를 완료한다.

설치를 완료하면 기존의 그레이들 프로젝트를 가져올 수 있다.

이제, 새로운 작업 공간을 시작하고 다음 단계를 수행하자.

1. 다음 스크린샷과 같이 File > Import로 이동 후 Gradle > Existing Gradle Project를
   선택한다.

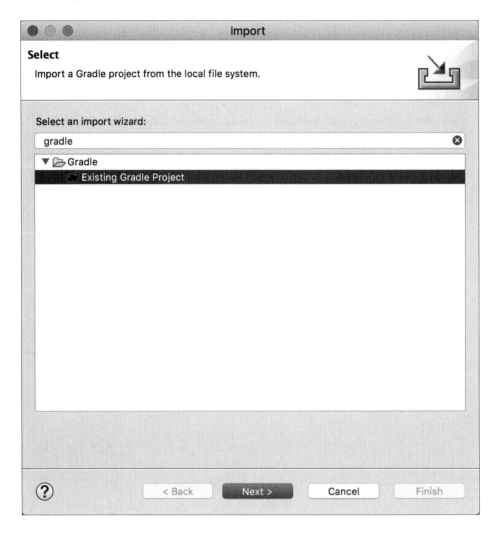

2. 다음 스크린샷과 같이 Project root directory 설정 후 Next 버튼을 클릭한다.

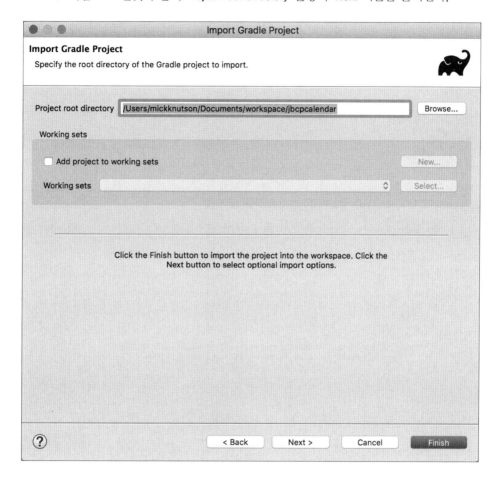

3. 다음 스크린샷과 같이 Next 버튼을 클릭한다.

로컬 컴퓨터에 그레이들을 직접 설치하지 않았다면 기본값을 유지한다.

4. 코드를 저장한 위치를 검색한 후, 코드의 최상위 폴더를 선택한다. 모든 프로젝트가 선택돼 나열되므로 그대로 두거나 관심 있는 특정 프로젝트만을 선택할 수 있다. 하지만 모든 프로젝트를 가져오면 프로젝트가 다음 스크린샷과 동일하게 정렬되므로 이후의 단계를 진행하기 더 수월하다.

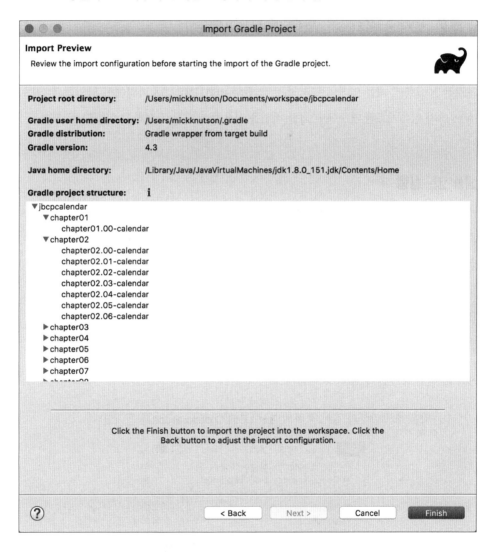

5. Finish 버튼을 클릭한다. 그러면 선택한 모든 프로젝트를 가져온다. 이때, 그레이들을 자주 사용하지 않았다면 종속성dependency을 다운로드하는 데 다소 시간이 소요된다.

 새로운 종속성을 다운로드하려면 인터넷 연결이 필요하다.

프로젝트 실행에 대한 업데이트 지침은 각 절의 README.md 파일에서 확인할 수 있으며, STS가 업데이트된 경우에도 최신 버전을 사용해 코드를 작성하고 실행할 수 있다.

샘플 코드 실행

IDEA 또는 STS로 샘플 애플리케이션을 실행하려면 몇 가지 필요한 것이 있다. 그레이들 사용 시 프로젝트에 빌트인된 인스턴스를 실행시키는 톰캣Tomcat 플러그인이 구성돼 있으면 프로젝트를 더욱 빠르게 시작할 수 있으므로 톰캣 플러그인을 구성해보자.

IDEA에서 샘플 코드 실행

프로젝트 내의 각 마일스톤 프로젝트마다 새로운 구성 환경을 생성해 실행할 수 있다.

새로운 작업 공간을 생성하고, 다음과 같이 진행하자.

1. 다음 스크린샷과 같이 툴바의 Run > Edit Configurations를 클릭한다.

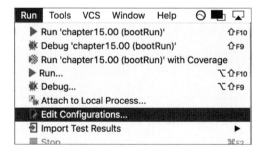

2. 옵션이 표시되면, 새로운 그레이들 구성 환경을 추가하기 위해서 다음 스크린샷
과 같이 좌측 위에 위치한 플러스 기호(+)를 클릭 후 Gradle을 선택한다.

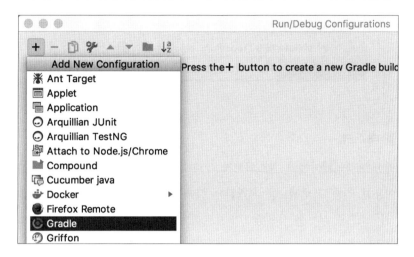

3. 이제, chapter15.00 (bootRun)과 같은 이름을 설정한 후 그레이들 프로젝트에
해당 구성 환경이 실행될 실제 마일스톤 디렉터리를 선택한다. 마지막으로, 다음
스크린샷과 같이 Tasks[2] 옵션에 'bootRun'이라고 입력한 후, OK를 눌러 저장한다.
태스크명을 입력할 때 띄어쓰기 및 대소문자 입력에 주의해야 한다. 설정 파일에
설정된 내용과 다르게 입력된 경우 실행이 불가능하다.

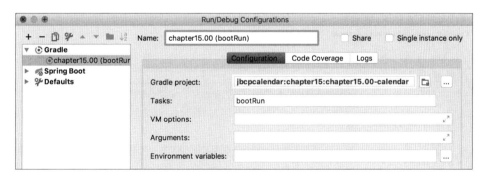

---

2 Task: Gradle의 모든 빌드 단위는 task로 정의함 – 옮긴이

4. 새로 저장한 구성 환경을 실행하려면 해당 구성 환경을 선택한 후, 다음 스크린 샷과 같이 실행 버튼이나 Shift + F10 키를 클릭한다.

그레이들 태스크

1장, '취약한 애플리케이션의 구조'와 2장, '스프링 시큐리티 시작하기', 5장, '스프링 데 이터를 이용한 인증' 프로젝트를 시작하는 그레이들 태스크는 'tomcatRun'이다. 나머 지 장에서는 스프링 부트를 사용했으며 프로젝트 실행 시 사용하는 그레이들 태스크는 'bootRun'이다.

STS에서 샘플 코드 실행

다음 스크린샷처럼 STS에서도 실행 구성 환경을 생성한다. 이때, 각 마일스톤 프로젝트를 정상적으로 실행하려면 IDEA와 동일하게 정보를 입력해야 한다. STS에서도 그레이들 태 스크 입력 시 띄어쓰기 및 대소문자 입력에 주의한다.

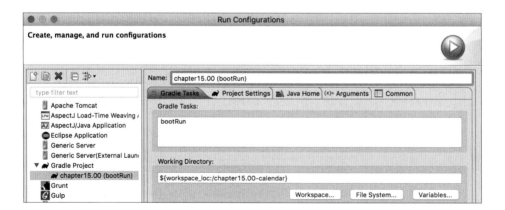

STS에서 HTTPS 사용

일부 장(8장, 'TLS를 사용한 클라이언트 인증서 인증', 9장, 'OAuth 2 적용하기', 10장, 'CAS를 활용한 SSO')에서는 샘플 코드가 작동하려면 HTTPS를 사용해야 한다.

이미 HTTPS를 사용하도록 구성했으며, 대부분의 환경은 properties나 YAM 파일에서 설정할 수 있다.

이제, 그레이들에 빌트인된 톰캣 서버를 이용해 샘플 코드를 실행하면 `http://localhost:8080`이나 `https://localhost:8443`에 접속해 확인할 수 있다.

톰캣 HTTPS 설정

이 절에서는 샘플 애플리케이션에 TLS를 적용할 수 있도록 톰캣에서 HTTPS 설정하는 방법에 대해 간략히 설명한다. 또한 비슷한 애플리케이션을 톰캣 Standalone으로 실행하기 위한 몇 가지 팁을 포함해 인증서 생성 프로세스를 다룬다.

서버 인증서 생성

인증서를 아직 설치하지 않았다면, 다음의 과정을 참고해 인증서를 설치하자. 각 장의 /src/etc 폴더에 위치한 tomcat.keystore 파일을 사용할 경우, 다음 과정을 생략할 수 있다.

```
$keytool –genkeypair –alias jbcpcalendar –keypass changeit –keyalg RSA –keysotre
tomcat.keystore
키 저장소 패스워드 입력: changeit
새 패스워드 다시 입력: changeit
이름과 성을 입력하십시오 [unknown]: localhost
조직 단위 이름을 입력하십시오 [unknown]: JBCP Calendar
조직 이름을 입력하십시오 [unknown]: JBCP
구/군/시 이름을 입력하십시오 [unknown]: Anywhere
시/도 이름을 입력하십시오 [unknown]: UT
```

이 조직의 두 자리 국가 코드를 입력하십시오 **[unknown]: US**

CN=localhost, OU=JBCP Calendar, O=JBCP, L=Anywhere, ST=UT, C=US이(가) 맞습니까
[아니요]? 예

대부분의 질문에 대한 답의 용도를 쉽게 이해하겠지만 "이름과 성을 입력하십시오."에 대한 답에 대해서는 정확히 짚고 넘어가자. 해당 질문에 대한 답은 SSL 핸드셰이크의 성공 여부를 결정하는 데 필요한 값이다.

명령어를 실행한 디렉터리에 tomcat.keystore라는 파일이 생성됐을 것이다. 해당 파일의 내용을 확인하려면 파일이 위치한 디렉터리에서 다음 명령어를 실행하자.

```
$ keytool -list -v -keystore tomcat.keystore
키 저장소 패스워드 입력: changeit
키 저장소 유형: JKS
키 저장소 제공자: SUN
...
별칭 이름: jbcpcalendar
...
소유자: CN=localhost, OU=JBCP Calendar, O=JBCP, L=Anywhere, ST=UT, C=US
발행자: CN=localhost, OU=JBCP Calendar, O=JBCP, L=Anywhere, ST=UT, C=US
...
```

이미 짐작했겠지만, changeit은 JDK 구현 시 사용하는 기본 패스워드기 때문에 실제 환경에서 인증서 패스워드를 changeit으로 하는 것은 매우 위험하다. 따라서 실제 환경에서는 changeit과 같은 간단한 패스워드 대신 안전한 패스워드를 사용해야 한다.

keytool 명령어에 대한 자세한 내용은 오라클 웹 사이트(https://docs.oracle.com/javase/9/tools/keytool.htm)를 참고하자. 또한 해당 명령어에 대한 문제 발생 시 https://apereo.github.io/cas/5.1.x/installation/Troubleshooting-Guide.html에 접속해 CAS SSL Troubleshooting and Reference Guide 문서를 참고하자.

SSL 사용을 위한 톰캣 커넥터 구성

이 절에서는 톰캣 8.5 커넥터를 SSL로 구성하는 방법에 대해 설명한다. 다음의 과정을 차근차근 따라해보자.

1. 톰캣 8.5 다운로드 파일에 포함된 server.xml 파일을 연다. server.xml 파일은 톰캣 서버의 홈 디렉터리 아래의 conf 디렉터리에 위치한다. server.xml 파일에서 다음 내용을 찾는다.

```
<!-
<Connector port="8443" protocol="HTTP/1.1" SSLEnabled="true"
maxThreads="150"
    scheme="https" secure="true" clientAuth="false" sslProtocol="TLS" />
```

2. 커넥터의 주석을 해제하고 keystoreFile 애트리뷰트 값을 이전 절에서 생성한 keystore의 위치로 수정한다. 또한 keystorePass 애트리뷰트 값을 keystore 생성 시 사용한 패스워드로 변경한다. 다음 예시를 참고하자. 단, keystoreFile과 keystorePass는 반드시 사용자의 설정에 맞게 변경해야 한다는 것을 명심하자.

```
<Connector port="8443" protocol="HTTP/1.1" SSLEnabled="true"
maxThreads="150"
    scheme="https" secure="true" clientAuth="false" sslProtocol="TLS"
    keystoreFile="/home/mickknutson/packt/etc/tomcat.keystore"
    keystorePass="changeit"/>
```

3. 이제, 톰캣을 시작하면 https://localhost:8443으로 접속할 수 있다. 톰캣에서 SSL을 구성하는 방법에 대한 자세한 내용은 http://tomcat.apache.org/tomcat-8.5-doc/ssl-howto.html의 SSL Configuration How-To를 참고하자.

톰캣 SSL 터미네이션

이 절에서는 SSL 터미네이션termination 기능을 사용할 때 톰캣이 SSL을 사용하도록 설정하는 방법을 설명한다. 일반적으로 로드 밸런서와 같은 외부 객체external entity가 톰캣 대신 SSL 연결을 관리한다. 다시 말해, 클라이언트(웹 브라우저)와 로드 밸런서 사이에서는 HTTPS를 사용하므로 안전하지만 로드밸런서와 톰캣 사이에서는 HTTP를 사용하므로 안전하지 않다. 이런 상황에서 보안을 향상시키려면 로드 밸런서와 톰캣 사이의 연결이 사설 네트워크를 통해 이뤄져야 한다.

하지만 해당 설정으로 인해 발생하는 문제는 톰캣이 클라이언트가 HTTP를 사용하고 있다고 인식하기 때문에 HTTP 연결이 있는 것처럼 리다이렉션redirection을 수행한다는 것이다. 이러한 문제를 해결하려면 로드 밸런서와 톰캣 사이에 위치하는 프록시 서버에 대한 내용을 설정해야 한다. 다음은 클라이언트 인증서 인증을 사용하는 톰캣 배치deployment에 사용할 커넥터의 예다.

```
//server.xml

<Connector
scheme="https"
secure="true"
proxyPort="443"
proxyHost="example.com"
port="8443"
protocol="HTTP/1.1"
redirectPort="443"
maxThreads="750"
connectionTimeout="20000" />
```

일반적으로 server.xml 파일은 TOMCAT_HOME/conf/server.xml에서 찾을 수 있으며, 이클립스나 STS를 사용해 톰캣을 연동한 경우, Servers라는 폴더에 위치한다. 예를 들어 톰캣 8.5를 사용하고 있는 경우, 이클립스 작업 공간상의 경로는 /Servers/Tomcat v8.5 Server, server.xml의 위치는 localhost-config/server.xml과 비슷하게 나타날 것이다.

톰캣은 SSL 연결을 관리하지 않기 때문에 `keystore`를 참조하지 않는다는 점에 유의하자. 위의 설정은 연결을 HTTPS로 인식하도록 해 올바르게 리다이렉션을 수행하도록 `HttpServletRequest` 객체를 재정의하지만 원한다면 HTTP 연결도 계속 허용할 수 있다. 클라이언트의 HTTP 연결 또한 허용하고 싶은 경우, HTTPS 설정을 하지 않은 별도의 커넥터를 생성하면 된다. 이때 프록시 서버는 원래 요청이 HTTP인지 HTTPS인지 파악해 해당 커넥터로 요청을 보낸다.

자세한 정보는 http://tomcat.apache.org/tomcat-8.5-doc/proxy-hotwo.html의 Tomcat Proxy How To 문서를 참고하자. 다른 애플리케이션으로 작업하는 경우 프록시 서버 설정에 대한 추가 설명은 해당 문서를 참고하자.

보충 자료

이 절은 책 전체에서 사용하는 기술 및 개념에 대한 추가 자료 목록을 제공한다.

- JDK[Java Development Kit] 다운로드: http://www.oracle.com/technetwork/java/javase/downloads/index.html
- MVC 아키텍처: https://ko.wikipedia.org/wiki/%EB%AA%A8%EB%8D%B8-%EB%B7%B0-%EC%BB%A8%ED%8A%B8%EB%A1%A4%EB%9F%AC
- 스프링 시큐리티[Spring Security]: https://projects.spring.io/spring-security
  - 해당 링크에서는 스프링 시큐리티 Javadoc 링크, 다운로드, 코드 및 참조 문서를 찾아볼 수 있다.
- 스프링 프레임워크[Spring Framework]: https://projects.spring.io/spring-framework
  - 해당 링크에서는 스프링 프레임워크 Javadoc 링크, 다운로드, 코드 및 참조 문서를 찾아볼 수 있다.
- 스프링 부트[Spring Boot]: https://projects.spring.io/spring-boot
  - 해당 링크에서는 스프링 부트 Javadoc 링크, 다운로드, 코드 및 참조 문서를 찾아볼 수 있다.

- **스프링 데이터**^{Spring Data}: https://projects.spring.io/spring-data
  - 해당 링크에서는 스프링 데이터 Javadoc 링크, 다운로드, 코드 및 참조 문서를 찾아볼 수 있다.
  - 이 책에서는 스프링 데이터의 세 가지 하위 프로젝트인 Spring Data Rest(https://projects.spring.io/spring-data-rest), Spring data JPA(https://projects.spring.io/spring-data-jpa), Spring Data MongoDB(http://projects.spring.io/spring-data-mongodb)를 다뤘다.
- **메이븐**^{Maven}: 메이븐에 대한 자세한 정보는 https://maven.apache.org에서 찾아볼 수 있으며, 메이븐 의존성 전이^{Transitive Dependencies}에 대한 자세한 정보는 https://maven.apache.org/guides/introduction/introduction-to-dependency-mechanism.html#Transitive_Dependencies를 참고하자.
- **그레이들**: 스프링 시큐리티는 그레이들(https://gradle.org)을 사용해 빌드됐다. https://docs.spring.io/spring-security/site/docs/4.2.x/reference/html/sample-apps.html에서는 그레이들 빌드 방법에 대한 샘플 등을 찾아볼 수 있다.
- **객체 관계 매핑**^{Object-relational mapping, ORM}: 자세한 정보는 https://ko.wikipedia.org/wiki/%EA%B0%9D%EC%B2%B4_%EA%B4%80%EA%B3%84_%EB%A7%A4%ED%95%91에서 찾아볼 수 있다. 더 실무적인 내용을 원한다면 Java ORM 프레임워크인 Hibernate(http://www.hibernate.org)를 참고하자.
- **언더토**^{Undertow}: 언더토는 자바로 작성된 유연한 성능의 경량 웹서버로 NIO 기반의 블로킹 및 비블로킹 API를 제공한다. 일부 장에서 톰캣을 대신해 언더토를 사용한 부분이 있으며, 더 자세한 정보는 http://undertow.io를 참고하자.

다음은 UI 기술이다.

- **JSP**: http://www.oracle.com/technetwork/java/javaee/jsp/index.html
- **Thymeleaf**: Thymeleaf는 JSP에 대한 대안으로 사용하는 현대적이고 훌륭한 프레임워크다. 추가 이점으로는 스프링 및 스프링 시큐리티와 직접 호환할 수 있다는 것이다. Thymeleaf에 대한 자세한 정보는 http://www.thymeleaf.org를 참고하자.

| 찾아보기 |

에이콘출판의 기틀을 마련하신 故 정완재 선생님 (1935-2004)

SPRING SECURITY 3/e
스프링 시큐리티를 이용한 애플리케이션 보안

발 행 | 2019년 1월 29일

지은이 | 믹 넛슨 · 로버트 윈치 · 피터 뮬라리엔
옮긴이 | 김 지 연

펴낸이 | 권 성 준
편집장 | 황 영 주
편 집 | 이 지 은
디자인 | 박 주 란

에이콘출판주식회사
서울특별시 양천구 국회대로 287 (목동)
전화 02-2653-7600, 팩스 02-2653-0433
www.acornpub.co.kr / editor@acornpub.co.kr

한국어판 ⓒ 에이콘출판주식회사, 2019, Printed in Korea.
ISBN 979-11-6175-248-8
ISBN 978-89-6077-210-6 (세트)
http://www.acornpub.co.kr/book/spring-security-3e

이 도서의 국립중앙도서관 출판시도서목록(CIP)은 서지정보유통지원시스템 홈페이지(http://seoji.nl.go.kr)와
국가자료공동목록시스템(http://www.nl.go.kr/kolisnet)에서 이용하실 수 있습니다.(CIP제어번호: CIP2019001754)

책값은 뒤표지에 있습니다.